思想政治教育社会学概论

孙其昂／主编

科学出版社
北京

内 容 简 介

本书立足社会，以服务思想政治工作为宗旨，推进思想政治教育社会学建设；以思想政治教育社会思维为主线，以社会变迁、社会实践、人与社会互动为视野，对家庭、学校、社区、社会组织、网络等基本社会场域中的思想政治教育活动进行探讨，还对网络社会、社会文化、国际交往、美好生活中的思想政治教育现象及规律进行探讨。本书坚持国家与基层的上下互动建构，坚持知识性、时代性、通俗性相结合，力求提供思想政治教育学新思想新知识。

本书可作为思想政治工作者、思想政治教育研究者、党政干部、党建人员、学生辅导员、思想政治教育专业学生参考用书，也可供社会教育工作者、管理工作者、志愿者、家庭教育者等参考。

图书在版编目（CIP）数据

思想政治教育社会学概论 / 孙其昂主编. —北京：科学出版社，2023.6

ISBN 978-7-03-075158-4

Ⅰ. ①思… Ⅱ. ①孙… Ⅲ. ①思想政治教育-社会学-概论-中国 Ⅳ. ①D64

中国国家版本馆 CIP 数据核字（2023）第 044916 号

责任编辑：刘英红/责任校对：贾伟娟

责任印制：张 伟/封面设计：黄华斌

科学出版社 出版

北京东黄城根北街 16 号

邮政编码：100717

http://www.sciencep.com

北京中石油彩色印刷有限责任公司 印刷

科学出版社发行 各地新华书店经销

*

2023 年 6 月第 一 版 开本：720×1000 B5

2023 年 6 月第一次印刷 印张：21

字数：423 000

定价：128.00 元

（如有印装质量问题，我社负责调换）

前言：思想政治教育的社会思考

思想政治教育社会学是一门以社会思维研究思想政治教育、思想政治教育与社会的关系和社会的思想政治教育功能为对象的学问，揭示思想政治教育在社会中的存在及功能，重点揭示思想政治教育的社会性及社会功能。

根据研究和实践，本书的基本理念和思路介绍如下。

第一，坚持思想政治教育主题定位。思想政治教育社会学的主题是思想政治教育，它是思想政治教育学的分支学科，且有独立的领域。思想政治教育社会学从社会视角探索思想政治教育现象以及思想政治教育的理论和实践。思想政治教育有两种基本类型，一是专门的思想政治教育，二是社会中的思想政治教育。社会中的思想政治教育有两种：一是社会本身所具有的思想政治教育，这是指社会本身所含有的思想政治教育要素；二是外加或外部进入的思想政治教育，这是后来进入社会的思想政治教育。现实的社会思想政治教育由这两部分组成。这两部分思想政治教育相互连接后，或结合或融合，形成现实的社会思想政治教育。思想政治教育社会学可以分别探讨这两个领域的思想政治教育，形成思想政治教育社会学，其也可以合并作为思想政治教育社会学的研究对象。

第二，坚持思想政治教育社会思维。思想政治教育社会思维认为思想政治教育是社会中的一部分，思想政治教育来自于社会，既源于社会又从社会中分化出来，但并没有完全离开社会。思想政治教育只是从社会大家庭中分出小家庭，成为独立家庭，但仍然是社会大家庭中的一员。当然这种分与合的关联方式会随时空人事的变化而改变。思想政治教育以社会为立足基础，社会是思想政治教育社会学的核心范畴。现代思想政治教育是在社会现代化过程中生成和成长起来的领域，已经形成相对独立的专业领域、专门岗位和专门学科。思想政治教育现代化即思想政治教育专业化与社会化，是思想政治教育现代性的突出特点，需要以社会思维为指导认识和处理思想政治教育现代性。思想政治教育社会学着眼于解释社会及社会中的思想政治教育，围绕思想政治教育，阐述思想政治教育与社会的关系，在社会中实践思想政治教育。

第三，坚持社会主义原则。有人的地方就有思想政治教育，人是思想政治教育的主体和中心。思想政治教育既是人类普遍的，又是特殊的，通过特殊的思想政治教育创建人类普遍的思想政治教育。当下，要着眼于特殊的思想政治教育，或者说以特殊的思想政治教育为切入点，积累思想政治教育文化。这种特殊的思想政治教育就是社会主义的思想政治教育，为建设社会主义（社会）服务。社会有大社会和小社会之分，社会主义社会是大社会追求的理想社会。思想政治教育以社会主义教育为顶层目标，再具体化为各种类型。思想政治教育（学）及思想政治教育社会学的基本价值是用思想政治教育传播马克思主义，建设社会主义社会，为人民幸福及人类解放服务。

第四，坚持国家与基层的上下互动建构。基层思想政治教育即思想政治工作，即社会中普遍存在的思想政治教育，人们在国家指导下参与基层思想政治教育。“共同来做”、“全覆盖”、“三全”（全员、全方位、全过程）、“大思政课”、“党建引导”、“融合”与“结合”等正是指全社会普遍存在思想政治教育，是有人的地方就有思想政治教育的体现。在互联网时代更是如此。人与人的活动中就有思想政治教育，就包含着“做”思想政治工作，专门及专业思想政治教育必然有社会影响。无论是社会的立体坐标，还是横向关联，都在开放环境下互动互构，客观上相互建构和相互影响，也相互共享资源。每种思想政治教育都有自己的特点，都有各自的主体、目标、内容、对象、方法和条件。这些不同的基层场域整合起来构成全社会的基层思想政治教育，成为国家思想政治教育的基础。思想政治教育社会学运用社会思维，建构思想政治教育的社会体系，采取“国家在社会中”和“社会中有国家”的双重逻辑，以国家领导下的思想政治教育嵌入基层开展思想政治教育。

第五，坚持知识性、时代性、通俗性相结合。思想政治教育社会学概论是教材，教材是知识的载体，要坚持学术性、探索性与实用性的结合，力求体现知识的丰富性，以知识推动人的知识创造和知识运用。无论是作者，还是读者，本书要求他们具有思想政治教育学和社会学双重学科知识，同时还能将其结合起来去理解和探索。这无论是对当事人，还是对思想政治教育社会学，都是极大的挑战。以思想政治教育的系统思维，坚持以人为中心，着眼于思想政治教育对象，综合运用多学科知识，来对目标、内容、方法（载体）等开展思想政治教育社会学的研究和实践，并接受实践的检验。本书基于这种考虑，全书共设绪论和十二章，分为三篇。第一篇是理论篇，为绪论、第一章至第四章；第二篇是应用篇，为第五章至第八章；第三篇是社会篇，为第九章至第十二章。

目前我们对思想政治教育的特性还缺乏深度认识，对思想政治教育社会学更是还处在初步探索阶段。目前为止，表面看上去思想政治教育似乎是简单明白的事情。其实，思想政治教育并不是人们认为的那样简单明了，思想政治教育的内部化存在使得它本身及功能不可能直观地、鲜明地呈现在人们眼前。思想政治教育深埋在社会关系体系中，需要有人去发现它，并将研究成果告诉人们。墨菲指出："卡尔·马克思曾经写道：假如每件事都与表面上完全相符，那就用不着任何科学了。"[①]思想政治教育社会学的理论探索任重而道远，需要持续努力。

孙其昂

2022年8月10日

① 〔美〕罗伯特·F. 墨菲：《文化与社会人类学引论》，王卓君、吕迺基译，商务印书馆1991年版，第56页。

目　　录

理　论　篇

应　用　篇

社　会　篇

理　论　篇

绪　论

思想政治教育社会学是在社会发展和思想政治教育发展的过程中生成的学科并形成了其独立的研究领域，这对推进思想政治教育学科的发展和思想政治教育服务社会、服务人具有重要意义。思想政治教育社会学旨在揭示思想政治教育社会现象，以及社会中的思想政治教育规律、思想政治教育与社会的关系，推动全社会合力做好思想政治教育和社会思想政治教育文化建设。思想政治教育社会学有自己独特的研究对象和研究任务，即在探索中深化认识，逐步准确界定研究对象，发挥思想政治教育社会学的作用。思想政治教育社会学是立足思想政治教育，运用思想政治教育学、社会学及相关学科的理论、知识和方法，探索思想政治教育社会学独特的研究方法，服务思想政治教育发展的一门学科。通过学习认识思想政治教育与社会的关系，而学习思想政治教育社会学知识，能够提高思想政治教育理论素养，提高服务社会的能力。

第一节　思想政治教育社会学的缘起和意义

思想政治教育是1984年设立的学科（专业），2005年成为马克思主义理论一级学科下的二级学科，曾经用过“马克思主义理论与思想政治教育”的名称。早在改革开放初期在提出思想政治工作是一门科学的命题时，就有人提出需要开展思想政治工作社会学研究的想法。随着思想政治教育学科的设立和思想政治教育学科建设的推进，人们开始进行思想政治教育社会学的研究。但思想政治教育社会学作为思想政治教育学科的分支学科，还不能说已经成为思想政治教育学科中成熟的分支学科。思想政治教育是一种社会现象，是社会存在的客观事实，也是一种社会性的实践。思想政治教育的存在与发展由社会存在所决定，思想政治教育又是影响社会发展的重要力量。思想政治教育社会学产生的直接因素是思想政治教育学，它是在思想政治教育学学科产生和发展过程中逐渐生成的，与此同时也开始了思想政治教育社会学的研究。对思想政治教育社会学的产生、生成过程及规律展开研究，具有可能性、必要性和重要性。

一、思想政治教育社会学的缘起

思想政治教育社会学为什么会产生？这一问题可以从哲学和社会两个维度追问。哲学追问思想政治教育社会学产生的物质根源即客观的社会存在，而社会角度追问思想政治教育社会学的社会历史和社会实践原因，通常的回答就是社会发展进程及社会实践催生了思想政治教育社会学的产生并推动其发展。这里主要从后者进行探讨。思想政治教育社会学的产生是思想政治教育社会学研究的基础，而思想政治教育社会学的产生源于社会和思想政治教育的发展，社会是思想政治教育的母体，也是思想政治教育社会学产生的客观原因；思想政治教育的发展是催生思想政治教育社会学的主观原因，它是客观产生和人为建构的合成。思想政治教育社会学是思想政治教育学和社会学的结合，属于交叉学科。显然，思想政治教育社会学的产生必然需要以思想政治教育学和社会学这两门学科的产生和发展作为自己的理论知识基础。这些因素也是思想政治教育社会学得以产生的内在可能性和必要性。

第一，社会是思想政治教育社会学产生的源泉和基础。这里的社会并不仅仅是一个概念，也不仅仅是一种存在，而是活生生的社会关系的总和，它是以人类活动为基础并积累起文化的有机体，特别是社会文化的存在。人是社会文化的存在。人虽然以自然为基础，来自于自然，回归于自然，但是就现实性而言，人的本质是社会关系的产物。社会对人及人的活动有强制性，这是无法摆脱的事实。这一经验事实将人们对人的认识引向社会。作为理论抽象，大量社会科学理论对社会做了研究和抽象概括。马克思、恩格斯的文献中以大量事实为依据对社会做了理论概括，这成了马克思主义的常识，更是马克思主义基本原理。马克思指出：“人们自己创造自己的历史，但是他们并不是随心所欲地创造，并不是在他们自己选定的条件下创造，而是在直接碰到的、既定的、从过去承继下来的条件下创造。一切已死的先辈们的传统，像梦魇一样纠缠着活人的头脑。”[①]思想政治教育是以人的思想为对象的政治性教育实践活动，是以社会为母体的活动，因此社会是思想政治教育的源泉。社会学以社会为研究对象。思想政治教育和社会学都以社会为基础和前提，社会成为思想政治教育社会学的源泉和基础。

社会发展，特别是社会现代化及社会转型进一步催生了思想政治教育学的产生，进而催生思想政治教育社会学的产生。社会现代化的过程，同时也是社会现代性的过程，现代性与现代化相伴产生，但也衍生出现代性风险，这些因素促生

---

① 《马克思恩格斯选集》第1卷，人民出版社2012年版，第669页。

了人的现代性课题，提出了思想政治教育现代化的要求。社会现代化推动社会分化，思想政治教育从社会中分化出来，而社会需要思想政治教育和思想政治教育依赖于社会这两个方面都是不可或缺的，只是在不断改变形式，思想政治教育与社会的互动催生了思想政治教育的现代转型，进而推动了思想政治教育社会学的发展。

第二，思想政治教育发展是思想政治教育社会学产生的直接动力。思想政治教育社会学以思想政治教育为立场，这是指思想政治教育社会学与思想政治教育学一样，都是为思想政治教育服务的。思想政治教育是思想政治教育社会学的根，没有思想政治教育，也就谈不上思想政治教育社会学。从某种意义上说，思想政治教育发展是思想政治教育社会学的直接动力。思想政治教育本身是在社会中产生，又为社会服务，是社会建设和发展的生命线。随着思想政治教育的发展，思想政治教育与社会的关系愈加复杂，同时也对思想政治教育理论提出更多更高的要求，这一过程中思想政治教育与社会学、思想政治教育学与社会学的相遇成为必然，由此产生了思想政治教育社会学。

第三，思想政治教育学科建设是思想政治教育社会学产生的学科基础。思想政治教育学科设立后，随之产生思想政治教育学与其他学科的关系，特别是借鉴其他学科的理论、知识和方法，来推进思想政治教育学科的建设和发展。思想政治教育社会学中，思想政治教育学是根，思想政治教育学科是思想政治教育社会学产生的基础；社会学是加于其中的部分，它是思想政治教育学科要借鉴和学习的外部学科，思想政治教育社会学是“思想政治教育学”+“社会学”，思想政治教育社会学是“思想政治教育的‘社会学’”，特别是“思想政治教育社会‘学’”。在思想政治教育社会学产生和发展的过程中，始终以思想政治教育学科发展为基础。思想政治教育学科越是发展，思想政治教育学科对社会学的需求便越会提高，这也会促进思想政治教育社会学的发展。这方面，无论是思想政治教育学科，还是思想政治教育实践，无论是思想政治教育共同体，还是思想政治教育个体，都是如此。这从思想政治教育学科与其他哲学社会科学之间的关系的视角指出了联系的必然性，揭示出思想政治教育学科建设中向其他学科学习、借鉴的变化规律，进而要求思想政治教育学科具有跨学科、多学科、交叉学科研究的主体意识和主体自觉。

第四，社会学为思想政治教育社会学提供了外部的学科条件。思想政治教育在社会中进行，思想政治教育学要了解、认识和服务社会，必须依靠社会学。社会学作为思想政治教育社会学的供体，社会学的发展，特别是在中国社会学的发展为思想政治教育社会学提供了外部的学科条件。改革开放初期，党和国家提出恢复政治学、社会学等社会科学学科，社会学界迅速行动，为恢复和发展中国的社会学做出极大努力，这为思想政治教育社会学提供了知识来源。就现实出发地而言，虽然西方社会学理论为思想政治教育社会学提供了丰富的理论资源和学科研究经验，但中国社会学的发展仍然是思想政治教育社会学的直接来源和现实经验；从另一个角度看，中国社会学的学科建设和理论成果，直接影响了思想政治教育社会学。这就要求思想政治教育社会学从另一个角度看中国社会学的学科建设和理论研究进展，保持自己独特的眼光及视野，自主认识和利用包括中国社会学在内的社会学理论。这是因为，思想政治教育学是在中国的思想政治工作及思想政治教育实践中产生和发展起来的，以马克思主义为指导，用马克思主义的世界观和方法论认识哲学社会科学在内的世界；这种独特的眼光，会取得不同于西方社会学的成果。一方面，改革开放四十多年来，中国社会学学科建设取得了重要成就，为思想政治教育及思想政治教育社会学提供了丰富的知识资源和学科建设经验，为思想政治教育社会学建设提供了优越的条件，这应为思想政治教育社会学积极借鉴。另一方面，中国社会学至今仍然受到西方社会学的深度影响，存在着诸多局限性，包括缺乏马克思主义的理论自觉①，忽视对马克思主义社会学、社会理论、社会总体、社会关系、阶级关系、阶级分析方法、人类共同体、思想意识等的研究，这种局限性不应成为思想政治教育社会学的短板，不应限制思想政治教育社会学的研究视野。这是思想政治教育学科主体的自觉。思想政治教育社会学在思想政治教育学与社会学互动中发展自己，争取形成自己的学科优势。

第五，思想政治教育学学者活动催生思想政治教育社会学的产生。思想政治教育社会学的形成和发展不可能靠等，也不会由外部提供，而是需要思想政治教育学学者的努力和积累。思想政治教育学学者主动建构思想政治教育社会学，成为思想政治教育社会学产生的主体自觉因素。思想政治教育社会学的研究及知识积累，正是思想政治教育学学者不断探索的结果。这是中国知识分子应有的贡献，也是培养中国“士”（学者）具有现代精神的一部分。思想政治教育学学者的思考和研究催生了思想政治教育社会学的产生，它的发展还需要思想政治教育学学者的持续贡献。进一步看，人的活动是思想政治教育社会学产生的基础，这符合马克思主义实践观。当然，这里的活动，包括多层次的系统存在，虽然直接指向思想政治教育学学者的活动，但就基础和深处而言，应当是包括思想政治教育专业活动在内的全部思想政治教育活动，是扎根于社会体系中的人民群众从事的思想政治教育实践。只有思想政治教育社会学的专业活动才能产生思想政治教育社会学，而其源头活水来源于社会及社会实践，包括日用生计的生活世界。

第六，思想政治教育社会学存在的可能性和必要性。思想政治教育社会学现

---

① 郑杭生先生多次强调中国社会学的“理论自觉”，“综合‘理论自觉’的各个要素，可以把‘理论自觉’简要地规定为对社会学理论或社会理论进行‘建设性的反思’。”（郑杭生等：《社会转型与中国社会学的理论自觉》，中国人民大学出版社 2011 年版，第 1 页。）

实产生的根源在于它的可能性和必要性，这是思想政治教育社会学出现在当下的原因。社会、思想政治教育学和社会学都有共性且相互影响，谁也离不开谁。它们的共性就是人及人的思想，由此存在着思想政治教育社会学产生的内在可能。早在 2003 年，笔者就提出“思想政治教育社会学的可能性”的命题，并以“社会化过程中的人生观教育”为例做了探讨，得出了“建立‘思想政治教育社会学’是可能的”这一结论。“思想政治教育学和社会学是两种不同的学科，有结合的条件。通过结合，思想政治教育学可以借鉴社会学丰富自己，有益于思想政治教育实践。建立‘思想政治教育社会学’是可能的。”①虽然人及现实的人，特别是作为个体的人，在社会中显得渺小；虽然思想并不张扬；虽然思想政治教育在物质、权力、资本、人工智能、大数据、数字经济、消费生活等面前常常被忽视，即使中国共产党反复强调思想政治教育具有“生命线”功能，即使中外有学者常常提出其对指引精神、坚定信仰、“社会团结”的作用等，但以思想政治教育的方式表达人及人的思想的灵魂力量，仍然极其必要。这是思想政治教育社会学在新时代生成的前提、基础和源泉。这种可能又是思想政治教育社会学存在的必要性的原因。社会、思想政治教育学和社会学都需要思想政治教育社会学，进而为产生思想政治教育社会学提供了机会。

二、思想政治教育社会学的产生

思想政治教育社会学的产生有坚实的社会条件和学科依托，也有经验因素。思想政治教育学科范围内的思想政治教育社会学的产生大体分为三个阶段：第一个阶段是将社会学作为思想政治工作或思想政治工作学（思想政治教育学）的知识借鉴，第二个阶段是提出思想政治工作与社会学相结合的研究，第三个阶段是提出将思想政治教育社会学作为思想政治教育学科体系的分支学科进行研究和建设。

思想政治教育学源于思想政治教育，源于思想政治工作。思想政治工作是中国共产党的优良传统和政治优势，被中国共产党百年历史经验所证明，受到中国共产党人的高度重视。老一辈无产阶级革命家纷纷提出要加强和改进思想政治工作，提出思想政治工作是一门治党治国的科学，由此开始了思想政治工作科学化发展，并且在学科建设过程中，一开始就十分强调思想政治工作的社会特性，高度重视思想政治工作，将其作为社会实践对待和研究。1983 年出版的第一部思想政治工作著作，即《思想政治工作概论》中就提出要了解社会学，该书提出，“思想政治工作是一门涉及到多种科学知识的综合性科学。”“要做好这项工作，就必

① 孙其昂：《思想政治教育社会学的可能性——兼论社会化过程中的人生观教育》，《思想教育与理论创新》，河海大学出版社 2004 年版，第 77 页。

须懂得很多科学知识，不仅要懂得马克思主义的哲学、政治经济学和科学社会主义的一些基本原理，而且还要懂得马克思主义党的学说、心理学、教育学和共产主义道德学的一些基本原理，同时还要了解社会学、伦理学、美学以及有关业务技术方面的一些知识，才容易了解、掌握人们的思想和行为活动的客观规律，就能提高工作效果。"[①]这为思想政治教育学科关注和借鉴社会学，催生和推进思想政治教育社会学的产生和发展奠定了基础。

现有文献表明，早在提出并讨论"思想政治工作科学化"时，就有人提出需要开展思想政治工作与社会学的关系研究。目前查到的书是《思想政治工作与社会学》，由王辉主编，由天津人民出版社于 1988 年出版。[②]该书明确提出"思想政治工作需要社会学"，并进行了论证。该书还指出，"社会学是一门既重理论又重应用的科学，而应用于思想政治工作，是这门科学在新时期的重要任务之一"[③]。20 世纪 90 年代，思想政治教育学成为政治学一级学科下的二级学科，政治社会学成为思想政治教育的重要研究领域，其中关于政治社会化的问题始终受到人们的重视，且成为比较思想政治教育学研究的论题。[④]其后，随着科学的迅速发展，有些论著可视为思想政治教育社会学研究的尝试，如杨力行的《思想教育社会学》（1993）、乐国安的《思想政治工作社会心理学》（1998），这些研究揭示了思想政治教育在社会层面的目标功能，成为思想政治教育社会学理论研究的重要探索。

思想政治教育学科建设过程中，提出并力图构建思想政治教育社会学的学者有张耀灿、孙其昂、苏振芳、杨威、李辽宁、叶方兴等。早在 2001 年，孙其昂在《社会学视野中的思想政治工作》一书中就指出："本人在教学、科研、指导研究生、思想政治工作咨询等工作中积累了一些体会和资料，逐步萌发了建立'思想政治工作社会学'（或'思想政治教育社会学'）的想法。"[⑤]不过，当时的社会条件与理论准备都不足以迅速构筑这门学科，孙其昂用《社会学视野中的思想政治工作》这一书名而未直接使用《思想政治教育社会学》，也是"因为时机尚不够成熟，所以将本书命名为'社会学视野中的思想政治工作'，意为运用社会学视角对思想政治工作理论与实践进行分析和研究，虽然其中也有对哲学、政治学理论成果的借鉴，但主要是从社会的视角展开的，目的在于期待引发更多的研究者参与这一问题

① 张蔚萍、张俊南：《思想政治工作概论》，陕西人民出版社 1983 年版，第 24 页。

② 王辉主编：《思想政治工作与社会学》，天津人民出版社 1988 年版。

③ 王辉主编：《思想政治工作与社会学》，天津人民出版社 1988 年版，第 2 页。

④ 笔者指导的第一位思想政治教育专业硕士生刘吉春（1994 年 9 月入学），他的硕士学位论文选题是思想政治教育与政治社会化有关的题目，题为《思想政治教育的政治学分析——关于过程和目标的政治社会化》（河海大学 1997 年硕士研究生毕业论文）。

⑤ 孙其昂：《社会学视野中的思想政治工作》，中国物价出版社 2002 年版，前言第 3 页。

的探讨，共同为思想政治工作学学科建设做出贡献。”[①]

此后，思想政治教育社会学逐渐被人们重视起来并开展了大量的研究工作。这些研究有：一是相关研究文献不断增多，既有明确以“思想政治教育社会学”为研究主题的，也有以思想政治教育社会学内部的具体研究为内容的，还有思想政治教育社会学相关的交叉学科研究。第一次以“思想政治教育社会学”概念出现在书名的，大概是《思想政治教育社会学的理论探索》。[②]二是学界明确提出思想政治教育社会学作为思想政治教育学科分支学科的地位。2007 年，张耀灿提出并系统勾画了思想政治教育学科体系，其中包括了思想政治教育社会学，“思想政治教育社会学、思想政治教育文化学等属于基础研究的分支学科”。[③]三是将思想政治教育社会学作为实体开展研究。这是指，思想政治教育社会学不只是停留于文献分析，而是逐渐落地，设立相应的平台，以平台为载体，开展思想政治教育社会学的研究和建设。河海大学、福建师范大学、东北林业大学等高校，在研究生培养方向中设置了思想政治教育社会学的研究方向，培养这一研究方向的硕士生和博士生。河海大学多年来开设“思想政治教育社会学”课程，举办思想政治教育社会学讲座和研讨会，推进思想政治教育社会学研究。2018 年 3 月 17 日，河海大学马克思主义学院举行“新时代基层社会治理与思想政治教育现代转型”学术研讨会，会议来自北京大学、复旦大学、武汉大学、吉林大学、华东师范大学、华中师范大学、上海对外经贸大学、河海大学、江苏警官学院等二十多所高校的专家学者到会，共同研讨新时代背景下的思想政治教育社会学、思想政治教育现代转型、社会治理等，会议出版了论文集[④]，深化了对思想政治教育社会学的探讨。

总体来看，关于思想政治教育社会学的研究成果主要集中在如下三个部分[⑤]：一是从学科论的角度建构思想政治教育社会学，旨在探索思想政治教育社会学学科的基础理论与学科体系。这一部分的研究主要是从学科论的角度旨在建构思想政治教育社会学，相关的研究成果主要集中论述思想政治教育社会学成立急需各种学科要件，如研究对象、研究范畴、研究方法等。二是从方法论的角度将社会学的原理与方法运用到思想政治教育领域，以此进一步拓展思想政治教育的学科研究。这方面的研究主要是从社会学的视角分析思想政治教育的学科属性、分析思想政治教育的有效性、将某一具体的社会学原理或研究方法引入到思想政治教

① 孙其昂：《社会学视野中的思想政治工作》，中国物价出版社 2002 年版，前言第 3 页。

② 孙其昂、叶方兴：《思想政治教育社会学的理论探索》，河海大学出版社 2016 年版。

③ 张耀灿：《思想政治教育学科理论体系发展创新探析》，《思想教育研究》2007 年第 4 期，第 9—12 页。

④ 黄晓晔主编：《思想政治教育与基层社会治理——“新时代基层社会治理与思想政治教育现代转型”学术研讨会论文集》，东南大学出版社 2018 年版。

⑤ 孙其昂、叶方兴：《思想政治教育社会学的理论探索》，河海大学出版社 2016 年版，第 3 页。

育领域。三是以思想政治教育社会学学科领域中具体问题为研究对象，对思想政治教育社会学展开微观研究。研究马克思社会理论与思想政治教育、思想政治教育社会化、思想政治教育的社会价值或社会功能、社会环境对思想政治教育的影响、社会思潮对大学生思想政治教育的影响、进入社会内部开展思想政治教育活动等。

三、思想政治教育社会学的研究意义

思想政治教育社会学存在着可能性，也有现实需要，因此研究思想政治教育社会学有重要意义。

第一，理论意义。思想政治教育社会学是一门科学，科学研究是科学活动的基本方式。科学研究既是一种活动，又会生产成果，产生积极的社会影响和学科影响。理论研究、理论成果和理论功能是科学及其科学研究的基本形态和特征。通过思想政治教育社会学的研究，可以将思想政治教育社会学现象及其内在的思想政治教育与社会关系呈现出来，生产出思想政治教育社会学的知识成果，为思想政治教育学科建设提供支持。通过研究建构一门思想政治教育社会学学科，开拓出思想政治教育学科的分支学科，促进思想政治教育理论发展和学科建设。

第二，实践意义。思想政治教育是社会的一部分，传统思想政治教育（思想政治工作）与社会融为一体，它就在社会中存在和活动，直接与社会一起开展思想政治教育。这就是说，人的社会性决定了思想政治教育的社会性，思想政治教育始终是社会关系中的社会实践活动。思想政治教育与社会的关系，基本性质不会改变，但在不同时空条件下会改变形式，会丰富它们的内涵和形态。在社会现代化及社会分化的推动下，随着思想政治教育的科学化、专业化，思想政治教育形成相对独立的专门领域，但仍然不能离开社会，甚至对社会的依赖性更加多样、复杂，更需要研究思想政治教育与社会之间的复杂关系。这就需要一门专门的学科来研究思想政治教育与社会的关系，指导思想政治教育实践。这是进行思想政治教育社会学研究的直接原因，也是现实原因。

第三，方法论意义。方法论有两重含义，一是方法的理论，二是包括理论思维在内的具体方法。思想政治教育社会学的研究，具有方法论意义。思想政治教育社会学的方法论，以马克思主义，特别是辩证唯物主义和历史唯物主义为基本依据，探讨思想政治教育的社会基础和社会思维，从理论上将思想政治教育与社会连接起来，为辩证认识和处理思想政治教育与社会、思想政治教育学与哲学社会科学的系统思维提供指南。这方面，叶方兴已经做了理论探讨，具有一定的开创性。他专题论述了思想政治教育的社会思维，并“以社会思维审视思想政治教育”，较为系统地论述了思想政治教育社会学的社会思维。[①]思想政治教育与社会的关系，不仅存在着如何认识的问题，即从方向、目标、战略、路径等方面提出指导思想，而且也有一个方法和技术的问题，即通过总结实践经验和理论研究，探索和寻找处理思想政治教育与社会关系的具体方法和技术。

第四，现实意义。进行思想政治教育社会学研究工作，具有现实的紧迫性。这是由社会转型和思想政治教育发展的时代性决定的。就世界而言，“世界格局正处在一个加快演变的历史性进程之中”[②]。就中国而言，我国正处在“千年变局”的新历史阶段，中华民族伟大复兴中国梦取得巨大成就，给中国人民带来足够的自信。伴随着人类社会现代化、全球化和新一轮科技革命，伴随着世界迎来百年未有之大变局，伴随着中国特色社会主义进入新时代，伴随人的全面自由发展和对美好生活向往，思想政治教育与社会的关系成为思想政治教育学科发展的突出课题，这些因素推进了思想政治教育社会学研究的提出及发展。

人类已经进入知识社会，知识成为社会整合和发展的重要力量。“在‘知识社会’中，知识不能被简单地‘利用’或被看做仅仅是知识本身，因为它已经融入了处于社会深层的认知联合体、概念结构以及权力与利益的认知结构中。”[③]思想政治教育活动是生产知识和传递知识过程引导人们树立积极价值观的实践活动，它最具有与知识社会相一致的特点，在这一过程中思想政治教育社会学应运而生。

第二节　思想政治教育社会学的研究对象和内容

思想政治教育社会学研究对象是思想政治教育社会学的基点和基本要素，也是基本课题。这符合学科产生和建设的基本规律，也是基本条件。思想政治教育社会学的研究对象，已经有了多年探索，形成了一定的成果。对思想政治教育社会学研究对象的认识应当在现有基础上不断推进，以达到科学界定。在此基础上，明确思想政治教育社会学的研究领域和研究内容，成为研究任务的出发点。

一、思想政治教育社会学研究对象的探索

“思想政治教育社会学研究什么”，这是思想政治教育社会学的研究对象问题，也是思想政治教育社会学研究领域、研究范围、研究内容及研究任务的基础。

① 叶方兴：《社会之镜：思想政治教育社会整合研究》，上海人民出版社 2018 年版，第 62 页。

② 习近平：《习近平谈治国理政》第 2 卷，外文出版社 2017 年版，第 522 页。

③ 〔英〕杰勒德·德兰迪：《知识社会中的大学》，黄建如译，北京大学出版社 2010 年版，前言及致谢。

有无确定的研究对象是判别一门学科是否独立的重要标志。一门学科区别于其他学科的标志就在于有自身独立的研究对象，缺乏这一点，这门学科将失去独立地位，无法建立起来。毛泽东指出："科学研究的区分，就是根据科学对象所具有的特殊的矛盾性。因此，对于某一现象的领域所特有的某一种矛盾的研究，就构成某一门科学的对象。"[①]这一观点获得人们的普遍认同。思想政治教育社会学作为新兴学科，确立自身的研究对象成为它的首要课题。正是基于这种认识，人们着手开展对思想政治教育社会学研究对象的广泛探索。目前的观点归纳起来，主要有以下三种观点。

第一，思想政治教育社会学的研究对象主要是思想政治教育与社会的相互关系。周黎鸿和王淑娥明确提出，"思想政治教育社会学的研究对象主要是思想政治教育与社会的相互关系"[②]。思想政治教育社会学区别于思想政治教育学和社会学。思想政治教育社会学区别于思想政治教育的地方在于它的微观性。"思想政治教育社会学不是思想政治教育学。思想政治教育学是从宏观的、更抽象的层次上研究思想政治教育产生和发展的规律，而思想政治教育社会学更多地是从微观的视角和更为具体的层面上入手，分析思想政治教育与社会的相互作用。"[③]进一步看，"思想政治教育社会学主要是研究人的政治行为与社会的相互作用，它不仅研究个体如何适应和服从社会整体，而且研究个体的政治行为变异对整个社会的影响和对社会风尚变迁的作用，揭示出思想政治教育与社会相互作用的一般特征"[④]。

这是一个很好的方案，同时也要看到，思想政治教育与社会之间的关系是一个宏大的概观性论题，很多学科都对其有所涉猎。思想政治教育是以人的思想行为变化及思想政治教育规律为研究对象的学科。它在研究过程中必然涉及人的思想行为变化及思想政治教育与社会之间的关系，这里至少包含两个层次，一是思想政治教育与社会的关系，二是人的思想行为与思想政治教育的关系，而实际上还有一个关系，即人越过思想政治教育与社会的互动，反过来影响思想政治教育。社会学也会触及思想政治教育与社会学之间的关系，因为思想政治教育本身就具有社会性，需要在具体的社会环境中诠释思想政治教育、开展思想政治教育活动。因此，以"思想政治教育与社会的关系"这一宏大论题作为思想政治教育社会学的研究对象，还显得笼统，有待深化、具体化。

第二，思想政治教育社会学是以社会学的方法研究思想政治教育的一门科学。

---

① 《毛泽东选集》第1卷，人民出版社1991年版，第309页。

② 周黎鸿、王淑娥：《"思想政治教育社会学"范畴论纲》，《河南教育（高校版）》2008年第8期，第30—31页。

③ 周黎鸿、王淑娥：《"思想政治教育社会学"范畴论纲》，《河南教育（高校版）》2008年第8期，第30页。

④ 周黎鸿、王淑娥：《"思想政治教育社会学"范畴论纲》，《河南教育（高校版）》2008年第8期，第31页。

这一理解模式认为思想政治教育社会学是社会学研究方法与政治学研究对象相结合的一门交叉学科。通常所指称的部门社会学，是将社会学理论和方法运用于社会部门，对特定的社会部门进行社会学探讨，以此形成或建构部门社会学，诸如经济社会学、政治社会学、教育社会学、宗教社会学、法律社会学等等。思想政治教育社会学就是以社会学理论和方法来研究思想政治教育的一门科学，简化成公式表示就是："思想政治教育社会学=社会学研究方法+思想政治教育学研究对象"。将社会学的方法运用到思想政治教育领域是思想政治教育学术研究的重要拓展，有助于拓宽思想政治教育的研究视野。社会学的诸多原理和方法为全面地把握思想政治教育提供了独特的研究视角和有效的解释力。"作为一种社会建构的产物，社会学对于学科问题有着独到的解释能力。因此，从社会学的视野出发，对于学科问题会有更加深入的认识。"①借鉴社会学的原理和方法也是现代社会中思想政治教育发展的必然之举。

将思想政治教育社会学界定为"以社会学的方法来研究思想政治教育的一门科学"，这是许多学科开展跨学科或交叉学科研究的通常做法，也是交叉学科组合处于初步阶段的体现。随着学科与学科之间的互联，这一界定有待深化和融合。就思想政治教育社会学研究来说，它直接看到的是思想政治教育与社会之间的关系，进一步看，它应当是建立在思想政治教育与社会之间内在关联性的基础上的。所以，思想政治教育社会学就并非"思想政治教育学"与"社会学"的机械嫁接。这种定义模式认为思想政治教育社会学就是以社会学的方法研究思想政治教育，把思想政治教育社会学理解成社会学研究方法和思想政治教育学研究对象的简单拼装，它没有洞察出思想政治教育与社会之间的内在联系，而是对两者关系的一种简单化的认知与处理。此外，从学科论的基本理论看，判别一门学科是否成立的根本标志在于其有无独立的调整对象。同样的道理，思想政治教育社会学作为思想政治教育学科的分支学科和作为社会学的分支学科的思想政治教育社会学有什么区别？可见，从这个角度看，对思想政治教育社会学研究对象的认识和定义还有待推进。

第三，思想政治教育社会学是以思想政治教育这一特殊社会现象为研究对象的学科。这种理解模式认为思想政治教育社会学研究对象是作为特殊社会现象的思想政治教育的一门科学。它视思想政治教育为一种特殊的社会现象，将其从纷繁复杂的社会现象中单独抽离出来专门加以研究。这一定义模式为教育社会学所采用。"教育社会学乃是主要运用社会学的原理和方法，对作为一种特殊社会现象的教育进行研究的一门学科。"②把教育社会学的研究对象看作一种社会现象是教

① 王建华：《学科的"社会学"研究》，《教育导刊》2007年第9期，第4页。

② 鲁洁主编：《教育社会学》，人民教育出版社1991年版，第29页。

育社会的根本特征。这一方案效仿这种定义方式理解思想政治教育社会学研究对象，将其理解为一种社会现象并运用社会学的原理和方法加以阐发。

将思想政治教育理解为社会现象反映出了思想政治教育社会性的一面，揭示出了思想政治教育在发生时对社会背景的依赖性以及在运行时需要社会条件支持的特点。然而，这一理解方式只不过是社会学思维在思想政治教育领域的投射而已。当我们将思想政治教育理解为社会现象时，也就意味着必须把它当作一种客观的社会事实。如果限于这种理解和定义，就会出现思想政治教育“外部化”现象。思想政治教育是思想领域的活动，思想政治教育学是对这类活动的研究。进而言之，思想政治教育的核心是价值观导向，具有观念形态鲜明特征和规定，这是我们所指的思想政治教育的政治性本质。这些特性和本质规定需要在思想政治教育社会学研究对象中体现出来。

二、思想政治教育社会学研究对象的含义

人们已经对思想政治教育社会学研究对象有了初步研究，为后来者提供了参考。本书的主要观点认为，思想政治教育社会学是一门研究作为系统存在的思想政治教育、社会及其与社会系统之间关系的学科。思想政治教育社会学以思想政治教育社会存在状态、思想政治教育在社会中的活动、社会中的思想政治教育、思想政治教育系统与社会系统之间相互关系等为研究对象。

提出这一思想政治教育社会学研究对象的方案是有理由的，也可以给予阐释，这主要是基于系统论，特别是从思想政治教育系统思维的角度考察的结果。思想政治教育社会学不仅是社会现代化进程的结果，是时代催生的结果，更是内在系统存在的原因，可以运用系统论解读。以系统论的视角把握思想政治教育，有助于把握思想政治教育与社会之间的关联性，这是确定思想政治教育学研究对象必须具备的前提条件和依据。思想政治教育是一种系统存在，不仅是因为思想政治教育自身是一个系统存在，更是作为社会组成部分的思想政治教育系统存在，思想政治教育来自社会又必须回到社会，思想政治教育与社会是由两部分组成的系统整体，系统的整体性和有机性成为背后的必然联系。这样来看，既合理地照应了思想政治教育社会学的出场背景，正确表达出思想政治教育社会学研究对象的特质，也能全面地把握思想政治教育的内涵。①

思想政治教育与社会都是系统的存在。这不仅意味着思想政治教育和社会分属两个不同的系统，有着各自独立的要素，更重要的意义在于两者之间存在着相

---

① 孙其昂、叶方兴:《思想政治教育社会学研究对象发微》,《学校党建与思想教育》2011 年第 2（中）期，第 4—7 页。

容性。思想政治教育不仅自身成为一个系统，而且其本身也是社会系统的重要组成部分。社会系统是由多种社会因素组成的复杂的有机体，而思想政治教育系统是社会系统的重要组成部分。思想政治教育是社会系统的一部分，离开了社会，离开社会中的人的存在和变化，离开社会和人的需要，思想政治教育便无法实现其自身的价值。社会系统包括社会的物质系统和精神系统。精神系统是人对物质系统的主观反映，它们之间的关系属于社会存在和社会意识之间的作用和反作用的关系。思想政治教育系统属于社会系统中的精神系统。确切地说，它是社会精神系统中的保障系统。思想政治教育在社会运行和发展过程中对社会系统的其他因素一直起着“生命线”的作用。

思想政治教育系统嵌入社会系统。思想政治教育系统与社会系统密不可分，它们相互之间发生着功能性的关系。社会系统中诸要素（子系统）的有序运行、和谐发展离不开思想政治教育系统的支撑与保障，而思想政治教育系统要发挥其价值也需要社会系统其他要素的强力支撑。思想政治教育是一种有目的、有计划、有组织的社会实践活动，具有极强的社会性。任何思想政治教育都是在一定的社会环境中开展的。脱离了社会系统这个背景，人们就无法认识思想政治教育规律、开展思想政治教育活动。思想政治教育要有效地开展，不仅需要自身诸要素有序和谐，而且需要社会系统其他要素的共同配合，如思想政治教育的条件、环境等。

只有将思想政治教育和社会视为系统的存在，才能为思想政治教育社会学研究对象提供合理的逻辑前提。当人们把它们当作客观存在的社会系统或社会子系统时，两者之间才可能真正地相容起来，从而保证思想政治教育社会学研究对象的本质特性。事实也证明，这一做法是合理的、可行的。在当下学术界，人们提出构建思想政治教育社会学或者寻求社会学的原理和方法来研究思想政治教育，一个很重要的原因在于人们重视当前思想政治教育实践效果，这是思想政治教育在社会中的输出效能。人们试图通过社会视角来考察思想政治教育的实效性。而当下思想政治教育效果不佳的原因恰恰就在于人们对于思想政治教育采用了一种孤立化、抽象化的认知方法。在部分人看来，思想政治教育就是脱离社会生活的孤立的领域，是一种远离社会生活的意识形态教育，这是指当下的政治，认为“意识形态”即是政治；还有人认为，思想政治教育属于过去或过时的“政治”，因而拒斥它、远离它。当我们将思想政治教育理解为系统的社会存在时就会发现思想政治教育并不是孤立的、抽象的，而是就在社会生活之中。

三、思想政治教育社会学研究的内容

思想政治教育社会学研究的内容是思想政治教育社会学研究对象的具体化，

涉及面宽，且内容丰富。现在可列出的主要内容有以下十个方面。

第一，研究思想政治教育社会学理论。研究马克思主义作为思想政治教育学理论基础在思想政治教育社会学中的运用，研究思想政治教育社会学借鉴其他学科的理论和方法，研究思想政治教育社会学自身的基础理论，研究思想政治教育社会学的理论体系和建构。研究思想政治教育社会学的根源和产生，思想政治教育学和社会学的结合，思想政治教育的社会性和社会的思想政治教育性及其二者的关系，思想政治教育的社会思维及其运用，人与社会中的思想政治教育中介，人、社会和思想政治教育三者发展的相互关系。

第二，研究思想政治教育的社会基础。思想政治教育系统论认为，思想政治教育是社会的一部分，社会是思想政治教育的母体，思想政治教育在科学化过程中获得相对独立的地位，但其始终不能离开社会，且需要扎根于社会，因此思想政治教育必须立足于社会。思想政治教育社会学研究的内容首要的是思想政治教育的社会基础。简单而言，是指认识思想政治教育的社会基础，要把思想政治教育建立在社会的基础上。这包括社会与思想政治教育的关系、社会结构与思想政治教育的关系、社会变迁与思想政治教育的关系，特别需要重视传统社会、现代社会和后现代社会三重结构相关的思想政治教育研究，同时还需要重视中国社会从熟人社会向半熟人社会转型过程相关的思想政治教育研究。互联网、人工智能、大数据、数字经济等快速发展的背景下，以数字化为核心的网络社会成为人们的现实存在，不仅外在于人们而成为环境的组成部分，还直接进入人的生活世界，由此构成的社会世界更要给予重视。人与社会的关系是一种无法回避的“关系”，而社会是这种“关系”的前提。认识社会是我们认识自我及其活动的前提，当然也是认识思想政治教育、思想政治教育学和思想政治教育社会学的前提，这是基础工作。

第三，研究思想政治教育的社会学存在，或研究思想政治教育的社会学。这是运用社会学的理论和方法对思想政治教育进行研究，或者说对思想政治教育进行社会学研究，或者说把思想政治教育作为社会学的研究对象。这是许多学科或社会领域采用的借鉴学科研究方法。例如，教育社会学主要运用社会学理论和方法对教育现象展开研究。在教育社会学领域，既有把教育现象作为总体的研究，以教育社会学命名；也有把教育现象部分作为对象的研究，以课堂社会学、德育社会学、教学社会学、体育社会学等命名。在思想政治教育社会学学科，也应有类似的研究对象和领域，不仅可能，也有必要。即使以人为对象，展开思想政治教育社会学的研究也有可能和必要。例如，以人的社会化为对象，展开思想政治教育社会学的研究，作为思想政治教育社会学的一个领域。从本书的题目看，以思想政治教育系统存在为对象和领域，开展思想政治教育社会学研究，应当是一个重要课题，进而研究思想政治教育要素社会学。如果把思想政治教育社会学分为一般和特殊，则思想政治教育要素社会学是指思想政治教育社会学特殊，包括思想政治教育理论的社会学、思想政治教育（结构）功能的社会学、思想政治教育组织的社会学、思想政治教育角色的社会学、思想政治教育活动的社会学、思想政治教育方法的社会学、思想政治教育管理的社会学等。

第四，研究思想政治教育的社会格局。从社会和思想政治教育的双重视角考察全球全国全社会的思想政治教育，思想政治教育的社会格局是随着社会变迁和发展不断演变发展的。在早期思想政治教育与社会结合在一起时，还谈不上思想政治教育。随着社会的变迁，特别是在社会现代化发展和社会分化过程中，思想政治教育获得发展，从社会中分化出来，逐步形成相对独立的思想政治教育领域。同时，社会仍然需要思想政治教育，社会中有思想政治教育，社会是思想政治教育的主要场域，由此形成三类思想政治教育，即专门思想政治教育、结合思想政治教育和交叉思想政治教育，相应的思想政治教育社会格局也发生变化。这种变化对人类社会的有序运行、健康发展和思想政治教育价值的发挥都是极其重要的。开展对思想政治教育的社会格局研究，建构与社会现状相适应的思想政治教育格局，建立相应的思想政治教育体制，成为思想政治教育社会学研究的重要任务。

第五，研究社会的思想政治教育功能和思想政治教育机制。一是研究社会的思想政治教育功能，包括社会整体的思想政治教育功能、社会要素的思想政治教育功能、社会制度的思想政治教育功能、社会组织的思想政治教育功能、社会初级群体的思想政治教育功能、社会治理的思想政治教育功能、社会运动及社会活动的思想政治教育功能等。二是研究社会的思想政治教育机制。社会具有思想政治教育的机制，思想政治教育社会学要研究社会的思想政治教育机制，包括总体社会的思想政治教育机制、社会活动的思想政治教育机制、社会化的思想政治教育机制、社会角色的思想政治教育机制、社会力量的思想政治教育机制、社会治理的思想政治教育机制、社会运动的思想政治教育机制等。

第六，研究社会领域的思想政治教育存在和实践。社会既是总体，又可分为各个部分，社会是由各个部分组成的总体。这里所说的社会领域主要指社会分领域，即社会分域。社会各个部分，即社会分领域，社会领域是相当丰富的。思想政治教育社会学应研究社会领域的思想政治教育，包括总体思想政治教育、区域思想政治教育、行业思想政治教育、层级思想政治教育、社群思想政治教育、组织思想政治教育。社会领域有多种分法，除了前述划分以外，还可以分为经济、政治、文化、社会、生态文明等领域，在这些领域中存在并需要思想政治教育。传统社会是同质性社会，几乎只有一种思想政治教育就可以了。现代社会是异质性社会，社会领域是丰富多样的，各个社会领域的思想政治教育同样各有其特点。所谓高度统一性社会和多样化社会，正是传统社会和现代社会的两种样态。计划经济体制和市场经济体制构成两类社会领域的典型形态。社会转型推进思想政治教育转型，思想政治教育现代转型正是基于社会转型出现的新现象。例如，公共空间、公共生活和公共精神已经成为社会的新领域和新课题，正在成为思想政治教育的新的存在方式和实践。①这种研究就必然具有丰富性和多样性。

第七，研究思想政治教育的社会功能。思想政治教育说到底是为人服务的，而人在社会中活动。思想政治教育为社会服务，也要通过人。思想政治教育的社会功能在于社会需要思想政治教育。思想政治教育依赖于社会，也服务于社会，这是社会有序运行所不可缺少的。研究思想政治教育的社会功能，包括思想政治教育的动员功能、思想政治教育的调节功能、思想政治教育的知识功能、思想政治教育的环境功能等。这部分的研究主要借助思想政治教育学原理，再根据思想政治教育社会学研究对象进行调整，提出具有思想政治教育社会学意义的社会功能。

第八，研究思想政治教育社会。这包括两个维度，一是广义的思想政治教育社会，二是狭义的思想政治教育社会。广义的思想政治教育社会，指的是类似对社会内部分域开展研究，诸如“三位一体”“四位一体”“五位一体”划分，然后展开思想政治教育社会学的研究。这里主要就狭义的思想政治教育社会做些探讨。传统社会是总体性社会，也可以说全社会就是一种社会；而现代社会形成各种各样的社会共同体，这些社会共同体，实际上成为各自的社会。这种社会共同体，不是滕尼斯所说的“共同体”，不是公民社会的共同体，而是亚社会即社会领域。思想政治教育社会是社会中的亚社会，它有自己的特点，也有社会的一般特点。思想政治教育社会学研究思想政治教育社会及其各种形式，以认识自己的独特规律，以建构“自觉行业”。这是思想政治教育学理论建设面临的特别紧迫的任务，也是思想政治教育主体自觉的前提性条件。

第九，研究思想政治教育社会学的多学科理论与实践。现代社会是一个传统、现代和后现代叠加的时代，又是一个全球化和地方性交叉的时代，也是一个网络化、智能化、个体化、复杂化的过程。思想政治教育社会学要关注时代性和现代性，研究复杂性的思想政治教育社会，运用思想政治教育系统思维多层次研究思想政治教育与社会的关系，做出思想政治教育社会学的特殊贡献。

第十，研究思想政治教育社会学方法，包括思想政治教育社会学的研究方法和实践方法。在研究方法方面，有研究方法观、研究方法思维、研究方法理论，特别是思想政治教育社会学研究方法论、社会学研究理论和方法在思想政治教育中的运用等；在实践方法方面，有思想政治教育社会学方法、思想政治教育社会工作方法、思想政治教育社会心理学方法、思想政治教育社会建设方法、思想政治教育社会治理方法、思想政治教育社会学研究方法。

思想政治教育社会学研究对象的内容是随着社会实践和思想政治教育实践而

---

① 戴锐：《思想政治教育的公共化转型》，《马克思主义与现实》2013 年第 1 期，第 189—194 页。

不断发现和发展的，也是随着思想政治教育学和社会学两个学科的发展而发展的，尤其需要重视人与思想政治教育、思想政治教育与社会相互关系的发展而推进调整研究内容。

第三节　思想政治教育社会学的研究方法

思想政治教育社会学作为一个学科和领域，应有自己的研究方法，而研究方法有待探究。研究方法本身具有工具意义，不可缺少。研究方法的科学性和先进性，也会影响研究思路及研究成果的科学性和可能性。列宁曾摘录过黑格尔《逻辑学》里的一段话来表达方法的意义，“方法也就是工具，是在主体方面的某个手段，主体方面通过这个手段和客体相联系”①。毛泽东也特别地指出：“不解决方法问题，任务也只是瞎说一顿。”②可见，研究方法对于思想政治教育社会学的研究具有决定性的意义。另外，对于一门新兴学科来说，研究方法也是体现一门学科成熟与否的重要标志。思想政治教育社会学可以通过行之有效的研究方法来体现其作为一门独立学科的合理性。

从方法论体系的结构看，方法有三个层次：哲学方法、一般的方法及具体的方法，它们相互之间体现出一般与特殊的关系。我们将思想政治教育社会学的研究方法划分为三类：一般方法、具体方法及相关的借鉴方法。哲学是思想政治教育社会学研究方法的方法论，属于指导思想和理论思维基础。系统研究方法是思想政治教育社会学一般的方法，也是最基本的研究方法。思想政治教育社会学是一种交叉学科，运用多学科研究方法成为基本研究思维和研究方法。思想政治教育社会学具体研究方法包括社会学和思想政治教育学的相关研究方法。此外，其他相关学科的研究方法如心理学、教育学、政治学研究方法在处理思想政治教育与社会之间关系时也可以借鉴。本书主要介绍四种研究方法，即系统研究方法、多学科研究方法、思想政治教育学研究方法和社会学研究方法的结合，以及其他学科与思想政治教育社会学之间相关的研究方法。

一、系统研究方法

这里所说的系统研究方法，指的是一种研究思维，而不是指具体的研究方法。思想政治教育社会学的研究对象及研究领域、研究内容都是系统存在，首先要确

① 《列宁全集》第55卷，人民出版社1990年版，第189页。

② 《毛泽东选集》第1卷，人民出版社1991年版，第139页。

立系统思维。思想政治教育系统思维是思想政治教育思维的基本思维，应在思想政治教育活动中加以运用，并在运用中检验和发展。

系统是世界的存在方式，具有普遍意义。思想政治教育也是系统存在，把思想政治教育作为系统存在已成为共识。在此基础上，思想政治教育应具有系统论的理论知识和运用习惯。对系统的存在从经验到理论，再到方法，再到习惯，应成为我们的理论常识。系统思想源远流长，但作为一门学科，它产生的时间并不长。系统论是由美籍奥地利生物学家冯·贝塔朗菲创立的，1932 年，冯·贝塔朗菲发表的《抗体系统论》提出了系统论的思想。1937 年，他提出了一般系统论原理，这些原理奠定了这门学科的理论基础。1968 年，他出版的专著《一般系统理论：基础、发展和应用》，被公认为是这门学科的代表作。系统论的核心思想是系统的整体观念。冯·贝塔朗菲强调，任何系统都是一个有机的整体，它不是各个部分的机械组合或简单相加，系统的整体功能是各要素在孤立状态下所没有的。冯·贝塔朗菲用亚里士多德的"整体大于部分之和"的名言来说明系统的整体性，反对那种认为要素性能好，整体性能就一定好，以局部说明整体的机械论的观点。他还强调，系统中各要素不是孤立地存在着，每个要素在系统中都处在一定的位置上，起着特定的作用。要素之间相互关联，构成了一个不可分割的整体，要素是整体中的要素；如果将要素从系统整体中分割出来，它将失去应有的作用。

系统论的基本思想方法，就是把所研究和处理的对象当作一个系统。所谓系统，就是由相互作用和相互依赖的若干组成部分结合成的具有特定功能的有机整体，而且这个系统本身又是它所从属的一个更大系统的组成部分。系统论研究系统，就是研究系统、要素、环境三者的相互关系和变动的规律性，研究系统的结构和功能，并善于用系统的观点、方法分析问题，提出解决问题的思路。系统论的任务，不仅在于认识系统的特点和规律，更重要的还在于利用这些特点和规律去控制、管理、改造系统，使它的存在与发展合乎人的目的和需要。研究系统的目的在于认识系统存在，调整系统结构，协调要素关系，平衡内外关系，达到优化系统的目标。

思想政治教育在现代转型发展过程中，主张确立思想政治教育系统思维方式，并运用于实践活动。思想政治教育社会学是思想政治教育与社会相互作用的产物，它的产生和认识需要运用系统思维方式。思想政治教育社会学的研究对象是一个由多个子系统组成的系统。思想政治教育社会学所认识和处理的对象至少包含思想政治教育、社会和思想政治教育与社会交叉三个子系统。思想政治教育是一个由学科、工作、环境[①]等诸多要素相互关联、相互作用组成的有机系统。社会是

① 孙其昂、张建晓：《基于新理论框架的思想政治教育系统建构》，《河海大学学报（哲学社会科学版）》2020 年第 1 期，第 22—27 页。

社会单元及关系连接在一起的具有内在联系的有机系统。在现代社会，思想政治教育与社会相对分化，又相互联系、相互进入，构成一个新系统。思想政治教育社会学所研究的对象是由三个子系统共同构成的系统整体。系统研究方法是指，从思想政治教育及思想政治教育社会学的角度，在思想政治教育与社会关系问题上，分析思想政治教育与社会系统各要素之间的关系，不同要素对思想政治教育产生不同的支持力，同时也分析思想政治教育对社会系统各个要素的作用力。无论是思想政治教育学，还是社会学，系统研究方法已经成为一种重要的和常用的分析方法。在思想政治教育社会学领域中，这一方法体现得尤为明显，因为正是将思想政治教育与社会视为系统的存在并讨论两者间的相互作用，才使得思想政治教育与社会之间的具体关系更加清晰地表露出来。

二、多学科研究方法

多学科研究方法的出现和运用是现代社会发展与科学技术发展的结果，也是学科分化与整合的一种趋势。科学发展运动的规律表明，在社会现代化过程中分化与整合双重趋势推动下，科学在高度分化中又高度综合，形成一个统一的整体。据有关专家统计，现在世界上有 2000 多种学科，而学科分化的趋势还在加剧，但同时各学科间的联系越来越紧密，在语言、方法和某些概念方面，有日益统一化的趋势。运用多学科的理论、方法和成果从整体上对某一课题进行综合研究的方法，也称为“交叉研究法”“跨学科研究法”。

思想政治教育社会学本身就是科学分化与学科综合双重趋势的反映，必然要求它运用多学科研究方法开展研究。这里提出运用多学科研究方法研究思想政治教育社会学，只能是一个思维主张和研究思路，还缺乏具体的操作技术。第一，思想政治教育社会学作为多学科交叉结合起来的学科和研究对象，应当运用多种学科的知识和方法开展研究。这里的多学科，并不局限于思想政治教育学科和社会学科两种学科的组合或结合，而是根据需要和可能选择学科的数量和种类。第二，开展多学科研究方法时，要有相应学科知识和方法技能，并不是凭空想象的。笼统地说运用多学科研究方法，而无相应的知识和方法技能，不仅无法获得应有的效果，还可能会出现不良后果。例如，要在思想政治教育社会学研究中运用数量研究方法，就需要具有概率论、统计学和社会调查技术，否则就是一句空话。如果没有经济学、政治学、社会学的理论知识和方法，也就谈不上对经济、政治、社会等现象有科学认识和把握，在思想政治教育社会学研究中就无法认识和把握相关的社会现象。第三，运用多学科研究方法开展思想政治教育社会学的研究，不仅要有基础知识，还要有经验，这是一个实践的过程，是多次实践的过程，并不是一次实践就能完成的。

运用多学科研究方法是一种趋势，也有一定的优势，当然也是一种挑战。多学科研究趋势和实践，由于多学科各自的深度发展和专业化特性，在研究实践中会带给参与者许多惊喜，带来许多新发现。由此可见，挑战和收益同在，这也是思想政治教育社会学有效参与和发展的必经之路。

三、思想政治教育学研究方法和社会学研究方法的结合

按多学科研究方法，简单说来是指运用多学科方法研究对象。一般意义所说的多学科研究方法，在前文已经阐述。这里针对思想政治教育社会学特殊对象进行阐述，仅指两种学科的研究方法在思想政治教育社会学中的运用。在思想政治教育社会学研究方法的问题上谈两种学科研究方法之间的关系，我们需要做如下区分：一是思想政治教育社会学学科的研究方法；二是思想政治教育社会学研究对象（思想政治教育与社会之间关系）的研究方法。但不论从哪个意义上讲，思想政治教育社会学都可以集思想政治教育学研究方法与社会学研究方法、思想政治教育的研究方法与社会的研究方法于一身，这正是“结合”的含义。

从知识体系和学科特征看，思想政治教育社会学建立在思想政治教育学与社会学之间接口、交叉处和兼容性的基础上。思想政治教育社会学研究思想政治教育与社会之间的关系，社会学对社会的研究方法与思想政治教育的研究方法在很多研究方法上也具有互通性，都可以成为思想政治教育社会学的研究方法。思想政治教育是一种特殊的社会活动，它既具有思想政治教育的属性也具有社会的特征，因此社会学的很多方法完全可以运用其中。

一般认为，思想政治教育学科研究方法的突出特征是理论思辨方法，运用理论工具研究和把握对象；社会学研究方法的突出特征是实证研究方法，运用经验工具研究和把握对象。思想政治教育社会学的研究方法，旨在综合两个学科的研究方法，研究和把握思想政治教育社会学的对象。思想政治教育学研究方法至今仍然是思想政治教育学科的弱项，尚未形成系统的研究方法。“思想政治教育学研究的基本方法，通常采用理论思辨方法和实证研究方法，或者称为规范研究法和实证研究法。实证研究法主要采用观察、定量分析、案例分析等方法，这对于观察和把握思想政治教育事实有重要作用，应积极学习引入。但是，思想政治教育本身具有价值特征，理论思辨方法是不可缺少的，在某种程度上，思想政治教育学研究的质量取决于质的分析。在实际研究中，要将理论思辨方法与实证研究方法结合运用，发挥它们的各自长处。”[①]社会学研究的三个基本方法：实证主义方

① 孙其昂、黄世虎主编：《思想政治教育学基本原理》，河海大学出版社 2015 年版，第 15 页。

法论、非实证主义方法论和历史唯物主义方法论。社会学对于社会的研究主要有定量方法（调查研究、实验法）与定性方法（观察法、访谈法、个案法）。[①]思想政治教育学研究方法和社会学研究方法的结合，就是将两种研究方法结合起来运用。这种“结合”还处于探讨阶段，有待实践的检验。

四、其他学科与思想政治教育社会学之间相关的研究方法

思想政治教育社会学旨在揭示思想政治教育与社会之间的关系，而除思想政治教育学和社会学对它的研究以外，还有其他学科研究它。这便是借鉴其他相关学科研究方法来研究思想政治教育与社会之间的关系、研究思想政治教育社会的理由。因为思想政治教育与社会之间的关系问题并非单一的思想政治教育学和社会学所能有效解决的，它是一个异常复杂的问题，需要多视域、多角度结合才能厘清两者之间的关系。

现代社会的治理和运行，国家发挥着支柱的作用。现代社会最重要的是国家治理及相应的社会治理，对国家的认识成为认识社会治理的基础和根本，是思想政治教育的根本，自然也是思想政治教育社会学的根本。国家是政治学研究的核心问题，由此运用相应的思维和方法，构成国家与社会的关系。[②]虽然社会学也有“国家—社会”的分析框架，但与政治学研究思维和研究方法有明显差异。政治学重点研究国家的权力、政治、软实力等功能及运行机理，而社会学重点研究国家对社会的影响，二者有不同的侧重点，由此形成不同的研究思路和方法，如质性研究。质性研究的最大特点是“情景”中的研究，教育学研究中运用较多，有较为成熟的经验，可为思想政治教育社会学所借鉴。比如，思想政治教育社会学要研究如何在现代社会进行有效的意识形态宣传，这就必然涉及传播学的相关知识，传播学的一些传播技巧和方法就可以被吸纳。再如，不同时代、不同社会的民众对于主流政治思想的认同程度是存在差异的，思想政治教育社会学需要研究不同社会、不同人群在接受思想政治教育时心理态度上存在的差异，心理学的研究方法无疑可以被借鉴进而成为有效的认知工具。此外，其他学科如教育学、政治学、伦理学等学科的研究方法只要能够有效地揭示思想政治教育与社会之间的关系，都值得思想政治教育社会学借鉴。

---

① 郑杭生主编：《社会学概论新修》，中国人民大学出版社 2003 年版，第 457 页。

② 政治学的研究对象有两类主张：一类主张政治学的研究对象是政治现象或政治关系，认为政治学是研究社会中各种政治关系的科学，是研究关于社会政治及其发展规律的科学，或者是研究社会各种政治势力关系发展规律的科学；另一类主张政治学的研究对象是国家，或以国家为中心的各种政治现象和政治关系。

第四节 思想政治教育社会学的学习目的和要求

“思想政治教育社会学概论”主要是一种知识体系，它是关于思想政治教育社会学的知识的集合。从深度内涵看，它具有多重含义，是集知识、研究和行动等的综合意义。无论是思想政治教育学、社会学还是思想政治教育社会学，都是人的实践成果的理论表现，它本身包含实践活动的成分。虽然它们是一种概念的集合，实际上内在包含着丰富的意蕴，体现着人类实践活动的积淀之意。美国社会学家乔恩·威特指出：“社会学不仅是个名词，更是个动词。它不是我们拥有的东西，而是我们要去做的东西。……社会学不应该只局限于大学课堂之中，也不应该只属于专业人士。可以说，现在我们人人都是社会学家，许多工作都在等着我们一起去完成。”[①]乔恩·威特所说的社会学是多样的存在，社会学不只是知识体系，同时也是一种实践，一种社会中要行动的事情。思想政治教育社会学具有同样的特性。“思想政治教育社会学”是一种知识体系，学习它可以增加我们的知识，同时也是一种理念，它指导我们去认识思想政治教育学科、思想政治教育社会学原理，也指导我们去认识相关的问题，还推进我们去开展思想政治教育及思想政治教育社会学的研究实践，它要求我们在研究实践中学习和成长，为思想政治教育社会学学科发展做出贡献。

思想政治教育及思想政治教育社会学的研究、学习和应用是做人的活动，要特别重视人在场，以及思想政治教育主体培养，促进思想政治教育主体成长，通过思想政治教育主体来推动思想政治教育现代化发展。

一、学习的目的在于认识

学习思想政治教育社会学可以指导我们认识思想政治教育社会学及相关的对象和问题。这里的认识，不仅是指动词，即指认识活动；而且指把握结果，通过认识活动进而在思想认知上理解和把握对象。

第一，认识思想政治教育社会学。思想政治教育社会学作为思想政治教育学科的分支学科，为什么会产生这个分支学科、条件是什么、可能会怎样、现状如何，这些都促使研究者从思想政治教育社会学当下的知识状况和发展状况进行了解，然后做出判断和选择。

---

① 〔美〕乔恩·威特：《社会学的邀请》，林聚任等译，北京大学出版社 2014 年版，第 296 页。

第二，认识思想政治教育学科。通过思想政治教育社会学认识思想政治教育学科，即以思想政治教育社会学为中介和桥梁来认识思想政治教育学科。思想政治教育社会学强调社会思维、社会视野和社会知识，从社会的角度认识和分析思想政治教育学科、认识思想政治教育及学科在社会中的地位和作用，有助于在思想政治教育及学科更宽广的视野认识和定位思想政治教育及学科，还有助于正确认识和定位思想政治教育及学科的发展进路。

第三，认识思想政治教育与社会的关系。思想政治教育社会学以研究思想政治教育与社会的关系为自己的基本关系，也视为基础问题。思想政治教育与社会的关系、思想政治教育学与社会学的关系、人与社会的关系，还只是基本的命题，其中所包含的命题相当丰富，对它们的研究有助于细化和深化人与社会的联系，推进人认识社会和参与社会实践，深化人与社会的联系。

第四，认识思想政治教育社会学与人的关系。学习思想政治教育社会学的根本目的是促进人的发展。人的目的是使人成为人，在社会实践中促进精神成长及精神不朽。思想政治教育社会学的实践和发展是人的实践的结果，在人的社会实践及学习过程回报社会，塑造自己成人。这是人与社会互动的过程和成果。

二、学习的目的在于建设

学习的目的在于建设，即建设思想政治教育学科、提高思想政治教育的行动能力、发挥思想政治教育在价值观建设中的作用。学习思想政治教育社会学的目的在于推进思想政治教育社会学和思想政治教育学的建设，推进思想政治教育系统的建设，推进思想政治教育事业发展，最终目的是推进思想政治教育服务社会和服务人的发展，推进社会主义运动发展，推进人类社会美好理想的实现。

首先，推进思想政治教育学科建设。思想政治教育社会学是思想政治教育学科的分支学科，也是思想政治教育学科的组成部分。思想政治教育社会学不是社会学的分支。通过建设思想政治教育社会学而推进思想政治教育社会学的发展，这是当务之急。思想政治教育学科正在发展，正处于转型升级阶段，科学发展又处于高度分化与高度综合的新阶段。在这种形势下，思想政治教育社会学建设具有特殊的意义，需要着力推进建设。思想政治教育是一种综合性的实践活动，需要运用多种学科知识和方法认识和处理思想政治教育问题，除了思想政治教育学科发展以外，特别需要交叉学科的发展。人们根据思想政治教育学科的交叉性，在思想政治教育科学化和学科设立之初，就提出多个分支学科，但发展并不理想。思想政治教育社会学作为交叉学科，如果能够获得较好发展，可以发挥探路的作用和示范的作用，可以为其他分支学科提供借鉴。

其次，推进思想政治教育系统建设。思想政治教育是一个社会建制，也是一个系统工程。思想政治教育系统具有多重含义，它作为社会建制，已经在全党全国全军建立起组织、机构、队伍等体系。在思想政治教育体系内部，还包括领导、管理、实务、队伍、资源等系统组成的体系。思想政治教育社会学可以从理论和方法层面提供指导，可以跳出思想政治教育系统内部去从外部提供信息和借鉴，从思想政治教育与社会的关系维度为思想政治教育系统提供指导。

最后，推进思想政治教育事业建设。从思想政治教育事业的角度，主要指对思想政治教育实践活动进行观察和评价，从思想政治教育系统外部效果的视角提出思想政治教育学科和系统建设的意见。思想政治教育社会学从社会角度考察思想政治教育实践活动成效，从思想政治教育角度和社会角度两个方面，也就是从专业化与社会化双向视角考察思想政治教育实践活动成效，在取得客观评价及知识的基础上提供建设意见。

思想政治教育建设与社会建设紧密联系，互动互构。学习思想政治教育社会学推进思想政治教育建设，要将思想政治教育服务社会和服务人联系起来，在互动互构中检验学习的效果。

三、学习的要求在于行动

学习的目的在于应用，应用需要行动。这里的行动除了实际行动以外，还包括学习行动。学习本身是一种行动，内含及延伸出多种行动即行动的集合。思想支配行动，除了行动以外，还要在行动中学习，学会在行动中学习，成为能够自主学习的人，以获得新知识新思想。

第一，要把学习思想政治教育学与学习社会学两种知识结合起来。思想政治教育社会学是由两种学科组成的,学习思想政治教育社会学需要两种学科的知识，没有两种学科的知识，就无法深入领会和理解思想政治教育社会学。思想政治教育学科知识和社会学知识越是深厚,就越容易进入思想政治教育社会学知识领域。这几乎是任何交叉学科的基本前提和常识。只有具备这个前提，才有可能进入学习思想政治教育社会学的领域。在此基础上，研究者还要在“结合”上下功夫。“结合”是两种学科知识的渗透、结合、融合，既需要思想政治教育社会学学科的知识建构，也需要学习者自身的思考和领会，这需要下一番功夫。

第二，要把思想政治教育实践和社会实践结合起来。知识来源于实践。实践越丰富，经验越丰富，就越有学习和理解的基础。现代社会的思想政治教育实践是在思想政治教育理论指导下的实践，这与传统思想政治教育实践即思想政治工作有质的区别。越是具有思想政治教育实践，越有助于学习和理解思想政治教育社会学。需要特别指出的是，这里的思想政治教育实践，包括思想政治教育研究实践经历，如撰写论文和发表论文的经历、参加课题研究的经历。也就是说，除了思想政治教育实务实践以外，还有思想政治教育研究实践。实践是多种多样的。参与什么样的实践，就具有什么样实践的经历和经验，也可以获得相应的实践知识。思想政治教育研究实践是获得思想政治教育研究经验和研究知识的重要途径。思想政治教育社会学知识除了来自书本，还来自参与思想政治教育社会学研究实践，这些为学习思想政治教育社会学知识提供了支持。这里所说的社会实践，不仅指个体的社会经历、生活经验和职业经验，也指人类社会实践。在全球化、信息化、智能化时代，要求学习者有丰富的国际社会经验。这里的社会实践，核心是社会主义社会的实践，是以科学社会主义为理论指导的建设社会主义理想社会的实践过程。学习思想政治教育社会学与学习科学社会主义理论结合起来，参与思想政治教育实践与参与科学社会主义实践，特别是与参与中国特色社会主义实践结合起来，在实践中学习和掌握思想政治教育社会学和科学社会主义理论，将理论内化于人的素质，转化为人的行动，转化为社会事实。对学习思想政治教育社会学而言，这里的社会实践，最好还同时具有社会学、政治学、经济学、教育学、心理学、管理学、人类学等社会科学知识，具有运用社会科学知识解读社会的经验和知识。

第三，要把课堂学习与社会调研结合起来。课堂学习和社会调研是两种学习方式。前者称为学习书本知识，后者称为学习社会知识。这是两种不同形态的知识，具有不同的特点，获得知识的方式也不同。课堂学习一般指学校的系统教育，这是正规途径的系统化学习。许多课堂学习会结合组织社会调研活动，将两种学习形式配合起来，相互推进。实际上，仅依靠正规组织学习，所学知识还是有限的，需要学习者自己组织学习。通过选修课程、自学、自组织等方式学习相关知识和参与社会实践，以补充单纯课堂学习的不足。课堂学习和社会调研还要重视“结合”和“互动”，将两种途径联合起来，将获得的知识融合起来，成为自己的知识系统；更为重要的是，要在“结合”“互动”中学会思考，在思考中有所发现，提升自己的学习和研究能力。

第四，要把研究思路与个体学习结合起来。前文阐述了思想政治教育社会学的发生、发展、研究对象，阐述了思想政治教育社会学的研究方法，如系统研究方法、多学科研究方法、思想政治教育学研究方法和社会学研究方法的结合等。这是一种建构的过程，亦即是个体与外部互动的过程，在互动过程中实现内化。

学习的要求在于行动，还需要社会关怀。个人与社会的关系始终是作为个体的人要思考和实践的课题。在思想政治教育社会学的学习中要突出社会关怀。在个人不同的人生阶段，社会始终存在，但社会又在发生变化。这源于社会本身的变化。这里的社会关怀有社会变化的角度，更有思想政治教育社会学的立场和特征，既要从社会角度思考和反思思想政治教育社会学，又要让思想政治教育社会学服务社会，在社会中服务人民。在服务社会和服务人民中检验思想政治教育社会学，进而推进思想政治教育社会学的发展。

✎ 问题与讨论

1. 思想政治教育社会学是如何产生的？
2. 思想政治教育社会学的研究对象是什么？
3. 思想政治教育社会学的研究内容有哪些？
4. 思想政治教育社会学的研究方法是什么？
5. 学习思想政治教育社会学的目的、方法是怎样的？

第一章　思想政治教育社会思维

思想政治教育社会思维是指思想政治教育社会学内蕴的学科思维，它是思想政治教育社会学作为一门知识体系所提供的把握研究对象的独特思维方式。思想政治教育社会学是思想政治教育学与社会学交叉形成的独立学科，它以思想政治教育与社会之间的关系作为研究对象，从社会的视角理解思想政治教育，由此形成了观察和审视思想政治教育的社会思维。在此视域下，思想政治教育被视为一项社会实践活动，具有鲜明的社会属性，在社会之中并借助社会开展思想政治教育，发挥思想政治教育的社会价值。社会思维展现思想政治教育的社会之维，打破静态地、孤立地思考思想政治教育的思维方式，探求思想政治教育与社会之间相互关联、相互塑造、相互融合的内在联系。“在社会中理解思想政治教育”，将“社会”作为解释原则和方法论，并以社会的视角观察和审视思想政治教育，进而把握思想政治教育与社会的关系是思想政治教育社会学的显著特征，也是现阶段思想政治教育社会学研究的重要任务。本章主要通过阐释思想政治教育的社会规定性，把握“社会”的理论特质，揭示思想政治教育社会思维的学理内涵、理论基础和实践要求。

第一节　思想政治教育社会思维释义

一般而言，对于思想政治教育学科及其分支学科来说，只有采取复合型的学科观才能把握其综合性的理论视域。换句话说，如果只是秉持对研究领域进行“条块分割”的单一化学科思维方式，将很难把握思想政治教育学科的独立性。思想政治教育社会学经过多年来的学术积累，以及思想政治教育学术共同体的推进，已然成为思想政治教育分支学科群中为数不多的具有相对独立性的知识体系。

思想政治教育社会学作为独立的分支学科，其独立性在于它所提供的独到的思想政治教育、社会及二者之间关系的视角。这种审视外部世界的独特视角，如同人的“眼睛”一样，吴康宁就曾用“学科之眼”的说法形象地表达了这一观点。

在他看来，“不同的学科都有其自己的‘眼睛’，即所谓‘学科之眼’。这些学科之眼本身是自足的，是不依附于其他的学科之眼的，它们相互之间具有不可比性。”“学科之眼乃是学科赖以相对独立的一个首要条件”。[①]以思想政治教育与社会的关系为研究对象，思想政治教育社会学为我们看待两者关系提供了一种全新的思考方式——社会思维。社会思维的提出也是思想政治教育社会学得以产生的思想动因之一，用以改变以往理解思想政治教育或理解社会的“单一化”趋向，以及在把握两者关系时呈现出的“两极对立”态度。长期以来，人们对思想政治教育与社会之间关系的认识容易陷入非此即彼、两极对立式的理解：要么过分强调思想政治教育的政治属性，将思想政治教育从社会系统中抽离出来，成为抽象、悬空的存在；要么过分注重思想政治教育的社会性，以社会系统其他要素消解思想政治教育政治性的本质特征。思想政治教育社会学是把握思想政治教育与社会的“关系学”，揭示了思想政治教育与社会之间相互确证、相互塑造的辩证关系。

一、思想政治教育社会思维的现实指向

思想政治教育是一项具有政治性的社会实践活动，并不外在于社会系统，与社会相隔离，而是社会系统的重要组成部分。思想政治教育系统论研究表明，思想政治教育系统必须放置于社会系统之中才能获得完满的理解，引入社会学资源，借助社会思维阐释思想政治教育，就是要求我们在思考问题时考虑到更大的图景（社会背景），尽力看清社会世界中的一个部分（如经济）如何与另一个部分（如学校）发生联系。同样地，在思想政治教育社会学看来，对思想政治教育的认识无法脱离社会系统，只有“在社会中”，并“在社会中”把握思想政治教育与社会系统之间的复杂关系，才能深入地理解思想政治教育。作为思想政治教育社会学的学科思维，社会思维打破了孤立地、偏狭地审视思想政治教育及其与社会之间的关系，而是为理解和把握思想政治教育与社会的关系提供了一种关系性的思维方式。可以说，思想政治教育社会思维在思维方式上超越了以往对思想政治教育的单向度认知。单向度认知的表现有以下三种。

（1）思想政治教育的抽象化思维。这种做法将思想政治教育理解或视为脱离社会现实生活的抽象存在，预设为既定的、正确的、抽象化的活动形式，是国家力量以制度、政策、文件等方式融入社会系统的政治实践活动。其基本的思维逻辑是：从思想政治教育多样化的实践活动中总结其规律性内容，并将之视为绝对正确的合理标准，以此统摄、定义、规范思想政治教育的全部活动。比较常见的做法是，将思想政治教育界定为统治阶级开展的意识形态化的活动，这种活动似

① 吴康宁：《社会学视野中的教育》，《教育研究与试验》2006年第4期，第1页。

乎直接指向人的思想政治品德，而无须关注具体的、现实的社会生活场景。殊不知，思想政治教育抽象化理解需要立足思想政治教育的形态学，即承认思想政治教育有多样的表现形态，展现思想政治教育多元、丰富的现象。实际上，在现代社会，随着社会分域为生活世界与系统，思想政治教育除了采取系统化、组织化的形式，更多地表现为日常化、社会化的形态。一旦以抽象化的思维方式理解思想政治教育，人们就容易认为思想政治教育无用，思想政治教育便难以与社会有效对接，人们感觉到思想政治教育远离社会生活，成为远离社会关切的“不食人间烟火”的抽象存在。当然，这里论及的抽象化思维方式主要指向那种完全忽视思想政治教育现实性的思维方式，并非否定“抽象”在思想政治教育学科建设中的重要作用，在当前思想政治教育科学化的进程中，科学抽象恰恰是重要的学术工作方式。

（2）思想政治教育的支配性思维。这是从价值论角度对思想政治教育与社会的关系做出的单向化认定，它将思想政治教育视为独立的存在，并强调它对社会系统起到支配性作用。这种思维立足于思想政治教育的政治性，思想政治教育成为政治系统的组成部分和实践方式。相应地，思想政治教育外在地支配社会生活，思想政治教育成为社会生活的“立法者”与“裁判者”。在支配性思维的影响下，思想政治教育发挥着对社会生活的规范作用，比较常见的认识有“思想政治教育泛化论”“思想政治教育万能论”等。在革命高潮时期、泛政治化年代，社会全部生活受制于政治的规制，思想政治教育活动成为社会中主导性的社会活动。支配性思维颠倒了思想政治教育与社会之间的正常关系，特别是社会对思想政治教育的决定作用，从而让整个社会生活陷入政治的宰制，也使得思想政治教育受到孤立，更加无法适应开放、多元的现代社会。

（3）思想政治教育主客体关系的对立化思维。思想政治教育是教育者与教育对象交互作用的精神交往活动，教育者与教育对象在活动过程中相互塑造、相互影响。不过，在现实的思想政治教育实践活动中，由于教育者与教育对象之间天然地存在着思想信息的差异性，以及职业化分工，加之实践活动的先后时序，就容易形成“两极对立”的思维方式。当引进主体和客体后，设定教育者是主体、教育对象是客体，教育者和教育对象在思想政治教育中的地位和二者的关系被固化，甚至绝对化，认为前者是主体，居主导地位，而后者是受动者。思想政治教育活动变成是前者对后者开展单向式说教，甚至以权力干预的行政命令式以保证思想政治教育的实践效果。这种思维方式使得思想政治教育活动变成了主客体对立的活动方式：思想政治教育者总以先在的、绝对正确的姿态自恃为“真理持有者”，将一元化、主导化的政治价值观以自上而下的方式传播给思想观念处于“白板”状态的教育对象。在平等的现代社会，这种思维方式不仅会造成教育者对教育对象的“倾轧”，置教育者与教育对象于不对等、不对称的状态之中，缺少现代思想政治教育应有的平等、尊重与关怀意识，而且会丧失对思想政治教育本质规定性的根本把握。

上述几种把握思想政治教育与社会关系的思维方式，从根本上体现出单一化的趋向。要摒弃非此即彼、两极对立式理解方式，就需要引入一种能够协调、整合思想政治教育与社会的关系思维，而这种思维恰恰是思想政治教育社会学作为独立的分支学科可以给予的。现有的思想政治教育社会学成果表明，思想政治教育社会学尝试从“社会”的视角审视思想政治教育，“社会”在此可以成为思想政治教育的解释原则和方法论。在此，这里的“社会”便具有鲜明的关系意蕴，“社会本身，即处于社会关系中的人本身”，而“人的本质不是单个人所固有的抽象物，在其现实性上，它是一切社会关系的总和。”“社会”是理解和把握思想政治教育的视角或维度，用以纠正各种片面的、单一的理论视角。如果忽视这一点，缺少在社会系统中把握思想政治教育，思想政治教育将难以有效地嵌入社会系统，也将难以发挥思想政治教育的社会价值。思想政治教育社会学研究思想政治教育与社会的关系，它正是以“社会”的视角理解思想政治教育及其与社会系统的相互关系，摒弃各种二元对立、非此即彼的单一化思维。可以说，作为思想政治教育社会学的学科思维，社会思维尝试在社会系统中揭示思想政治教育，展现两者之间的互构互动关系。

二、思想政治教育社会思维理论释义

用“思想政治教育社会思维”表达思想政治教育社会学的学科思维方式，它是研究者和实践工作者在理解与把握思想政治教育时，应该具备的专业化的认知方式，也是思想政治教育社会学作为思想政治教育分支学科所内蕴的学科思维。根据孙其昂教授创设思想政治教育社会学的经验，他曾指出，当年撰写《社会学视野中的思想政治工作》一书时尽管使用了“社会学视野”，但根本上是“社会视野”。[①]思想政治教育社会学从一开始就尝试从社会视野理解和把握人类社会的思想政治教育活动，社会是其重要的理论视角，社会学资源是理论研究引入的知识基础。在孙其昂教授关于思想政治教育社会学的创设和系列研究中，思想政治教育社会学并不只是单纯从社会学的角度研究思想政治教育，更多的是一门将思想政治教育融入社会，从“社会”的角度审视思想政治教育的学问。

在后续的研究中，思想政治教育社会学积极引入社会学的理论、方法，同时又进一步拓宽理论视域，包括哲学、政治学、人类学、教育学、中国共产党建设等理论资源，不断展现出这一分支学科应有的“社会”向度。这里的“社会”不

---

① 孙其昂：《社会学视野中的思想政治工作》第2版，科学出版社2017年版，第一版前言第2页。

再局限于客观存在的外在实在，而更多地上升为一种方法论和解释原则。同时，“社会”也不拘泥于某个单薄的社会元素，而是呈现为社会系统方面的要素、社会发展过程中的各种关系（结构）、社会群体中复杂多样的主体形态等。就“社会”思维的核心特质来看，它主要体现为事物之间的关联性，社会思维要求人们在事物之间的相互联系中整体把握彼此的规定性和互动性。以“关系”界定社会思维，也合乎马克思社会观关于“社会”的基本定位。

思想政治教育社会思维又称为思想政治教育（社会）关系思维，它是思想政治教育社会学的学科思维方式或学科习性，指的是思想政治教育社会学在理解和把握思想政治教育与社会关系时所体现出的相互联系、有机互动、相互融入的方式。它基于思想政治教育与社会之间的相互性：一方面，思想政治教育是社会关系中的存在，从来不外于人们的社会生活，社会是思想政治教育的决定力量；另一方面，思想政治教育自身也是相对独立的社会子系统，它与社会系统其他各要素是互相联动、交互作用、互相配合的，钩织起完整的人类活动体系与社会关系网络。①社会思维的核心特质在于关系思维，即从整体的视角把握思想政治教育与社会之间的相互关系，这种相互联系、互动、融入的关系思维不仅体现在思想政治教育与社会之间，也体现在思想政治教育各系统要素与社会系统要素之间。

思想政治教育社会思维体现在思想政治教育与社会关系的各个维度。①背景依赖，即思想政治教育以社会为背景，理解思想政治教育需要放置于社会背景之中。任何一种形式的思想政治教育都以某种社会条件作为现实前提，也都以某种社会观作为观念前提。思想政治教育不外在于社会，它就在社会之中，以某种形式的社会背景为前提，社会为思想政治教育提供具体的活动场景，丰富的现实社会生活为思想政治教育提供现实要求、具体条件。无论何种形式的思想政治教育，都需要相应支撑性的社会条件，由此构成与思想政治教育相对应的社会场景。②结构关联。思想政治教育是社会系统中的子系统，是社会系统结构诸要素中的一个关键性要素，是社会上层建筑意识形态的核心部分之一。思想政治教育社会思维将思想政治教育视为社会系统的元素之一，要求我们以社会想象力把握思想政治教育，在社会结构中定位思想政治教育，揭示它的结构性特征，展现出思想政治教育与社会在结构层面的丰富关联和独特位置。③有机互动。思想政治教育社会思维具有动态性和有机性，思想政治教育与社会体现为有机互动的联系：社会对思想政治教育的决定作用，社会对思想政治教育的反作用，构成相互区别又相互联系的辩证运动。马克思批判了黑格尔在国家与社会关系问题上“头足倒置”，指出“‘市民社会和家庭’在其真实的即在其独立的和充分的发展中是作为特殊的

① 邱仁富:《思想政治教育相互性探究》,《思想理论教育》2017年第8期，第55—62页。

‘领域’而成为国家的前提”[1]，“决不是国家制约和决定市民社会，而是市民社会制约和决定国家”[2]，这里的“市民社会”与国家的关系对人们把握思想政治教育与社会之间的互塑关系不无裨益。④结合融入。思想政治教育源于社会的同时，在社会现代化及分化过程形成相对独立的思想政治教育系统，也不断地结合社会系统各要素，回到社会中并最终融入社会系统的各个具体情境中，实现社会思想政治教育。社会各领域、各行业、各社群都存在思想政治教育需求，以实现思想政治教育的社会性与社会的思想政治教育性相统一。

三、思想政治教育社会思维的特征

作为思想政治教育社会学的学科思维，社会思维体现了思想政治教育的关系性特征。这具体表现为：对思想政治教育的认识和理解，需要置于社会结构、历史脉络和社会关系当中，以此为基础构建思想政治教育与社会之间的合理联系。从这个意义上来说，社会思维又被称为关系思维。在马克思那里，“社会”一词本身就具有鲜明的关系性维度。“人们在生产中不仅仅影响自然界，而且也互相影响。他们只有以一定的方式共同活动和互相交换其活动，才能进行生产。为了进行生产，人们相互之间便发生一定的联系和关系；只有在这些社会联系和社会关系的范围内，才会有他们对自然界的影响，才会有生产。”[3]社会的关系性特质不仅赋予思想政治教育社会思维以根本规定性，而且能有效克服现代性社会条件下思想政治教育与社会之间可能出现的分离、脱域及“两极对立”，赋予思想政治教育以鲜活的社会生命力。具体而言，思想政治教育社会思维有如下特征。

（一）思想政治教育社会思维的延展性

社会是一个具有延展性的概念。社会有大小之分、宏观微观之别，内部包含空间与格局，具体可以划分为不同的层次。相应地，思想政治教育的社会思维体现为对思想政治教育的认识与理解，可以通过不同层次、不同界面的社会空间加以审视。从社会学的视角看，一般认为“社会”有“大社会”与“小社会”的区分，“大社会”指整个社会系统，而“小社会”则指社会成员互动形成的小型空间，通常被称为微型社会或微社会。作为一个具有延展性的弹性概念，“社会”还可以更大范围地拓展至国际社会，用以表示不同的国家互动形成的社会空间。思想政

① 《马克思恩格斯全集》第3卷，人民出版社2002年版，第8页。
② 《马克思恩格斯选集》第4卷，人民出版社2012年版，第202页。
③ 《马克思恩格斯选集》第1卷，人民出版社1995年版，第344页。

治教育在此空间往往担负着维护意识形态安全、建构国家形象、提升国家文化软实力的任务。与此同时，“社会”还可以进一步“收缩”至不同的社会领域甚至具体的社会情境。现代社会可细化为各个领域，每个领域都是一个个独立的社会空间，如学校、军队、企业等，都可以视为一个个“小社会”。在更为微观的社会情境中，“社会”依旧体现出自己的解释力。可以说，社会思维赋予社会以空间感、立体感，是一个具有延展性的概念。“社会”概念包含着丰富、多样、多层次的社会空间。从整体宏大的国际社会，到国家层面社会系统的结构性布局，乃至微观层面的人际互动等，思想政治教育在其中展现出广泛的社会适应能力和巨大的社会介入能力。也就是说，思想政治教育在富有延展性的社会空间中获得了生存空间。思想政治教育社会学所具备的社会思维要求思想政治教育在立体化的社会结构和社会空间中，体现它与其他不同要素之间的关联性。

（二）思想政治教育社会思维的关联性

社会源于人与人的互动，社会思维摒弃人的孤立性。人作为社会性的动物，其本质在于一切社会关系的总和，由此区别于“离群索居”的孤立、静止状态。社会思维即关系思维，它是一种构建合理的社会联系的思维。这种思维不仅使人与人之间处在合理的社会关联中，而且也为个体的自由全面发展提供现实条件。马克思在使用“社会”概念的时候，其中一个重要的思想意蕴就是展现该概念在现代性造就的社会分裂的情势下构筑合理社会联系的功能。“马克思是从‘联系’和‘关系’的视角来界定并考察社会的，这些‘联系’和‘关系’是‘一定的历史发展条件下’的产物。……社会是由从事生产的现实个人构成的，这些人的生产实践活动是社会得以诞生的基础和条件。社会就是由一定的人及其关系所构成的一种‘经济—生产’关系性存在。”[①]从这个意义上理解社会思维，可以在关联性的语境中理解和把握特殊性的事件。

从广义上说，可以将社会/关系思维视为思想政治教育系统思维的具体体现。现有的思想政治教育系统论研究表明，思想政治教育在成为社会系统的重要子系统过程中，与社会系统的其他要素发生着密切作用，共同为社会的良性运行提供保证。与此同时，思想政治教育自身也构成一个独立的系统，其内部各形态、各领域、各群体之间相互作用，密切联动，共同支撑思想政治教育的有效运行。思想政治教育系统思维深刻地反映出社会特质。在思想政治教育社会学的研究中，思想政治教育系统思维进一步应用于对思想政治教育与社会的关系分析，相应地形成的社会思维可以视为对思想政治教育系统论的进一步深化与运用。这样，根

---

① 付文军：《马克思社会概念的理论阐释及其当代意义》，《浙江学刊》2022年第2期，第42页。

据社会思维所具有的关联性特征，对思想政治教育的认识必然置于社会关系之中，即思想政治教育本身不是远离社会的孤立存在，它既是社会系统中的重要构成部分和要素，同时也与社会其他要素紧密关联、密切互动，共同支撑着社会系统的稳定与发展。

（三）思想政治教育社会思维的实践性

依据思想政治教育社会学对“社会”的研究，社会思维不仅经历了从“系统思维”到“关系思维”这一不断推进的演变过程，而且对“社会”内涵的认识也逐渐地越出了单纯社会学的解释理路。特别是近些年随着唯物史观视野下马克思社会观的引入，“社会”概念的实践性、生成性维度逐渐被开辟出来。在思想政治教育学科视域中，社会的地位与解释效应获得不同于以往的全新理路，它甚至成为影响乃至塑造思想政治教育的现实化的机制。在马克思看来，社会并不是一个抽象概念，社会意味着关系，而关系往往生成于实践。也就是说，社会不是既定的，而是生成的，社会是在不断地“做”的过程中形成的。在此，社会不仅是名词，而且可以作为动词使用，即是生成、构建各种社会关系。这个意义上的社会，具有鲜明的实践性维度，相应地，社会思维要求思想政治教育构建合理的、良性的社会关系作为支撑。这构成了思想政治教育在社会中的特定功能和特定价值，还揭示了思想政治教育社会思维的特殊意义。

在思想政治教育与社会的关系问题上，社会思维要求人们对思想政治教育的理解、认识和把握不仅脱离不了其背后的社会关系，而且主张人们需要通过社会实践活动，能动地建构合乎人性、支撑人的自由全面发展的社会关系。从这个意义上来说，社会思维就是一种实践性的思维方式，是历史唯物主义的重要体现。这点有别于以往人们总是把社会视为静态的、结构化的背景，转而将社会视为孕育、生成、推动思想政治教育的机制。作为动态的关系建构过程，社会在历史演变中展现为多重形态。作为社会现象的思想政治教育是社会历史长期演变的产物，是人类在社会生活的长期生存过程中出现的社会历史现象。与此同时，思想政治教育自身的演变和发展又表现为一个动态的社会历史进程，不仅它自身的诸要素需要有机配合、有效互动，而且需要和社会系统的其他要素相互配合，进行信息、能量、资源等系统性交换。

第二节　思想政治教育社会思维的理论基础

思想政治教育社会思维有着坚实的科学依据和社会依据，唯物史观是思想政治教育社会思维的方法论，思想政治教育的系统性存在是思想政治教育社会思维的存在依据，马克思的社会观是思想政治教育社会思维的学科理论基础。

一、唯物史观是思想政治教育社会思维的方法论

作为思想政治教育的分支学科，思想政治教育社会学从根本上遵循唯物史观的理论指导。思想政治教育与社会之间的关系在某种意义上是社会存在与社会意识辩证关系的具体体现。换句话说，思想政治教育社会思维具有内在性，不是外在附加的特质，它植根于唯物史观关于思想政治教育与社会之间关系的科学阐释。唯物史观也为理解思想政治教育与社会的关系提供了科学的方法论。

根据马克思对唯物史观的阐述，“人们在自己生活的社会生产中发生一定的、必然的、不以他们的意志为转移的关系，即同他们的物质生产力的一定发展阶段相适合的生产关系。这些生产关系的总和构成社会的经济结构，即有法律的和政治的上层建筑竖立其上并有一定的社会意识形式与之相适应的现实基础。物质生活的生产方式制约着整个社会生活、政治生活和精神生活的过程。不是人们的意识决定人们的存在，相反，是人们的社会存在决定人们的意识”[①]。唯物史观认为，社会存在决定社会意识，思想政治教育与社会的关系植根于其中，这里的“社会”宽泛地指“社会存在”，而思想政治教育则对应于“社会意识”，相应地，思想政治教育与社会之间的关系可以通过社会存在与社会意识的辩证关系加以说明。

实际上，思想政治教育植根于社会是思想政治教育学（也包括思想政治教育社会学）的基本原理。一直以来，在思想政治教育学原理的教材体系中，唯物史观都被视为思想政治教育学的理论基础，为揭示思想政治教育活动或现象提供了科学的思维方式与方法论。“‘物质生活的生产方式’制约着思想政治教育；不是‘人们的意识’决定思想政治教育，相反，‘是人们的社会存在’决定思想政治教育（思想政治教育意识及其活动）；‘社会的物质生产力发展到一定阶段’，思想政治教育‘也或慢或快地发生变革’。就是说，社会物质生产方式及其变化是思想政治教育变化发展的根本源泉。”[②]进一步地，在思想政治教育社会学的视域中，思想政治教育与社会的关系可以在唯物史观的阐释下获得更为清晰的理解。

首先，从历史的视角看，唯物史观科学地揭示了人类社会发展的一般规律，自然且深刻地揭示了思想政治教育发生发展的机理。这个过程使得思想政治教育与社会系统其他各要素呈现出一种历史性的互动关系。思想政治教育只有置于社

① 《马克思恩格斯选集》第2卷，人民出版社2012年版，第2页。
② 孙其昂：《思想政治教育本质的唯物史观解读》，《学校党建与思想教育》2010年第14期，第8页。

会历史过程中才能获得完满理解。恩格斯在批评费尔巴哈的唯物主义的时候就曾指出，“这种唯物主义的第二个特有的局限性在于：它不能把世界理解为一种过程，理解为一种处在不断的历史发展中的物质”[①]。他将历史唯物主义视为“现实的人及其历史发展的科学”，“我们仅仅知道一门唯一的科学，即历史科学。历史可以从两方面来考察，可以把它划分为自然史和人类史。但这两方面是不可分割的；只要有人存在，自然史和人类史就彼此相互制约”。[②]在唯物史观这里，所谓的“历史科学”并非狭义的历史学，而更多的是呈现出历史维度的哲学社会科学。社会作为历史演变的结果，本身就是人类文明发展的历史积淀。科学把握思想政治教育与社会的关系无法脱离漫长的人类社会发展历程，只有进入人类社会物质资料生产活动及其形成的各种社会事实，才能为真正厘清思想政治教育与社会的关系奠定明晰的、合理的立场。那种对两者关系采取抽象的观察角度的做法，实际上背离了唯物史观的初衷。

其次，从实践的角度看，唯物史观为化解思想政治教育与社会“两极对立”的状况提供了实践思维。唯物史观坚持实践第一性的原理，用以揭示社会历史发生的“奥秘”。马克思在《关于费尔巴哈的提纲》中指出，“全部社会生活在本质上是实践的。凡是把理论引向神秘主义的神秘东西，都能在人的实践中以及对这种实践的理解中得到合理的解决”[③]。思想政治教育本身就是一种社会实践活动，它是具有鲜明政治性的思想互动和精神交往活动，以价值引领、精神提升、促进认同等方式实现个体与共同体相统一。人们在生产生活的过程中，免不了遭遇各种思想困惑，思想政治教育就是一项调节、引导人们价值观的精神互动。“从历史到现实，人们的思想政治工作，实际上是思想政治工作者通过各种手段把自己所持有的思想意识与对方现有的思想意识发生作用，从而使对方的思想意识向着一定的方向和状态发展，以便更好地指导其行为的活动。这就是思想互动，是思想政治工作的本质。”[④]人与人在精神互动中实现彼此之间相互理解、相互增进。一方面，个体成员通过接受特定共同体的价值观，将其内化为个人的品格，获得自身的规定性；另一方面，共同体为个体的成长发展提供条件，个体只有在共同体的情境下才能实现个体发展与社会发展的统一。从更为广泛的社会实践来看，思想政治教育实践活动往往承担着更为深远、更为重要的战略任务，甚至成为治国理政的重要方式。早在20世纪80年代，社会各界关于思想政治工作科学化的大讨论中，就有人明确提出思想政治工作是一门治党治国的科学。中共中央、国务院印发的《关于新时代加强和改进思想政治工作的意见》，提出要“把思想政治工

① 《马克思恩格斯选集》第4卷，人民出版社2012年版，第235页。
② 《马克思恩格斯选集》第1卷，人民出版社1995年版，第146页。
③ 《马克思恩格斯选集》第1卷，人民出版社2012年版，第135—136页。
④ 余仰涛：《论思想政治工作的本质：思想互动》，《中国测绘》1996年第1期，第20页。

作作为治党治国的重要方式”。实践永无止境，思想政治教育发展永无止境。只有立足实践，才能深刻理解思想政治教育本身的社会实践性特征，以及社会的思想政治教育需要。

最后，从形态的角度看，唯物史观将社会视为“艺术的整体”，为思想政治教育社会思维提供整体性的理解视域。唯物史观基于实践的立场，赋予社会理解以历史性、实践性的维度，由此形成的“社会”观念往往具有整体性。社会在唯物史观那里是“有机的整体”“艺术的整体”，是经济基础与上层建筑的有机统一。由此，社会便呈现为包括思想政治教育实践活动在内的整体统一化状态，同时，思想政治教育本身也成为由思想政治教育从业者与对象围绕政治价值观社会化与人的思想政治品德形成的关系网络。思想政治教育社会思维将思想政治教育活动纳入社会系统之中加以审视，将其看作一项社会实践活动、一项社会事实，思想政治教育活动并不是孤立存在的，而是与社会系统其他要素互相配合、相互作用。因此，思想政治教育是社会关系中的存在物，它的有效开展离不开现实的社会语境，需要借助社会条件、依托社会中介，并最终服务于广大社会群体。这样，思想政治教育与社会不仅在结构层面形成了共生型的关系状态，而且从运行演化层面形成了思想政治教育“在社会中”“利用社会”并最终“融入社会”的矛盾运动，从而使得两者之间的关系成为“艺术的整体”。

二、思想政治教育的系统性存在是思想政治教育社会思维的存在依据

思想政治教育社会思维体现了一种将思想政治教育与社会视为一体的整体性思维，植根于“思想政治教育是系统性存在”的事实。也就是说，思想政治教育是一项系统性的存在，从本原上决定了理解和把握思想政治教育需要具备整体性、关联性的思维。

一般而言，系统论是从自然科学、工程技术、生物科学等领域兴起的原理和方法论，之后被运用到科学研究的各个领域，并出现专门研究系统理论的系统科学。所谓系统是由相互作用和相互联系的若干组成部分结合而成的具有特定功能的整体。系统具有如下特征：一是整体性。系统是由不同部分组成的有机整体，它超越了要素部分，具备了单一要素所不具有的功能。“系统思考是‘看见整体’的一项修炼。它是一个架构，能让我们看见相互关联而非单一的事件，看见渐渐变化的形态而非瞬间即逝的一幕”。[①]二是关联性。系统内部各要素相互之间并非独立的，而是有机联合构成整体。系统是个有机的整体，组成系统的各要素之间

① 〔美〕彼得·圣吉：《第五项修炼：学习型组织的艺术实践》，郭进隆译，上海三联书店 1998 年版，第 75 页。

的联系，各自之间既保持个性又能够相互依赖、相互作用，共同维持系统的整合性和协作性。三是开放性。系统总是存在于一定环境之中，并且与作为环境的其他系统进行着物质、能量、信息的交换。系统并不是封闭的体系，而是一个动态的、开放的结构。在与外界进行物质、能量及信息的交换过程中，系统实现了自身的更新、升级与不断进步。

系统论对于分析事物的结构与关系具有不可替代的优势。从哲学上看，事物都是整体性的存在，都可以将之视为统一整体。特别是随着社会世界的复杂性日益增加，事物之间的关联性变得更加多样、复杂，系统论在阐释这些复杂要素之间关系的同时，自身也经历了理论形态的演化和更迭。伴随现代性进入加速、不确定性的阶段，系统论与复杂性理论相互交织，共同应对现代社会遭遇的不确定性。系统论自身的演化也已经能够应对现代社会大规模、复杂的社会巨系统。

思想政治教育系统论是思想政治教育社会学最基础的方法论，也是该领域最初为学界所提出并认同的理论。孙其昂教授起初创建思想政治教育社会学的时候，就开始从系统论的视域把握思想政治教育与社会的关系，通过借鉴索绪尔的结构主义语言学和斯特劳斯的结构人类学资源，为思想政治教育提供了一种结构化与系统化的理解范式，从而为思想政治教育社会学提供理论与方法论基础。系统分析是一个理智工具，可以用来对现有教育体系进行全面的、批评性的研究，并且还有可能提出一些用科学计算得出来的新的教育模式[①]。系统分析法也能有效地分析思想政治教育的结构，把握不同要素之间的联系形式，优化思想政治教育的结构。

按照思想政治教育系统论的解释，思想政治教育不仅自身是一个系统，而且也是社会系统诸多要素中的子系统。系统是指由不同要素齐备、结构完整的部分组成的整体，它并不是要素的简单叠加，而是由不同构成部分相互作用、相互耦合的有机结构。所谓思想政治教育系统，指的是思想政治教育的主体、客体、目标、内容、方法、原则、环境等不同要素相互作用构成的有机整体。从系统论的角度看，思想政治教育系统是社会系统的一个重要组成部分。思想政治教育系统不是单一的，而是与其他要素（政治、经济、文化、生态等）相互联系，共同构成社会大系统。把思想政治工作系统置于社会系统中来考察，有三个层次：第一层次是思想政治工作的社会层次，即思想政治工作的环境，它是思想政治工作的基础；第二层次是思想政治工作系统，即思想政治工作自身系统；第三层次是思想政治工作活动，就是通常所说的思想政治工作，是指思想政治工作所开展的活

① 联合国教科文组织国际教育发展委员会：《学会生存——教育世界的今天和明天》，教育科学出版社 2017 年版，第 164 页。

动及其功能。[①]从性质上看，思想政治教育系统属于思想上层建筑系统。社会系统中的要素与思想政治教育系统都发生着功能性的联系。社会系统的诸要素对思想政治教育的有序运行起着支撑性的作用，反过来，思想政治教育又对社会系统的存在与发展发挥着能动的变革作用，两者相互作用，塑造出具有能动性的社会联系，形成良性运动的社会生态。由于社会系统的复杂性以及社会分工的细化，社会系统的不同要素对思想政治教育的影响也是存在着差别的，有的关联性强、作用效果明显，而有的则关系较疏、作用效果差。按照唯物史观的思路，经济领域对于思想政治教育的影响就远远大于文化领域对思想政治教育的影响。犹如教育社会学秉持的基本观点："教育系统是社会系统的一个组成部分，是它的子系统。在社会中除了教育系统还有其他子系统，其中主要的是政治、经济、文化等。我们要研究的是社会与教育的关系，及教育与其他社会子系统之间的关系。"[②]

随着现代社会的分化程度不断加深，思想政治教育存在的系统性特征不断得以加强。这种系统性特征既是思想政治教育在社会系统领域本然的存在方式，也是思想政治教育的现代性境遇。在分工与合作协同推进成为现代社会基本特征的情况之下，思想政治教育系统要素既相互分离、独立，维持自身的个性特征，又相互协作、相互作用，构成一个有机的整体。鉴于思想政治教育系统的社会性特征，现代思想政治教育便成为社会分化出来的子系统，其独立性、自治性日渐增强。在现有的思想政治教育社会学研究中，我们将现代思想政治教育中出现的相对自足意义的独立领域，视为"思想政治教育社会"。即是说，随着现代性带来的社会分化加剧，思想政治教育领域日渐成为具有独立性的职业空间与社会空间。进一步看，思想政治教育社会不仅作为实在而存在，而且作为理解现代思想政治教育的思路与方法而存在。后者运用的就是思想政治教育的社会思维，发挥其关系性的特质，有效化解现代社会条件下思想政治教育出现的关系性、结构性的问题。

从系统论的角度看，思想政治教育是一项系统性的社会事实。思想政治教育社会思维即是要展现思想政治教育与社会之间的结构化关系，对之进行系统性的理论说明。思想政治教育不外在于社会，而是社会系统中存在的活动，不能将思想政治教育孤立地、抽象地加以理解，思想政治教育社会思维建立在对社会的完满把握之上，只有思想政治教育关注、了解了社会，进入社会各场域，深入不同社会群体的心灵深处才能真正掌握人们的所思所想，发挥出思想政治教育的社会影响力。在现代社会，思想政治教育日渐呈现出专业化、自足性的社会活动与职业空间，不断践行着关注社会、批判社会、引领社会的价值使命。思想政治教育自身所呈现出的组织性、交往性的特征，使思想政治教育领域，即思想政治教育

---

① 孙其昂：《社会学视野中的思想政治工作》第2版，科学出版社2017年版，第19页。

② 金一鸣：《教育社会学》，江苏教育出版社2000年版，第9页。

职业群体与对象形成的互动领域，能够成为一个相对微观的社会关系网络，具有“社会”的特质。思想政治教育以“社会”的形态存在于社会大系统之中，同时也作为独立的建构性力量参与现实的社会建构。

三、马克思的社会观是思想政治教育社会思维的学科理论基础

思想政治教育社会学是一门思想政治教育分支学科，它与其他分支学科共同构成思想政治教育分支学科体系。在目前的思想政治教育学科定位方面，马克思主义理论成为思想政治教育学科的一级学科，它也从理论与方法论的角度规约了思想政治教育社会学乃至整个思想政治教育学科的理论研究。对思想政治教育社会思维的理解依赖于人们对“社会”的界定，而马克思从唯物史观的角度对“社会”做出的科学阐释，则为思想政治教育社会思维提供了重要的解释思路。

马克思的社会观认为，社会是一个具体的、历史的范畴。社会不是预定的、先在的，而是人类在生产生活的实践活动中生成的。因此，社会并不是一个抽象的概念。马克思关于前资本主义社会、资本主义社会以及共产主义社会的论述，都是从一定的生产关系条件出发，而不是从观念和原则出发；是从现实个人的生存状况出发，而不是从抽象的“人”出发的，马克思始终提醒“应当避免重新把‘社会’当做抽象的东西同个体对立起来”①，认为“人是社会的动物”。这样，与以往人们对社会的认识相比，马克思对社会的认识体现出更加丰富、具体的科学内涵。

马克思对社会的认识引入了实践的观点。马克思在《关于费尔巴哈的提纲》中指出：“全部社会生活在本质上是实践的。凡是把理论引向神秘主义的神秘东西，都能在人的实践中以及对这种实践的理解中得到合理的解决。”②马克思从实践的角度揭示社会的生成，社会被视为现实的人在生产生活过程中结成的社会关系。社会即社会关系，这是马克思社会观最基本的本体论预设。社会是人与人相互作用形成的。社会是由人构成的，但并不是人与人的机械叠加，而是人与人之间的有机互动。此外，马克思不仅将在本体论层面的社会视作交往关系的总和，而且这样的关系具有生存论意义上的品格。马克思明确说“社会的即人性”，社会是人通过实践活动把人自己的本质力量对象化，交互形成的关系网。在马克思那里，社会概念体现出特别强烈的整合和联动的思维方式，马克思用这个概念分析和解剖资本主义，使得社会概念成了现代性批判的重要理论工具。

“社会”概念在马克思的语境中呈现出多方面的内涵。其中，社会不仅具有

① 《马克思恩格斯文集》第1卷，人民出版社2009年版，第188页。
② 《马克思恩格斯选集》第1卷，人民出版社2012年版，第135—136页。

本体性的内涵、价值性的维度、批判性的功能，还具有方法论的特质；社会不仅是构成思想政治教育的背景、条件、中介，而且成为审视思想政治教育的思维方式。可以说，在马克思那里，“社会”本身就有方法论的特质。“人们丝毫没有建立一个社会的意图，但他们的所作所为正是使社会发展起来，因为他们总是想作为孤独的人发展自身，因此他们也就只有在社会中并通过社会来获得他们自己的发展。”①这里，“在社会中并通过社会”表述体现了思想政治教育与社会互动的基本思路。马克思的“社会”概念从来都是一个复合型的概念，体现为一个能动的社会实践过程，由此，“社会”展现出思想政治教育多样性的思维特征。

思想政治教育社会思维的提出可以认为是将马克思的社会观运用于思想政治教育领域的具体体现。“社会”概念在马克思那里所具有的关系性、实践性、中介性和批判性特质在把握思想政治教育的过程中均有具体体现。循着马克思关于“社会”的理解思路，思想政治教育社会思维认为，思想政治教育是一项社会实践活动，思想政治教育是现实的人交往互动形成的关系网络，思想政治教育在社会历史演化中有其独特的存在样式、运行方式和具体的实践形式，也形成独特的思想政治教育思维方式。思想政治教育的社会思维不仅有助于扬弃对思想政治教育的抽象化认识，赋予思想政治教育以现实性品格，而且有助于审视现代思想政治教育的存在样态与运行状态。

第三节　思想政治教育社会思维的实践要求

思想政治教育社会思维是思想政治教育社会学重要的理论工具和思维方式，要着重认识和把握思想政治教育社会思维的关系特质，关注思想政治教育“基于社会”“借助社会”“脱嵌社会”“融入社会”等实践现象，将思想政治教育社会思维作为有效运用思想政治教育的社会分析方法，推进思想政治教育现代化发展。

一、科学理解思想政治教育社会思维的关系特质

从方法论上说，思想政治教育社会学为人们理解思想政治教育提供了关系性视域。社会学的思维方式从本质上说是关系性的思维。鲍曼等在《社会学之思》中将社会学的特殊之处理解为，“将人的行动视作更广泛的一些型构的要素，所谓型构，即行动者在一个相互依赖的网络中关联起来的非随机组合（在这种依赖状

① 《马克思恩格斯全集》第3卷，人民出版社1960年版，第235页。

况下，行动有多少可能实施，有多少机会取得成功，要看其他行动者是什么，做什么，或者可能做什么）”[①]。社会学为人们观察世界提供了关系论视角，“社会学以关系论的方式思考，将我们置于社会关系网络之中”[②]。米尔斯的“社会学的想象力”揭示的是社会学主张的人应独有的心智品质，这里的想象力即建立关联的能力，是研究者乃至学习过社会学知识的人能够将个体的私人性困扰与社会层面的公共性议题联系起来的能力。从这个意义上理解思想政治教育社会思维，就是要从思维方式上把握思想政治教育的关系性特质。

在思想政治教育社会思维看来，思想政治教育与社会之间呈现出一种现实性的关联，社会概念所呈现出的生成性、关联性、互动性等特征，无疑给思想政治教育注入一种现实而有生命的理解视域。这种特质也赋予思想政治教育社会学关注现实生活的品格。由此可见，思想政治教育社会学是一门“接地气”的学问，它从事寻求观念与现实、思想品德与日常生活、政治观念与社会基础、道德共同体与公民个体之间的互构互动。思想政治教育社会思维在此意义上也是一种沟通性的思维，而非单向的决定论思维。相应地，思想政治教育便是充满社会气息，不再被视为宏大的、单向度的价值观灌输活动或与人的现实生活割裂开来的抽象活动。

以社会思维审视思想政治教育，对思想政治教育做出多方面的理解与把握，有助于揭示思想政治教育的社会性。近些年来，思想政治教育社会学研究的重要成果之一，即是对思想政治教育的社会性展开了相对充分的理论研究。思想政治教育社会性是思想政治教育作为社会系统的构成要素所体现的特征或属性。从静态的结构来看，思想政治教育的目的、内容、方法、载体等诸要素都体现了鲜明的社会性。从动态的运行来看，思想政治教育不仅自身呈现为有效运行的有机系统，而且与社会系统的其他要素相互作用，共同支撑社会系统的稳定存在与有机运行。正是在系统的自身运行以及与其他社会要素的有机互动的双重演进中，思想政治教育展现出其社会性的品质，真正成为一项社会实践活动。

从思想政治教育社会思维所体现的关系性特征来看，思想政治教育本质上体现为社会成员的思想互动。以关乎人的发展与社会发展的主导价值观为内容，思想政治教育培育社会成员的集体与公共意识，塑造健全的政治人格，旨在帮助一定共同体的社会成员过上良善的精神生活。在此，思想政治教育所承载的价值内容充分展现出其社会集体性、政治性、公共性的立场，但这项活动本身却是每个具体的、现实的社会成员互动的产物。这个意义上的思想政治教育是经由思想互动形塑出的社会关系网络，同时也营造了一种积极健康的社会生态。

---

① 〔英〕齐格蒙特·鲍曼、蒂姆·梅：《社会学之思》，李康译，社会科学文献出版社 2010 年版，第 5 页。

② 〔英〕齐格蒙特·鲍曼、蒂姆·梅：《社会学之思》，李康译，社会科学文献出版社 2010 年版，第 11 页。

在现代社会，思想政治教育社会思维的关系性特质有助于化解思想政治教育领域出现的各种互动性、结构性和组织性的问题。随着现代社会分化的加剧，思想政治教育已经成为现代社会分化出的独立“领域”，且自身形态也经历了逐渐分化的过程。思想政治教育领域中理论与实践领域分化已经日趋明显，思想政治教育系统从社会中分化出来的同时，自身也不断发生分化，形成多个思想政治教育子系统。与之相应的，社会思维就成为克服思想政治教育领域可能因分化而招致的各种分裂的思维方式，以摒弃抽象化、孤立化、隔离化、非生活化等取向为指向，思想政治教育社会思维赋予思想政治教育以现实性、互动性、生活化等品格，有力助推思想政治教育的内部化建设。可以说，思想政治教育社会思维既是马克思社会概念的必然体现，也是现代性条件下审视现代思想政治教育的重要思维方式。

二、合理把握思想政治教育与社会的实践互动

思想政治教育社会思维揭示了思想政治教育与社会之间的实践性联系，它要求思想政治教育实际参与社会历史进程，成为人类社会变革的实践性力量，这个过程既是思想政治教育发挥社会效果的过程，也是思想政治教育与社会形成的实践互动过程。思想政治教育在社会系统中经历了一个“基于社会”“借助社会”“脱嵌社会”“融入社会”的实践运动过程。

（1）“思想政治教育基于社会”。“思想政治教育基于社会”又可称之为“思想政治教育立足社会”，任何思想政治教育形态或模式都植根于特定的社会背景，对思想政治教育的认识不能单一地、孤立地仅仅从思想政治教育自身的立场与视角出发，而是要将思想政治教育放置于特定的社会空间、社会关系网络，从它与社会系统诸要素之间的关联性当中加以把握。思想政治教育社会思维揭示了思想政治教育与政治、经济、文化、社会、生态等各社会要素之间的联系，特别是思想政治教育对社会系统的支配作用以及社会系统对思想政治教育的支撑作用。不同的社会形态塑造特定的思想政治教育形态。思想政治教育的开展无法脱离特定社会为之提供的政治框架、经济条件、精神文化氛围等。社会如同思想政治教育的“母体”，思想政治教育既是社会历史的产物，又为社会历史进程提供观念保障。

（2）“思想政治教育借助社会”。在思想政治教育社会思维看来，现实生活中的思想政治教育不仅要“在社会中”，立足并依赖社会，而且思想政治教育的实践运行也需要“借助社会”。在这里需要注意的是，这里的“社会”“借助社会”似乎给人以抽象、模糊的感受，但它尝试对那些将“社会组织”“社会关系”“社会

空间”“社会区域”等作为手段的做法，进行理论提炼。这里的“借助社会”更多是一个方法论与实践论的概念，人们可以利用各种社会实在开展思想政治教育。在此，各种社会实在可以成为思想政治教育得以展开的“中介”。在马克思的社会观看来，社会之于思想政治教育具有中介性的意义。社会是人和人之间交互形成的关系网，在实践的过程中形成，同时又把人的力量对象化，具有非常强的联动的思维方式。以社会为中介就意味着，思想政治教育可以借助社会关系网络的力量，借助不同的社会要素之间协同、互通、衔接共同发挥作用。思想政治教育的社会化过程，就表现为进入现实的人，真实的人的生存的关系网络之中，通过进入人的社会世界的方式来进入人的精神世界，打通人的精神世界和社会世界。

（3）“思想政治教育脱嵌社会”。这是社会现代性在思想政治教育中的体现，成为思想政治教育现代性的重要现象。随着工业化向前发展，一方面，物质生产力获得快速发展，物质财富超量增加，给人们创造富裕的生活；另一方面随之出现逆向社会现象，特别是个人主义、物质主义、反道德现象，以及“社会团结”等危机。这是早期社会学家就发现的问题。这类社会风险不仅没有获得有效改变，相反还加速发展，这就是现代性的风险。只要有现代化发展，这种悖论就会随之产生，它是现代化的伴生物。中国社会近代以来不断追随现代化，通过全民族努力奋斗取得巨大成就，特别是新中国成立以来，取得的成就尤其显著。然而，思想政治教育从社会分化出来的同时，也造成从社会中“脱嵌”的现象。思想政治教育在实现空间发展的同时，“陷入空间整合乏力的困境”。[①]思想政治教育在不断专业化、学科化的同时，也会面临着失去对社会的自觉，丧失社会自觉的支持的境地。这既是思想政治教育的社会责任，也是思想政治教育社会学产生的重要原因。

（4）“思想政治教育融入社会”。在现代社会，思想政治教育已然成为专业化的实践活动，其最终的价值使命在于服务社会。思想政治教育社会学的研究表明，思想政治教育从传统社会的“活动”到现代社会的专业化，其职业化、科学化程度逐渐增强，并进一步脱域成独立的社会系统。虽然思想政治教育获得了独立的职业空间，但最终需要与社会系统诸要素建立起复杂、有机的生态联系，最终实现思想政治教育的社会融入。这里的“融入”主要是指思想政治教育实践活动在获得专业化的身份之后，积极地回应社会、引领社会，发挥其社会功能，提升广大社会成员的思想政治素质和精神境界。思想政治教育社会思维认为，思想政治教育与社会之间最理想的关系形态即为融合，两者融为一体，但这并不是思想政治教育泛化，而是思想政治教育有机嵌入社会生活的过程，依据社会生活的基本特点和演化规律，思想政治教育适宜地介入到社会生活。

① 陈启超、孙其昂：《思想政治教育现代转型的空间维度诠释》，《思想教育研究》2022年第6期，第29页。

三、有效运用思想政治教育的社会分析方法

在思想政治教育社会学领域，思想政治教育社会思维对于理解和把握思想政治教育与社会的关系具有指导意义，它为人们分析思想政治教育提供了一套社会分析的思想方法与科学方法。即是说，它通过提供一套对思想政治教育进行社会分析的方法，把握思想政治教育与社会之间的内在联系。

一般而言，思想政治教育的社会分析法可以区分为社会逻辑分析与社会历史分析，前者往往与思想政治教育系统分析、结构分析相关联，它主要将思想政治教育置于社会系统，揭示思想政治教育与社会的结构性关系，同时也将思想政治教育自身视为社会系统，对之展开结构分析。在此框架之下，社会对思想政治教育以决定、制约、渗透为基本的作用形式，而思想政治教育对社会的反作用主要有反映、回应、批判及变革等为基本作用形态。就思想政治教育的社会历史分析而言，它主要将思想政治教育纳入人类社会历史发展的长河之中，把握其定位与地位。历史地看，思想政治教育史与人类社会史同步，应该以人类社会历史发展的视域，对思想政治教育做出社会历史的形态学考察。从人类社会发展史的视角看，思想政治教育自身与社会之间关系形态经历了被裹挟的混沌形态——单一性的政治活动——自足的有机体系不同发展阶段。在阶级社会产生之前，思想政治教育与其他活动“结合”在一起，呈现未分化、被裹挟的混沌形态。到了阶级社会，思想政治教育成为社会系统中一项政治“技艺”性质活动。现代社会的思想政治教育是具有完整性、有机性的关系体与组织体，成为独立、自足的职业空间与社会空间。从历史维度把握思想政治教育与社会之间的关系，就是要把握社会变迁史下的思想政治教育形态。

思想政治教育的社会分析方法不仅体现为从社会结构与社会历史的维度把握思想政治教育与其他社会要素之间的关系性、互动性，而且揭示了现代社会条件下思想政治教育领域呈现出的“社会”特征。在这个意义上说，思想政治教育社会思维坚持认为“思想政治教育即社会”，赋予思想政治教育作为交往关系网络的定位。在思想政治教育社会学领域的探索中，孙其昂教授曾经有过运用社会分析的方法将组织化、群体化领域视为“社会”的做法，他提出的“高校社会”一词就是一个例证。另外，有关思想政治教育学科的认识也体现了“社会”的分析理路。“思想政治教育学科是思想政治教育学术共同体，它是以思想政治教育学知识为基础，由思想政治教育学科成员、价值观、科学研究、科学技术服务、学科规范（方法）等组成的学术性社会共同体。”[①]随着社会现代性特征的日趋凸显，思

① 孙其昂：《论思想政治教育学科的系统建构》，《思想教育研究》2010 年第 3 期，第 21 页。

想政治教育所具有的“社会”特征越发明显。思想政治教育自身已经成为现代社会分化出来的独立领域，换言之，思想政治教育领域已然成为具有相对独立性和自主性的社会空间。

✎ 问题与讨论

1. 论述思想政治教育社会思维的意义。
2. 谈谈思想政治教育社会思维的内涵。
3. 论述思想政治教育社会思维的基本特征。
4. 思想政治教育社会思维的理论基础是什么？
5. 如何运用思想政治教育社会思维？

第二章　社会变迁与思想政治教育

改革开放以来，社会变迁是中国社会局部的快速突变和整体的缓慢渐变相互交织的表现，也是思想政治教育在当代中国社会面临的最为突出的挑战之一。伴随着社会结构的转型，思想政治教育也面临着新的发展境遇和研究课题。思想政治教育与社会变迁之间的密切关系，在于思想政治教育的发生有着深刻的社会根源、思想政治教育的对象是社会关系中的存在，思想政治教育表现出对社会环境的客观依赖性、思想政治教育的发展源自社会变迁。[①]因此，思想政治教育本身就是一个社会课题，社会性是思想政治教育的基本属性之一，并且社会变迁所衍生的社会矛盾的转化是思想政治教育发展的根本动力，问题际性是思想政治教育发展的内在动力之一。同时，社会变迁带来的社会问题，诸如受教育者主体的异化、社会关系中情感意义的淡化、信息化社会的风险加大等等，也使得思想政治教育的责任与使命日渐凸显，倒逼思想政治教育现代性扩展到整个社会结构深处，从整个社会结构中把握思想政治教育，打开当前社会的纵横剖面，将思想政治教育放在社会存在历史的、现实的实践活动尺度上，嵌入社会日常生活，真正触及人类灵魂的精神空间，使历史唯物主义的理论绽放出新的时代光芒。

第一节　社会变迁与思想政治教育发展

社会变迁中的思想政治教育发展问题已经成为学界关注的重点问题，思想政治教育随着社会经济的发展而不断发展，同时也面临新的发展境遇。深入探讨社会变迁及我国现阶段社会变迁的特点、思想政治教育的发展变化，从而弄清思想政治教育在社会变迁中的发展动力、面临的风险挑战与机遇窗口等相关问题，有助于推动思想政治教育的科学发展。

---

① 孙其昂：《论思想政治教育社会学的学科视野》,《学校党建与思想教育》2014 年第 1 期，第 14 页。

一、社会变迁概述

社会是不断发展的动态过程，既有不同时期的阶段性特征，又有整体的系统性特征。社会变迁泛指任何社会现象的变更，是社会结构的变动和社会体制机制的变化过程。社会变迁包括社会的一切宏观和微观的变迁、社会纵向的前进和后退、社会横向的分化和整合、社会结构的常态和异态变迁、社会的量变和质变，以及社会关系、生活方式、行为规范、价值观念的变化等。[①]改革开放以来，中国社会变迁表现为结构转型和体制转轨的同步启动，即在实现以工业化、城市化为标志的现代化的同时，还要完成以计划经济为特征的总体性社会向以市场经济为特征的多元社会的转变。在这个过程中，旧的社会资源分配体系、控制机制、整合机制正在趋于解体，而新的体系和机制尚未完善并充分发挥作用。这是一种全面性的结构性过渡，持续的结构性变动，从一种状态过渡到另一种状态，是社会结构的转换和社会形态的更替过程。

回顾历史，中国社会出现过两次重大社会转型。一是新中国成立初期通过土地革命和社会主义的三大改造，打碎了阶级体系，铲除了剥削阶级，确立了社会主义基本制度，建立了以公有制经济为主体的社会，在社会形态上实现了从农业社会向工业社会的转变，但社会结构上并没有因此进入均等社会而是进入了身份制社会，即改革开放之前的单位制社会。二是随着改革开放及社会主义市场经济的发展，中国社会开始从单位制社会向后单位制社会过渡，经济分层逐步取代了单位制下的身份分层成为划分阶层的主导因素，逐步实现身份分层向经济分层的再一次转换。近年来，随着信息网络技术的发展和互联网的普及，按照马克思的观点：经济基础在社会形态的变迁中起到基础作用，计算机和新兴通信技术作为现代先进的生产工具，其广泛使用必将引起生产力的变革，推进生产关系直至上层建筑的变迁，进而实现社会结构的变迁，产生了在工业社会基础之上的一种新的社会形态——网络社会，这便是卡斯特所言的“信息技术革命和资本主义的重构，已经诱发了一种新的社会形态网络社会”[②]。因此，中国社会出现了第三次重大转型，即逐步从工业社会向网络社会转变，在这个过程中社会结构也随之发生变化，具体表现为人与人之间联系不再是单位制社会的身份地位，也不再是后单位社会中受市场经济支配下的利益关系，而是基于互联网节点形成的新的身份信息沟通。

因此，研究我国的社会变迁大致可以沿着两个思路展开：一方面，在社会形

① 邓伟志：《社会学辞典》，上海辞书出版社 2009 年版，第 23 页。

② 〔美〕曼纽尔·卡斯特：《网络社会的崛起》，夏铸九等译，社会科学文献出版社 2006 年版，第 53 页。

态的演变上，基本脉络是从农业社会向工业社会的转变，再从工业社会向网络社会转变；另一方面，在社会结构的变迁上，基本上是从单位制社会向后单位社会转变，也即熟人社会向陌生人社会的转变，而网络社会的出现使得陌生人社会开始向后熟人社会过渡。

二、我国现阶段社会变迁的特点

中国的社会结构在改革开放之后发生深刻变革，随着工业化、信息化的发展进行解构与重组。对社会结构的本质，不能用孤立的各要素来说明，而是需要通过诸要素之间相互关系的性质来诠释[①]，社会结构内部诸要素间的相互作用与相互关系，推动社会历史变迁，使我国现阶段社会变迁呈现以下特点。

（一）单位制社会到后单位制社会

改革开放之后，市场机制的引入和发展，逐渐从根本上改变了传统的社会资源和社会机会分配的机制和与效果，从而导致整个社会结构的重组，包括国家和市场、国家和社会之间的关系，政府权力逐渐弱化，社会自主性逐渐增强。国家与社会的关系正在经历“解构—重构”过程。一个曾经高度集中、相对同质性的社会结构体系逐渐向资源、地位、机会和利益相对分散、相对独立的结构体系转变，即单位社会向后单位社会的转变。这一过程也是社会变迁中社会机制革新的表现。一方面，“单位社会”表现为“国家—单位—个人”的纵向联结控制机构，单位成员依赖于单位组织，单位组织依赖于政府的控制手段，具有高度合一性，终身固定就业与“包下来”的单位福利保障制度，单位成员的一切生活福利都来源于单位，单位内部的自足性使得人们在单位之外进行社会交往的可能性越来越小，个人一旦归属于某一单位，一般就是“终身”性质的，每个单位成员的生活空间是相对稳定和封闭的，整个社会几乎是凝固和封闭的。另一方面，后单位社会泛指由“国家—单位—个人”的管理模式向“国家—社区、社会团体—个人”新型管理模式转换期间的社会现状，制度安排和政策规定直接界定个人社会阶层地位的格局基本被打破，新的社会流动模式开始形成，个人能力和努力的程度作为决定个人社会地位高低的重要因素越来越得到彰显，社会流动率明显提高，社会活力显著增强。许多束缚人员社会流动的制度性规定开始松动，如户籍制度、人事管理制度等都在朝着适应后单位社会的方向进行调整。原来由单位共同体

① 韩庆祥、汪业周：《社会层级结构理论：关于“中国问题”的一种分析框架》，中国社会科学出版社 2012 年版，第 58 页。

承担的福利制度也正逐步社会化，覆盖面更广的社会保障制度成为全体社会成员共享的福利制度，这些制度的建立将为后单位社会中的社会流动提供制度保障。人们处于一种“一切皆流，一切皆变”的“液化”状态中，“所有的居民都是游民”。[①]

（二）熟人社会到陌生人社会

中国社会发展以乡土社会作为基础，中国社会变迁也以乡土社会转型作为支撑点和归宿点。费孝通曾提出“乡土中国”的概念，认为“从基层上看去，中国社会是乡土性的”[②]。之所以“乡”“土”联系在一起，是因为传统社会人的行为和制度规则嵌于人与土地以及村庄的关系之中，农民因耕种被固定在土地上，“从土里长出过光荣的历史，自然也会受到土的束缚”[③]。熟人社会中，群体活动范围被局限在村庄中，村庄内部又带有某种程度的“共同体”色彩，形成一套内部共享的交往规则、价值体系和文化传统等，人际关系多是人们基于日常频繁交往而形成的稳定联系，交往对象大多是熟悉的面孔，血缘和情缘发挥着无形的监督作用，调节着彼此之间的关系。这是“以‘己’为中心，像石子一般投入水中，和别人所联系成的社会关系，不像团体中的分子一般大家立在一个平面上的，而是像水的波纹一般，一圈圈推出去，愈推愈远，也愈推愈薄”[④]。因此，“乡土社会在地方性的限制下成了生于斯、死于斯的社会……这是一个‘熟悉’的社会，没有陌生人的社会”[⑤]。换句话讲，熟人社会是以血缘和地缘关系为纽带的社会。同时，单位制社会在某种程度上同样属于“熟人社会”的范畴，因为单位制度将人们的社会交往限制在单位内部，单位住房的限定使单位成员工作世界与生活领域在空间上交叉与重叠，并且户籍及相关的福利保障等制度所形成的合力，加固了单位社会的封闭性，使得成员关系日渐密切而亲近，单位日渐具有传统大家族的色彩。

改革开放后，陌生人社会逐步形成，熟人社会的概念在不断淡化。一方面是伴随着城镇化的发展，农民与土地的人身依附关系逐渐减弱，农民向城市自由流动空间扩展，传统的村庄制度在发生转型，大批的不同代际的农民“离土”“出村”；另一方面是随着住房商品化及分离单位办社会职能等改革的推进，越来越多的单位成员走出单位大院，通过市场去购房而分散开来。进入“城乡中国”阶段后，

---

① 〔英〕齐格蒙特·鲍曼：《流动的现代性》，欧阳景根译，上海三联书店 2002 年版，第 3 页。

② 费孝通：《乡土中国 生育制度》，北京大学出版社 1998 年版，第 25 页。

③ 费孝通：《乡土中国 生育制度》，北京大学出版社 1998 年版，第 6—7 页。

④ 费孝通：《乡土中国 生育制度》，北京大学出版社 1998 年版，第 27 页。

⑤ 费孝通：《乡土中国》，上海人民出版社 2007 年版，第 9 页。

形成了一个以货币关系为核心纽带的陌生人社会。在这种陌生人社会中，新的群体关系形成了，人们似乎再也找不到“在共同体里与同伙一起，从生发之时起，就休戚与共、同甘共苦”[①]的感觉。自主独立的个体从传统社会关系纽带的包裹和纠缠中“被解放”出来，人与人之间的交往不再是依赖血缘或者情感，而是某种“契约式的关系”，个人成为“无门无窗的单子”，农民背井离乡进入一个光怪陆离的城市“利维坦”之中。

（三）陌生人社会到后熟人社会

伴随着工业社会的不断发展，信息通信技术取得的飞速进步，新的不同于工业社会的新社会形态——网络社会出现了。“网络社会”首次提出是在卡斯特于1996年出版的《网络社会的崛起》一书中，其定义为“作为一种历史趋势，信息时代的支配性功能与过程日益以网络组织起来。网络建构了我们社会的新社会形态，而网络化逻辑的扩散实质性地改变了生产、经验、权力与文化过程中的操作与结果”[②]。这里的“网络”不仅是指大数据互联网，还指由许多节点组成的社会关系网，大数据网络下通过重新组合信息来产生新的输出，而“信息和通信是人类活动和组织中最根本的方面，其性能的物质条件上的革命性改变会影响人类活动的整个领域。”[③]所以，在大数据和信息双重作用下的网络社会给人们的日常生活带来了翻天覆地的变化，而社会结构也在不断适应社会结构的变革和社会形态的发展，如果说熟人社会的联系纽带是血缘或地域联系，陌生人社会下个人的原子化流动，使得每个人都是汪洋大海中的一叶孤舟，那么进入网络社会，人们之间通过互联网再次被联系起来进入了后熟人社会。

“后熟人社会”是与“熟人社会”相对应的一个概念，指以物联网为平台依托大数据建立起来的能够凝聚陌生人为一体的社会。“后”有三层含义：一是从时间上看，后熟人社会发生在熟人社会之后，是属于陌生人社会的一种存在形式；二是从凝聚纽带上看，后熟人社会是由后天的网络为纽带凝聚起来的社会，这种后发的连接纽带不同于先天的血缘和地缘纽带；三是从性质上看，后熟人社会是虚拟性质的社会，是围绕着公众共同关注的社会热点和焦点事件被临时建构起来的社会。[④]换言之，大数据时代来临之后，凭借网络联系的节点，建立了网状的虚拟社会，重新将分散的独立的个人联系起来组成了新的“后熟人社会”，将流动的人口聚集成后熟人及虚拟性质的社会。互联网的发展重构了一个不同于传统的

---

① 〔德〕斐迪南·滕尼斯：《共同体与社会》，林荣远译，商务印书馆1999年版，第53页。
② 〔美〕曼纽尔·卡斯特：《网络社会的崛起》，夏铸九等译，社会科学文献出版社2006年版，第434页。
③ 〔美〕曼纽尔·卡斯特：《网络社会：跨文化的视角》，周凯译，社会科学文献出版社2009年版，第10页。
④ 王晓丽：《大数据时代的道德监督功能》，《伦理学研究》2019年第3期，第31—36页。

"后熟人社会"，它是现代化进程中科技发展带来的升级版，通过网络联系在虚拟空间中建立了一个熟人社会。所以，"后熟人社会"需要用数据和互联网来重构社会关系，以解决陌生人社会里道德约束失灵的状态。

三、中国共产党思想政治教育的理论发展历程

自中国共产党成立以来，党的思想政治教育理论一直紧紧围绕各个阶段的工作任务不断推进，在各个时期的工作中发挥着不可取代的作用。中国共产党的思想政治教育理论发展经历了"政治工作—思想工作—思想政治工作—思想政治教育"四个历史时期，从发展历程能够看出，党的思想政治教育理论不是空中楼阁，而是在实践工作中不断积累总结经验而形成的。中国共产党的思想政治教育先后经历了新民主主义革命时期、社会主义革命和建设时期、改革开放和社会主义现代化建设时期、党的十八大以来中国特色社会主义进入新时代。

第一阶段是从中国共产党成立到新中国建立时期，即党的思想政治工作初步确定阶段。党的思想政治教育主要通过三个途径进行：一是通过《中国农民》《新青年》等刊物在工农群众、进步青年中传播马克思主义；二是打造工人夜校、农民讲习所等宣传阵地，为革命储备人才力量；三是领导工人运动，完善组织架构，推动理论与实践经验的结合。[①]在革命队伍不断壮大的过程中，党提出了"团结—批评—团结""独立自主、实事求是、群众路线"等思想方针，构成了中国共产党思想政治教育的理论基础。

第二阶段是社会主义革命和建设时期。新中国成立初期国内外政治形势严峻，同时面临着国内经济落后和西方国家对我国经济的封锁等问题。在社会主义三大改造完成后，社会主要矛盾发生改变，毛泽东作了题为《关于正确处理人民内部矛盾的问题》的讲话，指出要做好思想政治工作，各部门要负责任，对党的思想工作提出了具体的内容和方法。"文化大革命"时期，党的思想政治教育一直被"以阶级斗争为纲"牵引着，直到1978年党的十一届三中全会以后，我们党开始了全面的拨乱反正，思想政治教育才重新焕发生机。

第三阶段是改革开放和社会主义现代化建设时期。1978年党的十一届三中全会召开，改变以阶级斗争为纲，重新确立实事求是的思想路线，将党的工作重心转移到经济建设上来，提出"把思想政治工作和经济手段结合起来"[②]，党的思想政治教育理论在此阶段有序推进、迅速发展。改革开放以来，西方势力不断向

---

① 刘萍萍：《建党百年来思想政治教育的发展历程与基本经验》，《濮阳职业技术学院学报》2022年第1期，第26—30页。

② 沈云锁、潘强恩：《共产党通史》第3卷下册，人民出版社2011年版，第558页。

国内渗透，国家面临着空前多元、复杂且开放的国内外思想环境，党中央提出，"党的宣传工作和思想教育工作必须改革，克服形式主义，讲求实效"[①]。十一届三中全会后，为了使思想政治教育在国家建设发展过程中发挥应有的效力，党进一步明确了党的思想政治教育的理论基础和主要内容，从四个方面对党的思想政治教育进行了加强：以中国特色社会主义理论武装干部和群众；进一步推进爱国主义教育；加强社会主义精神文明建设；开展学习新时期英雄模范人物的活动。1994 年 8 月，中共中央印发《关于进一步加强和改进学校德育工作的若干意见》，进一步明确思想政治教育是一门科学，有其自身的规律。改革开放后，党对思想政治教育的探索与社会主义革命和建设时期相比，发生了翻天覆地的变化，走上了一条符合中国实际的科学化、专业化、制度化的新发展道路。

第四阶段是党的十八大以来中国特色社会主义进入新时代。以习近平同志为核心的党中央把思想政治教育作为党和国家全局性的重要工作，并上升到推进国家治理体系和治理能力现代化重要手段的战略高度，成为党治国理政的重要方式和组成部分。习近平总书记高度重视思想政治教育，围绕思想政治教育发表了一系列论述，如在网络安全与信息化工作座谈会、纪念马克思诞辰 200 周年大会、全国宣传思想工作会议、全国教育工作会议、庆祝改革开放 40 周年纪念大会、全国宣传工作会议、全国高校思想政治工作会议、全国教育大会、学校思想政治理论课教师座谈会等一系列会议上发表讲话，提出了一系列关于思想政治教育的新思想、新观点、新论断。这些论述是新时代思想政治教育模式构建的基本遵循，不断发挥着思想政治教育在各项工作中的生命线作用。习近平总书记关于思想政治工作的论述具有回归原点（根本任务是"两个巩固"）、整体推进（把思想政治工作作为国家治理体系现代化的重要手段）、掌握主动（增强主动性、掌握主动权、打好主动仗）、创新议题（要让我们设置的议题成为引导社会舆论的话题，而不是被社会舆论牵着鼻子走）、专题精进（每一段时间集中推进一个主题教育）、多样发展（宣传思想工作是做人的工作，人在哪儿重点就应该在哪儿）、多措并举（要通过教育引导、舆论宣传、文化熏陶、实践养成、制度保障等，使社会主义核心价值观的影响像空气一样无所不在、无时不有）、专业要求（从事宣传思想工作要有"两把刷子"）等特点，习近平总书记关于思想政治工作的重要论述，为新时代思想政治教育模式的构建提供了理论指导。[②]

随着中国特色社会主义进入新时代，党对思想政治教育学科的发展指明了方向、目标任务和原则要求，不断丰富着思想政治教育的内容体系，完善着思想政

---

① 中共中央文献研究室：《十三大以来重要文献选编》上，中央文献出版社 1991 年版，第 49 页。

② 佘双好：《新中国 70 年思想政治教育模式发展的内在理路》，《南京师大学报（社会科学版）》2019 年第 4 期，第 103—104 页。

治教育的运行机制。新时代党全面推进思想政治教育的发展，提出和落实一系列举措，使其日益科学化、体系化。

四、思想政治教育的发展境遇

随着社会变迁各阶段呈现出不同特点，改革开放以来中国经济力量的崛起扩大了社会与个人的成长空间，网络社会的兴起更是加剧了人们思想的流动性与价值的多元化，思想政治教育面临新的发展境遇。思想政治教育主体异化、道德滑坡和伦理真空等问题所造成的思想政治教育缺位和失语，倒逼着思想政治教育必须扩展到社会结构深处。

（一）思想政治教育主体的异化

对于思想政治教育的主体问题，应当坚持马克思的“主体是人”的科学观点，从思想政治教育的实践性活动以及主客体关系等角度来认识思想政治教育的主体。思想政治教育的主体是人，是指从事思想政治教育认识活动和实践活动的人，是思想政治教育的承担者、发动者和实施者，既可指向教育个体，也可指向教育群体。主要可分为三大类：一是国家等思想政治教育主体；二是思想政治教育者；三是思想政治教育对象，即受教育者。[①]本书在此论及的主要是第三个层面，即思想政治教育的对象，受教育者作为思想政治教育的主体的异化表现。

“一切等级的和固定的东西都烟消云散了”[②]，现代人把人变成为现代化的主体的同时，也把他们变成现代化的对象。换言之，现代性赋予人们改变世界的力量的同时也在改变着人自身。伴随着单位制社会到后单位制社会的过渡，熟人社会到陌生人社会的转变，中国社会的总体格局被逐渐打破，人的生存状态从栖居于集体羽翼之下，转变为单门单户的原子状态，即现代化进程促进了社会发展、加快了社会转型，同时也促成了现代意义上个人意识的产生。市场经济的唯利益驱动和个人的原子化趋势的双重作用，造成生活世界的平庸化和狭隘化，与之相联的便是过度的自我关注，“他们陷入一种狭窄而封闭的自我主义之中”[③]。而网络大数据时代的到来，更加剧了网络化条件下的行为主体及其行为过程的离散化或碎片化。“电脑和互联网之后，世界的格局将发生重大变化，人有可能在不知不觉中葬送掉自己通过500年努力获得的主体资格，走向主体爆裂之路，这就

---

① 李合亮：《解析与建构：当代中国思想政治教育的哲学反思》，人民出版社2010年版，第49—50页。

② 《马克思恩格斯文集》第2卷，人民出版社2009年版，第34页。

③ 〔法〕托克维尔：《论美国的民主》第2卷，董果良译，商务印书馆1981年版，第127页。

是主体的碎片化之路。”①段永朝将计算机或网络技术过程的分析（比特币、符号化、格式化和编程）并称为“绞碎主体的‘四个齿轮’”。因此，在社会变迁过程中，思想政治教育的受教育者的异化主要表现为个人的原子化、碎片化及离散化的特点，主体异化对于当前思想政治教育发展来说，一方面，给思想政治教育带来了时代挑战，使得思想政治教育的价值本位不断受到侵蚀，而日渐空洞化、零散化和形式化，造成思想政治教育在当前社会的某种程度的失语和缺位状态。另一方面，对于社会转型时期思想政治教育的建构和完善也提供了问题视角和发展方向。

（二）思想政治教育面临的风险与机会窗口

思想政治教育作为价值观的引领者和调控者，面对社会变迁中产生的社会分化与思想激荡，理应突破传统的单向灌输方式，在风险中寻求机会窗口，融合当今发达的互联网信息技术深入人们的日常生活实际中，回应现实社会的问题与风险，充分发挥社会整合功能，以开辟更广阔的舞台。

知识的“自反性”和价值观念多元化。经济结构中的具象矛盾在思想领域形成了种种激荡，信息的更新速度不断加快，人们知识获取的碎片化状态，以及社会个体化趋势的加强带来个人意见的多元化和对知识的反思性增强，进一步加剧了知识的不确定性和思想的流动性，这样在某种程度上也增强了社会风险性，正如吉登斯将“自反性”看作现代性的“风险社会”的首要风险，即“来自现代性的反思性的威胁和危险”。②社会结构由“同质性社会”向“异质性社会”的转换，导致中国社会原子化动向下的价值观念的多元化趋势。同质性社会中人的利益与单位整齐划一，人的思想观念也比较纯粹，但随着进入异质性社会，新的思维和新的观念不断出现，将人们从统一的价值观念的支配下解放出来，多元各异的价值判断和价值选择，使得社会价值与个人价值之间的关系出现颠覆，从抽象整体利益为主的单位组织转向以具体个人利益为导向的契约组织，人的不同层次的利益需求也凸显出来。

致力于巩固社会意识形态的思想政治教育只有针对现实的社会问题和风险做出理论和实践上的回应，发挥“社会控制”和“重建共识”的功能，才能真正与社会形成良性发展的循环。从社会学的视角看，社会控制意味着社会通过各种机制或手段对个人和集团的行为进行约束，从而达到维持社会秩序、保持社会和谐稳定、避免社会解体危险的目的。最初美国社会学家罗斯提出社会控制的概念，

① 段永朝：《互联网：碎片化生存》，中信出版社 2009 年版，第 9 页。

② 〔英〕安东尼·吉登斯：《现代性的后果》，田禾译，译林出版社 2000 年版，第 5 页。

就是出于美国社会19世纪末20世纪初出现的大规模工业化、城市化和移民浪潮所引发的社会解体和社会混乱的危险。社会控制的主要工具和手段是共享的价值观、有效的制度和组织、统一的行为规范（包括法律、规则、习惯、传统等），通过外在的强制和内在的认同两个主要机制，达到约束行为、维持相互依赖、保持沟通、推进不同社会群体和社会成员相互合作的目的，从而实现社会秩序的维持和有序的变迁。所以，思想政治教育的主要任务就是重建共识。否则，社会结构转型所释放的个体化力量，就会因丧失共识性规范而如同一盘散沙，不仅难以发挥作用，其利益诉求无法表达，且极易滑向民粹主义，甚至出现勒庞笔下的招摇过市的“乌合之众”，退化为群氓。因此，思想政治教育的作用就是在各种价值观念的“流沙”之下建构自己的“河床”，在流动的网络社会中打造自己的理论阵地，保持自己的理论定力，构建主流意识形态，发扬社会主义核心价值观，营造一个“居动而静”的意识形态领域，去预防流动社会中诸多不确定的风险因素，成为价值观的引领者和调控者，成为主流价值观的代言人，为社会系统各要素传递正能量。

（三）思想政治教育面对生活世界的道德挑战

首先，道德滑坡和伦理真空的出现。“中国社会正在经历从‘熟人社会’向‘陌生人社会’的转型，以往调节‘熟人社会’的道德机制受到削弱，而调节‘陌生人社会’的道德机制尚在建立和完善之中。”[①]这种转变在某种程度上同时也是滕尼斯所说的“community”，即以血缘、邻里和情感关系为纽带的社会，也即传统社区社会向“society”，即以契约、交换和计算等理性关系为纽带的社会也即现代工业社会的转变[②]，进而导致了以血缘和地缘远近为核心的传统伦理体系的土崩瓦解，而“陌生人社会”下新型伦理体系又尚未成熟，社会伦理体系在社会变迁进程中没有实现有效的对接，造成伦理真空和道德滑坡。现代人因丧失了传统社会固定的“纽结”，又没有形成新的道德纽带，而处于一种随处流动的自由状态，自由流动意味着在公共生活领域中没有固定的人际关系，导致人与人之间社会关系的暂时性、脆弱性和不确定性，进而不断的衍生出社会的信任危机、道德沦丧以及情感缺失下的人情冷漠等问题。正如阿多诺在批判“启蒙”时所说：“势不可挡的进步的厄运就是势不可挡的退步。”[③]在纯粹市场商品逻辑的支配下，感性

① 秋石：《正视道德问题 加强道德建设——三论正确认识我国社会现阶段道德状况》，《求是》2012年第7期，第12页。

② 黄少华：《论网络社会的结构转型》，《网络与人文研究》2005年第6期，第764—768页。

③〔德〕马克斯·霍克海默、西奥多·阿多诺：《启蒙辩证法》，渠敬东、曹卫东译，上海世纪出版集团2006年版，第33页。

让位于理性，工具理性压倒价值理性，人们之间的关系变成“唯利”导向，散落的公共舆论和随处可见的道德遗憾成为陌生人社会的道德现状，人们只能陷入无所适从、无家可归的迷茫境地。

其次，公共生活领域与个人日常生活的脱离。现代社会的分化催生思想政治教育渗入形而下的生活世界，由于社会分化所导致的异质性角色的普遍存在，过去习惯的对思想上的预设会搅乱复杂多样主体生活世界内在的平衡甚至招致反感。毕竟，时间直线式的行走方式，无法遮蔽日常生活中曲线式的、具有人性和稳定性的生存法则。传统思想政治教育那种以较超脱的姿态站在云端高屋建瓴的方式，已不适应现代社会的发展，所以需要将思想政治教育严丝合缝地嵌入社会分化的每一个毛孔中，借助芸芸众生的真实牵制着它去慢慢靠近“日常生活的命运”，与百姓对话沟通。这种重回日常生活的回声，要求思想政治教育突破传统单向的道德灌输与机械式的道德独白，向具有主体间对话与协商的方式转变。与此同时，互联网的发展不仅缩短了物理时间和空间的距离，更拉近了人与人之间的距离，而信息化新技术的普及，有助于极大地延伸思想政治教育的触角和范围，为思想政治教育提供了更多的渠道和手段，更给加强和改进思想政治教育带来了新的机遇并提供了一个崭新的广阔舞台；同时也给思想政治教育的实践带来了诸多的挑战，某种程度上加剧了思想政治教育的困境，减弱了思想政治教育的效果。真正意义上的公共领域逐渐形成，民众参与社会事务管理的门槛降低，诉求表达的途径增多，更多的诉求和声音通过互联网的平台表达出来，各种意见领袖之间的争论，社会群体的不断分化，都要求思想政治教育发挥社会整合的功能，将断裂的社会结构连接起来，将碎片化的社会领域联动起来。

现代中国“不仅苦于现代性之发展，而且更苦于现代性之不发展”[①]。现代性带来了社会生活与社会结构的巨大变化，同时现代性的欠发达导致社会结构分化的不足和过度。社会分化即人们在社会结构位置上的分布情况，其中不平等和异质性是社会分化的两种主要形式，他们分别构成了社会位置的纵向维度和横向维度。由于社会结构分化不足（横向维度），它“在促成人的解放的同时，同时造成了人的物化，在促成人的独立的同时造成了人的孤立”[②]；而社会结构分化过度（纵向维度）导致社会结构断裂。这种社会时空上的差异与断裂意味着不同群体之间在整个社会生活层面上的差异与断裂。社会的断裂同样经历着社会生活实践与思想政治教育的断裂等等。

① 罗骞：《论马克思的现代性批判及其当代意义》，上海人民出版社 2007 年版，第 6 页。

② 侯惠勤：《马克思的意识形态批判与当代中国》，中国社会科学出版社 2010 年版，第 14 页。

第二节　社会结构转型与思想政治教育任务

思想政治教育的发展受制于社会结构转型，随着社会结构转型的发展，思想政治教育也在发生改变。社会结构转型给思想政治教育带来新的拓展领域及空间，但同时思想政治教育也面临着解决社会结构转型中的难点和突破点的问题。其为思想政治教育催生了新的生机的同时也给思想政治教育内部转型带来新的思考，探究思想政治教育在社会结构转型中所面临的难点和需要解决的问题，是本节研究的重点。

一、社会结构转型的概念界定

1978 年的改革开放，是我国社会结构转型的标志，自此我国由传统社会步入现代社会，由计划经济体制向市场经济体制转型。这一系列结构的社会转型，并不是我国社会发展所特有的现象，而是所有经济发达国家步入现代化进程的必经阶段。与经济转型联系如此密切的社会结构转型，是引起社会变迁的关键因素。

社会转型即社会发展的整体性变动，是包含结构转换、机制转轨、利益调整和观念转变等在内的社会各领域、各方面、各要素从传统到现代的转变发展过程，"是一个有特定含意的社会学术语，意指社会从传统型向现代型的转变，或者说由传统型社会向现代型社会转型的过程，说详细一点，就是从农业的、乡村的、封闭的半封闭的传统型社会，向工业的、城镇的、开放的现代型社会的转型"①。社会转型的内容主要包括社会结构的转换过程、发展长效机制的转轨过程、各社会主体之间利益分化的调整过程以及社会成员价值观念的转变过程。

社会转型的主体是社会结构的转型，它不是简简单单地预先设定的某些具体项目发展指标的完成和超额，不是一种量化的数据展现，而是体现在经济、政治、文化、社会、生态等不同领域的显而易见的质的变化，是社会整体面貌和结构状态的过渡和调整，是人们生活方式、思维方式、行为习惯和价值体系发生变化的根本动因。"对社会结构的分析是理解众多社会现象的出发点，通过对社会结构的研究，发现社会最基本、最普遍、最稳定的要素，尽可能全面和准确地研究分析这些要素的相互关系和构成形式，从而整体把握社会变迁的基本趋势和一般规律。"②社会结构转型反映的是社会整体构成要素由量的积累到质的转变的发展变

---

① 郑杭生：《改革开放三十年：社会发展理论和社会转型理论》，《中国社会科学》2009 年第 2 期，第 17 页。

② 陈必滔：《社会科学概览》，福建人民出版社 2010 年版，第 210 页。

化过程，是一种全局观视域下前进的和上升的发展态势。

对社会结构的分析和把握是理解所有社会活动和社会现象的出发点。马克思从唯物史观的角度出发，指出社会结构是现实的个人在特定的复杂的社会交往中相互作用形成的固定的结构体系，是自然与人、人与人之间相互交往、相互联系所形成的相对固定的社会有机结构，是物质资料生产同人的社会活动之间相互作用的产物，是人在生产生活中通过社会实践获得经验而产生与总结的理论体系，是客观的、外在的、有规律的、不受人的主观意志影响与支配的社会存在。马克思认为，人们的生活世界是实践的产物，作为社会结构主体的人本身及其在生产、生活过程中形成的社会关系也是实践的产物。诚然，社会结构在本质上是一种社会关系，是人们在社会实践过程中形成的比较持久的、稳定的、模式化的社会关系，是社会构成要素之间的时空、数量与相互作用关系，主要包括经济、政治、文化、社会、生态等诸多要素之间的关系。这些基本要素是人们基于不同的需求而在实践过程中形成的具有一定独立性且相对稳定的活动领域，每一领域都承担着不同的使命和功能。深入分析这些要素及其相互之间的关系，有助于我们从整体上认识和把握社会结构的变化和发展规律。

二、我国社会结构转型呈现的特点

自改革开放以来，以经济体制改革为主的社会结构转型带动着我国进入一个新的发展阶段，进而也引发我国社会结构的发展产生与之前不一样的变化，呈现出一些新的特点。

（一）全方位的结构转型

社会结构转型是一个具有特定含义的社会学术语，在国家发展进程中社会结构转型不是我国所特有的现象，而是国家由传统步入现代化的必然历程。我国社会结构转型是全方位、整体性的转型，是在以经济为中心的改革开放推动下实现的。社会结构全方位的转型，涉及经济、政治、文化、生活各个领域，关乎人们生活的方方面面。在这个结构转型中，人们的思想观念、价值取向也发生了改变。

经济体制改革伴随着社会结构转型同步进行。在改革开放之前，人们的生活、工作受计划经济体制的影响颇深，国家掌握着重要的资源。在 20 世纪 50 年代末 60 年代初，随着工业化和现代化的不断深入发展，国家的体制与社会间的矛盾日益尖锐，计划经济体制已不适用于社会工业化和现代进程的发展需要。随后的改革开放中，这种关系得到进一步调整，在这个过程中人们生活的自由空间不断加大，政府对市场的实际操控也转变为“一只看不见的无形的手”，同时国家的监管也开始规范化、法律化。从计划经济体制到市场经济体制的转变，不仅提高了市场的主体性位置，而且增强了市场内资源的流动性，以市场自发发展生产力促进经济的运行，使得越来越多的人加入到新的经济结构中来，由此带来了社会结构全方位转型，社会阶层结构、利益结构和观念结构等也出现了新的分化。在社会结构转型过程中，不只是社会生产力发生了转变，同时我国人民的生活方式、价值观念、文化行为也在随着社会结构转型发生着变化。在我国从计划经济体制向市场经济体制转变的过程中，大量国内文化作品的问世和国外文化产品的涌入使得人们的思想和价值观念也在发生着转变。

（二）结构转型的不平衡性

中国的社会结构转型是整体的，其影响也是全局的和持久的[①]，社会结构转型要触及社会深层次因素，面对更多复杂的外部因素，因此这种整体性的转变是不平衡的。原有的社会机制已经难以适应现在社会的发展运行，但是新的社会机制产生仍需要一个过程，中国社会转型总体平稳，但社会运行中出现的一些问题仍然值得关注。

在改革开放初期，邓小平曾讲到改革开放要实现让部分人先富起来，然后先富带动后富，最终达到共同富裕。但在实际展开过程中，这种愿景并未理想实现，且经济发展带来的收入分配不均，间接给社会带来一些具有不平衡性的发展问题。在利益格局调整过程中，由于体制不完善而产生的利益分配不公等现象，都会使利益差距拉大的同时伴随着各种利益摩擦和冲突。[②]在社会结构转型时期，各种结构要素都处在流动变化中，具有极大的不平衡性、流动性。城市与乡村之间、各群体之间、各地域之间、经济发展与社会结构之间、物质要素与精神空间之间，在此过程中都表现出发展的不平衡性。工业化密集的劳动型经济及技术服务型经济向城市转移，推动了城市经济的迅速发展并且农村人口大规模向城市转移，与此同时更大程度上使得城乡发展不平衡。

（三）时间与空间交织发展

中国社会结构转型不仅表现在社会时间上的压缩，还表现在社会空间也被打开。改革开放下经济的飞速发展带动着网络社会的迅速到来，在信息网络化社会中，人们对时间和空间有了新的认识，它打破了人们之间交流的空间障碍，使得

---

① 杜玉华：《社会转型的结构性特征及其在当代中国的表现》，《华东师范大学学报（哲学社会科学版）》2012年第5期，第65—71页。

② 李培林：《另一只看不见的手：社会结构转型》，《中国社会科学》1992年第5期，第3—17页。

处于不同空间的人可以在同一时间内相互联系着。时空结构是社会的基本结构或基础性结构，它参与形成和建构了社会的生产和再生产结构（物质的和文化的，如马克思和布迪厄等人所研究过的），以及形形色色的制度结构和观念结构（如社会学家通常所研究的）。[①]网络社会作为一种空间状态，实则也演绎着用时间的形式表达空间的扩展。时间和空间的双重统一性把社会结构和空间结构联系起来，社会结构从而在空间结构中以具体的形式出现。[②]在网络社会时代没有到来之前，人们生活的空间往往局限在熟人社会中，没有打破地域限制。网络虚拟空间的出现打破了传统以时间为主线的社会结构，时间与空间的相互构建促进了我国社会结构立体化的形成，为我国社会结构转型提供了一种新的考察视角。

三、社会结构使思想政治教育面临新任务

社会结构转型所带来的政治、经济、文化上的转变，给社会带来新的发展变化。这一变化则为思想政治教育提供了新的分析领域，它打开了思想政治教育的研究视野，引发思想政治教育学科新的思考，思想政治教育理论体系是否能运用于社会转型之中？社会结构转型将会给思想政治教育带来哪些变化？这些都是思想政治教育在社会发展中所面临的新任务。

（一）思想政治教育理论体系完善问题

思想政治教育既是一种社会运动，关注主流意识形态建构及其传播，又是一门学科，关注个体如何内化主流意识形态，并践行其要求，健全个体品格。[③]思想政治教育始终围绕着国家主流意识形态展开，解决社会中遇到的现实问题，同时也是一门关注“现实中的人”的学科。在社会结构转型过程中，思想政治教育围绕其发展过程中所引发出的问题而重新思考思想政治教育在社会中的育人功能。虽然社会结构转型为思想政治教育创造了一个新的思考领域，但当前思想政治教育所固有的思想政治教育模式以及其理论内容会脱离社会，呈现真空性的风险，对人们的内心诉求和人们的精神世界需求的关注需要跟进发展。

一方面，思想政治教育理论体系在社会结构转型中，存在与实践脱节的危险。如何在物质增长的年代激励人的积极性，并且又能够关注到个人的精神世界，这

---

① 景天魁：《中国社会发展的时空结构》，《社会学研究》1996 年第 5 期，第 54—66 页。

② 卢岚：《网络社会的时空扩展、时空矛盾与思想政治教育》，《思想教育研究》2018 年第 7 期，第 52—58 页。

③ 卢岚：《社会结构转型：思想政治教育研究的一个新的生长点》，《思想理论教育》2018 年第 12 期，第 35—40 页。

成为思想政治教育在社会转型时期所面临的问题。以经济体制转轨为基础的社会转型体现着旧的利益格局被打破和新的利益格局形成的特点：在社会生产力和人们生活水平得到整体性提高的同时，社会贫富差距拉大，社会成员之间的矛盾和冲突加深，社会规范处于重建的过程中，人们的价值取向也趋于多元化，新旧价值体系之间的冲突导致社会失范、心理失衡、行为失控，社会秩序遭到破坏，各种社会矛盾和冲突不断产生，社会张力不断增大。①思想政治教育的本质是做人的思想工作，它的逻辑出发点是人的思想，但近年来思想政治教育一直存在脱离人民主体需要的问题。思想政治教育在关注着社会的运行状态，提出社会中面临的种种问题，但在此过程中思想政治教育却忽视了个人的真正诉求。在社会转型中，人们的价值观念、生活方式的改变日益明显，并且体现在社会生活中的各个方面。中国社会转型发展过程中同样也带来了贫富差距拉大、社会风气下降等问题，这些无时无刻不在影响着人们的生存法则，“老人该不该扶、敢不敢扶”这类道德伦理问题频繁出现在社会新闻中，颠覆着人们认知中的传统道德风范。

另一方面，经济的快速发展将网络化、数字化因素也带至社会生活中，深刻改变着人们的行为方式，对人们的生活习惯也产生了潜移默化的影响。面对日新月异的时代变化，思想政治教育理论却仍然停留在传统的理论内容、说教模式上，没有注入新鲜的话语理论体系。网络化、数字化时代为人们提供了思想交锋的新平台，新媒体网络虚拟世界扩大了人们的交往领域和话语空间，人们不再局限于熟人社会之间的日常交流。网络虚拟空间充斥着人们的生活空间，也改变了人们传统社会交往的方式，在虚拟空间中可以自由交流、畅谈，不仅体现在日常生活中，更是应用在工作中，人们也会用网络发送信息、传输文件、召开视频会议等等。传统思想政治教育是以维护国家的政治统治话语为主导，内容和形式上具有正统性与规范性，思想政治教育所具有的政治性使其传播方式是单向的教育者向受教育者传递信息，即“我说你听”的单一灌输模式。政治执行的高效、政治动员的广泛和政治权力对社会控制泛化，以及频繁的政治运动将思想政治教育和政治活动强行捆绑在一起，导致社会领域带有浓厚的政治气息。②在这种单一的教育话语模式下，受教育者个人内心的心理状态就会被忽视，受教育者也会处于失声状态，教育者接收不到受教育者的信息情况反馈。网络虚拟化信息时代的到来，使得单一话语模式这一情况得到改变，当受教育者在虚拟空间中摆脱了现实生活中的身份和地位限制，每一个人都是信息的接收者和传播者。同样，传统思想政治教育理论的传播模式在虚拟空间中出现滞后性，其固有的理论体系在网络空间中失效、对人的影响也达不到预期效果，从而影响思想政治

---

① 向德平、陈琦：《社会转型时期群体性事件研究》，《社会科学研究》2003 年第 4 期，第 99—103 页。

② 侯勇：《论思想政治教育系统思维转型》，《思想政治教育研究》2012 年第 3 期，第 21—24 页。

教育的吸引力和影响力。

（二）思想政治教育理论与实践逻辑统一问题

理论不能代替实践，但对实践具有指导作用；理论在实践中出场，才能彰显出理论与实践的双重效果。理论产生的意义就在于更好地指导实践活动，而当前的思想政治教育意义大多停留在理论层面上，真正进入人们的生活世界中还具有一定的距离。

首先，思想政治教育历来教育人们追求崇高的理想、树立远大的追求目标，即其教育意义大大超过社会中的现实意义。将其单一、同质、同化的教育内容传递给受教育者，忽略了受教育者学习接受能力的有限性，没有考虑到受教育者的心理状态及背后的生活现实，造成思想政治教育理论在社会实践出现真空危险，其理论的崇高性在社会实践中有时黯然失色。近年来，社会中的道德滑坡事件成为人们讨论的热点问题，当高尚的道德和社会利益同时摆在人们面前供选择时，人们已经开始试图掩饰其内心的高尚道德，转而追逐自身权利的实现和物质利益的最大化。道德崇高信念在社会现实利益面前，一碰即塌。有些人追求个人利益生活，将享受作为自己人生的目标和乐趣，将道德崇高理想抛掷在脑后。其次，思想政治教育过度塑造其社会意义，忽略了以人为主体的个人价值。思想政治教育的内容始于现实，忠于现实，因而要从现实世界出发，深入实践，解读人们在物质生活世界中的心理需求，关注人们的精神世界，为受教育者在精神生活中排忧解难。传统的思想政治教育围绕社会主义建设展开，教育者单方向对受教育者传输的说教模式，没有将双向互动环节纳入教育模式中。当今的思想政治教育模式依然没有完全摆脱传统的束缚，没有摆脱思想政治教育过于浓厚的政治色彩，依旧从社会总体需要的角度出发向人们输送思想政治教育的话语及其意义，进而试图让人们达到其话语的效果。思想政治教育只有融入人的生活中，深入了解人们的现实生活，以人们在日常生活中的价值为话语建构的起点，既要坚持鼓舞人、鞭策人、引导人，又要帮助人、理解人、关爱人。语言是思想政治教育传达的重要途径，如果话语不能够直击人内心的精神感受、没有把握住时代的脉搏、没有反映出社会的精神需求，那么思想政治教育只能飘浮在半空中，无法植入现实的土壤。

新时代思想政治教育不仅要引领社会主流意识形态的发展，还要关注到人的个性化发展，每个人的共同进步才能推动社会的整体发展。思想政治教育的理论内容要落入实践中，在实践中绽放它的光芒；更要扎根到人们的现实生活中，与人民群众关注的热点问题相结合，关注人们的切身利益，不断传递生活的内容和意义。

第三节 社会现代性与思想政治教育社会境遇

中国式现代化是一个社会发展和社会变迁的社会，同时充分彰显现代性的社会。对思想政治教育社会来说，同样遭遇思想政治教育现代性，形成思想政治教育的社会环境，这是思想政治教育面临的复杂境遇。这一复杂境遇体现为开放性思想政治教育环境、风险性思想政治教育情境和多重性思想政治教育语境，由此共同构成思想政治教育社会的现代性特征。

一、开放性思想政治教育环境

在现代性影响下，社会发生了结构性改变，这种改变是全方位、全系统、全球化的，同时全面调整了思想政治教育环境，包括思想政治教育的内部环境和外部环境，也包括时间过程即历史环境，构成开放性的思想政治教育现代性环境。无论是条件（物质设施、仪器设备、技术系统、制度体制、人的素质等），还是景观、情境、语境等，又或是理论、信息、艺术、风气以及人与外部的关系，与以前相比，都发生了变化，构成思想政治教育新环境。这是前所未有的变化。这种社会变化使思想政治教育从外部宏观环境到中观环境，再到微观情境，"全境"都发生了调整。将"主体"理解为教育者和教育对象，这本身即是一种带有明显的现代性意味的理解，也同时由于主体具有自我教育而使主体陷入了现代性困境之中。

在这个过程中，思想政治教育受现代性全面的渗透和改造，形成内外贯通的新环境。就思想政治教育环境来看，虽然物理环境有基础意义，但思想政治教育环境的内容因素则具有根本意义。无论是社会还是思想政治教育内部，无论是国际环境还是中国自身，市场经济在思想政治教育环境的内容构成中具有根本性意义，以现代性结构的方式建构思想政治教育环境。市场经济是现代性的重要因素，对现代社会的建构作用是全方位的，成为有力的现代性机制。市场经济具有双重性，甚至多重性效应。从积极方面来看，其一，市场经济体制提供现代的社会经济活动环境。它可以降低市场交易成本和制度运行成本，有助于经济主体改进生产技术和创新发展，推进社会生产力发展。其二，市场经济体制调动人的经济活动积极性。它为包括个人在内的各类市场主体提供更多的机会，特别是为个人提供展示才华和发展才能的空间，促进人的思想解放和自由而全面发展。其三，市场经济体制和机制具有自组织功能。它借助法治、道德、文化等力量共建公平竞争和制度交换的方式，为人们提供可预期的公平行为，实现自动调节，这又节省了成本。其四，市场经济同时生产新思想新道德。与市场经济相适应的新思想新道德既为市场经济发展所必须，也在市场经济体制运行中产生出来和发挥调适作用，这为人类美德良俗提供新环境，也给新的积极价值观带来了许多机遇。从消极方面来看，市场经济下部分人们追求剩余价值的最大化，使利润成为人们最关注的问题，导致部分人对金钱的过度崇拜；市场经济提供琳琅满目的产品刺激了人们消费的欲望，掀起了奢靡享乐之风；市场经济肯定个人利益的过程中又为个人主义思想滋生提供可能，致使人们过度关注个人的利益。我国在改革开放初期明确把市场经济作为手段加以利用，同时又警惕其负面效应，提出“社会主义市场经济”的概念，这就看到市场经济的现代性结构的效应，在顶层设计和制度安排中重视市场经济的现代性风险，警惕市场经济的双重性，力求做到求利除弊。

二、风险性思想政治教育情境

这里所说的情境是指参与者直接进入现场互动的环境构成。思想政治教育处在思想观念领域，思想政治教育情境具有观念性、情感性、人际性的活动氛围特征。思想政治教育意义的现代性情境，具有不确定性即思想政治教育风险。思想政治教育领域出现的风险现象，在改革开放初期主要表现为“两张皮”现象，后来出现逆反心理、冷漠、疏离、脱节、脱域，进而出现离散化、碎片化、悬浮化、“三化”（弱化、虚化、边缘化）等现象。从正面提出的“三落”（落细、落小、落实）、融合、融入、共建、一体化等改革措施与实践路径，实际是人们对思想政治教育现代性风险的积极应对。现代社会的风险除了风险本身固有的不确定性特征以外，还有传统风险所不具备的现代特征。面对这种风险，通常无法预先决断，往往需要现场防范与应对。这种风险遍及全社会。思想政治教育可以在自身专门场域呈现它自身的纯粹特质和功能，然而，进入社会就被现代性因素所渗透，被现代性社会所包围，使得思想政治教育很难发挥它的作用。

对于思想政治教育而言，目前已生成了现代社会大背景下的风险性思想政治教育情境。这是由思想政治教育所面临的现代性环境所致，也是思想政治教育进入现代社会且具有不确定性的事实呈现。思想政治教育必须以现代性建构应对这种情境。在社会场域中，现代性风险往往附着于现代化的物质基础，这是看得见、摸得着的事实，可立足于现代化的物质事实加以考察；而在思想政治教育情境中，由于思想观念的独特存在形式，现代性风险更不容易被把握，更需要在特定场域中随机应变。然而，鲍曼所指出的那种作为“我们的文明进程取得的最蔚为大观的成就和最令人胆寒的罪行的基础”的“道德与实用相分离”现象[①]在思想政治教育领域也存在。由于现代性与思想政治教育的互构关系，思想政治教育中隐藏着最大的风险是红与专、德与才的分离，这是现代性之于全社会最深刻、最严重的风险，同时又是思想政治教育中观念形态的风险。迎面而来的风险是“中性化”，伦理、道德、良知、正义等这些本来不言而喻的价值准则在现代社会中已经变成“要商量”的话题，这是因为现代化及现代性以技术的面目出现，掩盖、消解了价值倾向。

三、多重性思想政治教育语境

思想政治教育活动是一种思想交流活动，以语言为物质工具、以概念为中心组织起来的话语场域即语境。概念是指反映事物本质属性的思维方式，主要表现为各种语言。随着人类社会文化的发展，语言的形式从口语扩展到文字、符号、行为、仪式，后续又出现了其他形式，随着计算机技术和网络发展，产生了技术语言，包括数字、表格、图像等，构成新时代的语言群。思想政治教育活动语境下，概念既是基本要素，又是基本媒介，构成思想政治教育语境的基本特征。在传统思想政治教育活动中，政治概念为主要特色，与之相应的是政治性内容和政治性要求，共同构成思想政治教育的语境。

改革开放以来，思想政治教育由传统向现代转型，语境也发生了重要转变。思想政治教育话语的内容保持着连续性，思想政治教育基本精神没有改变，思想政治教育能够“围绕中心、服务大局”“服从”“服务”党的基本路线。然而，现代性结构并没有离场，而是以自己的方式在场，进一步建构现代性语境，以多重性形态进入思想政治教育话语体系。现代化实践不断生产着新的现代性语境。“实践不会迁就任何先验的逻辑，西方现代性话语不是‘终极词汇’，回到中国自身，才是中国现代性建构的唯一正确方向。中国道路的成功代表了一种新的现代性文明的出场。”[②]这种新的现代性文明深刻改变了思想政治教育现代性的语境。随着社会主义现代化推进，原有的概念框架已经远远不能满足思想政治教育观念环境，随着社会变化及新任务出现需要不断生成充满现代性因素的新语境。

例如，社会主义核心价值观有丰富内涵，即富强、民主、文明、和谐、自由、平等、公正、法治、爱国、敬业、诚信、友善，每一概念都具有现代性因素，构成思想政治教育领域展开社会主义核心价值观教育的现代性话语体系。从总体上说，社会主义核心价值观的丰富内涵具有现代性因素，同时都可以找到中国优秀

---

① 〔英〕齐格蒙·鲍曼：《现代性与大屠杀》，杨渝东、史建华译，译林出版社 2011 年版，第 271 页。

② 陈曙光：《现代性建构的中国道路与中国话语》，《哲学研究》2019 年第 11 期，第 22 页。

传统文化精神，具有现代性内容、现代性矛盾，也含有现代性思维的内涵和功能。这组含有现代性结构的概念既是社会的，存在于思想政治教育外部；又是内部的，由外部进入思想政治教育内部，成为思想政治教育内容的重要部分，甚至是核心部分；还在运行中进入思想政治教育的目标、思维、方式、手段、活动、体制、过程，与思想政治教育共生互动。这体现了思想政治教育现代性的新语境，也是思想政治教育语境的普遍现象。这些概念之所以具有现代性因素，就是因为它们都具有两重性或多重性。每一个概念都是正面积极地表达，肯定它们的正面意义；但就它们的来源、内涵、形式及功能而言，每一个概念内在地具有多重意义，包括否定因素。

✎ 问题与讨论

1. 改革开放以来，中国社会变迁的表现有哪些？
2. 改革开放以来，中国社会结构转型的主要特点是什么？
3. 网络社会对思想政治教育产生哪些重要影响？
4. 社会结构转型过程中思想政治教育新任务是什么？
5. 社会现代性产生怎样的思想政治教育社会境遇？

第三章　思想政治教育社会实践

思想政治教育实践是思想政治教育理论的基础，也是思想政治教育的专门领域。思想政治教育社会实践强调思想政治教育的社会性和动态性，是思想政治教育实践的子概念。在思想政治教育社会实践中，思想政治教育、社会、实践、人等概念具有核心价值，在探讨思想政治教育社会实践时是不可避免的重要议题，明确这些概念与思想政治教育社会实践的关系，以及它们之间的相互关系，是对思想政治教育社会实践进行研究的重要内容。思想政治教育社会实践议题可由思想政治过程、思想政治教育场域、思想政治教育行动等展现，思想政治教育过程是社会实践的具体展开，思想政治教育场域是社会实践的发生场域，思想政治教育行动是社会实践的具体载体，在这些子议题中阐明人、社会、实践、思想政治教育之间的关系，对于明晰思想政治教育社会实践这一概念具有重要意义。

第一节　思想政治教育过程

“从结构上考察思想政治教育过程，可分为横向结构和纵向结构。横向结构上，思想政治教育的过程是由教育者、教育对象、教育环境和教育介体等四个要素构成的一个整体性的平面；纵向结构上，思想政治教育的过程呈现出教育过程展开的各个环节以及教育对象思想政治素质形成的各个阶段等两个连续的链条。”[①]这一论述较为全面地概括了思想政治教育过程，适用于在社会中发生的思想政治教育，使得思想政治教育过程更具立体感。其教育环境主要是指整体的社会环境，随着环境的变化，思想政治教育过程也会有所变化。无论社会环境或其他因素发生何种变化，思想政治教育的价值归旨不会改变。

① 李志强：《论思想政治教育过程的结构及其规律》,《学校党建与思想教育》2017 年第 9 期，第 9 页。

一、人与实践的双向互动过程

思想政治教育过程是一个“教化—内化—外化”的过程。思想政治教育过程是由人对人的思想所进行的，在这个过程中人是主体也是对象，在时间和空间上具有双重延续性地展开。思想政治教育过程同时也是实践性的，这个过程是人与实践双向互动的过程。人和实践是思想政治教育过程中一对具有重要意义的特殊范畴，思想政治教育的过程也是人和实践在社会中双向互动的过程。马克思主义的实践观是马克思主义哲学的重要组成部分，同时也是思想政治教育社会实践的重要理论基础。我们分析思想政治教育社会实践不能回避对马克思主义实践观的探讨。“实践”这一概念是马克思主义哲学世界观的发源地，也是马克思主义人学的基石和原则的来源。实践性是马克思主义哲学的基本特征。人与实践的双向互动在一切教育活动中、社会关系中都有所体现，在思想政治教育过程中也是如此，对此进行分析，首先需要阐明人在实践中的特征，其次才能对“实践是由人开展的社会活动”，以及“人在实践中成为能动与受动的主体”进行阐述。

（一）实践中的人所具有的特征

马克思认为，人是作为实际活动的、现实的人存在着的。人首先是大自然进化的产物，作为一种自然存在物，人是有生命的自然存在物。但是，马克思又不把人仅仅看作生物的、生理的人，他虽然肯定了“自然人”的存在，但他对人的把握并未停留于人的自然属性上，更不是把活生生的、现实的人归结为人的自然实物，而是在肯定人的自然属性的前提下，把人作为活动的主体来考量。人是活动的主宰，活动由人发起，围绕着人的需求而开展，最终也落脚于人。

人是有意识的存在物。现实中的人不仅是有肉体生命的自然存在物，而且是有意识、有目的、能思维的存在物，是有思考能力的存在物。人的意识正是人区别于一般动物的特征。动物是和它的生命活动直接同一而无法自觉地加以区别的，但人则把自己的生命活动本身变成自己的意志和意识的对象。[①]另外，人的意识的产生和发展除了有生理的物质基础外，还与人参与的物质生产活动及其他实践活动相关。“思想、观念、意识的生产最初是直接与人们的物质活动，与人们的物质交往，与现实生活的语言交织在一起的。人们的想象、思维、精神交往在这里还是人们物质行动的直接产物。人们是自己的观念、思想等等的生产者，但这里所说的人们是现实的、从事活动的人们，他们受自己的生产力和与之相适应的交

① 《马克思恩格斯全集》第 42 卷，人民出版社 1979 年版，第 96 页。

往的一定发展——直到交往的最遥远的形态——所制约。意识在任何时候都只能是被意识到了的存在，而人们的存在就是他们的现实生活过程。”[①]正由于人是有意识的存在物，人才具备了成为实际活动着的主体的可能，才能现实地进行对象性的实践创造性活动，才能不断地塑造着理想的世界。

人是类的存在物。所谓人是类的存在物，“就是说是这样一种存在物，它把类看做自己的本质，或者说把自身看做类存在物。”[②]这就是说，马克思在肯定个人存在这个前提之后，并不是仅仅把人当作个体的人来看，而是从人的现实存在和现实活动出发，去考察人的本质，考察人类的本质，去挖掘“群”“类”的特征。从马克思主义者的研究中我们可以发现，个人首先作为有生命的肉体存在，有吃、穿、住等刚性需求，要满足这些最基本的需求则必须开展生产实践活动，而人依靠“个体”无法较好地完成高难度的生产活动，因此必须与他人进行合作，于是就产生社会关系，这在产生社会关系的同时，也使人自然地聚集在一起，由此构成了社会的经济基础，并产生与此相适应的上层建筑，形成复杂的社会结构系统和运行机制。随着生产力的发展、生产方式和生产关系的改变，以及种种其他社会内部的矛盾运动，促使从经济基础到上层建筑的变革发展，最终也形成了人类历史的演进过程。

（二）实践是由人开展的社会活动

马克思认为，实践活动是凭人的感官可以真实感觉得到的客观过程，他把实践理解为主体人的一种能动地改造客观世界的活动，它不是一般的感性活动，而是体现人在作为实践的主体时所具有的能动性的感性活动，是感性与客观性、主观能动性的统一。马克思同时把实践与人的存在本身联系起来，把实践理解为人所特有的存在方式。实践的动机包含着人对自然限制的突破和超越。实践观念是客体尺度与主体尺度的观念统一。人在面对实践时，不仅要考虑“不能做什么”之类的客观限制，也要考虑“应当做什么”的价值趋向。二者的有机统一才产生了“必须做什么”的唯一选择。实践活动的产物也体现了人的力量。实践活动的产物是人通过劳动等实践的具体形式付出了人的力量之后所得到的，也具有较强的“属人性”表现。

马克思对实践有两个基本规定。首先，人的生产活动对于实践有着规定性意义，对于社会的物质积累、经济发展有着重要意义，强调了人的生产活动对于社会实践、对于社会发展有着重要意义。其次，人的生命活动是创造和赋予意义的

① 《马克思恩格斯选集》第1卷，人民出版社1995年版，第72页。

② 《马克思恩格斯选集》第1卷，人民出版社2012年版，第56—57页。

过程，对于人类生命的延续、文明的传播具有根本性意义。马克思一方面把实践的主体看作感性的人，另一方面又把感性的人的活动规定为实践，并提升为人的本体存在。由此，我们可以发现，在马克思的实践哲学中，人是实践活动的发起者和受益者，实践活动是由人开展的，绝大部分实践活动也是针对人进行的，同时，实践活动存在于社会系统中，实践活动的开展受到社会的影响和制约，又对社会的发展产生作用。实践活动的成效如何受到人和社会两方面的影响，同时人处在社会当中，社会由人及其社会关系所构成。因此，实践、社会、人三者之间是相互影响相互作用的关系，其中，实践成为人与社会相互影响的中介，人是相互影响的主体，社会作为大环境始终对三者之间的关系产生影响。

（三）人在实践中成为能动与受动的主体

人与实践是一个双向互动的过程。人在实践中具有特定的表征，同时实践是由人所发起的，围绕着人的需求进行的，那么，实践带给人的是什么呢？总体说来，实践使人在实践中成了能动与受动的双重主体。在这里，首先需要阐明的是人的本质，马克思有两个最为著名的论断曾对此进行过讨论。

第一，马克思认为“自由自觉的活动”就是人的类特性。马克思把人作为“类”和“个体”，把人类总体和个人作为统一的整体来理解。在具体的分析中又会有所区别，当他把人和其他自然物做比较时，这里的人指的是人类。马克思在《1844年经济学哲学手稿》中揭示了人的一般本性，这种一般本性，在当时被他称为人的“类特性”“类本质”。马克思分辨人的特质是从区别人和动物开始的，但他抓住的是人和动物的根本区别。他指出，动物和它的生命活动是直接同一的，它并不把自己与自己的生命活动区别开来，人则能够把自己的生命活动作为自己意志和意识的对象，这种有意识的生命活动使人最终脱离了自然系列中的动物。他在这里再次强调人的生命活动的“有意识”，并不是要把人的本质径直归结为人的意识。在马克思那里，人的生命活动的有意识性是在实践中得到实现、得到印证的。也就是说，实践活动的开展是人具有意识能动性的表现。

第二，马克思把“社会关系的总和”理解为人的本质。由于人是类和个体的内在统一，现实人的本质就是人的类本质和个体本质的辩证统一。人的生命活动是有意识的，但它并不因此而归结为是独立主体的抽象精神活动，它受到来自自然、社会等方面的影响，生命活动所具有的有意识性并不是孤立的不受外在影响的有意识性，而是联系中的。人所受到的来自外界的影响，通过实践来实现，因此人在实践中完成了能动与受动的统一，成了同时具有能动性和受动性的主体。

马克思主义关于人的本质的论述，既克服了脱离社会的自然主义的局限，又克服了把个人仅仅看作社会关系的“产物”而消融于社会之中的局限。在马克思主义者那里，人是社会关系的总和，又受到社会关系的制约。人可以在一定条件下，通过劳动实践创造新的社会关系，以适应社会发展的需要以及自身生存、发展的需求。因此，人又是在社会交往即社会实践中实现本质，能动性与受动性都是社会实践的体现。人受到自然规律、社会关系的制约，说明人具有受动性的一面，而人能通过有意识的社会实践活动创造新的社会关系，又说明人有能动性的一面。因此可以看到，人在社会实践中实现了能动和受动的统一。

二、思想政治教育过程的人本取向

现代西方人本主义是当代哲学发生转向的产物。它从以往所强调的对外部世界的研究转向对人本身的内在结构的研究；由倡导感觉经验或理性思维的可靠性转向肯定人的内在的心理体验和非理性的直觉。现代西方人本主义虽然对人的本质的分析最终陷入了历史唯心主义，但它在人的主体性的挖掘中所涉及的人的行为、情感体验、理解等中介因素的分析，与思想政治教育在研究方法、研究对象等方面有着相通的人本取向。思想政治教育过程的人本取向体现在过程中的各个层面、各个维度。分析把握思想政治教育过程中的人本取向，对于分析思想政治教育过程的目标、价值具有奠基式意义。

（一）思想政治教育过程明确人的主体地位

思想政治教育过程首先明确了人的主体地位。现代西方人本主义思想把人的主体存在提到本体的高度，主张建立一种以人为中心的本体论，即在它们的研究中，不把人与世界的关系看作派生与被派生的关系，而是用人的存在去揭示世界的存在并赋予后者以意义。思想政治教育对人的主体地位的强调并不像西方人本主义那样不惜走向问题的反面。它是在唯物史观的维度上辩证地把握人的主体性。人是认识世界和改造世界的主体。人的主体性就是在认识和改造外部世界和人自身并创造自己历史的活动过程中所表现出来的能动性、创造性和自主性。在思想政治教育过程中，受教育者和教育者都是人，因而他们一样都是思想政治教育的主体。从现存的思想政治教育社会实践来看，思想政治教育过程既是教育者按照社会要求积极组织并实施思想政治教育的过程，也是受教育者基于自身的思想基础和内在需要，通过自己的积极活动，能动地接受思想政治教育和进行自我教育来实现思想政治教育目标的过程。这二者的主体性是辩证的统一，同时二者在一定维度的思想政治教育社会实践中也是同步进行的，即是一个教学相长的过程。另外，在思想政治教育过程中，受教育者能否获得主体性是思想政治教育效果大小的关键所在。这就更突出地体现了思想政治教育过程对受教育者主体地位的肯定。

（二）思想政治教育过程展现人的理性光芒

对于人的基本特性是什么，现代西方人本主义做出了反传统的回答。他们把目光转向人的内心，注重人的非理性的情感意志及体验等主观特性。在他们看来，理性只能认识现象，要把握人的存在及宇宙的本质，只有依靠非理性的直觉。从现代西方人本主义的研究过程及成果中，我们可以发现，人本主义者们片面地夸大了非理性因素的作用，其实人的认识过程是一个复杂的过程。理性和非理性因素的“运行机制”并不是截然对立的，也不是互不相关的。理性的思维过程本来就是建立在情感、欲望等非理性因素基础上的。理性必须以人的基本要求、积极情感和意欲作为动力。如果人的非理性的本能要求、情感经常处于被压抑的状态，就不会有真正的理性之光。思想政治教育的开展除了以社会发展对人产生的要求为依据外，在思想政治教育内容的选择、方法的使用中都应体现着对人的关怀，思想政治教育过程除了晓之以理外，更要善于动之以情，着眼于人的情感和欲望。思想政治教育效果是理与情合作活动的结果。在一定意义上，思想政治教育的神奇魅力就在于理之不通的地方，情感的沟通能融化心灵上的坚冰。

（三）思想政治教育过程重视个体多样性

现代西方人本主义强调人的个体性，在个体的自我中寻找个人人格的完整。他们极力反对把人一般化、普遍化，认为那样会使个体完全消融于集体和社会之中。在他们看来，人似乎只有在与自我的不断对话、不断反思并不断超越中，直到与上帝相联系，才能得到解脱和完善。思想政治教育把个体理解为现实的社会的存在。人的普遍性与个体性是辩证的统一。在价值多元化时代，个人的不同的成长环境和学习经历，使得人在心理、生理等多个方面存在差异。同时在社会转型的大背景下，社会是矛盾的集合体，个人更是充满矛盾的个体，个体的需要呈现出巨大的差异。思想政治教育过程重视人的个体多样性，就是重视人的价值和尊严，重视人的价值和尊严是做好做实思想政治教育的前提，这种人的价值和尊严要落实于个人。现代社会，思想政治教育的方式也在转变，任何传统的专制式的思想政治教育都忽视人的个体多样性，人的价值和尊严无法在传统的方式中被尊重。同时，每个人都会经历从儿童到青年、壮年、老年的成长过程。人在成长的不同阶段具有特定阶段的特征，对于相同的人在不同阶段的思想政治教育社会实践也是不同的，因此思想政治教育过程要重视关切人的具体成长阶段。

思想政治教育总是在个体与社会结合的平衡点上把个体统一在社会中，达到既满足社会需要又满足个体自身生存发展需要的社会价值与个人价值的整合。思想政治教育的阶级性决定了只有马克思主义人本思想才是思想政治教育社会实践的理论基础，人的主体性就体现在人开展的社会实践的过程中。人在自然界、社会和自身的对象性活动中，通过物化和观念的形式，一方面使自己的主体性在客体中得到确立，另一方面也使自身的规定性显现出来。这就是自然属性、社会属性和精神属性的显现，它们构成了人区别于一切动物属性的人性。

三、实现人的自由而全面的发展是思想政治教育过程的目标

思想政治教育的对象是人的思想。人处在不断发展的过程中，人的发展过程在生理、心理、人性方面呈现不同的特征，即不同年龄段的人在各个方面存在较大差异。面对不同年龄段、不同发展进程中的个人，思想政治教育有着特定的目标、内容、方法等，但思想政治教育过程的最终目标在于实现人的自由而全面的发展。这是具有终极意义的目标，仅靠思想政治教育过程中的阶段性实践虽不能实现这一宏大的目标，但要实现这一目标却又不能缺乏思想政治教育过程的整体发挥。思想政治教育中的人是个人的抽象和集合，而个人是思想政治教育的直接对象，是思想政治教育的开端、载体和归宿。个人在思想政治教育过程中的基础地位，无论在马克思主义体系还是在中国儒家文化体系中都是成立的，在西方文化体系中的地位则更不言而喻。

人要实现的“自由”是人所独有的生命活动的性质。这不仅体现在人与自然的关系中，也必然体现在人与自身的关系中，还体现在人与他人的关系中。这些关系的“总和”构成人的自由本质。人要实现的自由是在社会实践中实现的，思想政治教育是一种与社会紧密联系的实践活动，思想政治教育社会实践也是人实现自由的方式之一。

（一）思想政治教育过程应遵循的“人”规律

思想政治教育过程要遵循人的成长规律。从人的发展逻辑来看，思想政治教育应遵循个人成长和发展的基本规律，首先是自然规律（包括生理发育和智力发展的规律），其次是社会活动的发展规律，最后是精神发展规律。社会是由个人组成的，个人由婴儿开始，然后是儿童、少年、青年到中年再到老年。由此循序渐进，人的培养目标是，“未成年人的思想道德教育，应该把教会未成年人怎样做人放在最基本的位置，从个人（掌握生活技能）逐渐到社会人（学会承担社会角色的权利与义务），然后再发展到道德人（做道德高尚的人）和政治人（做讲政

治的人）"[①]。无论是思想道德教育还是科学文化教育，都遵循这一规律。首先是自然的人、个体的人，然后逐渐成长为社会的人（成为社会群体和社会文化的人）。在目前思想政治教育的开展过程中可以发现，仍然存在着未成年人学习成年人的东西，不适合未成年人的需要和规律的现象，还存在着普遍教育代替个性教育，用普遍人的要求代替具体个人的要求，对成年人缺乏有力的思想政治教育等情况，以上这些是造成思想政治教育实效性低的重要原因。

思想政治教育过程要重视人与社会和谐共处的规律。中国社会历来重视和追求和谐，和谐社会的基本内容和主体内容就是人际和谐。和谐也是大同社会的基本内容和基本目标，在那个社会，夜不闭户，路不拾遗，人与人之间和谐相处，呈现祥和幸福的和谐气氛。在这种和谐社会，个人和谐是社会和谐的基础和前提。中国圣贤很早就意识到，只有拥有内在和谐的个体，才能形成整体和谐的社会。而个体的和谐，在中国优秀传统文化中有着大量的论述和丰富的智慧。个人和谐的路径是格物、致知、诚意、正心、修身、齐家、治国、平天下。重视个人的道德修养，把个体"修身"视为齐家治国平天下的起点和基础，这是儒家文化的精粹。中国儒家思想强调"修身为本"，"修身"是指个人的道德修养，"为本"则指修身的根本意义。"修身为本"的实质就是指个人道德修养在道德教育系统中具有基础地位和基础作用，为道德教育中的第一要义。这不仅指明了道德教育体系中个人的道德修养与社会的道德建设的关系，提出了道德教育中的一条普遍原理，而且指明了修身和道德教育的责任载体是个人。这里的"身"既是指个人道德修养的载体，又是指主观内心世界，兼有物质身体和精神身体的双重含义。这样就使抽象的理论落到实处，把道德建设任务落实到个人这一具体和实际的载体。个人修养是道德教育的开端，是齐家治国平天下的开端，也指明个人及其修养对于个人、家庭、国家、社会的重要价值。思想政治教育的起点和根本目的在于个人"修身"，实现"修身"才能实现人与社会的和谐。因此，在思想政治教育过程中，要始终都将个人与社会联系在一起，不能将两者分割，既要重视两者的相互影响，也要重视两者"融为一体"的重要意义。

（二）个人是思想政治教育的直接对象

思想政治教育过程首先要重视具体的个人，重视个人的多重身份，全方位地分析思想政治教育对象。从哲学视角看，思想政治教育在于确立人的主体性，把人的主体性作为思想政治教育追求的根本目标。但是，由于哲学思维着眼于抽象的人，往往掩盖了人的具体要素；以往思想政治教育所指的"人"，是个人还是指

① 戴木才：《深化未成年人思想道德建设内容创新》，《光明日报》2005年6月1日，第B1版。

集体、类，缺乏明确的界定。这样，容易将人变成抽象的人，或将人变成抽象的概念，进而遮蔽、忽视具体的个人，造成思想及研究的表面化、外部化。结果只有概念化、知识化的人，缺少活生生的个人。人的主体性飘浮于空中，难以落实于具体的、现实的或具有实体意义的个人之中。人们总是处于不同的社会层次进行思维，他们尽管共同面对人，但对人的假设则有很大的不同。政治家眼中的人是"政治人"，他们是从政治的视角和社会顶层（如国家）提出思想政治教育的目标、任务和方法；实际工作者眼中的人是"实际人"，他们从实际的视角提出思想政治教育目标、任务和方法。尽管共同面对人，似乎都共同指向共同的人，但其实有着巨大的差异。思想政治教育内部化就是要求我们除了总体上认识人以外，还要直面具体的、现实的人。思想政治教育内部化主张从人进入"思想政治教育人"，从抽象的人进入具体的人，从总体人进入个别人，实现普遍性与特殊性、概括理论性与现实具体性的统一，而人的主体性实现类主体性与个体主体性的统一。

马克思、恩格斯在《共产党宣言》中指出："代替那存在着阶级和阶级对立的资产阶级旧社会的，将是这样一个联合体，在那里，每个人的自由发展是一切人的自由发展的条件。"[①]人类社会发展的最高阶段，"以每一个个人的全面而自由的发展为基本原则的社会形式"。[②]这里所说的"全面而自由的发展"，主要是指每个人的能力全面提高，个性自由发展，人的需要不断满足，人的社会关系丰富，人与自然的关系和谐，个人在社会中获得更多的自由选择可能，在此基础上推进并实现整个社会的人的全面发展。个人是实体，个人是群体的基础，而群体是个人的组合；人是个人的概括和集合。在现代性背景下的个体化时代，探讨个人在思想政治教育的状况具有特殊的重要意义，也具有紧迫性，当然也是十分复杂的。

（三）人为个人是思想政治教育的目标

思想政治教育目标所指的个人，是思想政治教育进行之后属于结果意义的个人，成为人为加工过的个人，所以是"人为个人"或"结果个人"。思想政治教育是有目的、有计划、有组织进行的活动，有着预期的目标。"思想政治教育根本目标是使人成为思想政治教育主体。"[③]就个人而言，经过思想政治教育之后的个人，应当达到事先设定的目标规格。诚如鲁洁所说："教育虽然存在一种外部施加影响的过程，但是其主题却应是促进、改善受教育者主体自我建构、自我改建的实践活动的过程。"[④]循此思路进一步落实，这个"受教育者主体"必是个人。如果说

① 《马克思恩格斯选集》第4卷，人民出版社1995年版，第730—731页。
② 马克思：《资本论》第1卷，人民出版社2004年版，第683页。
③ 孙其昂、黄世虎：《思想政治教育学基本原理》，河海大学出版社2015年版，第160页。
④ 鲁洁：《教育：人之自我建构的实践活动》，《教育研究》1998年第9期，第17页。

“起点个人”是“自然个人”，这个人具有思想政治教育开始阶段所具有的“自然状况”，那么，经过思想政治教育的“人为”之后而成为“人为个人”，应当是“社会化的个人”，是思想政治教育化的个人。

思想政治教育的对象和目标是个人，个人又是“社会中的个人”。根据马克思的观点，人的本质是社会关系的总和，个人同样是社会关系的总和。个人与社会相互进入、相互规定，尤其是个人被社会所规训。这是人的本质规定，也是认识人的基本方法论。马克思指出：“每个人为自己劳动，而他的产品并不是为他自己使用，所以他自然要进行交换，这不仅是为了参加总的生产能力，而且是为了把自己的产品变成自己的生活资料。”[①]思想政治教育所说的个人之所以能够成为“合格的社会成员”，是因为要求他能够担当“社会角色”，能够成为具有社会性的个人。

第二节 思想政治教育场域

根据法国著名社会学家布迪厄的理论，场域可以被定义为在各种位置之间存在的客观关系的一个网络。场域是社会生活中一些有着相互关系的社会结构网络，它是一个动态的开放系统，是力量关系的体现。场域的形成过程就是这个小世界逐步摆脱外界影响、增加自主性并形成自己逻辑规则的过程。每个场域都是一个拥有自身法则、具有自身逻辑和必然性的客观关系空间。思想政治教育场域目前还处在一个形成的过程中，它是看不见、摸不着的，是人们思想中型构出来的社会场域。

一、思想政治教育场域的基本内涵

思想政治教育场域的存在与否、发挥的功效如何对思想政治教育社会实践具有重要影响。要阐明思想政治教育场域的基本内涵，需要首先对思想政治教育环境、情境、生态、载体、平台等相关概念进行辨析，以此分析思想政治教育场域。

第一，思想政治教育环境。思想政治教育环境是指在思想政治教育领域，影响人的思想政治品德素养形成与发展、影响思想政治教育过程和效果的内外部因素的总和。它包括思想政治教育活动之外的环境，也包括思想政治教育系统内的小环境、“小气候”。前者是在外部环境层面来理解思想政治教育环境，意指思

---

① 《马克思恩格斯全集》第30卷，人民出版社1995年版，第108页。

想政治教育系统所处的社会大环境，如政治、经济、文化等社会环境以及水、植物、气候等自然环境，这个意义上的环境是自发的，不以思想政治教育的目的为转移，对思想政治教育系统来说是不可控的，但又是可利用的；后者是在内部因素层面来理解，是由思想政治教育系统内部各要素组成的内部环境，除了思想政治教育环境，还包括其他以无形的方式或因素进入思想政治教育系统及思想政治教育系统的运行[①]，是可以选择、利用与改造的，反映了思想政治教育者具有的主动性、能动性与自主选择性。

第二，思想政治教育情境。一般而言，思想政治教育情境是由教育者为了达到教育目标，而“有意”设定的，具有较强的主观性。“广义上而言，思想政治教育情境是指影响思想政治教育系统活动的一切内部和外部思想政治教育自觉环境因素的总和。这种思想政治教育情境就是一种较为接近中观的自觉的可控环境；狭义上而言，思想政治教育情境是指在具体的思想政治教育活动过程中，教育者和受教育者都可以把握且能够优化双方心理精神氛围的、且有利于一定思想政治教育目标实现的、自觉的可控环境，它是一种内在于思想政治教育系统中主客体有机统一的、最为具体微观的环境。”[②]

第三，思想政治教育生态。所谓思想政治教育生态，就是指一切对思想政治教育存在及其发展产生各种影响的内外部因素之间关系及结构的总和。“生态”一词蕴含着从局部考察到整体观照，从系统研究到研究系统，从静态理解到动态分析，从实体思维到关系思维，从事实存在到生命运动的理念转换。运用生态学的理论和方法对思想政治教育进行研究，标志着人们开始以一种体现整体、联系、生存、动态、依存、协调等的生态视角来观照思想政治教育现实。

第四，思想政治教育载体。“载体”可先分开来解释，“载”是装的意思，如载重、载客；“体”即身体、物体；合起来可以理解为能传递能量或运载其他物质的物体。在信息技术和通信系统中，通常把信息的发生者称为信源，信息的接受者称为信宿，传播信息的媒介称为载体。思想政治教育载体是指承载、传导思想政治教育因素，能为思想政治教育主体所运用，且主客体可借此相互作用的一种思想政治教育活动形式。思想政治教育载体涵盖了思想政治教育途径、渠道、方式等内涵。

第五，思想政治教育平台。“平台”原指为方便生产和施工而设置的能活动的工作台面，或指供居住者进行室外活动的顶层层面或住宅房间地面伸出室外的部分，后泛指进行某项工作所需要的环境、空间、设施。“思想政治教育平台”是新近出现的一个概念，是开展思想政治教育的场所空间，常用的表述还有“高校网

---

① 孙其昂：《思想政治教育学前沿研究》，人民出版社 2013 年版，第 124 页。

② 董杰：《思想政治教育情境与思想政治教育环境三论》，《湖北社会科学》2012 年第 3 期，第 193 页。

络思想政治教育平台”。思想政治教育平台不是进行思想政治教育所必不可少的，而是为了进一步提高思想政治教育效果、拓展思想政治教育空间而设置的。

从以上几个概念来看，思想政治教育场域与它们之间有着密切的联系，同时又存在着一定的差异。首先，未形成与形态的区别。思想政治教育场域是一个处在形成的过程中，总的来说还没有成形的环境，而思想政治教育环境、情境、载体、平台在一定程度上都是已经形成的。其次，虚拟与实体的区别。思想政治教育场域是虚拟的，是看不见、摸不着的，是人们心中型构出来的，这与其他几个概念不同，思想政治教育环境、情境等都有着现实的、明确的物体、人物的支撑，都是具体的表象。再次，资源多与少的区别。在思想政治教育场域中，资本的力量是起决定性作用的，场域的形成与发展有着资本的介入和支持，而在其他几个概念中，资本所发挥的功效就相对较小。最后，人的参与特点的区别。“人”在这几个概念中所扮演的角色也并不十分相同，在思想政治教育场域中，人的“惯习”是影响思想政治教育场域发展的重要因素，人不仅仅是场域的构成要素，也主导着场域的形成和发展，人是在场域内部的，与场域共生共存。相反地，人与思想政治教育环境、情境、载体、平台的关系则并非如此，人更多地处在思想政治教育环境、情境、载体、平台的外部，人对于它们而言更多的是发挥“外力”的作用，人是环境、情境、载体、平台的利用者。

二、思想是人在思想政治教育的本体场域

思想政治教育中的人不是指人的全部，而是指人的一部分，即思想部分。早在 1991 年，陆庆壬等就分析了这种现象。陆庆壬等指出，思想政治教育学没有可能，也没有必要对人的一切方面都进行系统的研究。它同其他学科一样，只能研究人的某一特定领域，这个特定领域就是人们的思想，特别是人们的政治思想。[①]可以说，思想政治教育以思想为本。早在 2002 年，我们亦分析指出：“思想政治工作是建构在人的基础上的以解决人的思想立场观点问题为核心的一种社会实践。”[②]思想政治教育以人的思想为对象，旨在促进人的思想发展及实现思想价值。就其基础和本体而言，思想政治教育所说的人是思想化的个人或个人思想，思想是思想政治教育场域的本体要素，即指思想的存在是思想政治教育场域存在的基础和根源，也是思想政治教育场域发展的核心要素。

---

① 陆庆壬主编：《思想政治教育学原理》，高等教育出版社 1991 年版，第 8 页。

② 孙其昂、胡洙：《思想政治工作的人本价值》，《湖北社会科学》2002 年第 2 期，第 87 页。

（一）人是会思想的动物

思想政治教育是以个人开端，以个人思想为对象的社会实践活动，思想政治教育视野中人的思想首先是指个人的思想。每一个个人的思想是具体的、独一无二的，具有个性的、时代的特征，具有阶段特征，还具有该个人独特个人活动的特征。这是指，作为思想政治教育对象的个人，不仅是具体的、现实的，而且必然具有该个人生活经历和活动的烙印。人区别于动物的关键在于人会思想。思想是人的本性，在人的思想中，人会思想是其中的内核。思想是人的根本特质，思想推动人认识世界，进行个体内外的比较与交流，获得思想成果并以此指导人的行为。因此，思想是人的独特标志，又是人的存在方式，也是人区别于其他动物的本质所在。当然，人是社会中存在与活动的人，思想也是社会中存在与活动的思想；人有社会性，人的思想有社会因素，人的思想是对社会的反映及内在化，思想反映社会、体现社会。思想与社会的关系，是人与社会的关系的具体展开和深化，这是理解人和理解人的思想所无法绕开的环节。人不仅会有思想，而且要思想，会产生思想，且以人与外部关系为基本的思想对象。

人具有本能，这是人的天生的能动要素，使得人能够像一切生物体一样生下来就能够活动，具有活力。没有这种天生基础，人就不能成为人。人的思想，首先是动词，其次才是名词。作为动词的思想，指的是思想的活动及其过程；作为名词的思想，指的是思想活动过程的结果。正因为此，无论是生物基础还是逻辑起点，“要思想”是人的内生性本质，不是外加的结果，是人的思想和人的内在必然性的开端。凡是人，都有“要思想”的内在冲动。要思想，即思想的愿望，这是人这一动物所具有的内在动机，隐含着思想政治教育内在机理。“要思想”这一特性决定人总是会想着突破个人和外部的限制，突破空间和时间的界限，以期获得超越性发展。思想既可以使人高兴，也可以使人痛苦，这正是思想政治教育的重要理由。思想政治教育学科通过认识和开发人的思想这一特质，使人认识自己的本质力量，由此使自身获得提升，成为自己思想的主人，进而成为整个自己的主人和世界活动的主人。思想政治教育带着这一明确目标开展社会实践的过程，也是思想政治教育场域形成的过程，其实践也带有构建场域的功能，因此说个人思想是思想政治教育的本体场域。

（二）个人思想与个人行为的关系

一般而言，个人行为是个人思想支配下的社会活动，由行为倾向、行为过程和行为结果所组成，相对于思想而言具有外部特征。个人行为也是思想政治教育考察的对象。但是，思想政治教育所指的个人行为，主要指个人行为的倾向，个人行为中的思想因素，而不是指个人行为的全部，更不是仅仅指行为现象。思想政治教育考察个人行为的目的，尤其着重于考察个人行为背后的原因，即影响和支配个人行为的思想因素。无论是那些积极向上的行为，还是那些消极无为、反动落后的行为，其背后都有思想起作用。

个人思想与个人行为是两个范畴，处在两个不同的空间，同时具有互渗性和统一性，形成“思想中有行为因素、行为中有思想因素”的特性。个人思想的空间在个人思想空间，个人行为的空间则在社会空间。一般而论，个人行为是指个人的社会行为，是指个人在社会中的行动。因此，个人思想属于私人领域，个人行为则属于公共领域。相对而言，个人思想是个人大脑中的思想存在、思想活动和思想成果，个人行为则是个人在社会中的活动存在、活动过程和活动成果，是个人行为在社会领域中的展开及其结果。无论是个人思想还是个人行为都具有社会性，体现社会关系，具有历史性、时代性，表明个人与个人、人与社会是互通的。

个人的行为和思想是有联系的，人的行为是在思想指导或支配下的行为，是人的目的性的外显。行为与目的既是可分的又是合而为一的。当个人思想在个人大脑中进行时，思想的目的与行为是分开的，此时有思想而没有行为；当个人在思想指导或支配下开展行为时，既有行为又有思想，行为是思想的外在表示，行为之中有思想，行为与思想同在且合而为一。

（三）思想在社会中完成片面到全面的发展

马克思提出人的自由而全面发展，这是马克思主义理论中理想社会的目标，即共产主义社会。其实，这是一个总体性模型，它是全社会共同努力为之实现的目标。就思想政治教育而言，只能做它应该做和能够做的一部分。就教育而言，狭义上指在学校教育中做它应该做和能够做的部分，其他部分应当由社会去做，在各自负责的基础上形成合力。同时，思想政治教育并不是孤立的活动，思想政治教育在社会中活动，受到社会的支持或干扰，它的成效需要社会进行检验。思想政治教育应着眼于个人思想的部分，着力于做关于个人思想的工作，再形成先进的个人思想并以此指导个人行为，由个人而集合成人，在社会中综合形成先进的思想与行为——先进的社会思想和社会行为，即统合为良好社会风气。社会主义精神文明就是由一个个的优良个人及集体行为统合形成的整个社会风尚。思想政治教育理论联系实际原则，不仅指教育活动中理论教育要与实际结合，理论联系实际地进行教育，而且在目标意义上应把个人思想与个人行为联系和结合起来，还应把有关认识成果与社会实际及实践联系和结合起来。广义上说，坚持理论联系实际原则，不仅在现实的思想政治教育活动中要联系实际开展理论教育，而且所培养的个人思想要体现社会实际的要求，个人思想进入行为空间时是有效的或有用的，能够发挥思想指导行为的功能。不过，思想不能代替行为。因为思想有思想的限度，行为有行为的规律，行为还有行为实现的环境和条件。

思想政治教育社会实践的发展是在辩证唯物主义和历史唯物主义指导下展开的，在这里强调思想的重要性并不是唯心主义的表现，而是突出思想对行为的影响作用。在坚持思想政治教育对象为人的思想的前提下，论证思想、行为、社会三者的关系，是为了进一步强调思想在思想政治教育社会实践、思想政治教育基础理论、思想政治教育学科中的重要地位，并再次印证个人思想是思想政治教育的根本场域。

三、社会总体性与思想政治教育场域

“社会总体性”是指人们联系思想政治教育并从思想政治教育立场出发，对社会所持的总体性价值判断，并将它介入思想政治教育。社会是人的总体性存在，对人及人的活动来说，它始终存在，始终发挥着作用，无论是显性的还是隐性的，社会的作用始终存在。

（一）思想政治教育的社会总体性在场

通常所用的社会概念是一个高度抽象的社会概念，即“总体性社会”。如果现实社会是这样一种社会，那么在这种社会中，全社会高度一致，国家、社会、市场等不分彼此，全社会的资源集中在国家手中，中国曾经的单位制社会正是这样一种社会类型。改革开放以来，我国社会发生了结构性转变，逐步形成多元社会。改革开放初期采用“两个文明（社会）”概念，逐步转变为采用“三位一体（社会）”、“四位一体（社会）”到“五位一体（社会）”概念，就是社会变迁的反映。这里所说的“社会总体性”，是从思想政治教育角度提出的一个概念，用来指称思想政治教育所受到的来自社会的总体影响。这是指社会对思想政治教育具有总体性和先在性的特点，社会为思想政治教育实践提供了一个“总体性依据”。这种“总体性依据”是大概的，又是多种多样的，是根据思想政治教育对象域来确定的，已经不存在“统一性原理”。“统一性原理”在社会不同领域有不同表现。例如，在主流意识形态领域，是指导思想；在社会存在领域，是复杂的社会存在；在利益领域，是人们的生存理性及其理想理性，说到底是利益理性；在道德领域，是私德与公德的关系理性；等等。在这些不同领域，其本身又是多样的观念。

我们借鉴迪尔凯姆关于“社会事实”的观察和分析，认为“社会总体性”具有迪尔凯姆“社会事实”的特性。迪尔凯姆为社会学确立了有别于哲学、心理学、生理学的独立研究对象，即社会事实。“社会事实的存在不取决于个人，它先于个体的生命而存在，比个体生命更持久，它由先行的社会事实所造成，并以外在的形式强制和作用于人们，塑造人们的意识。”[①]这类事实有自己特殊的性质，“这类事实由存在于个人之身外，但又具有使个人不能不服从的强制力的行为方式、思维方式和感觉方式构成”。[②]我们称之为“社会总体性”的社会现象或社会事实，属于思想政治教育范畴。迪尔凯姆指出：“任何社会都存在着一定的因自身的明显特征而有别于其他自然科学所研究的对象的现象群。”[③]

（二）社会在思想政治教育场域的“外围”

思想政治教育的活动空间是多层次的，既在思想政治教育系统内，也在思想政治教育系统与其他社会子系统的互动过程中，还在对社会的服务上。对社会的服务，包括在整个社会系统和公共领域两个空间的服务，前者是指人类社会系统，后者是指狭义的社会领域。思想政治教育系统之外的社会存在，属于思想政治教育系统的外部，这也构成思想政治教育与社会的相互关系。

一方面，思想政治教育为社会提供服务，这里的“社会”即是指这个层次，在思想政治教育外部。另一方面，思想政治教育也会向社会提出要求，思想政治教育向社会提出调整社会关系以形成适合思想政治教育的生态环境。简单来说，前者是指思想政治教育为社会服务，后者是指社会为思想政治教育服务。显然，如果社会不能为思想政治教育服务，不能为思想政治教育提供适宜思想政治教育的条件，思想政治教育受到社会不利条件的限制，便不能发挥应有的作用。思想政治教育是在特定社会环境中开展的，社会环境总体规定和决定了思想政治教育的成效。社会有时为思想政治教育提供了积极的环境条件，有时却并没有为思想政治教育提供应有的环境条件。在后者情况下，思想政治教育应向社会提出要求，如要求社会调整关系、建构及建设良好的社会生态等，为思想政治教育创造良好条件。

“社会总体性”是可以感受到的现象。例如，有社会学家在广泛调研和深入研究后指出，中国农村地区治理污染环境收效甚微，文本法与实践法分离是重要原因。“我把‘说归说，做归做’或‘写归写，做归做’的现象称为文本法与实践法的分离。”[④]“在当前的中国社会，存在着普遍的‘写一套，做一套’，或者是

---

① 〔法〕迪尔凯姆：《社会学方法的准则》，狄玉明译，商务印书馆 1995 年版，第 2 页。
② 〔法〕迪尔凯姆：《社会学方法的准则》，狄玉明译，商务印书馆 1995 年版，第 25 页。
③ 〔法〕迪尔凯姆：《社会学方法的准则》，狄玉明译，商务印书馆 1995 年版，第 23 页。
④ 陈阿江：《次生焦虑——太湖流域水污染的社会解读》，中国社会科学出版社 2009 年版，第 160 页。

‘说一套，做一套’的现象，存在着文本法与实践法的普遍分离。”[①]“所谓文本法，或称文本规则，是指正式颁布的法律、政策、文件、领导讲话或指示等，在常态下必须遵守的规则。所谓实践法，或称实践规则，是指当事人在处理实际事务时所遵守的规则，虽然不一定印在纸上，或者由正式的、权威的机构颁布，但实践者心照不宣，大家明白。”[②]所以，陈阿江认为，水质每况愈下的基本原因是虽然有文本法可依，但事实上却各自按实践规则行事。[③]这种现象已经成为思想政治教育的“社会总体性”，成为“分离文化”。在社会现实中人们直接感受及亲身实践的是“分离文化”，这种“分离文化”已经成为社会普遍存在且全民默认的“惯习”，无论是在民间还是政府中，都存在着。这种情况下，直接与信任有关的思想观念，如政治信仰、道德风尚、精神文化等更是成为“分离文化”的重要组成部分。这类“分离文化”是当今思想政治教育“社会总体性”，成为社会对于思想政治教育系统运行的外部压力。

在这个空间，社会是思想政治教育总体性的力量。就是说，社会是总体上建构思想政治教育的力量，在总体上决定着思想政治教育的可能性功能和可能性作用，总体上决定着思想政治教育被人们认同的可能性。

（三）思想政治教育活动场域

思想政治教育活动特指思想政治教育系统内的活动，既是思想政治教育专门化的活动，又是检验思想政治教育服务和运行的直接状况，是思想政治教育的第一现场。在思想政治教育系统内部，开展思想政治教育活动属于纯粹的思想政治教育活动，我们通常称为思想政治教育专门活动。其实，这里的突出的特点是参与者们具有“社会总体性”特性。人是思想政治教育的外部存在，要想让人进入思想政治教育系统及其思想政治教育活动场域，第一步是要让人转变为思想政治教育角色。显然，无论是专业的思想政治教育者，还是思想政治教育对象，他们成为或扮演的思想政治教育的角色都仅仅是他们众多社会角色中的一种，他们始终受到“社会总体性”的影响。除此之外的那些社会角色使他们在成为思想政治教育角色以外，还在承担其他社会角色职责，他们身上承担着多种社会功能。当他们进入思想政治教育系统后，他们仍然体现着社会性，特别是思想政治教育对象，他们在进入思想政治教育系统场域后，尽管参与了思想政治教育活动，无论是自愿的还是被动的，仍无时无刻不在与社会进行着互动。在技术落后的社会历史阶段或封闭的社会环境中，当他们进入思想政治教育系统后，这种互动暂时中

① 陈阿江：《次生焦虑——太湖流域水污染的社会解读》，中国社会科学出版社 2009 年版，第 160 页。
② 陈阿江：《次生焦虑——太湖流域水污染的社会解读》，中国社会科学出版社 2009 年版，第 160—161 页。
③ 陈阿江：《次生焦虑——太湖流域水污染的社会解读》，中国社会科学出版社 2009 年版，第 161 页。

断了，开始全力参与思想政治教育活动。而在互联网发达的开放社会，当他们进入思想政治教育系统后，这种互动不仅没有中断，还会联系思想政治教育活动进行互动，增加了参与思想政治教育活动的社会因素。就是说，与改革开放前相比，当今思想政治教育活动的社会影响明显增强了。所以，现代思想政治教育要正视社会对思想政治教育的影响，正视思想政治教育的"社会总体性在场"，承认思想政治教育专门化活动也受到"社会总体性"影响，"社会总体性"必然"在场"。设计思想政治教育活动及开展思想政治教育专门活动，要考虑"社会总体性"的影响因素"在场"。

这个层次表明，思想政治教育活动是组织行为，是组织体系内的活动，是用组织信念来说服组织成员忠诚组织信仰的活动。因此，思想政治教育具有突出的组织性和体制性。就是说，思想政治教育理论是人类共有的理论，属于人类普遍规律，而思想政治教育活动属于思想政治教育实践，它是具体的，属于主体自觉的活动。具体来说，思想政治教育活动是有目的有计划有组织的活动，是体制内的活动，依靠体制才能发挥作用。中国的经验表明：在社会一统或社会封闭系统内开展思想政治教育活动与在社会多元或社会开放系统内开展思想政治教育活动，有完全不同的特征。在社会一统的条件下，中国思想政治教育活动全部是体制内活动；在社会多元条件下，中国思想政治教育活动分为体制内和体制外两种体制下活动。中国现阶段社会是体制内和体制外两种体制共存的社会结构，是开放的社会系统，存在多元化价值取向，在这种情况下，思想政治教育所主张的观念应与相应的体制相适应。

在这个层次，"思想政治教育作用如何"取决于思想政治教育系统自身的修为。在这个空间，在高度分化和分工的现代社会，思想政治教育系统已经获得相对独立的社会空间，能不能经营好这个空间主要在于思想政治教育自身。中国有专门的思想政治教育领域，有专职的思想政治教育队伍，有思想政治教育学科，有各个级别的思想政治教育社会科学研究基金项目，这是中国思想政治教育者，也是马克思主义理论界得天独厚的优势，在全世界是独一无二的。思想政治教育者应有自觉，用好这个优势，建设思想政治教育场域，用自己的智慧为人民服务，为社会服务，为人类服务。

第三节　思想政治教育行动

思想政治教育行动侧重于关注受教育者接受思想政治教育后的行动，以及为了更好地实现受教育者的行动而进行的研究工作，指向实际活动开展与学术研究两个层面，这也是思想政治教育社会实践的重要组成部分，因此思想政治教育行动是思想政治教育社会实践的载体，直接承载着思想政治教育社会实践，是思想政治教育社会实践内涵的落实落地。将思想政治教育行动与社会相联系，它既有需要遵循的规律，也有着在社会层面的具体展开。目前学界对思想政治教育行动主要涉及具体的实践活动的展开，在理论研究层面开展得较少。

一、思想政治教育行动的基本内涵

在社会学理论中，行为通常是指自然现象，人的行为是人的自然行为，而行动则是指人有目的的行为。“行动的概念是指个人的目的性行为。”[①]思想政治教育学原理对行为和行动没有做区分，其所说的行为与社会学所说的行动相同。在思想和行为组成一对范畴及相互关系的分析中，思想政治教育中所指的行为实际上是行动，即在思想指导下的行为。思想政治教育的目标是要实现思想向行为的转变，思想要进入人的行为过程，在改变世界过程中体现力量。行为是思想的外化，行为是行为自身与思想的统一。马克斯·韦伯从社会学的意义讨论思想，即他所说的“意向”，主要指“主观持有的意向”，不论客观上“正确”或形而上学意义的“真”。[②]在思想政治教育中，所说的思想是指正确且先进的观念。思想政治教育主张只有当外部的先进思想成为人们的思想，通过思想指导行为，随着行为参与改造世界的活动时，才体现思想政治教育成效。

思想转变为行为，一般要有三个条件，是在三个条件共同作用下实现的。一是内部条件，属于人的主观因素。思想转化为行为必须通过需要、动机、态度等环节，缺乏这些环节，思想作为理性认识并不直接对人的具体行为起作用。需要、动机和态度三者，关键环节是动机。动机是思想转化为行为的动力系统，是激励行为的内驱力。恩格斯指出：“就单个人来说，他的行动的一切动力，都一定要通过他的头脑，一定要转变为他的意志的动机，才能使他行动起来。”[③]二是外部条件，是指思想转化为行为的环境支持因素，如社会风气、社会舆论、社会习俗、社会设施以及人的以往相关行为的后续映象等。三是实践条件，属于主体的能动性。无论条件好坏，只有通过人的主观能动性选择，才能真正实现从思想到行为的转变。这个环节体现了马克思主义的实践观，体现了实践第一的观点。

---

① 〔瑞典〕彼得·赫斯特洛姆：《解析社会：分析社会学原理》，陈云松、范晓光、朱彦等译，南京大学出版社 2010 年版，第 41 页。

② 〔德〕马克斯·韦伯：《社会学的基本概念》，胡景北译，上海人民出版社 2020 年版，第 2 页。

③ 《马克思恩格斯选集》第 4 卷，人民出版社 2012 年版，第 258 页。

按照思想支配行为的规律，人的思想与行为之间应该是对应的、一致的，即有什么样的思想就有什么样的行为，错误的思想导致错误的行为，正确的思想产生正确的行为。在现实中，二者经常会出现差异，这说明思想与行为之间并不是一一对应的直接关系，思想并不直接支配行为，其间要通过需要、动机、态度等中介，而且行为能否产生还受思想指导下的先导的行为效果的强化或抑制作用影响。可见，思想转化为行为，要具备一定的内部条件和外部条件。

思想政治教育所指的行为，是有思想存在并发挥思想作用的行为。此时的行为，是思想政治教育主张的思想在行为中发挥作用，包含思想支配和指导行为，思想为行为提供指引；思想在行为中存在，行为中有思想因素，此时的行为不仅仅是动作，而且是有意识的动作，这与动物区分开来；行为检验着思想，行为为思想提供了反思的机会。这些行为表现必然影响思想，行为对思想形成反作用，行为为下一步思想及思想政治教育提供了依据。

思想支配行为，这是思想与行为变化规律的一个主要方面，另一个重要方面就是行为影响思想。从认识规律看，思想本来就是人的行为在实践中经过两次飞跃而不断循环往复、由低级向高级发展的。同时，行为是思想的目的和归宿，思想一旦不能付诸于行为，思想就是痛苦的。行为对思想的影响主要表现在两个方向上，即积极的和消极的：成功的行为能够通过思想要素来修正完善人的思想，形成积极向上的思想；受挫的行为则会误导或消磨思想要素而产生消极错误的思想，甚至导致严重的后果，如产生“心结”。成功的行为对思想具有巩固和改善作用，可以说，它是对思想在更高层次上的综合和升华，行为形成是把思想在更高的层次上巩固下来，体现为思想反作用。同时，行为也检验着思想的完整性和效度，并成为思想变化发展的动力。所以，在进行思想引导的同时，对行为进行一定的外在规范是十分必要的，尤其是在思想引导一时难以产生效果时。思想政治教育只有抓住这一规律的两个方面，才能及时规范调控人的思想和行为，才能增强思想政治教育的预见性和针对性。

二、思想政治教育行动所应遵循的规律

思想政治教育行动在实践层面的体现，又包括思想政治教育者主动发起的思想政治教育活动和思想政治教育受教育者在接受教育后自觉地践行理论的行为。为提升思想政治教育行动的科学性，提高实务工作和理论的契合度，思想政治教育行动的实践层面有着固有的需要遵循的思想政治教育规律。

思想政治教育与社会相互关系的规律。思想政治教育是一个系统，是社会系统中的子系统。历史唯物主义和系统论思想揭示了社会存在、社会意识的有机体

系及其内在规律，为我们认识思想政治教育与社会的关系提供了方法论指导。社会决定思想政治教育的规律，包括社会决定人的思想、社会决定思想政治教育两个方面。社会决定人的思想，人的思想是社会意识的重要组成部分，是对社会存在的反映，是社会意识中相对稳定的一部分。人的本质在于人的社会性，而社会是复杂多变的，因此人的思想来源于社会并随社会的发展而发展。社会存在的多样性和不确定性，反映在人的头脑中，就必然造成人的思想的复杂性和波动性。这要求我们开展思想政治教育时必须从客观实际出发，分析和把握思想政治教育对象思想形成变化的社会因素，增强思想政治教育的针对性和有效性。“正是在这个规律的指导下，我党又创造确立了解决思想问题与实际问题相结合、系统教育与日常教育相结合等思想政治工作的原则。”[①]社会决定思想政治教育。思想政治教育从本质上讲，属于政治意识形态范畴，属于上层建筑领域，它不仅为社会存在所决定，而且为上层建筑领域中的政治意识形态所直接决定，比如一定社会阶段的政治、法律思想等对思想政治教育的规定性。社会经济、政治、文化的变革会引起思想政治教育在内容和形式上的嬗变，在社会发展的不同时期社会对思想政治教育的要求也不同，二者同构才可能增强思想政治教育的有效性。在这个意义上，社会本身就是思想政治教育因素。在许多情况下，社会本身就在做思想政治教育，且发挥了思想政治教育的作用。

思想政治教育反作用于社会的规律，包括人的思想并通过人的行为对社会具有能动的作用和思想政治教育可以规范、调整社会关系两个方面。人的思想对社会具有能动的作用，人的思想反映客观世界是一个创造性过程，因为客观世界不可能完全满足人的需求和发展，人只有在正确思想的支配下，以自己的行动来改变客观世界，才能充分地发展和完善自己。因此，当先进的思想占据人的头脑时，就能对社会的发展起积极的推动作用；反之，落后的思想只会阻碍或延缓甚至破坏社会的发展。依据这一规律，思想政治教育要善于用正确的理论武装人，提高人的思想觉悟，指导人的行为，促进社会的发展和进步。

思想政治教育可以规范、调整社会关系。社会变革可能会引起人们观念的冲突、方向的迷惑，思想政治教育可以通过转变人的思想，树立正确的价值观念，从而规范人的社会行为。思想政治教育对人的思想、心理、情绪的调控作用表现为控制和调节两个侧面。控制是对人们活动的稳定性的把握，它力图使人的活动按照一定的计划、方式达到特定的目的；调节则是对人的活动的变动性的反应，它依据现实情况部分地改变人的活动计划、方式以达到目的。正因为思想政治教育的调控功能，才奠定了思想政治教育的“生命线”地位和作用。当然，思想政治教育对社会的能动作用的性质如何、力度大小，归根到底取决于它所处的经

① 孙其昂、邱建中主编：《思想政治工作学概论》，江苏人民出版社2001年版，第61页。

济、政治、文化状况。

三、社会中的思想政治教育行动

就思想政治教育来说，社会中的思想政治教育行动必然涉及思想政治教育与其他社会子系统之间的平行关系，思想政治教育与它们之间相互规定、相互影响和相互服务。此时，思想政治教育在社会上发挥作用，为其他工作营造环境，也为其他工作服务。同时，思想政治教育存在于其他工作系统中，其他工作系统成为思想政治教育的环境，思想政治教育的作用受制于其他工作的条件。这一方面是思想政治教育为相邻社会子系统服务，希望通过这个社会子系统实现思想政治教育的目标；另一方面，希望这个社会子系统为思想政治教育提供优越的条件。就是说，在这个层次或空间，其构成思想政治教育的双重目标。

无论是思想政治教育服务，还是为思想政治教育服务，主要取决于三个因素：一是社会总环境，二是所在社会子系统与思想政治教育的匹配性，三是思想政治教育的功能。最直接、最重要的是取决于所在社会子系统为思想政治教育所提供的条件。在同一社会大环境中，有的单位思想政治教育效果好，有的单位思想政治教育效果不好，就是效果好的单位为思想政治教育提供了相应的条件。当处在有利于思想政治教育的条件下，思想政治教育就会取得良好效果，否则，思想政治教育的效果就是一个不确定的因素。在今天中国的经济领域，传统意义的思想政治教育作用有限，而与市场现实相应的思想政治教育除非与市场化相适应，否则不可能取得思想政治教育的成效。在当今中国社会市场化条件下，思想政治教育还要重新定义，重新考量思想政治教育与环境的匹配度。

“社会建构主义认为，任何知识或其他人造物，都不是个人的产物，而是‘集体智慧的结晶’。”[①]这种观点认为，以技术为例，“技术的设计过程也就是由不同的社会角色参与开发技术的过程。公司的所有者、技术人员、消费者、政界领袖、政府官员等等，都有资格成为参与技术的社会角色”。[②]这一思想源于技术哲学家安德鲁·芬伯格，他认为，“技术设计是许多参与者之间共同协调的结果，并不完全源自某个天才或纯粹实验室的合理的灵感”。[③]他接着指出：“设计过程是这样一种空间，在其中，对发展技术感兴趣的各种社会行动者一开始就获得了发言的机会。业主、技术专家、消费者、政治领袖、政府官僚等等都是合格的行动者。他们的多样化保证了设计代表了多方面的利益。通过提供或控制资源，通过确定

---

① 安维复：《科学哲学新进展：从证实到建构》，上海人民出版社 2012 年版，第 132 页。

② 安维复：《科学哲学新进展：从证实到建构》，上海人民出版社 2012 年版，第 132 页。

③ 〔美〕安德鲁·芬伯格：《可选择的现代性》，陆俊、严耕等译，中国社会科学出版社 2003 年版，第 4 页。

他们所需要的设备的目的，通过把它们纳入适合他们自己利益的现有的技术秩序，通过把新的方向强加给现有的技术手段，他们对技术设计施加着各自的影响，技术是这些行动者的社会表达方式。”①

技术是这样，思想政治教育也是这样。这是由技术的社会性和思想政治教育的社会性所决定的。如果说技术的现代性成果是众多社会角色参与的共同创造物，那么说思想政治教育成果同样是众多社会角色的共同创造物，这也是成立的。以公司为例，人是公司的重要元素，人的思想是公司不可或缺的元素。思想政治教育是做人的思想的工作，公司存在思想政治教育这种前提是不言自明的。思想政治教育存在及运行状况从来是由公司文化所决定和规制的，它不仅是公司所有成员共同建构的，而且社会及社会角色也参与了建构，特别是“社会总体性”参与了建构。所以，思想政治教育在公司的存在状况及运行质量并不仅仅取决于思想政治教育人员，而是取决于众多社会角色的参与状况。在系统层次，思想政治教育与社会其他子系统（如技术）之间的相互贡献也是客观存在的。就是说，技术人员对公司发展有贡献，思想政治教育人员对公司发展同样有贡献。

在这个层次的思想政治教育，一方面，受到“社会总体性”的影响，“社会总体性”通过参与这个层次思想政治教育的社会角色及建构发挥着“社会总体性”的影响。另一方面，这个层次的业务活动、社会活动和思想政治教育活动也建构或创制着“社会总体性”，它们在共同形成“社会总体性”。有学者认为，企业应围绕企业生产经营开展思想政治工作，其他意义的思想政治工作应由社会去承担。现阶段“暂无可能回归社会”，暂时由企业来做，而这部分工作原则上从企业思想政治工作中剥离出去。其实，这种观点是错误的。这种观点忽视了企业思想政治工作的社会溢出功能，不懂得企业责任在思想政治教育方面的体现；不懂得社会具有思想政治教育功能，社会具有思想政治教育总体性力量，而这种思想政治教育功能是由社会各方面所共同创造的。企业的思想政治工作具有社会功能，企业的其他活动及企业员工的活动也具有社会功能，包括社会思想政治工作功能，企业的社会责任应包括思想政治工作社会责任。企业思想政治工作应该从思想政治教育与社会之间的合理关系角度来合理定位企业思想政治工作职责，实现思想政治教育全局与局部之间的和谐。

✎ 问题与讨论

1. 如何理解马克思主义的实践观及其对思想政治教育实践的指导作用。
2. 简述在思想政治教育过程中人与实践的关系。

---

①〔美〕安德鲁·芬伯格：《可选择的现代性》，陆俊、严耕等译，中国社会科学出版社2003年版，第4页。

3. 辨析“思想政治教育的终极目标在于实现人的自由而全面的发展”。

4. 论析思想政治教育场域与思想政治教育载体、环境、情境、生态、平台等的异同。

5. 简述思想政治教育行动的含义。

第四章　人与社会互动中的思想政治教育

如果要在由诸多要素组成的思想政治教育系统中找出第一要素的话，这个最关键的要素一定是人。“人是思想政治教育的前提和核心要素。思想政治教育说到底是做人的工作，是为了人的思想的工作。”[①]人是思想政治教育的主体，也是全部思想政治教育实践的中心。不仅思想政治教育中的教育者、受教育者是人，而且思想政治教育的出发点和落脚点也是人。由于思想政治教育和人有着紧密关联，而人又无时无刻不在与社会发生互动，且这种互动本身也蕴含思想政治教育元素及机制，所以思想政治教育就被深度卷入到人与社会的互动中。由此，人、社会、思想政治教育三者形成了复杂的关系。我们至少需要从三个层次把握人、社会和思想政治教育的关系：第一，思想政治教育是人与社会互动中不可或缺的中介；第二，人与社会的互动反过来也影响着思想政治教育本身的发展；第三，思想政治教育的目标定位和实际效果显示出其对人的发展、社会的发展及人与社会关系良性发展的推动作用。

第一节　人与社会互动中思想政治教育中介

在人、社会和思想政治教育三者的关系中，人与社会的关系是更为基础、更为广泛的一对关系，思想政治教育在人与社会这对关系中发挥着重要作用。本节将分别介绍人与社会互动中思想政治教育中介的特殊性、基本逻辑和具体表现。

一、人与社会互动中思想政治教育中介的特殊性

社会互动是社会上个人与个人、个人与群体、群体与群体之间通过信息的传播而发生的具有相互依赖性的社会交往活动。思想政治教育是人与社会互动的中

① 孙其昂：《思想政治教育学前沿研究》，人民出版社 2013 年版，第 148 页。

介之一，对于人与社会的互动发挥着独一无二的作用。为了更清晰地理解这一点，我们需要首先明确人与社会互动的双向性，进而还要清醒地意识到思想政治教育并非人与社会互动的唯一中介，它同其他诸多中介一道架起人与社会互动的桥梁。在明确这两点的基础上，我们再来把握人与社会互动中思想政治教育中介的特殊性。

人与社会的双向互动是马克思主义关于人与社会关系的科学论断。许多社会学家都对社会互动进行了广泛、深入的研究，形成了不同的理论流派，如符号互动论、角色理论、戏剧论、参照群体论、社会交换论、本土方法论等。对“人与社会有着紧密关联”这一结论，几乎没有人会有异议，但是围绕“人与社会之间到底是何种关系”的问题，社会学界尤其是西方社会学界则产生了争论，并形成了个人主义和整体主义两个不可调和的派别。这两个派别要么强调个人的重要性并把个人视为可以摆脱社会束缚的独立存在，要么强调社会的优先性并把社会看作可以脱离个人的结构性存在，它们的共同缺陷在于夸大了一方对另一方的决定性（同时也就必然意味着忽视另一方对这一方的能动性）。马克思主义既反对个人主义也反对整体主义，坚持用从个人到社会和从社会到个人的辩证双向还原方法来观察个人与社会的关系问题[①]，从而在根本上平息了个人主义与整体主义的争论。在马克思看来，“人创造环境，同样，环境也创造人”[②]，“正象社会本身生产作为人的人一样，人也生产社会”[③]，这里的人创造环境和环境创造人、社会的生产和人的生产是同一个过程的两个方面。因此，人与社会始终处在双向运动中：人在能动地创造社会时，并不是随心所欲的，而是受到已有社会形式的制约[④]；反过来，人无时无刻不在社会关系的限制之中，但人并不是完全消极被动的，而是维持或变革社会结构的积极行动者。郑杭生和杨敏用“社会互构共变”的概念明确指出了这一点，他们强调人与社会的关系不是僵死的，不是一次给定的，而是具有交互性、形塑性、多元性、谐变性、实践性等基本性状。[⑤]相比于个人主义和整体主义，人与社会的双向互动论不仅在理论上得到了更为科学的逻辑证明，而且与现实的历史过程和我们的日常感受也更加接近。

人与社会的互动是借助于人的活动进行的，离开人的活动，不可能开展人与

---

① 周世兴：《个人的历史与历史的个人》，人民出版社 2013 年版，第 122 页。

② 马克思、恩格斯：《德意志意识形态（节选本）》，人民出版社 2003 年版，第 37 页。

③ 《马克思恩格斯全集》第 42 卷，人民出版社 1979 年版，第 121 页。

④ 关于这个问题，马克思曾有过这样一段话：“人们创造自己的历史，但是他们并不是随心所欲地创造，并不是在他们自己选定地条件下创造，而是在直接碰到地、既定地、从过去承继下来地条件下创造地。”参见《马克思恩格斯选集》第 1 卷，人民出版社 2012 年版，第 669 页。

⑤ 郑杭生、杨敏：《社会互构论：世界眼光下的中国特色社会学理论的新探索——当代中国“个人与社会关系研究”》人民出版社 2010 年版，第 527—528 页。

社会的互动。马克思主义之所以能够超越个人主义和整体主义的二元对立，正是因为它把个人与社会的关系置于“现实的人的感性活动”即社会实践的基础之上。一旦彻底抛弃了只在某些人的头脑中才会存在的“抽象的个人”或“抽象的社会”，就会发现，人与社会的互动不是在某个专门的领域孤立地开展的，而是在人的实践活动中同步地进行的。可以说，人的一切活动和活动的产物都是人与社会互动的中介，如日常生活、生产劳动、制度、语言、文化等等。我们可以想象一个呱呱坠地的婴孩，他正是通过诸多中介的桥梁作用，才能一方面感知社会的限制、接受社会的要求、扮演社会的角色、内化社会的规范，另一方面也不断地突破社会的限制、改写社会的要求、修正社会的角色、调整社会的规范。正是在这个意义上，马克思把现实的个人比作社会历史的“剧作者”和“剧中人物”的统一，这主要是从人的角度而言的。而人的能动性和受动性的统一，其实恰好也就对应于社会的受动性和能动性的统一，所以人与社会的互动是没有止境的。所谓人与社会互动的中介，就是人和社会各自的能动性得以持续不断地发挥的载体、桥梁和平台。

思想政治教育是人与社会互动的诸多中介中的一个，尤其是“在当代多元社会背景下，思想政治教育不能统领一切，它只是人的思想行为活动的一个影响因素”[①]。和其他中介一样，思想政治教育也发挥着沟通个人与社会的作用，但它在具体发挥这种作用时又表现出其特殊性。相比于社会本身及其他中介的多重功能特性（即思想性与情感性、自觉性与自发性、专门性与结合性、正面性与负面性的统一），思想政治教育则主要通过思想观念来实现个人与社会的连接，而且是自觉地和专门地沟通个人思想与社会思想，由此产生的效果也主要是正面的。这些特殊性是由思想政治教育的内涵所决定的，即思想政治教育是组织自觉开展的，对所属组织成员进行政治性的思想教育，动员人们为目标奋斗的社会实践活动。[②]接下来，我们将对照人与社会互动的其他中介，来介绍人与社会互动中思想政治教育中介的思想性、自觉性、专门性和正面性等特点。

第一，思想性。思想政治教育作为人与社会互动的中介，并非为人与社会的互动提供全方位的服务，而是专司人与社会的思想沟通和互动，从而弥合个人思想与社会思想之间的距离。总体上看，人与社会的互动既需要物质中介，又需要制度中介，还需要精神中介。精神中介在思想政治教育中则为思想，即思想中介。第二，自觉性。在人与社会之间，尤其是在个人思想与社会思想之间架起沟通的桥梁，是思想政治教育的明确目的，而且是被意识到了的目的，思想政治教育在充当人与社会的中介时具有高度的自觉性。第三，专门性。思想政治教育是一项

---

① 孙其昂：《思想政治教育学前沿研究》，人民出版社 2013 年版，第 152 页。

② 孙其昂、黄世虎主编：《思想政治教育学基本原理》第 4 版，河海大学出版社 2015 年版，第 4 页。

专门实现人与社会沟通的社会实践活动。专门性首先意味着个人思想与社会思想的有效沟通不仅是思想政治教育的自觉目的，而且是思想政治教育的唯一目的。除此之外，思想政治教育没有别的目的。其他中介尽管可以为人与社会的互动所用，却不是专门服务于它的，也不会为了满足人与社会互动的需要而做出轻易地调整。第四，正面性。思想政治教育不仅为了实现人与社会的互动，而且始终致力于实现人与社会的良性互动，因此，从最终效果来看主要是正面的。尽管思想政治教育也难以完全避免负面影响，但从总体上看，思想政治教育在人与社会的互动中主要发挥着正面作用。

二、人与社会互动中思想政治教育中介的基本逻辑

人与社会互动中思想政治教育中介的基本逻辑为：把社会主流价值观念传递给个人，用个人行动中蕴含的新思想丰富和发展社会主流价值观念，再从社会思想到个人思想，再从个人思想到社会思想，如此循环往复以至无穷，而社会思想和个人思想的每一次循环，都进入了更高一级的程度。

（一）从社会到个人：传递社会主流价值观念

思想政治教育在人与社会互动中的首要任务是传递社会主流价值观念，这个过程主要体现了社会对个人的规范性。

社会主流价值观存在的必要性是和人的超生物性紧密相关的。“与人类由于其生物性而受自然必然性支配不同，精神性或意识性使人类获得了自由选择的能力……精神性的本质特征即为自由”[①]，这种自由表现为人可以在一个现实性与可能性相互交错的广阔世界中寻求和选择生活的意义，但不仅不同个体的选择之间会产生矛盾冲突，而且自由有可能带来不负责任的自由，即任性。“要消除任性，便必须超越个体的有限性，建立起一种具有普遍性的选择原则来，以供个体在选择时作为依据”[②]，协调诸个体的选择，消除或缓解各种不同选择之间的矛盾冲突。这里所说的“普遍性的选择原则”其实就是社会主流价值观念。马克思主义把社会意识划分为社会心理和社会意识形式，其中的社会意识形式大体相当于我们这里所说的社会主流价值观念，即以理性认识为主的较高层次的社会意识。

社会主流价值观念的价值不是静态地存在于社会之中，而是应当为个体所知晓、理解、认同并作为行动的范导。由个人组成的社会其实是很脆弱的，社会要

① 王南湜：《从领域合一到领域分离》，山西教育出版社 1998 年版，第 14 页。
② 王南湜：《从领域合一到领域分离》，山西教育出版社 1998 年版，第 20 页。

想成为可能，“就必须使社会中不同个人行动的意义指向具有特定的共同性，并积极引导这种意义共同性的增强，以此推进个人的集结聚类倾向”[①]。反过来，人要想在社会中行动，就必须对意义拥有和他人大体相当的理解。因此，涂尔干、帕森斯、鲍曼、福柯等社会学家都对行动意义的塑造给予了关注并进行了思考。

思想政治教育的主要任务就是把社会主流价值观念传递给个人，从而唤起个人对共同利益的感受，培育出相互间的认可、理解、共识和认同，增强行动意义指向的共同性，增进依赖与合作的意愿。由于思想政治教育的本质是政治性（或阶级性），所以思想政治教育所传递的社会主流价值观念就不是一般意义上的社会意识，而主要是指社会意识形式中的意识形态部分，即反映社会的经济关系、阶级关系的社会意识，其主要包括政治法律思想、道德、艺术、宗教、哲学等。归根结底，在阶级社会中的思想政治教育是以一定的阶级关系为依托，以一定阶级的思想理论为指导，为一定的阶级利益服务的。因而，思想政治教育就是通过把统治阶级所倡导的价值观念传递给社会成员，使其“产生和坚持现存政治制度是社会的最适宜制度之信仰”[②]，进而影响政治态度和政治行为的过程。由此可见，借由思想政治教育的中介，社会主流价值观念得以向个人进行传递，人从自然人、社会人进阶为思想政治教育人。

（二）从个人到社会：变革社会主流价值观念

思想政治教育还有一个重要的任务，那就是向社会反馈个人的思想观念，并由此实现对原有社会主流价值观念的变革。这个过程主要反映的是个人的能动性，与之相应，社会则具有一定程度的受动性。

个人的能动性，尤其是个人思想的能动性，常常被持整体主义观点的人所忽视。个人不仅是社会思想的被动的接收者，同时也是社会思想的能动的创造者和变革者。如前所述，为了消除选择的任性需要建立起一种“普遍的原则”，但要注意的是，“这种普遍性的原则是人类自己建立起来的，是人类自由选择的结果，是一种自决，而非他决，因而并未逾出自由之范围；同时，它也并非一经确定便一成不变，而是可以不断对之进行批判修正的”[③]。社会主流价值观念不是从天而降的，也不是自行发展的，而是由个人思想所推动的。如果离开个人思想的能动性，社会主流价值观念既不可能产生，也不可能变化。

---

① 郑杭生、杨敏：《社会互构论：世界眼光下的中国特色社会学理论的新探索——当代中国“个人与社会关系研究”》，人民出版社 2010 年版，第 323 页。

② 〔美〕西摩·马丁·李普塞特：《政治人：政治的社会基础》，张绍宗译，上海人民出版社 1997 年版，第 55 页。

③ 王南湜：《从领域合一到领域分离》，山西教育出版社 1998 年版，第 20 页。

个人思想能动性的前提在于个人思想与社会思想之间的差异性。个人思想的形成不仅来源于统治阶级有意识地传递的社会主流价值观念，更是个人社会实践的产物，是个人的生活经历、社会地位、实践活动等在自己头脑中的反映。"'我'不仅与社会生活情境不可分离，而且可以说，'我'就是我的社会生活情境经历，'我'就是一个独特个性和人格伴随我的自身生活情境经历的生成和演变过程。"[①]人与人的社会生活情境是同一的。个人生命历程中的遭遇、感受、领悟是独特的，也是不能重复的、不可复制的，其欲望、期待、需要等也就不会固守某种特定的模式，而是依循某种特定的指向或路径。[②]马克思主义在社会意识结构中划分出的社会心理这一类型，指低层次的社会意识，是自发的、不系统的、不定型的社会意识，表现为人们的感知、情绪、情感、心态、习俗等，以感性认识为主。这里的社会心理其实主要就是个人自发产生的思想意识的集合。

这一点给思想政治教育者深刻的启发，思想政治教育不是单向的活动，而是双向的活动。双向活动是指思想政治教育需要教育对象的配合，不是说仅仅有思想政治教育者的活动就能成功的。教育对象的配合与否及配合程度，不是由思想政治教育者可以任意决定的，也不是可以任意调动的。尤其是现在的教育对象具备了一定的现代社会因素，有了自主选择和自主决定行为的要求与行动。而部分思想政治教育者还没有形成尊重和理解这种要求的认识、素养、能力（文化状态），"我说你通"的情结（救世主心态、官本位心态）仍然存在，因而在实践中往往显得十分被动，甚至有时与教育对象发生潜在或公开的冲突。[③]这种冲突的产生主要是由于思想政治教育者误以为自己的任务只是单向地把社会主流价值观念传递给个人，而忽视甚至无视个人对社会主流价值观念的反馈。

（三）个人思想与社会思想互动的无限循环

人与社会的思想互动具有反复性和无限性。从社会思想到个人思想，再从个人思想到社会思想，形成了一个闭环，看似人与社会的思想互动已经完成了，但其实远远没有完结。个人思想与社会思想是互构共变的：个人思想是向前推移、向前发展的，社会思想也会跟着推移和发展，而发展了的社会思想应该被更多的个人所掌握，从而推动个人思想进一步向前发展。由于客观世界运动的无限性，加之主客观条件的限制，无论是个人思想还是社会思想都不可能呈直线上升并直

① 郑杭生、杨敏：《社会互构论：世界眼光下的中国特色社会学理论的新探索——当代中国"个人与社会关系研究"》，人民出版社 2010 年版，第 240 页。

② 郑杭生、杨敏：《社会互构论：世界眼光下的中国特色社会学理论的新探索——当代中国"个人与社会关系研究"》，人民出版社 2010 年版，第 298 页。

③ 孙其昂：《社会学视野中的思想政治工作》，中国物价出版社 2001 年版，第 278 页。

达顶点。个人思想和社会思想的发展都不是无源之水、无本之木，只有在个人与社会的思想互动中才能找到源头活水。如果没有个人思想的推动，就不会实现文化的更新，社会思想的发展就会失去动力；如果没有社会思想的规范，就不会有文化的传承，个人思想的发展就会迷失方向。只有在个人与社会的思想互动中，个人才能修正与社会发展不相符合的观念，社会也才能破除不符合个人需要和时代发展的旧思想。因此，人与社会的思想互动不是一次就完成的，而是往往充满了曲折以至反复，最终呈现为一个波浪式前进和螺旋式上升的趋势。总之，个人与社会的思想互动是永远不会完结的，而是反复循环和无限发展着的过程的集合体。

思想政治教育作为人与社会思想互动的中介，既找不到一劳永逸、一步到位的捷径，也不可能有任务彻底完成的一天。思想政治教育把社会主流价值观念尽可能地传递给每个社会成员，而社会成员有选择地接受社会主流价值观，同时也会拒斥、修正原有的社会主流价值观念，还会流露出某些新的思想观念，这时思想政治教育一方面会临时性地调适所要传递的社会主流价值观念，另一方面根据搜集而来的个人思想对原先的社会主流价值观念做出较为集中的反馈和修正，下一轮的思想政治教育则试图将更新后的社会主流价值观念传递给个人。由此可见，在思想政治教育中，人与社会的思想互动并不是由个人或社会单向地一次性给定的，而是多种意义的复杂思想往复调适的阶段性结果。

个人思想与社会思想的良性互动并不是自然而然实现的，而是需要思想政治教育的努力才能实现的。人与社会的思想互动不仅有良性的互动状态，还有恶性的互动状态，如果社会思想脱离了实际，继而将脱离了实际的社会思想传递给个人，就会产生坏的结果，导致人与社会思想互动的恶性循环。这就需要发挥思想政治教育的作用，使人与社会的思想互动呈现为良性的运动状态。

综上所述，人与社会互动中思想政治教育中介的基本逻辑为：把社会主流价值观念传递给个人，用个人行动中蕴含的新思想丰富和发展社会主流价值观念，从社会思想到个人思想，再从个人思想到社会思想，如此循环往复，而社会思想和个人思想的每一次循环，都进入了更高一级的程度。

三、人与社会互动中思想政治教育中介的具体表现

当前中国社会变迁的实际场景，从纵向互动、横向互动及网状互动三个维度来看，人与社会互动中思想政治教育中介有如下具体表现。

（一）人与社会纵向互动中的思想政治教育中介

人与社会的互动具有明显的层级性、制度化特点。社会代表着最高、最宏观

和最普遍的层次，人处在最低、最微观和最具体的层次，在社会和人之间往往还存在着若干中间层次，这就很容易造成人与社会之间的疏远和隔膜。在这种情况下，要实现人与社会的纵向互动，就需要畅通有效的中介把最高层和最底层贯通起来。思想政治教育所起的作用，就是帮助完成宏观层次的社会思想与微观层次的个人思想之间的相互融合。

思想政治教育作为人与社会思想互动的中介，其具体运行模式大体上有三个层次。第一层次是中央层，由党中央和中央政府负责，领导全党全国的思想政治工作，覆盖全社会；第二层次是"单位层"，由中央以下的各级社会组织（单位[①]）负责，领导本单位的思想政治工作，覆盖全单位；第三层次是个体层，以个人为载体，实现思想政治工作从思想到行为的转化。这三个层次构成全社会思想政治教育运动过程的整体。[②]

思想政治教育在人与社会纵向互动中所起的中介作用是双向的。从社会思想到个人思想的过程来看，思想政治教育首先把经党和国家确认的社会主流价值观念传递给各单位，各单位根据本单位的具体情况将社会主流价值观念进行细化后传递给单位所属成员，再由单位所属社会成员理解和消化社会主流价值观念并转化为实际行动。从个人思想到社会思想的过程看，单位所属成员对单位所传递的社会主流价值观念做出反应或提出意见，这些反应和意见汇集到单位，再由单位反馈给党和国家。从国家到单位再到个人，从个人回到单位再回到国家，这样的互动过程是循环往复的。

在三级结构的思想政治教育运动过程中，国家层次对全社会的思想政治教育进行着顶层设计，是理所当然的中心，但是国家并不能直接和单独完成与民众的思想互动。这主要是因为思想政治工作中的政治理论教育是国家行为，它所提出的理论体系是宏观理论，具有原则性、抽象性、政治性等特征。理解、接受这套理论对接受者来说有一个基本假设：要求生活在社会上层，从事国家管理工作，有政治理论素养，关心和热心国家大事，有较强的理论思维能力，使用政治语言等。然而，思想政治工作对象中的大多数，不具有这些特征，相反，他们具有相对于这些特征的低位层次的特征。例如，他们生活在社会的基层，从事一般的职业，缺乏系统的政治理论素养，大部分人不具有较强的理论思维能力，主要使用生活话语等。

在我们看来，"就全社会而言，最重要的是'单位'，思想政治工作有效性主要是靠单位功能的有效性"[③]。单位是贯通上层和下层的关键环节，在这一环节

① 需要说明的是，这里的"单位"不是指我国计划经济时期工作场所和生活场所合二为一的单位，而是指机关、团体、企业等一般意义上的就业组织和用人单位。

② 孙其昂：《社会学视野中的思想政治工作》，中国物价出版社 2001 年版，第 70—71 页。

③ 孙其昂：《社会学视野中的思想政治工作》，中国物价出版社 2001 年版，第 71 页。

完成从宏观到微观、再由微观到宏观的“转换”。古典社会学家涂尔干就认为社会次级群体对于人的社会化以及社会团结的关键性作用，他深信，如果政府与个人之间没有一系列次级群体的存在，那么国家也就不可能存在下去。如果这些次级群体与个人的联系非常紧密，那么它们就会强劲地把个人吸收到群体活动中，并一次把个人纳入社会生活的主流之中。[①]可以说，单位思想政治教育做得怎样，能否做好上传下达的工作，直接影响了人与社会思想互动的畅通性。本书所讨论的家庭思想政治教育、学校思想政治教育、社区思想政治教育、社会组织思想政治教育等主要是在这一层次上展开的。在“单位层”，仍有复杂艰巨的理论与实践任务要做。例如，新时代基层思想政治工作教育内容需要在普遍性与特殊性相统一的原则指导下进行构建与创新，尤其应做到从基层思想政治工作实际出发，将普遍性教育内容创造性地转化为贴合基层实际的特殊性教育内容，确保既立足基层又把党和国家意志落到实处。[②]

不过，在当前中国的社会发展和就业形势变化的背景下，我们所构建的思想政治教育三级结构的理想模型受到了不小的挑战。例如，社会成员流动性增强使很多人在不同单位之间不断变换；就业规模小型化、就业形式多样化使得国家丧失了对很多新型单位的连接通道；众多新型职业，如新媒体工作者、电商、网络作家、网络主播等，甚至不属于任何单位，也没有固定的办公地点，只要拥有一台电脑和网络就能工作；等等。这些情况的出现正在一点点瓦解人与社会思想互动的中间结构——单位，因此也就切断了人与社会思想互动的链条，其结果是使这些群体变成了思想政治教育无法覆盖的空白地带。之前学界主要关注人们思想观念的多元化给思想政治教育带来的挑战，本书认为，思想政治教育原有运作模式的断裂与实效性弱化才是更加值得担忧和着力应对的。

（二）人与社会横向互动中的思想政治教育中介

水平式沟通是人与社会互动的重要维度。从横向来看，人的一生中会参与各种各样的活动，大体可以分为物质生产活动、社会政治活动和精神文化活动；社会也由复杂的部分组成，与个人活动相对应也包括经济领域、政治领域和文化领域。无论是人的不同活动还是社会的不同领域，都是作为整体中的部分而存在的，因此有必要使不同部分间保持良性的互动。思想政治教育所起的作用，就是通过社会主流价值观的传递使经济、政治、文化三部分产生命运与共的共同体意识，

---

① 郑杭生、杨敏：《社会互构论：世界眼光下的中国特色社会学理论的新探索——当代中国“个人与社会关系研究”》，人民出版社 2010 年版，第 367 页。

② 王莹、孙其昂：《论新时代基层思想政治工作教育内容的构建与创新》，《思想教育研究》2021 年第 11 期，第 27—33 页。

以实现经济、政治和文化的协调发展。

在新中国历史上，以改革开放为界线，人与社会横向互动中思想政治教育中介先后出现过两种不同的运行模式。两种运行模式的出现，主要取决于中国经济体制和社会结构的整体变化。王南湜认为，从非市场经济社会到市场经济社会的转型，“最为基本的变化是经济、政治、文化活动三大领域之间的结构关系从领域合一状态向领域分离状态的转变”[①]。

在领域合一状态中，思想政治教育的运行模式是将统一而硬性的价值观念灌输到政治、经济、文化各个领域，而且这一统一而硬性的价值观念主要是根据政治领域的价值原则来规约的。王南湜认为，所谓领域合一是指政治领域具有优先地位以至于覆盖了经济领域和文化领域，主要表现为经济、政治、文化三大活动领域的功能合一、结构合一、价值原则合一。首先，功能合一。经济活动和精神文化活动的原有功能退居次要地位，它们都要将协助政治活动生产社会秩序的目标放在首位。其次，结构合一。三大活动领域的功能合一必然导致在结构上表现为政治组织对于经济组织和文化组织的渗透，经济组织、文化组织同时具有政治组织的性质，并从属于政治组织，甚至政治组织同时就是经济组织、文化组织。[②]最后，功能合一与结构合一必然导致三大活动领域的价值原则合一。从本来意义上看，经济、政治、文化三大活动领域分别对应着效率、公平、自由三种基本价值原则。当三大活动领域结合成一体化状态时，三种基本原则之间必然也要呈现一种合一状态。由于政治活动的优先地位，这就意味着作为政治活动之基本价值的公平获得了重要的中心地位。[③]因此，当时的思想政治教育所灌输的价值观念就是政治领域的价值原则的集中体现，而且对经济和文化领域的效率、自由原则采取高度的防范和压制态度，最终导致思想政治教育在不同领域传递的价值观念呈现出极强的同质性和绝对性。

随着计划经济体制向社会主义市场经济体制的转型，政治活动的中心地位逐渐消解，三大活动领域之间的直接约束关系被极大地弱化，诸活动领域之间的“距离”不断拉大，这种现象被称为领域分离。[④]领域分离意味着经济、政治、文化回归了各自的功能，三种组织之间的界限也日益清晰化，自然也就意味着价值原则的分离。政治价值对于其他价值不再具有优先的直接支配作用，从而诸价值原则便必然趋于一种“本色化”状态，即各领域的价值原则退回到本领域，且只在本领域发生作用。在市场经济社会中，效率便是经济活动的最高准则；文化活动的价值也不再直接受限于政治活动，具有了相对独立的自由原则；公平原则一般

① 王南湜:《从领域合一到领域分离》，山西教育出版社 1998 年版，第 153 页。
② 王南湜:《从领域合一到领域分离》，山西教育出版社 1998 年版，第 108 页。
③ 王南湜:《从领域合一到领域分离》，山西教育出版社 1998 年版，第 114 页。
④ 王南湜:《从领域合一到领域分离》，山西教育出版社 1998 年版，第 164 页。

只在政治活动领域发生作用，而不再对其他领域的价值原则直接施加约束。这种情况表明，人们在其活动中也就不再能遵循单一的价值原则行事，原来以政治价值为中心的一元化价值体系变成了疏离性的、多维性的价值体系。①

在领域分离状态下，思想政治教育的运行模式也经历了深刻的调整。思想政治教育不再仅灌输一种统一而硬性的价值观念，而是转变为通过思想互动共同生成一套共识性和有弹性的社会主流价值观念。思想政治教育在政治、经济、文化领域的开展情况具有了较为明显的异质性。“应当说，思想政治工作本义上是政治文化的教育与传播活动，最直接的形态是一种政治理论教育。”②但是，“经济领域主要解决经济关系，政治领域主要解决政治关系，教育领域主要解决教育关系，不同社会领域有着不同的任务。由此规定了不同社会领域的思想政治工作就有不同的服务对象，有不同的思想政治工作特征”③。例如，“思想政治工作在经济领域，它主要不是传播政治文化，而是传播经济文化（知识、规范、观念）……同样，思想政治工作在教育领域，它主要不是传播政治文化，而是传播教育文化（知识、规范、观念）。”④由此，改革开放以来，企业、农村、机关、学校、社区、网络等不同领域的思想政治教育之间产生明显的分殊。当然，思想政治教育所传播的经济文化、教育文化等都具有社会主义性质。各领域的思想政治教育既有共性又有个性，这就为不同领域间的思想互动提供了通畅的渠道，有利于最终凝聚成真正具有共识的社会主流价值观念。

（三）人与社会网状互动中的思想政治教育中介

人与社会的纵向互动与横向互动相互交织、同时进行，形成了复杂的网状互动。思想政治教育就像地球的经纬线一样织成一张人与社会思想互动之网，而随着地球的快速转动这张网上的经纬线也逐渐模糊。人与社会的网状互动具有多重节点、开放、随机、往复、持续等特点，往往不具有单一清晰的纵向或横向互动链条，或者说实现了纵向与横向的融通。

尽管人与社会的网状互动在任何时代都存在，但在主体性张扬的现代社会，加上互联网技术的发展，人与社会的网状互动才逐渐占据日益重要甚至主导的位置。卡斯特在《网络社会的崛起》中强调媒介对行为和文化的塑造作用，并着重论述了互联网引发的互动性的文化变革。他认为，大众媒体时代只能说是单向沟通的世界，直到多媒体时代才真正开启了有意义的互动。多媒体具有潜在的互

---

① 王南湜：《从领域合一到领域分离》，山西教育出版社 1998 年版，第 167—174 页。

② 孙其昂：《社会学视野中的思想政治工作》，中国物价出版社 2001 年版，第 73 页。

③ 孙其昂：《社会学视野中的思想政治工作》，中国物价出版社 2001 年版，第 72 页。

④ 孙其昂：《社会学视野中的思想政治工作》，中国物价出版社 2002 年版，第 72—73 页。

动性特点，该系统是互动式与选择性的，人在互动式系统里同时是接收者与传送者。[①]此时，人与社会互动的广度、频度大大提升，向度复杂化，与此同时深度、频度可能有所减弱。

在人与社会网状互动中，思想政治教育发挥的中介作用也日益复杂，同时整合了不同层级或不同领域瞬息万变的个人思想与社会思想的持续互动。从实践来看，思想政治教育往往不再仅是由事先周密计划且单次完成的自上而下价值观传导，不再具有明显的领域界限，而是很可能起始于某个网络热搜事件引发的社会心态波动，并同时进入自媒体讨论、课堂研讨、政策议题、学术研究之中，每个人随时随地都能浏览、形成和变换意见，而思想政治教育就是在这样多变多维的复杂环境中发挥沟通个人思想与社会思想的作用。从理论来看，思想政治教育学的两个研究热点是这一变化的理论反映：一是关于思想政治教育主客体的新探索和论争，学界早已不满于教育者是主体、受教育者是客体的传统论断，提出双主体、主体间性、具有主体性的客体等富有价值的理论判断，至今尚未形成定论；二是关于网络思想政治教育的持续兴趣，学界不再简单地将网络视为思想政治教育的工具性载体，而是深入网络对思想政治教育文化的形塑以及思想政治教育在网络社会中的角色定位等维度。从这些理论研究中，我们也可以窥见人与社会网状互动中思想政治教育中介的复杂性。

第二节　人与社会互动中思想政治教育发展

在人、社会和思想政治教育三者的关系中，不仅思想政治教育发挥着促进人与社会思想互动的中介作用，而且人与社会的互动关系也反过来影响着思想政治教育的变迁，塑造人和社会的思想政治教育文化。人与社会的矛盾构成了思想政治教育发展的根本动力，不同的人与社会关系中的思想政治教育，分别是社会本位阶段的思想政治教育、个人本位阶段的思想政治教育和关系本位阶段的思想政治教育。

一、人与社会的矛盾：思想政治教育发展的重要动力

思想政治教育发展是否有规律可循？思想政治教育发展的动力是什么？根据马克思主义基本原理，内部矛盾“事物内部的这种矛盾性是事物发展的根本原

---

① 〔美〕曼纽尔·卡斯特：《网络社会的崛起》，夏铸九等译，社会科学文献出版社2006年版，第407、438、461页。

因”[①]。尽管外因在事物发展过程中也起着重要的条件作用，但是外因也必须通过内因才能起作用。因此，矛盾原理为人们提供了“理解一切现存事物的‘自己运动’的钥匙”[②]。如果我们能准确把握思想政治教育的内部矛盾，就能找到外部条件传导到思想政治教育内部的“发动机”，最终揭开思想政治教育发展之谜。

所谓矛盾，就是指事物内部两个方面之间（或事物之间）的对立统一关系。对立性和同一性的统一是矛盾的一般规定性。不包含对立面的同一性和无法同一的对立性，都不能构成矛盾。矛盾的同一性是指矛盾着的对立面之间内在的、不可分割的联系，体现为对立面之间相互吸引、相互结合的趋势；矛盾的对立性是指矛盾双方互相排斥的性质，即互相反对、互相限制、互相否定的性质，体现为矛盾双方相互分离的趋势。由此可见，作为具有同一性的对立面，矛盾双方必须都同时具有主动性和受动性，并且任何一方的主动性都是恰好相对于矛盾的另一方而言的，任何一方的受动性又都是由对方的主动性所导致的。我们所要寻找的思想政治教育内部矛盾，也必须是思想政治教育中同时具有对立性和同一性的两个方面。然而，目前学界对思想政治教育基本矛盾的主流观点认为，思想政治教育基本矛盾是（教育者掌握的）社会要求的思想政治品德规范与受教育者思想政治品德水平之间的矛盾。[③]这种认识虽然找到了矛盾的两个方面，即教育者的思想品德要求和受教育者的思想品德水平，但是却缺少对“为什么二者能够构成一对矛盾”“矛盾双方的内在关联到底是什么”等关键问题的深入阐释。在现有研究中，“矛盾”被解释为一种“差距”[④]，受教育者一方完全是被动的，即受教育者的思想品德水平有待被否定和超越，它并不具有反过来限制社会要求的主动性和正当性。所谓的矛盾双方的否定关系是单向的，而不是相互的。因此，教育者的思想品德要求和受教育者的思想品德水平并不是“对立面的统一”。这就导致现有关于思想政治教育基本矛盾的认识仅限于说明思想政治教育具体活动的微观运行过程，而无力解释思想政治教育何以诞生、发展、转型等宏观历史过程。因此，需要我们对思想政治教育内部矛盾进行重新定位。

那么，到哪里去寻找思想政治教育内部的矛盾双方？思想政治教育内部矛盾究竟是什么呢？思想政治教育的基本矛盾作为思想政治教育与其他事物相区别的根据，必定存在于思想政治教育的核心领域。而锁定思想政治教育的核心领域，就需要对“思想政治教育是一项什么样的活动”这一本体性问题做出明确回答。尽管学界对思想政治教育本质还未达成共识，但基本都把思想政治教育的活动空

---

① 《毛泽东选集》第1卷，人民出版社1991年版，第301页。

② 《列宁全集》第55卷，人民出版社1990年版，第306页。

③ 陆庆壬：《思想政治教育学原理》，复旦大学出版社1986年版，第116—117页。

④ 由于社会要求具有超前性，必然与受教育者的思想政治品德发展状况之间存在“差距”。参见邱伟光、张耀灿：《思想政治教育学原理》，高等教育出版社1999年版，第108页。

间限定在思想领域，即思想政治教育是做人的思想的工作，思想政治教育的出发点是现实的人的思想，思想政治教育的落脚点也是人的思想。[①]思想政治教育的基本矛盾一定也不会离开人的思想领域，只有如此，思想政治教育基本矛盾才足以影响所有思想政治教育要素，才能够贯穿于思想政治教育诞生、存在与发展的始终。

在人的思想领域之所以会出现对立着的双方，是因为思想主体既以社会的形态出现，又以个体的形态存在。思想的基本特征是具有能动性，个体形态的人和社会形态的人都具有这种能动性，即两种形态的人对思想的形成方式有各自独立的诉求。个体的思想诉求往往突出表现为自由性，即为“思想自决诉求”。对于个体而言，“要思想”是个体的人的内生性本质[②]，而不是外在强加的任务，思想活动一般由个体自由自觉地启动，并产生符合自身经验和需要的思想观点。而社会的思想诉求一般以秩序为核心，即为“思想统决诉求”。在社会眼中，思想往往是功能性的，意识形态能够发挥维持和巩固现存秩序的功能，而乌托邦思想则会改变和推翻现行秩序。[③]因此，社会总是试图实现对个体思想活动及思想结果的统一规范，以使人们的思想符合社会共同体的要求。个体思想和社会思想都既反对另外一方，又无法消灭另一方而单独存在，它们的诉求是完全相反但又相互依赖的，由此产生了思想自决诉求与思想统决诉求既对立又同一的关系。[④]因此，思想统决诉求和思想自决诉求是思想政治教育基本矛盾中的矛盾双方。

当我们明确了思想政治教育发展的内部矛盾之后，关于外部条件的作用就容易理解了。外因之所以能发挥条件的作用，正是通过作用于事物的内部矛盾，有选择性地改变矛盾双方的力量对比，从而影响事物走向的。具体到思想政治教育发展来看，人与社会的关系之所以能够成为推动思想政治教育发展的重要动力，主要是因为人与社会的力量对比会直接影响到思想自决诉求与社会统决诉求之间的矛盾运动。当社会的力量占绝对优势时，思想统决诉求就更加强烈，思想政治教育就主要地按照社会的要求进行制度安排；而当个人的力量占绝对优势时，思想自决诉求就更加强烈，思想政治教育就主要地按照个人的要求进行制度安排。

无论是从世界范围内看人类历史的发展，还是仅就新中国的历史发展来看，

---

① 郑永廷：《论思想政治教育的本质及其发展》，《教学与研究》2001 年第 2 期，第 49—52 页。

② 孙其昂：《论个人在思想政治教育中的地位及其形态》，《马克思主义理论学科研究》2017 年第 4 期，第 131—142 页。

③〔德〕卡尔·曼海姆：《意识形态与乌托邦》，李步楼、尚伟、祁阿红等译，商务印书馆 2014 年版，第 14—15 页。

④ 王莹、孙其昂：《思想政治教育基本矛盾“老问题”的新探索》，《思想教育研究》2018 年第 1 期，第 17—21 页。

人与社会关系的变化大体经历了三个发展阶段：第一阶段是社会占据主导性，第二阶段是个人的崛起以至泛滥，第三阶段是个人与社会关系的调和。由于个人与社会的力量对比关系到思想政治教育内部矛盾的斗争，与之相应的，思想政治教育也先后经历了三个阶段：社会本位阶段的思想政治教育、个人本位阶段的思想政治教育和关系本位阶段的思想政治教育。

二、社会本位阶段的思想政治教育

“思想政治教育全国一个样，自上而下、自中心到边缘，都是一元化的，同质性非常突出”[①]，是社会本位阶段思想政治教育的生动写照。这一阶段的思想政治教育结构我们可以称之为总体性思想政治教育。从思想政治教育形式角度看，各层级和各领域的思想政治教育组织几乎都按照同样的模式来构建，它们的运行方式也都是由最高层的公权力机构统一设定的，而且最高层的公权力机构可以打破固定层级限制而直接对基层思想政治教育组织提出明确要求。从思想政治教育内容角度看，无论在任何领域、面向何种教育对象，都用完全相同的内容和标准进行教育。这一绝对的思想政治教育内容是由最高层公权力机构设定的，对其进行灵活解读是不被允许的。自上而下极其偏爱思想政治教育内容的一元化和纯正性，凡是与一元化政治思想不相符的内容，都被看成是敌对的并予以清除。总而言之，这一阶段的思想政治教育各级组织采用高度一致的方式把一元化的政治思想灌输给全体社会成员，以满足社会对思想的规范性要求。可以看出，总体性思想政治教育主要是按照思想统决诉求来设计的，而思想统决诉求之所以如此强有力，则是因为这段时间内社会力量相比于个人力量占据绝对优势地位。

在现代性之前，从世界范围来看都是社会占据主导性的时代，而个人则淹没在共同体之中。尽管有生命的个体在人类诞生之初就始终存在，但此时的“个体”还不能称之为“个人”，因为在恶劣的自然环境面前单个人的力量太小，只能“以群的联合力量和集体行动来弥补个体自卫能力的不足”。“起初完全是自然发生的”，人陷入马克思所说的“人的依赖关系”当中，要么是依附于自然发生的血缘共同体，要么是依附于历史地理形成的政治共同体。此时的人被嵌套在各种各样固定的社会关系中，如封建主和臣仆、地主和农奴、某个种姓或等级的成员等。麦金泰尔充分揭示了传统社会中个体的依赖性，即个体的身份是由他在社会关系的位置来确认的。[②]由于紧密的人身依附关系，个人的意识还只是一种动物式的

① 孙其昂：《论思想政治教育的分化与学科定位》，《思想教育研究》2013 年第 3 期，第 27 页。

② 〔美〕阿拉斯戴尔·麦金泰尔：《追寻美德：道德理论研究》，宋继杰译，译林出版社 2011 年版，第 42 页。

意识。“依附于自然血缘共同体的个人把自己看做是与自然界以及自然形成的氏族公社直接同一的，他们的意识还只是一种‘纯粹的畜群意识’。”[①]依附于政治共同体之后，“人类意识的两方面——内心自省和外界观察都一样———直是在一层共同的纱幕之下，处于睡眠或半醒状态。这层纱幕是由信仰、幻想和幼稚的偏见织成的。透过它向外看，世界和历史都罩上了一层奇怪的色彩。人类只是作为一个种族、民族、党派、家族和社团的一员——只是通过某些一般的范畴，而意识到自己。”[②]因此，在前资本主义社会形态中，个人并不被视为社会的最小单位。如果说有个人的话，那么其规模和范围也是极小的，仅有少数的脑力劳动者，通常也是统治阶级，具备一定的思想自决的能力，而大部分体力劳动者或被统治阶级不仅不具备思想自决的能力，而且不会产生思想自决的诉求，他们一般都不假思索地接受统治阶级生产和灌输的政治思想。从历史上看，在人类社会的早期社会形态中，个体为了在恶劣的自然环境中能够生存下来，不得不主要依靠群体和社会的力量。相应地，群体意识或社会意识也就更早地占据了统治地位。正是由于个人在人类社会前半叶主要处于被束缚状态，个人的政治思想自然也主要由他们的位置所限定，思想自决诉求微弱得几乎可以忽略不计，因此，思想统决诉求率先出场并长期占据主导地位，进而催生出高度同质性的思想政治教育。

三、个人本位阶段的思想政治教育

思想政治教育第二种形态称之为多样性思想政治教育。从思想政治教育形式角度看，各层级和各领域的思想政治教育组织一般根据各自的实际情况选择需要的模式和运行方式，最高层的公权力机构不再统一做出明确要求。最高层公权力机构在下达任务时，一般都按照固定层级采取层层下达的方式，很少开展运动式的治理。“灵活性、高效、多样、创新”等不仅是各层级各领域实际遵循的法则，而且为最高层的公权力机构所鼓励和推崇。从思想政治教育内容角度看，思想政治教育内容的基本原则和主要内涵仍然是最高层公权力机构设定的，但这些基本原则和主要内涵已经吸收了多种不同的相关学说，本身就具有了一定的弹性空间。同时也允许和鼓励各层级各领域的思想政治教育组织根据实际情况对内容做出解读和转换，以便于教育对象的接受和消化。面对与思想政治教育内容不相符的内容，往往承认其存在的现实合理性，并争取通过变革其现实基础来予以引导。

从世界范围内来看，现代性激发了个人的自我意识。随着资本主义的发展，

---

① 周世兴：《个人的历史与历史的个人》，人民出版社 2013 年版，第 75 页。

② 周世兴：《个人的历史与历史的个人》，人民出版社 2013 年版，第 152 页。

先后出现了宗教改革、文艺复兴和启蒙运动等思想解放运动，一种称之为“现代性”的社会制度、价值观念被确定下来。如果说上一个阶段是漠视个人的阶段，那么，现代社会则是主体性的解放和主体性原则确立的时代，其核心问题就是人的主体性问题。人的依赖纽带、血统差别、教育差别等一点点地被粉碎，个体得以从宗教关系、封建关系和家庭关系中解放出来，具备了独立而自由地相互交换和相互交往的机会。自由、民主、人权成为全体社会成员的价值追求，甚至被视为现代社会基本的政治常识，所谓“诸神争吵”正体现了思想主体不再服从于统一的政治思想灌输，而要求自由地选择政治思想的权利。而且思想主体的范围也呈现出不断扩张的趋势，从白人男性到全体男性再到妇女群体；教育、就业、参政等机会的公平化趋势，也为思想自决能力的提升提供了现实条件。可见，生产力、社会关系、社会制度和思想观念等都为扩大思想主体范围、提升思想主体能力提供了有利条件，从而推动了思想自决诉求由弱到强。

具体到中国来看，社会主义市场经济体制的建立催生了个人的成长。改革开放的历程正是中国社会的现代性迅速成长的过程，“现代性在中国的最大功勋就是：使受到旧体制束缚的个体得到解放和发展生产力的自由”[①]。改革开放的一系列举措在客观上促使人的独立性或“社会人”逐渐取代计划经济体制下的“单位人”，个人形态的思想主体的范围不断扩大和思想主体的能力日渐提升。在经济上，把高度集中的计划经济体制改革为社会主义市场经济体制；在政治上，实行政企分开、精简机构，发展民主，加强法治；在社会方面，对城乡户籍制度、就业体制、教育体制、收入分配体制、社会保障体制、医疗卫生体制等进行了全面改革；在对外开放方面，从沿海到内地形成了全方位、多层次、宽领域的对外开放格局；等等。由此，中国社会结构发生了根本性的变化，从一个总体性社会向分化性社会转变。原来完全执行国家意志的人民公社被取消，单位制也发生了巨大转变，虽然还保留了单位，但已经不再是国家的“部件”，而是具有一定自立权的整体，单位的角色职能化、利益独立化、责任具体化。[②]随着自由流动资源和自由互动空间的出现与发展，个人从城市单位和公社集体等社会主义机构中解放出来，个体化进程在一定程度上获得了国家的默许或认可。[③]从此，经济、政治、社会、文化等领域的一系列变化催生出越来越多和越来越独立的思想主体，极大地推动了思想自决诉求的发展，使其能够和思想统决诉求展开势均力敌的博弈。因此，我们看到总体性思想政治教育结构已经彻底失去了存在的基础，思想政治教育开始更多地按照思想自决诉求进行调整，逐渐向多样性思想政治教育结构转变。

---

① 王锐生：《现代性、马克思的人的理论和科学发展观》，《学术研究》2005 年第 10 期，第 8 页。

② 孙立平：《现代化与社会转型》，北京大学出版社 2005 年版，第 161、167—168 页。

③ 〔挪威〕贺美德、鲁纳：《“自我”中国：现代中国社会中个体的崛起》，许烨芳译，上海译文出版社 2011 年版，第 6 页。

在社会发展新阶段，思想政治教育正在走向关系本位阶段。关系本位阶段的思想政治教育其实还未定型，至今仍处在探索当中。对关系本位阶段的自觉追求，主要源自于对前两个阶段思想政治教育的反思，尤其是个人本位阶段的多样性思想政治教育的片面性的反思。随着现代性所引发的个人陷入困境，多样性思想政治教育的局限和危险日益暴露出来。个人的崛起是在矛盾中发展的，在推动社会积极发展的同时，也有它的负面。综上所述，人与社会的互动关系经由思想政治教育内部矛盾对思想政治教育变迁起到重要的推动作用。个人与社会的关系经历了从社会本位到个人本位再向关系本位阶段发展的三个阶段，思想政治教育也先后形成了三种不同的形态。

第三节　人和社会在思想政治教育实践中发展

在人、社会和思想政治教育三者的关系中，思想政治教育是工具性的，其最终目的是推动人的发展、社会的发展、人与社会关系的良性发展。

一、思想政治教育推动社会的发展

思想政治教育最初受到人们的高度重视，主要源自于思想政治教育在推动社会变革和社会发展中所起的不可或缺的推动作用。这里主要关注的是思想政治教育满足社会需要的关系，具体是指思想政治教育在满足社会对思想政治教育需要、思想政治教育促进社会有序发展方面具有的积极意义。其中，作为整体的社会以及社会中的经济工作、政治工作、文化工作、生态文明建设工作等都是价值主体，思想政治教育是价值客体。

在中国共产党思想政治教育的历史上，思想政治教育对社会发展的推动作用被形象地比作“生命线”。有学者把思想政治教育在政治、经济、文化和生态文明建设等工作中所呈现出的政治、经济、文化和生态价值概括为思想政治教育的社会价值，并进行了详细的阐释。思想政治教育的经济价值是指思想政治教育劳动所创造的能促进社会经济增长和发展，以及满足人们物质需要的效应。思想政治教育的政治价值是指思想政治教育通过传播政治意识、引导政治行为、造就政治人才、和谐政治关系，从而起着维护社会政治稳定、促进社会政治发展的作用。思想政治教育的文化价值体现为文化选择功能、文化传播和变异功能、文化渗透和创造功能。思想政治教育的生态价值在于使生态意识渗透到思想政治教育的实践活动中，对人们进行环境法规和生态伦理教育，从而明确人在生物圈中、在自然生态系统中的地位，清楚地认识到人类面临生态环境恶化的挑战，从而树立生态意识为调控生态平衡，达到协调而采取积极的对策。[①]

思想政治教育社会价值的发挥，主要是通过人的思想和行为来实现的，即思想政治教育通过满足社会秩序与发展的思想观念，需要其对社会起到指导、调节、促进等作用。马克思、恩格斯把无产阶级解放及其人类解放作为自己的历史使命，为此把无产阶级思想解放作为必要环节。“哲学把无产阶级当做自己的物质武器，同样，无产阶级也把哲学当做自己的精神武器；思想的闪电一旦彻底击中这块素朴的人民园地，德国人就会解放成为人。”[②]列宁高度评价了马克思恩格斯在无产阶级思想解放方面的贡献，指出：“马克思和恩格斯对工人阶级的功绩，可以这样简单地来表达：他们教会了工人阶级自我认识和自我意识，用科学代替了幻想。”[③]总而言之，思想政治教育对社会发展的推动作用得到了理论和实践的广泛认可。

二、思想政治教育促进人的发展

除了社会价值之外，思想政治教育还具有个体价值，即满足人自身的发展需要。马克思将人的发展划分为三种形态：依附的个人、独立的个人、自由而全面发展的个人。实现人的自由而全面的发展，是马克思主义追求的根本价值目标，也是共产主义社会的根本特征。马克思主义的最高命题就是人的自由而全面的发展。这一命题在《德意志意识形态》中得到确定，书中明确提出要使无产阶级成为“有个性的个人”。《共产党宣言》将未来新社会的根本特征完整地表述为：“代替那存在着阶级和阶级对立的资产阶级旧社会的，将是这样一个联合体，在那里，每个人的自由发展是一切人的自由发展的条件。”[④]《资本论》再次重申这个观点，即未来新社会就是要实现人的自由个性。人的自由全面发展在思想政治教育当中可以而且应当具有重要的位置。马克思曾明确指出：“社会——不管其形式如何——是什么呢？是人们交互活动的产物……人们的社会历史始终只是他们的个体发展的历史，而不管他们是否意识到这一点”。[⑤]

不过，这一重要命题曾经被我们忽视了。在战争时期，由于阶级斗争尖锐还没有条件谈论人自身的自由而全面发展问题，当时所要解决的直接任务是社会制度的变革问题。列宁在 1902 年曾把人的自由而全面发展写进了俄国社会民主纲

---

① 张耀灿：《现代思想政治教育学》，人民出版社 2001 年版，第 119—128 页。

② 《马克思恩格斯选集》第 1 卷，人民出版社 2012 年版，第 16 页。

③ 《列宁选集》第 1 卷，人民出版社 1995 年版，第 89 页。

④ 《马克思恩格斯选集》第 4 卷，人民出版社 2012 年版，第 647 页。

⑤ 《马克思恩格斯选集》第 4 卷，人民出版社 2012 年版，第 408—409 页。

领，但列宁主要生活在革命的时代，更多的是强调阶级斗争和无产阶级专政，很少正面涉及人的自由而全面发展问题。[①]尽管从整个人类社会发展的总趋势和最终的可能结果看，个人发展与社会发展具有一致性。但是，从人类社会发展的一定历史时期看，个人发展与社会发展又具有不一致性，表现为社会发展往往要以暂时牺牲一部分个人的发展为代价。[②]这就使目的和手段发生了颠倒，片面追求社会的发展，对于“具有有意识的生命活动”的个人来说无疑是一种否定。

俞可平对中国共产党关于“以人为本”的认识演变做了大体的叙述。[③]20 世纪 80 年代，一些有责任感的理论工作者开始重新提倡“以人为本”和人道主义的价值。20 世纪 90 年代中后期，“以人为本”再次成为中国思想界的强大声音。到了 21 世纪，“以人为本”的观念终于融入中国共产党的主流意识形态，成为中国共产党改革政策的重要理论基础。2001 年，江泽民在庆祝中国共产党成立 80 周年大会上的讲话中明确提出，促进人的全面发展是建设社会主义新社会的本质要求。2007 年初，胡锦涛再次确认了马克思主义的一个根本性观点，将“每个人自由而全面的发展”视为人类理想社会的本质目标。在经历了一个半世纪后，在对国际共产主义运动和社会主义实践经验反复总结的基础上，中国社会主义现代化取得长足发展，中国社会主义有了雄厚的经济物质基础，我们开始切身感受到对人的自由而全面发展的需要，真正认识到人的自由而全面发展是马克思主义的根本命题，正积极探讨和推进这方面的理论与实践。在现实生活中，个体在人与社会互动中的意义及价值日益明显和重要，个体成为互动的主人、主角和主体。

人的自由而全面发展也理所应当成为思想政治教育学的核心命题，成为思想政治教育的根本目标。[④]现在越来越多的人重视思想政治教育的个体价值，即思想政治教育对于个体的内在价值。[⑤]在这里，个体是思想政治教育价值主体，思想政治教育是价值客体，思想政治教育满足个体的思想政治教育需要时，实现了思想政治教育个体价值。思想政治教育在满足人的思想社会化需要、丰富人的精神世界、建设人的精神家园及终极关怀、促进人的自由而全面发展等方面发挥着不可或缺的作用，具有重要的个体价值，特别是人的内在目的。具体来说，思想政治教育个体价值体现在：指导个体自我认识及其处境的价值；满足个体的精神需求的价值；促进个体的自由而全面发展的价值；指导个体活动的价值等。[⑥]

---

① 孙其昂：《思想政治教育学前沿研究》，人民出版社 2013 年版，第 169—170 页。

② 周世兴：《个人的历史与历史的个人》，人民出版社 2013 年版，第 308 页。

③ 俞可平：《思想解放与政治进步》，《北京日报》2007 年 9 月 17 日。

④ 孙其昂：《思想政治教育学前沿研究》，人民出版社 2013 年版，第 169—170 页。

⑤ 张耀灿：《现代思想政治教育学》，人民出版社 2001 年版，第 115 页。

⑥ 孙其昂、黄世虎：《思想政治教育学基本原理》第 4 版，河海大学出版社 2015 年版，第 76 页。

三、思想政治教育保证人与社会和谐发展

思想政治教育不仅能够推动社会的发展、个人的发展，而且可以保证人与社会的和谐发展。思想政治教育之所以能够保证人与社会的和谐发展，主要是通过改变人们的思想认识来完成的。

思想政治教育要使人们正确认识人与社会的关系。一方面，在人与社会发展的关系中，人是最终的目的。社会发展的出发点和最终归宿点都是作为主体的个人的发展，因而个人发展状况也是衡量社会进步的重要标志和尺度。社会并不是一种离开个人的抽象的独立存在，而是由无数独特的个人所构成的关系体，因而是“个人的社会存在”；离开了个人，社会将不复存在，当然也就谈不上所谓的“社会发展”了。[①]正如马克思所指出的那样：“只有当现实的个人把抽象的公民复归于自身，并且作为个人，在自己的经验生活、自己的个体劳动、自己的个体关系中间，成为类存在物的时候，只有当人认识到自身‘固有的力量’是社会力量，并把这种力量组织起来因而不再把社会力量以政治力量的形式同自身分离的时候，只有到了那个时候，人的解放才能完成。”[②]随着改革开放和现代化建设事业的迅速发展，个人发展问题的重要性日益凸显，人们越来越认识到，缺失了作为社会发展显示主体的个人，不仅会使现代化建设的既有成就显得苍白单调，也将使中国特色社会主义的进一步发展失去后劲。[③]

另一方面，在人与社会发展的关系中，社会发展是实现人的发展的必经之路。个人只有在社会中才成为个人，正如社会不是一种离开个人的空洞抽象物一样，从来没有什么超越于社会之上的个人存在。尽管“各个人过去和现在始终是从自己出发的”，但是，就其实现自己目的的途径、方式、手段来说却都是社会的，“他的生命表现，即使不采取共同的、同他人一起完成的生命表现这种直接形式，也是适合生活的表现和确证”。[④] 任何形态的个人发展，都可以归结为个人对作为“同物质生产工具相适应的个人才能的发挥”的生产力总和的占有[⑤]，自由而全面发展的个人也必须建立在生产力极大丰富的基础上。所以，人们“只有在社会中并通过社会来获得他们自己的发展”[⑥]。

思想政治教育还要使人们了解人的发展与社会发展的异化情形及其危险性。

① 周世兴：《个人的历史与历史的个人》，人民出版社 2013 年版，第 305—306 页。
② 《马克思恩格斯全集》第 3 卷，人民出版社 2002 年版，第 189 页。
③ 周世兴：《个人的历史与历史的个人》，人民出版社 2013 年版，第 174 页。
④ 周世兴：《个人的历史与历史的个人》，人民出版社 2013 年版，第 176 页。
⑤ 周世兴：《个人的历史与历史的个人》，人民出版社 2013 年版，第 169 页。
⑥ 《马克思恩格斯全集》第 3 卷，人民出版社 1960 年版，第 235 页。

尽管从整个人类社会发展的总趋势和最终的可能结果看，个人发展与社会发展具有一致性。但是，从人类社会发展的一定历史时期看，个人发展与社会发展又具有不一致性，表现为适合发展往往要以暂时牺牲一部分个人或者由个人所组成的阶级的发展为代价。[①]这种异化情形曾真实存在于资本主义社会当中，“资本在具有无限度地提高生产力趋势的同时”，又在同样的程度上“使主要生产力，即人本身片面化，受到限制”，而这又使社会发展与个人发展处于对立之中。[②]异化使生产的目的和手段发生颠倒。一般来说，作为生产者的个人既是生产的目的又是生产的手段，因而是目的和手段的统一。然而，在异化劳动中，个人仅只表现为创造交换价值的手段，而作为其活动的产物的交换价值则成为生产的唯一目的，这对于“具有有意识的生命活动”的个人来说无论如何都是一种根本的否定。[③]思想政治教育要使人们充分认识到人与社会发展的异化情形的危险，并鼓励人们积极寻找克服和摆脱这种异化状态的良方。

思想政治教育追求个人发展与社会发展的辩证统一。个人发展和社会发展作为社会有机体发展的两个方面，相互依存、相互制约，辩证地历史地统一于人类社会进步过程中。个人发展与社会发展互为前提和基础：个人发展推动社会发展，社会发展促进个人发展。《共产党宣言》中的“代替那存在着阶级和阶级对立的资产阶级旧社会的，将是这样一个联合体，在那里，每个人的自由发展是一切人的自由发展的条件”。这句话清晰地阐明了个人发展与社会发展的关系。所谓“每个人”，是指每个“个人”；所谓“一切人”，既是指一切“个人”，也是指由“一切个人”所组成的“人类社会”。因此，“每个人的自由发展是一切人的自由发展的条件”的基本内涵就是：个人的自由发展是社会的自由发展的前提和条件，没有个人的自由发展，就没有社会的自由发展；个人的自由发展推动社会的自由发展，社会的自由发展保证个人的自由发展，而以“每个人的自由发展”为条件的“一切人的自由发展”则是“以每一个个人的全面而自由的发展为基本原则”的共产主义社会的最高目标。[④]思想政治教育教育人们以共产主义社会为最高理想，就是在为实现人与社会的和谐发展而贡献力量。

总而言之，思想政治教育并非直接地推动人与社会的发展，而是通过作用于人的思想观念来间接地推动人的发展、社会的发展乃至人与社会的和谐发展。

---

① 周世兴：《个人的历史与历史的个人》，人民出版社 2013 年版，第 308 页。

② 周世兴：《个人的历史与历史的个人》，人民出版社 2013 年版，第 312 页。

③ 周世兴：《个人的历史与历史的个人》，人民出版社 2013 年版，第 330 页。

④ 周世兴：《个人的历史与历史的个人》，人民出版社 2013 年版，第 302—305 页。

✎ 问题与讨论

1. 思想政治教育在充当人与社会互动的中介时，和其他中介相比有什么特殊性？

2. 思想政治教育具体如何在人与社会互动中发挥中介作用？

3. 请简述思想政治教育发展的基本动力。

4. 思想政治教育主要经历了几个发展阶段？

5. 思想政治教育如何保证人与社会的和谐发展？

应 用 篇

第五章　家庭思想政治教育

人们常常把家庭比作孩子的第一所学校，把家长比作孩子的第一任老师，家庭教育的重要性不言而喻。而家庭思想政治教育又在家庭教育中具有举足轻重的地位。尽管家庭思想政治教育的概念对于很多人而言并不熟悉，但在家庭氛围的陶染下，人们或直接或间接地对政治和社会生活产生一定看法，并融合在自己的日常习惯中。当然，家庭也会教育自己的成员符合和适应社会政治的需要，以获得更好的发展。这里有一个如何解读思想政治教育概念以及如何运用这一学术概念去分析人们日常生活中的问题。我们看到，家庭是人之为人的第一站，从人之为人的构成要素来讲，一是人的思想品德及包含其中的价值追求，二是人的思维方式和行为习惯，三是人的知识能力，三者的习得首先是从家庭开始的。家庭教育的质量影响着人的一生，成为决定着人生走向的基本因素，我国传统上有“三岁看大、七岁看老”的说法，而望子成龙也成为家庭寄予后代成长目标的典型性表述。所谓“三岁看大，七岁看老”，“看”的主要是人的品性和习性，而“望子成龙”中的“龙”，也必然是以适应社会为前提的。家庭教育中蕴含思想政治教育的因素，而理想的家庭教育一定具有较为成熟的家庭思想政治教育。

第一节　家庭思想政治教育地位

家是一个历史性概念，家的产生在人类社会历史中具有里程碑式的意义，家庭成员之间的血缘纽带和生存依赖，使得思想政治教育这一人类社会现象在家庭的呈现中几乎处处都打上了“家”的烙印。“家”的出现与“国”的出现有着直接的历史逻辑性，“国”的产生使“家”具有了“国”的基本单元的属性，家庭思想政治教育便成了家庭教育的重要组成部分，而家国同构也使“国”的思想政治教育成为放大了的家庭思想政治教育。从基于等级秩序的家国同构到主体平等的现代国家，家庭思想政治教育在人的发展中的作用都是非常重要的。

一、家庭思想政治教育意义

家庭思想政治教育对于家庭、社会的发展都具有重要意义，家庭思想政治教育使个人得以初始社会化，具有良好家庭思想政治教育的人和具有良好家庭思想政治教育的家庭对于社会与国家都有积极影响。

（一）家庭思想政治教育对于家的意义

家庭是由父母和子女共同组成的，是社会的基本单元。夫妻是作为两个独立的人格而结合在一起的，而“子女”则是天然的家庭存在物。这个天然的家庭存在物，通过家庭的思想政治教育而不断社会化，并最终成为一个独立的个人并从家庭中分离出去，建立起自己的家庭。

就家庭中的个体发展来讲，家庭思想政治教育是父母及子女确证自己社会存在的基本条件。父母对子女的感情与子女对父母的感情，是基于“血缘”但又是超越血缘的，体现出更可贵的精神意义。父母只能在他们的孩子身上获得这种统一性，正是在孩子身上他们的婚姻结合才展现在眼前[①]，子女的存在是对夫妻双方婚姻关系的客观外在性确证，也是夫妻履行其类的社会繁衍职责的确证。夫妇出于对自身的确认以及对社会的责任，开始了抚养子女的过程。无论是传统社会中期望子女“保家卫国”“光耀门楣”，还是现代社会中期望子女实现自我最大程度的发展,父母始终有着致力于把子女培养为最有利于当下社会发展的人的追求。基于这样的追求，在家庭中，父母总是通过各种手段对孩子进行思想政治教育，“无论时代如何变化，无论经济社会如何发展，对一个社会来说，家庭的生活依托都不可替代，家庭的社会功能都不可替代，家庭的文明作用都不可替代”[②]，这种文明作用，就是父母通过思想教育、道德教育，使子女的观念、行为符合社会的要求，使子女充分社会化并得到社会认可、支持的种种过程。尽管子女身上父母的烙印在不断褪去，社会的因素在不断涌现，当父母亲眼看到孩子日益成为“独自的现实性”并与社会相结合创造出自己的价值时，父母会因感到曾经的对象性的子女与属于社会的父母之间终于相互统一而深感欣慰。基于血缘而又超越血缘的家庭思想政治教育，成为父母创造出“活的社会个性存在物”的重要手段，从而让父母获得确证自己能力与情感关系的证据，激发了父母奉献社会的自觉能动性，也使社会不断累积有利于其自身发展的新生生命。同样，作为“家庭存在

① 〔德〕黑格尔：《法哲学原理》，范扬、张企泰译，商务印书馆 1979 年版，第 186 页。

② 习近平：《习近平谈治国理政》第 2 卷，外文出版社 2017 年版，第 353 页。

物”的子女，通过接受家庭思想政治教育，不断地产生出新的观念。当子女对社会的认识不断加深时，当他们开始成为独立的个人，从原生家庭中脱离出去时，他们会因回想到父母为自己的长大成人所付出的爱和生命而感动。家庭思想政治教育使子女成了社会的人，成了自由的独立的个人，也使子女确证了自我的人类历史性存在，即确证了自己的过去。正是因这源于血缘又超越于血缘的亲情，父母与子女通过家庭思想政治教育双双确证了自己的社会历史性存在，与社会形成了更紧密的联结，因而也更全面地占有了自我的本质，更大程度地推动了社会的发展。

从家庭整体来讲，家庭思想政治教育是家庭和谐的重要保障。家庭和谐不仅关乎个人成长，而且关乎整个社会的和谐稳定。和谐家庭作为社会可持续发展的基本要素和必然要求，是社会文明在家庭关系中的缩影，既关系到家庭自身建设，还与社会政治、经济、文化、生态等诸多问题息息相关，其本质是“以家庭成员的全面发展为基础，以营造积极向上的家庭价值取向、平等和谐的家庭关系、民主协商的家庭氛围为主要内容，构建家庭成员之间、家庭与社会之间、家庭与自然之间和谐共处的家庭新模式”①。受社会转型、市场经济以及多元文化价值碰撞的影响，和谐家庭建设面临诸多挑战。家庭和谐是全体家庭成员共同努力的结果，这需要充分发挥家庭思想政治教育的导向功能。家庭思想政治教育作为促进家庭和谐的重要手段，可以帮助家庭成员树立“家和万事兴”的理念，增强角色认同；可以协助家庭成员树立正确的婚恋观，构建和谐有序的家庭关系；可以助推伦理道德建设，提高家庭成员的道德素质；可以助力家庭成员创造良好的家庭文化生态，树立良好家风。

（二）家庭思想政治教育与人的初始社会化和继续社会化

人的社会化意指个体处于社会境遇下，通过与其他个体、社会群体的交流互动，不断提高自己的社会素质，认识外在的社会行为准则并逐渐内化为自己的行为标准，实现自然人向社会人的发展。在这一过程中，个体通过社会教化和自我内化，不断学习社会生活所必需的社会角色认知、价值观念、行为规范、道德准则等，以期成为社会所确认的具有一定社会生活能力的社会人。家庭作为个体接受社会化的初始场所，家庭中的各种因子都会对个体的思想认知、道德素养、行为习惯等产生影响，其中家庭思想政治教育能够通过塑造人的本质促进个体社会化的不断完善。

---

① 顾秀莲：《在全国“建和谐家庭，促和谐社会”论坛开幕式上的讲话》，《中国妇女》2006 年第 9 期，第 4—9 页。

人的初始社会化以儿童的发展为主。所谓儿童社会化，是指儿童在一定的社会条件下逐渐习得各种社会规范，学会正确处理人际关系，妥善自治取得社会生活适应性的过程①。儿童初始社会化是个体接受社会化的基础。具体而言，儿童初始社会化大多是在家庭这一环境中完成的，父母通过与孩子的长时间接触，直接或间接地把知识技能、文化素质、价值观养成传递给子女，正如库利的“镜中我”理论所映射的，子女往往通过与家庭成员的行为互动逐步形成“自我”，从而加强自我塑造、自我修正，完善自我人格，形成自我意识。家庭思想政治教育作为一种独特的教育方式，是儿童初始社会化的重要场所，在儿童初始社会化中发挥着重要的引导作用。一是在促进儿童获取生活技能和增强环境适应能力中，促进儿童价值观的形成。儿童一方面通过不断模仿习得基本的知识、技能和行为规范，以此来搭建与社会沟通的桥梁；另一方面，其他家庭成员所倡导的价值观念也能够在潜移默化中影响儿童的行为，如父母的思维方式、言行举止、处事风格、生活习惯等会影响儿童的价值趋向、情感志趣和人际交往。二是促进儿童情感的健康发展。儿童主要通过感觉和模仿实现社会化，良好的家庭环境在儿童感情和爱的培育方面有着重要影响。在教育过程中，家长既要发挥自身的传情作用又要关注儿童的情感反馈，促进儿童情感的正常发展，进而为儿童的初始社会化构建和谐的家庭环境。三是促进儿童的角色定位。家庭教育重视理论与实践相结合，通过理论学习与实践研究不断引导儿童增强对自身性别、身份、地位的深度认识，明确自身的角色定位，推进儿童正确世界观、人生观、价值观的塑造。

从人的继续社会化角度，以成年人的发展为主。所谓继续社会化，是指个体在家庭环境中明确生活目标，学习社会规范，增强认知能力，不断适应社会环境的过程，也是现代化发展的重要形式之一。家庭思想政治教育对人的继续社会化有以下影响：一是传递社会行为规范，促进家庭成员社会角色的继续社会化。家庭思想政治教育可以引导家庭成员切实感悟自己扮演的社会角色，助力他们理性对待个人与社会的关系，鼓励他们自觉履行相应职责。随着个体社会化的不断深入，个体扮演的社会角色也日益多样化、复杂化。面对错综复杂的社会关系，有些家庭成员会感到无所适从，甚至导致角色混乱、角色冲突、角色失调。家庭思想政治教育可以引导家庭成员明晰自身的社会角色，掌握一定的社会规范，促进家庭与社会的和谐统一。二是提升家庭成员的认知能力，推进个体的继续社会化。家庭思想政治教育可以以家庭成员的心理诉求和发展需要为根本遵循，引领他们主动掌握马克思主义的认识论、方法论，提高他们对事物的认识能力、分析能力和推理能力，深化对客观世界和社会发展规律的认识；还可以利用正确的理论武装家庭成员的头脑，引导他们依据一定社会的价值标准进行自我教育，帮助他们

---

① 王勇：《浅论家庭教育与儿童社会化》，《学前教育研究》2005年第12期，第51—52页。

树立共同体意识，促进个体、家庭、社会的和谐。三是引导家庭成员树立正确的政治观和远大的理想信念。家庭思想政治教育可以帮助家庭成员形成正确的政治取向、政治态度、政治观念和政治行为，帮助家庭成员自觉承担社会建设的职责使命、树立正确的人生价值观，帮助家庭成员理性处理个体与国家、社会三者之间的利益关系。

（三）家庭思想政治教育对于社会的意义

社会可以理解为由不同意志的个体基于共同目标和兴趣通过交互活动结合在一起的有机体，小到社会团体、大到国家，都是社会关系的产物。家庭作为社会的一个基本元素，是个人与社会紧密联系的纽带，对整个社会发挥着不可替代的作用。一定意义上讲，家庭思想政治教育不仅是一个系统，而且具有“结构主义”的性质，是一个“大社会”（实际上是社会的一部分）。家庭思想政治教育不是孤立存在的，而是整个社会思想政治教育系统的子系统，这种状态可理解为“关系中存在”的状态。家庭思想政治教育的作用即是社会中的作用，只有把家庭思想政治教育放在整个社会系统中去认识，才能真正领会家庭思想政治教育与其他思想政治教育的相互关系，进而阐明家庭思想政治教育的功能。总的来说，剖析家庭思想政治教育对社会的意义可从系统上和结构上两个维度来进行。

从系统上看，思想政治教育作为一个现实的社会存在，不仅是一种社会实践活动，还是一种系统化的存在，涵盖家庭思想政治教育、学校思想政治教育、企业思想政治教育、社区思想政治教育等多个层面。家庭思想政治教育作为整个思想政治教育的一个子系统，与其他思想政治教育息息相通，应该建立教育协同发展的“命运共同体”，发挥家庭思想政治教育的特殊功能，推进社会治理现代化。家庭思想政治教育可以通过创新教育模式，整合各类育人资源，推动社会可持续发展。

从结构上看，家庭思想政治教育蕴涵着教育主体、教育内容、教育方法等要素，合理设计各要素在系统中的作用，是家庭思想政治教育结构优化的要求，也是促进社会经济、文化、环境建设的保障。就教育主体而言，教育者以个人品行为标尺，以身作则、言行一致，带头践行正确的道德标准和价值观念，充分展示自己的学识魅力和人格魅力，对优化社会风气、维护社会稳定有积极意义。就教育内容而言，家庭思想政治教育是家庭成员知识学习与品德修养的内容。一方面，家庭思想政治教育重视家风家教的培育，以价值观培育为根本着眼点，致力于家庭成员思想品质的完善、道德品行的塑造和良好家风的树立，以此为涵养社会文明好风气注入强劲力量，一定程度上能够实现社会效益与教育效益的动态耦合；另一方面，家庭思想政治教育具有连续性，不仅能够使社会文化得到有效传递和传承，还能够克服教育阶段性的局限，彰显学习的随时性和全程性，营造学习无障碍、学习零距离的社会大环境。从这个意义上来说，家庭思想政治教育能够激发家庭成员的学习潜能，引导家庭成员共同学习、相伴成长，不断强化知识与生活的关系，使其更好地实现生活学习化、学习生活化，形成全员学习的良好风气。就教育方法而言，不同的家庭思想政治教育形式，会产生不同的教育效果。专制型的教育采用强迫、严厉命令式的教育方式，忽视孩子的个性化诉求，容易导致孩子人格缺陷、性情偏颇，缺乏自我控制能力，产生极端的思想和行为，对社会产生很大的负面影响。民主型的教育采用民主、平等的教育方式，坚持以身作则、启发说理、因材施教的原则，重视孩子健全人格、优良品质的养成，引领孩子健康成长，在某种程度上有助于维护社会的稳定和可持续发展。

二、家庭思想政治教育内涵

家庭是指基于婚姻或血统关系建立的社会单位。可见，家庭既是情感共同体、生活共同体，也是命运共同体。受社会性质的制约，社会形态对家庭功能具有重大影响，一般来讲，家庭具有生产、生育、生活、娱乐功能，还具有扶养和赡养、感情交往、教育功能，是社会延续和良性运转的前提。家庭的存在产生家庭观念，家庭观念是家庭变化的先导。我国传统家庭以大家庭为主，重视血缘关系、亲情伦理，表现出整体主义特征，盛行家长制，父母与子女的关系是一种支配与被支配的关系，父母在家庭中占主导地位，在这种关系下，子女的个性和独立人格被扼杀，传统家庭观念向外延伸，形成家国同构。现代政治的发展使家国同构得以解构，产生了新型的家与国的关系。随着改革开放的深入，现代家庭规模逐渐小型化，个体自主性扩大，个人价值彰显，平等民主的家庭关系正在形成。另外，家庭观念与家庭教育、家风家教休戚相关。无论是富裕家庭还是普通家庭，重视家庭的教化与熏陶是主流，都能自觉将家风渗透到家庭成员的价值取向和处世态度中。应当说，家庭教育是家风传承的关键。当然，家教作为家风传承的重要途径，利用家规家训等载体对家庭成员进行政治、道德、文化、思想、心理等层面的教育，也是对家庭思想政治教育的延伸和扩展。

对于人生来讲，家庭思想政治教育是家庭成员接受思想政治教育的逻辑起点，具有基础性、持久性和亲和性的特点。家庭思想政治教育既服务于一定的政治，竭力促进人才培育与现代政治需要相统一，又关注家庭伦理关系、个体心理成长、生产力发展水平、人际交往等方面的培养，是政治性与非政治性的辩证统一。契合现代家庭的特性和结构可定义为：家庭思想政治教育是教育者基于一定的价值追求，在家庭场域中对家庭成员进行政治教育以及与之有关的思想教育、道德教育、心理教育和生活教育，是一种以家庭和谐为直接目标，以家庭成员幸福成长为根本目标的思想实践活动。教育的双向互动，使家庭成员的思想政治和法治修养得以提高，家庭思想政治教育的实质是一种调整和维系家庭关系、社会关系的重要方式。这一定义主要包含以下几个方面的含义。

第一，家庭思想政治教育遵循一定的价值追求。其目标是力求把家庭成员培育成完整的人，从内在向度上关注家庭成员的心灵培育，从外在向度上注重家庭成员的能力教育。现代家庭思想政治教育应该遵循自由、民主、平等的教育原则。传统家庭受家长制的影响，父母在子女的教育过程中拥有绝对的话语权，难以促进子女的个性化发展。随着国家现代化的发展，现代家庭也逐渐接受了以人为本的教育理念，“一言堂”“家长制”的教育方式淡出，家庭思想政治教育的主体际模式是时代发展的大势所趋，遵循教育者与受教育者民主平等、互为主客体的原则，鼓励两者在家庭思想政治教育这个“时空场”中协作学习、平等对话、共同参与，进而达到构筑和谐家庭关系、促进个体自由全面发展的目的。

第二，家庭思想政治教育有其独特的活动场域即家庭，包括家庭成员的思想空间和生活空间。家庭思想政治教育场域是由家庭关系构成的。首先，家庭思想政治教育主要是在家庭内部实现的，教育者在对成员进行思想政治教育时，可以通过培育有温度的家庭关系，消除彼此之间的心理距离，引起受教育者思想上的共识、情感上的共鸣、心理上的共通。其次，教育者采取言传身教、以身作则的方式，通过自身的行为举止和人格魅力对受教育者的日常生活、衣食住行、休闲娱乐活动、习俗礼仪、工作活动、待人处事、兴趣爱好等进行潜移默化的熏陶和感化，并进行实际考量和合理评价，使其在润物细无声中实现价值认同，达到感性认识和理性认识的辩证统一。

第三，家庭思想政治教育是直接政治性与间接政治性的统一。家庭思想政治教育作为思想政治教育的微观场域，政治性是其本质属性，但通常并不以显性的方式出现。家庭思想政治教育的主要内容、指导思想、教育目的围绕政治性目标而存在，它以服务于家庭利益最大化为根本宗旨，处理好家庭利益与家庭外利益是家庭思想政治教育的目标。家庭思想政治教育也注重受教育者人格、兴趣、价值观、道德修养、心理素质、劳动观念的培育，强调人文关怀和心理疏导，坚持以人为本的教育理念，注重实现受教育者内心诉求与社会需求的内在统一。这些内容不一定具有直接的政治性，但与政治具有内在的深层关联。

第四，家庭思想政治教育的关键在于家长的自我成长。家长的学识、家长的修养，特别是在平等对待家庭成员方面的修养和方法很重要。家庭思想政治教育一方面是在家长的有意推动下进行的，另一方面则是在家长自身的价值观潜移默化影响中产生的。面对现代化、市场化、功利化因素的冲击，家庭思想政治教育尤为强调发挥家长的育人作用，鼓励家长树立正确的价值观和育人理念，运用科学合理的教育方法，在促进自我发展的同时教育好家庭成员，与家庭成员共同成长。首先，家长要不断提升自身的道德文化修养，坚持率先垂范、身教重于言教，言传身教并举，以自身正确的道德认知、良好的行为方式感染和引领子女及其他家庭成员。其次，家长要树立平等的教育观念，破除权威思维和家长制作风，竭力构筑和谐良善的家庭关系，如此才能使子女在自由民主平等的氛围中积极主动地接受思想政治教育，创造优质的家庭思想政治教育生态。

第五，家庭思想政治教育具有显隐结合、以隐为主的思想政治教育特征。思想政治教育是一种有目的、有计划的动态实践活动，能使人们形成一定社会所需要的思想品德和行为习惯。有目的、有计划的活动是"自觉"的，但在家庭思想政治教育中，经常表现为表象上的不自觉，是目的上的自觉与表象上的不自觉的统一。家庭成员之间具有思想政治教育意义的影响很多是在不知不觉、耳濡目染中发生的，表现为一种"个人无意识"的教育状态。但是，教育者也可以有意采取类似的形式，从家庭成员非智力因素的开发中，渗透思想政治教育育人的本质价值，使各成员在润物细无声中磨炼意志、陶冶情操。家庭思想政治教育是以一种潜隐为主的教育方式，于无形中求有形，连通育人与生活，使教育存在于人们的语言、行为和思想中，成为一种精神性的实践活动。

三、家庭思想政治教育外延

外延是相对于内涵而言的，是指一个概念所概括的思维对象的数量或范围。家庭思想政治教育在家庭环境中通过对家庭成员进行多方面的教育，力求形成一定家庭、社会所需要的政治素养、思想品德，满足个体成长与家庭、社会发展相适应的要求，因此，家庭思想政治教育的外延，就是家庭思想政治教育的边界或作用的时空范围，是家庭思想政治教育在个体、社会等相关领域的表现。家庭思想政治教育对个体的教育涉及生活本领、价值观、品德修养、行为规范、人际关系、专业知识等各方面，涵盖家风家教的培育、社会主义核心价值观的弘扬等许多方面，以增强受教育者辨别是非的能力，提升他们的道德境界，使其做到公德和私德的对接。家庭思想政治教育的范围十分广泛，包括家庭政治教育、家庭道德教育、家风教育，以及与之直接或间接相关的家庭思想教育、家庭心理教育、家庭伦理教育、家庭文化教育、职业教育、劳动教育等。

（一）家庭政治教育

家庭政治教育实质上是一种关于对政治的理解的教育，以现实政治为实践根基，突出政治议题，强调家庭成员对政治的态度，力促提升家庭成员对未来政治走向的把握。家庭政治教育渗透于家庭成员的日常生活中，包括家庭环境、家庭礼仪、家庭关系、家庭成员的生活方式和行事风格，由于不同时期政治具体内容的变化以及家庭成员对政治理解的变化，家庭政治教育具有教育内容的不稳定性和广泛性，其主要教育内容包括政治思想教育、政治品德教育、政治心理教育、法治教育等。

家庭政治教育重视家庭成员对现实政治的适应力教育，对国家和社会需要有着自己的认识，虽然家庭政治教育也注重受教育者品格教化，但从本质上讲家庭政治教育更侧重家庭成员政治素质方面的培育，以家庭成员能够更好地适应国家政治关系为出发点。

（二）家庭道德教育

依据道德的内在本质，家庭道德教育就是在家庭环境中，父母或年长者对子女进行有意识的教育或无意识的熏陶，把一定的道德知识、道德规范、道德意识转化为受教育者道德行为的一种教育活动。从伦理学角度，道德是一种行为规则或规范体系，如我国传统上以仁义礼智信、忠孝节义、礼义廉耻为准绳，以集体主义为原则，强调家国同构。道德具有作为某一共同体内部行为规范的道德含义，是个人品德、家庭美德、社会公德、职业道德的统称。可见，道德教育具有不确定性，它不只是一种简单的教学活动，而是所有道德教育活动的泛称。家庭道德教育是对家庭成员进行道德原则和道德规范的教育，也是引导家庭成员形成良好个人品德、家庭美德、职业道德、社会公德的教育，注重家庭成员的品行养成、情感沟通和心灵成长，其主要教育内容包括：良好品行和职业修养的培养，正确处理国家、社会与个人的利益关系，文明行为的生活态度和生活习性的养成，婚恋观、幸福观、家庭观的培育，对价值观、理想观、是非观、荣辱观的培育，对真善美的追求等。

家庭道德教育实质上是一种人生修养教育，渗入到家庭教育或家庭生活的各个方面，更加注重家庭成员生活质量的完善，侧重于家庭成员道德知识、道德能力、道德智慧的培养。家庭道德教育重视家庭成员与社会成员以及家庭成员之间的关系教育，关注国家对人才培育的要求，重视家庭成员的成长诉求和发展规律，以家庭成员能够更好地适应家庭关系和社会关系为出发点。家庭道德教育能够助力伦理道德建设，提高家庭成员的道德素质。

（三）家风教育

家风是家庭思想政治教育的环境基础，家庭文化建设能够助力家庭成员创造良好的家庭文化生态，树立良好家风。“家庭文化，体现着一个家庭的生活方式、生活作风、家庭道德规范和为人处世之道，因此也就明显地表现着一个家庭的价值追求和理想信念，具有明显的导向功能。”①一定意义上讲，思想政治教育的形态、方式、内容蕴含着文化气息，能够推动家庭成员对家庭文化的选择、传承和创新。思想政治教育可以引导家庭教育中以浓厚的文化氛围为基石，以传统节日为契机广泛开展文明礼仪进家庭活动，强化家庭成员的生态文明、物质文明和精神文明意识，引导其自觉践行文明礼仪规范，培育家庭与自然、社会相互和谐的新型文明家庭模式。此外，家庭思想政治教育坚持以文化人、以情感人，与社会教育通力协作，重视传扬优秀的家风建设传统，推进优秀家风建设。同时，思想政治教育还可以提高家庭成员抵制不良风气的免疫力，使家庭成员处理好家庭与社会、国家的关系。

家庭的生活方式、文化氛围经过长久积淀形成家风。家风是由家庭或家族的价值取向所决定的家庭或家族修养、道德风尚、生活习惯、物质追求、思想品德以及各种心理因素等的集合体。家风教育具有一定的政治性，通过家风所蕴含的修身处世、尊老爱幼、克勤克俭、公正不阿、和睦友爱等汇聚社会良好风气，培育受教育者正确处理家庭和社会事务。家风教育通过言传身教等方式，依托家谱、家书、家法、家规、家训、家诫、家仪等载体将家族流传下来的思维方式、言行规范、家庭美德、审美格调植根于受教育者头脑里、深植于受教育者行为中，促进传统优良家风习俗的传播和创新。家风教育以耳濡目染的方式规范家庭成员的行为、陶冶家庭成员的情操、净化家庭成员的心灵，以言传身教为主要手段，通过父母的行为举止、说话方式、人际交往培育孩子的优良品行，营造良好的家庭环境。

（四）家庭思想教育

家庭思想教育能够助力家庭成员树立科学合理的价值取向，抑制价值观多元化给家庭带来的不稳定。其一，培育家庭成员树立正确的婚恋观。婚姻作为家庭建立的基础，是构建和谐家庭关系的关键要素。个体理性与整体理性之间存在一定程度的脱节，在一定程度上冲击着家庭婚姻关系，导致婚姻信任危机，甚至出现扭曲的婚姻观。比如，当今出现的闪婚、裸婚，以及追求官二代、富二代、白富美等婚恋思想颠覆了传统的家庭婚姻观念，不利于构建牢固的家庭关系。倡导家庭思想政治教育理念，运用马克思主义的人生观、价值观、婚姻价值观帮助家庭成员树立正确的婚姻观，使人们深入了解婚姻的本质和基本道德规范，推进

---

① 陈旸：《和谐社会构建背景下家庭文化功能的社会意义论析》，《理论月刊》2012年第6期，第144页。

和谐幸福家庭关系的建立。其二，助力理性家庭教育观的回归。由于家长普遍存有功利心理以及教育协同育人的缺失，当前家庭教育存在知行脱节、重智轻德、关系疏离等误区。在育人观上，思想政治教育具有鲜明的育人目标与价值指向，能够引导父母坚持以人为本和生活化的教育理念，坚信言传身教是基础、纽带，并注重子女真善美品质的培育，确证家庭教育的方向性，凸显家庭教育的本真价值。

（五）家庭心理教育

家庭心理教育能够助力家庭成员厘清心理困境和角色定位，促进家庭成员之间的和睦。第一，帮助家庭成员树立积极的生活态度。随着现代社会竞争的日益激烈，家庭成员表现出集体性的心理焦虑，成员的心理状况日益受到重视。思想政治教育强调人文关怀和心理疏导，在家庭中可以采取家庭成员乐于接受的教育方式，加强对家庭成员日常心理问题的疏导和调试，缓解内心压力，帮助其树立乐观的心态，增进家庭成员之间的情感交流。第二，强化家庭成员的伦理角色认同。家庭从本质上讲是一种伦理性组织，家庭的建立也意味着伦理关系的确立。角色认同作为个体对家庭伦理关系的肯定性评价，是个体价值判断和选择的参照物。当前许多家庭问题与家庭成员角色认同失效有关，如婚外情、父母与子女之间矛盾不断、家庭暴力等。思想政治教育有意识形态依托和社会支持，是联结人际关系的"黏合剂"，能够切实增强家庭成员之间的向心力、凝聚力和亲和力，强化角色认同。

第二节　家庭思想政治教育实践

新时代家庭思想政治教育与党和国家背景下的思想政治教育，具有承接关系。党和国家的思想政治教育力图在整个国家范围内，对人民进行思想政治教育实践活动。如果说党和国家进行的思想政治教育，是一种大思想政治教育，那么对于社区、家庭来说，其思想政治教育则是一种小思想政治教育，即思想政治教育细胞。但是，相比较大思想政治教育而言，家庭思想政治教育的内容、特征以及遵循的各种原则都有其特殊性。家庭思想政治教育不能只作为党和国家思想政治教育的缩小版来对待，而是应该从家庭结构和功能的特殊性来思考家庭思想政治教育实践。也就是说，家庭是一个重要的思想政治教育场域，通过家庭思想政治教育实践，达到家庭与国家、社会之间的互通，家庭文化与国家文化的承接效应，从而提升思想政治教育的整体合力。

一、家庭思想政治教育的外部融合

家庭思想政治教育是思想政治教育系统中的一个环节，可以在与其他思想政治教育的融合中发挥自身以及整体效果。

第一，立足学校，将家庭思想政治教育与课堂教学、校园文化建设相融合。课堂教学是学校思想政治教育的主阵地，在学校开展思想政治教育可邀请家长共同探讨、共享经验，分析学生具体的发展特征，寻求学生心理成长与现实需求的平衡，做到对症下药、有的放矢，提高教育效果。依托校园文化开展家庭思想政治教育，可以从文化层面引导家庭成员坚定理想信念、提高思想素质、涵养家国情怀，还可将家庭思想政治教育有关孝道、节俭、礼仪、清廉、与人和睦、爱国情怀、修身养性的内容融入教学中，共同提升学生的综合素质，为国家培育可靠人才。

第二，依托企业，将家庭思想政治教育与职业教育相融合。随着社会现代化进程的推进，原有的家庭教育模式不能满足社会发展对人才的需求，家庭应该与企业积极构建以职业为导向的教育模式，将职业知识与思想政治教育紧密结合，帮助家庭成员树立正确的职业价值观，做好职业定位。家庭思想政治教育可以通过发挥独特的社会发展功能，将企业精神、企业价值观、企业文化、职业道德、个人品德、社会公德、家庭美德与现实社会需要有机结合起来，培育时代需要的人才，推动社会新发展。

第三，走进社区，将家庭思想政治教育与社区实践相融合。社区实践是巩固家庭思想政治教育效果的重要环节。教育者可以通过引导受教育者积极参与社区志愿服务和社会公益宣传活动，增强受教育者学以致用的社会责任感、使命感，实现社会价值与自我价值的内在统一，切实维护社会和谐稳定。邻里关系是社区关系的重要部分，家庭思想政治教育与社区思想政治教育紧密结合，可以使家庭之间在比较互鉴中达到思想政治教育的效果。

二、家庭思想政治教育的内在引导

家长作为家庭思想政治教育的主体，既是经历过家庭各种内外关系的“过来人”，又面临着新的社会实践引起的新矛盾，以自己“过来人”的经验教育引导家庭成员，是家庭思想政治教育的重要实践之一。

（一）婚恋观教育的现代化

婚恋观集中反映了人对于恋爱、婚姻和家庭的理解与态度，它影响着未来家庭模式的发展。中国特色社会主义进入新时代，随着社会主要矛盾的转变，人民群众的社会心态、社会情感、价值观也随之发生变化。在此背景下，青年人的婚恋观也发生了巨大变化。因此，青年婚恋观教育既是家庭思想政治教育的重要方面，也深刻影响着未来的家庭思想政治教育。

新时代青年群体的婚恋观更加自由和开放，追求自由和注重自我选择，已经成为当代青年面对婚恋时基本态度的主流。具体来讲，呈现出以下特征：第一，青年群体婚恋观念的多样化。近些年，单身主义者、不婚主义者的数量在全国范围内显著增加。有些青年男女，虽然接受恋爱的选择，但是面对婚姻制度时，他们则表现出拒绝的态度，他们对于恋爱的渴望比婚姻来得更为坚定。与此同时，“丁克家庭”的数量在中国社会也在增加。在审视这些青年婚恋观的问题时，要清楚地意识到，在社会转型的特殊背景和多元的文化环境中，当代青年出现了一些不同于传统的问题与矛盾，如价值虚无主义、个人至上主义等现象。第二，青年婚恋选择更加自主化和注重个体体验。改革开放促成从传统到现代的价值理念的变革，为广大青年群体的个性自由与思想创新提供了发展空间。在面对爱情和婚姻的选择时，青年群体表现出更加强烈的自主意识。新时代青年人在恋爱态度上积极乐观，以追求男女双方个性中的吸引点为主，重视人品、性格和共同爱好，注重自主意愿，上一代人被动式的、受别人压迫的恋爱早已不存在。青年群体的择偶标准更加理性化，在选择恋爱对象时，比较看重对方的自身素养，而较少在乎金钱、地位等外在条件。第三，青年的家庭责任感式微、家庭观念淡化。改革开放以来，在激烈的市场竞争环境中，“利益至上”的价值观和偏激的“个人主义”思想，对青年群体造成一定影响。此外，部分学校和家庭中“重智轻德”的教育观都潜移默化地对青年的价值选择产生复杂的影响。在青年群体中，由经济压力演变的社会压力，是当前的主要压力形式。当前青年群体在忙碌工作的同时，将重心着眼于提高生活水平和物质资料，忽视对于情感、人际关系，尤其是家庭观念的培养。第四，青年忽视个体婚恋生活与社会、国家发展的关联性。中国传统文化中，将家与国紧密联系在一起，构成“家国文化”。在新时代的中国青年群体中，有着对社会民主、国家富强与个体婚恋关系之间的不同理解，不少人无法正确认识三者的关系，或者否认三者之间的某种联系，继而把个人的婚恋行为看作个体行为。从国家和社会发展的历史角度来说，婚恋观虽然属于个人态度，但婚姻并不是纯粹私人性的行为活动，而是与社会发展紧密联系的具有社会属性的行为。婚恋与社会、国家的关联性密切，国家和社会的进步有利于促进婚恋抉择自主化，提升个体婚姻的幸福指数。那种认为个体婚恋与国家、社会毫无关联的婚恋观，是一种孤立、狭隘、不正确的思维方式，也与社会主义核心价值观背道而驰。

青年人的婚恋观受到多重影响，除了社会环境之外，家庭教育、媒体舆论等因素也是影响青年群体婚恋观的重要原因。新时代的婚恋观呈现的问题，除了在国家、社会层面加以引导，发挥学校对青少年的婚恋观教育之外，还应该发挥家庭思想政治教育的作用，在家庭内部加强婚恋观教育。一个人的婚恋观，最重要的影响因素便是其原生家庭的婚恋关系，其父母的婚恋对子女产生直接的影响，父母自身对于恋爱、择偶、婚姻等方面的态度行为，都对子女的婚恋观产生潜移默化的影响。目前，家庭思想政治教育实践除了婚恋观教育，还要加强子女的生理和心理相关知识方面的教育，预防子女的婚恋态度和行为在青少年时期的偏差。

在家庭思想政治教育中，父母是重要的引导者和教育者。父母要增强对子女婚恋观的关注和引导，提高对子女婚恋问题的教育和解决能力。第一，对于父母来说，在家庭中培育积极向上的婚恋观，首先要以社会主义核心价值观作为教育的指导思想，以正确的、科学的价值观对子女进行婚恋观的引导和教育。第二，在家庭教育过程中，父母应紧跟时代的步伐，关注社会发展的动态，增强对当代青年思想的理解，学习通过多种方式，对子女的心理动向进行把握。第三，父母要时常关心子女的学习与生活，和他们建立平等的沟通关系，以便及时、更好地引导他们处理和解决生活中面对的情感困惑。第四，父母还可以通过社交媒体，及时掌握相关的婚恋理论知识，学习科学的教育方法和手段，摆脱简单说教，试图采用不同的教育方式，对子女进行教育。

（二）家庭美德教育的守正创新

家庭美德的内容，不仅包含家庭内部成员之间的道德规范，而且涉及家庭外部邻里之间的相处原则。家庭美德的内容渗透在家庭生活的各个方面，包括尊老爱幼、男女平等、夫妻和睦、勤俭持家以及建立友好的邻里关系等。家庭美德既是调节家庭与集体、社会、国家之间关系的行为标准，也是调节家庭成员之间的矛盾，评价人们在爱情、婚姻、家庭中的是与非、善与恶的准则，其教育内容涵盖了私人领域与公共领域的伦理道德规范。

家庭道德教育面临传统与现代的承继和矛盾，需要顺应新的时代需要去弊兴利，在现代化进程中创新发展。作为整个社会的缩影，家庭生活与社会生活有着密切的联系，正确对待和处理家庭问题，共同培养和发展夫妻爱情、长幼亲情、邻里友情，不仅关系到每个家庭的美满幸福，也有利于社会的安定和谐。家庭美德首先体现在家庭成员之间的道德规范及其伦理效应。

第一，推进孝道教育“软回归”，尊老爱幼。家庭生活中，伦理道德的发展取决于家庭成员自我修养与调试的自觉性。家庭思想政治教育能够引导父母加强孝道教育，敦促家庭成员传承和弘扬孝道，启发家庭成员学会感恩、学会关爱、学会珍惜，懂得尊老爱幼，做到物质赡养和精神赡养相统一，构建和谐温馨的家庭内部关系。尊老爱幼是中华民族的传统美德。随着我国老龄化速度的加快，家庭中心化和范围逐渐地变小，需要养育的老人数量也在增多。日趋激烈的社会竞争使得生活和社会节奏不断加快，老年人所面临的社会适应问题日益突出，如“空巢老人”现象的出现。尊老的基本要求是赡养。因此，子女不仅需要在物质上关心长辈，而且要在精神上尊重和关心老人。作为子女，报答父母的养育之恩，是必须的义务，同时，已经成为父母的子女，更应该在自己的孩子面前展现尊老的道德品质，教育孩子尊老不仅是大人的义务，也是晚辈对长辈的尊重。因此，对老人的供养问题也是家庭美德建设中必须要重视的内容。抚养孩子是每位家长必须尽到的道德责任和义务。父母对子女的教育采用的方法要正确恰当，还应保障子女的正常生活和学习，对待子女要采取民主平等的态度去培养他们的自尊、自主、自强和自信。在家庭思想政治教育实践中，要积极弘扬尊老爱幼的家庭美德，反对一切虐待遗弃老人和儿童的道德败坏的行为，有效地保护好老人和儿童的合法利益。

第二，促进夫妻和睦、男女平等。夫妻关系是家庭关系的骨干，夫妻和睦是家庭幸福的重要保证。夫妻双方在生活中的言行举止，都要符合一定的道德规范，使婚姻不再是爱情的坟墓。日常生活中，“妻管严”“大男子主义”等都是夫妻相处中的禁区。夫妻之间理应做到互相爱护、互相尊敬、互相帮助、互相体谅，于家庭琐碎的生活中感受平凡的意义。只有夫妻二人相濡以沫，自觉地培养巩固感情，才会使婚姻关系和谐稳定，家庭才会更加和谐幸福。“男女平等”是夫妻关系的基本道德规范，夫妻双方在婚姻关系中，享有平等的权利，承担平等的义务。同时，家庭成员在生育观上，要摒弃男尊女卑、重男轻女的思想。家长在引导孩子成长过程中，要将男女平等的观念解释清楚，同时要根据生物学意义上的差异，让女性认识到自身的局限，并努力做到“自爱、自立、自强”，让男性也能支持、尊重和理解女性，逐步消除男女不平等的观念。

第三，加强家庭经济教育，勤俭持家。经济是家庭生存和发展的基础，家庭不仅要对外谋求生存资源，还要对内做好勤俭持家。勤俭持家是中华民族的传统美德，我国有许多勤俭持家的格言，如“俭以养德”“一粥一饭当思来之不易，半丝半缕恒念物力维艰”“勤是摇钱树，俭是聚宝盆”等。勤俭持家作为一种生活态度，是永远不过时的。家庭生活中，为了防止孩子们产生优越感，自觉在生活中保持艰苦朴素，远离奢侈的生活，家庭成员应当坚守勤俭持家的精神，继承和弘扬勤俭节约的传统美德，不要让它在时代的浪潮中湮没。

第四，强化公民道德教育，和睦邻里。家庭美德教育在公民道德建设中具有重要作用。一方面，家庭思想政治教育强化公民道德教育有利于逐渐消除传统社会的熟人道德，助力家庭成员自由公正平等道德观念的树立，实现家庭成员公民人格的养成，还有利于帮助家庭成员冲破狭隘偏见的桎梏，实现社会公德和个人私德的有效衔接，促进人与人之间的和谐交往。另一方面，家庭思想政治教育强化公德教育有利于帮助家庭成员增强法治观念，树立健康的法律意识，使其在个体与社会之间维持一定的张力，做到道德建设与法律意识相得益彰，确保和谐家庭的构建。邻里和睦也是家庭思想政治教育的重要内容。邻里关系是既没有血缘联系，又没有法律规定的关系，只是一种地缘联系，但在日常生活中，邻里关系却交叉着各种各样的联系。

在我国公民个体意识和独立人格增强的同时，随着城市化进程的加快，越来越多的陌生人聚集在同一地点，人际交往面临新的问题，即拥有独立人格的个体之间如何在居住空间内产生和谐关系，在如今的城市里，住在同一个小区甚至同一栋楼里然而却互不相识的人不在少数。邻里间是要长期生活在一个地方，其是否和睦、和睦程度都影响着每个家庭的生活质量。因此，在家庭美德中强调邻里和睦，大力提倡左邻右舍的互相帮助和相互了解，这不仅有利于构建社会主义新型道德关系，也有助于为每个家庭和整个社会营造良好的生活环境。

在家庭思想政治教育语境下，家庭美德不仅是处理家庭人际关系的道德规范，而且是协调家庭成员与家庭外部成员关系的道德要求。家庭美德的内容，需要拓展到家庭——社区——社会——国家的层级关系，这些关系应当是家庭美德考虑的内容，也是家庭思想政治教育需要处理的重要关系。

三、构建新时代家风家训

新时代家风家训的建构是家庭思想政治教育的重要内容。家风是一个家庭在长期的生活实践中形成的较为稳定的行为规范、处事原则、风俗习惯和生活作风等，在家庭的发展中具有精神引领作用。家训是家庭或者家族规范家人或族人言行，教育子孙后代的各种文字记录，涵盖书信、诗歌、散文、楹联等文体，名称包括族约、家范、家箴、家规、家法、家诫等。[①]孟子曰："天下之本在国，国之本在家，家之本在身。"家庭在中国的传统社会中占有极其重要的地位，儒家学说更是将"齐家"作为君子实现人生理想的优先目标。习近平总书记指出："家风是一个家庭的精神内核，也是一个社会的价值缩影，良好家风和家庭美德正是社会主义核心价值观在现实生活中的直观体现"，"不论时代发生多大变化，不论生活

---

① 夏青云：《中国家风家训形成发展脉络及主要内容初探》，《文化学刊》2019年第2期，第149—152页。

格局发生多大变化，我们都要重视家庭建设，注重家庭、注重家教、注重家风，紧密结合培育和弘扬社会主义核心价值观，发扬光大中华民族传统家庭美德。”[①]优良的家风通过一个个美好的家庭来传承发扬，是中华民族千百年来积淀下来的一种家族文化认同，也是中华优秀传统文化的重要组成部分和价值缩影。

随着时代的发展和历史的前进，家风家训在思想政治教育中的作用依然举足轻重。构建新时代家风家训，需要把传统文化优秀基因与时代要求和社会新型文化的发展结合起来。首先，新时代家风家训要从优秀传统文化及价值观中汲取营养。新时代家风家训与优秀传统文化和价值观一脉相承，要加大对优秀家风家训文化资源的挖掘整理。传统家风家训有其积极方面，诸如儒家文化中倡导的“修身、齐家、治国、平天下”，将个人与国家和民族的关系拉近，契合个体和社会发展的规律性。传统社会中家训的首要内容，是教育子孙后代如何加强自我修养，内容大都包含立志高远、学有所成、勤俭节约、宽厚爱人、谨言慎行、洁身自好等，这些内容在新时代仍然具有重要价值。在对新时代的家风家训进行现代化的构建时，要注重发挥传统优良家风家训的功能，使其成为培育和涵养社会主义核心价值观的重要内容。其次，新时代家风家训要回应现代社会的新状况。从传统农业社会向现代工业和信息化社会的转变进程中，涌现出诸多新的社会现象和社会问题。构建新时代的家风家训，应增添新的时代元素和价值理念，如法治精神、参与意识、平等观念、公共意识、文明健康生活方式等，进一步丰富家风家训内涵，完成传统家风家训向现代家风家训的转型。最后，新时代家风家训要成为社会主义核心价值观的载体。社会主义核心价值观是新时代价值取向的深度凝练与集中概括，理应成为所有公民和家庭的价值选择。构建新时代家风家训，要注重社会主义核心价值观的引领作用，并为其注入时代价值和精神，使之成为社会主义核心价值观“接地气”的实践载体，让社会主义核心价值观走进家庭生活，成为现代家风家训的灵魂。

家风家训是承载家庭价值观念、道德观念和思想观念等精神要素的形式。不同家庭的家风家训既有特殊性，也有共同性。构建新时代家风家训应涵盖的核心要素有：一是以德为先。这是家风家训的核心理念。家风家训的实质在于以一种规范化的形式和准则去引导与教育家庭成员成为品格高尚、有志有为的人，其本质内涵在于塑造人的道德、品格和作风，以期成长为对家庭、对国家、对民族有积极作用的德才兼备之人。二是强化家庭责任感。家庭责任感是公民责任感体系中的重要组成部分，也是现代人适应社会发展需求的重要素质能力和道德品质。家庭责任感的培育不仅能够增强每个家庭的幸福指数，而且有利于整个社会的稳定和睦。三是弘扬爱国精神。有国才有家，我国传统家风家训非常注重家国文化

---

① 中共中央文献研究室编：《习近平关于全面建成小康社会论述摘编》，中央文献出版社 2016 年版，第 121 页。

的颂扬，重视爱国精神的培育和传承。新时代的家风家训是以道德引领的家德，也是一种弘扬爱国精神的国德。家风家训应当从小小的家庭开始，通过人伦之道，促使家庭内部各成员之间的关系融洽，进而由家庭和谐促进社会和谐，为社会稳定和国家安定有序发挥积极作用。四是塑造公民美德。公共性是现代社会的主要特征，公民美德还应包含对公共精神的关注。公共精神是在公共空间里处理陌生人之间关系的重要法则。新时代家风家训要涵盖公共美德的精神要素。构建新时代家风家训要将公民美德的核心要素纳入其中，激发家庭成员的公共关怀，为家庭成员适应现代社会打下基础。

第三节　家庭思想政治教育变迁

家庭思想政治教育是使家庭这个场域的内部成员充分社会化的主要手段，也是使作为社会细胞的家庭充分参与社会运转的主要手段，而家庭是人类社会发展到一定阶段出现的基于两性和血缘关系的社会形式。作为一种社会形式，家庭的内外部特征始终随着人类历史的发展与人类社会的更替而变化。家庭思想政治教育也随着这种适应性变化而变化，在家庭得以不断生产出与时代更相契合的下一代从而为完成人的生产的代际累积发挥重要作用。

一、家庭思想政治教育的起源

家的产生始于制定和传递社会规范，这些规范也是家庭思想政治教育的最初形式。作为一种男女结合与繁衍子嗣的社会形式，家庭并不是自人类社会产生就存在的。早期人类社会的细胞是氏族而不是家庭。只有按照一定社会规范建立起来的两性关系才具有婚姻的意义，才能构成家庭。

随着人类的男女关系中逐渐出现某种由习俗规定的社会禁例，人类才开始进入到第一个家庭形式——血缘家庭。血缘家庭是家庭发展的最初阶段，在这一阶段，两性关系之间有了松散、简单的社会规范，即只允许同辈者互为夫妻，但同辈者皆可为夫妻。尽管血缘家庭是一种群婚制家庭，但它对婚姻关系做出了最简单的限制。这种限制逐渐成为一种为人们所共同遵守的社会规范，使血缘家庭与原始杂居相区别，成为最古老的家庭形式。

作为一种社会性的男女结合关系，血缘家庭的功能主要有三种：生产功能、抚养和赡养功能、人的社会化功能。在原始共产制社会，人的生产与再生产以及工具的生产与再生产是家庭的首要功能，只有实现了这两大生产，人类才有可能通过种群联合与自然相抗衡，并逐渐取得相对于自然的主体地位。因此，人类通过结成血缘家庭来生产具有更强生存能力的下一代，同时，上一代抚养、教育下一代，来使下一代习得改造物质世界的能力与各种社会规范，使之社会化。相应地，赡养下一代、保护上一代，习得前辈的生存经验，并传承、传递各种社会规范，从而维系社会化的成果。

这样，家庭作为一个有效的人口与产品生产单位，被人为地、有意识地固定下来，标志着人类已经开始具备传递社会规范的观念。这也成为人类思想政治教育实践活动的起点：早期人类产品（食物）的分配者、早期政治活动的支配者、早期思想政治教育的实践者通过确立、传递规范的家庭（社会）组织观念，使早期人类有序地团结在一起，从而保证了社会运转的可持续性。

最初的家庭思想政治教育与社会思想政治教育是合而为一的。社会是人与人关系的总和。人的社会关系，首先是劳动的关系。因此，作为因劳动而与动物相区别的人类，以及通过劳动产生意识，并自觉地联合起来，共同改造世界的人类，首先是通过劳动而联结起来的类存在，这个人类社会，就是一个劳动关系社会。社会关系基于人的社会属性，先于社会关系的关系，则必然基于人的自然属性，这种关系即是受人的自然欲望——繁殖——所支配的，由男女最初的性别分工产生的，男女之间的自然交配关系。因而，在原始社会之初，人类处于杂居状态之下，人们之间的社会关系是劳动关系，家庭既没有出现，也没有成为人们的社会关系。当婚姻，也就是具有社会规范的男女交配关系出现后，家庭才作为具有社会意义的关系形式，开始真正出现了。最初的家庭采取了群婚制的形式，以保证在生产力较低的情况下可以完成人口的再生产。因此，原始社会是一个标准的三层结构，适婚的中青年男女采取群婚制建立起一个大家庭，由于各个文明间沟通手段的匮乏，这个大家庭事实上成了社会的全部，它既养育共同的子女，也赡养共同的父母，三代之间紧密联系，共同进行着生活、生产、教育活动。在这种情况下，家庭就是社会，社会就是家庭，二者之间没有明确的区分。政治的全部就是家庭次序与生活资料分配次序的确立，思想的全部就是婚姻规范的确立与传递，家庭思想政治教育就是社会思想政治教育。

最初的家庭是母权制的。随着劳动生产率的提高，生产单位逐渐缩小，以氏族共同生产为基础的母系社会家庭逐步发展到以一夫一妻制为基础的“父权制”专偶家庭。由于人们与生产资料关系的不同（如男性占有劳动工具而女性占有家庭工具），生产资料的所有制形式开始转变为私有制；分工使剩余产品大大增加，引起了产品交换及最初的商品生产，刺激了各家庭间的贫富分化，使氏族的血缘关系走向解体，进而阶级开始产生。“各个家庭家长之间的财产差别，炸毁了各地迄今一直保存着的旧的共产制家庭公社；同时也炸毁了为这种公社而实行的土地的共同耕作。耕地起初是暂时地，后来便永久地分配给各个家庭使用……个体家庭开始成为社会的经济单位了。”[①]由此，以一夫一妻制为基础的“父权制”专偶家庭开始成为人类社会的基本细胞和人类生产的基本单位。初期，基于分工之上的劳动生产率的提高与生产单位的缩小，人类不再需要通过种群或家庭的团结来进行生产并维持个体和种群的生命了，简单的男女分工便足以满足个体生存与种群的繁衍需要，于是，一种男耕女织的小社会开始形成。“女织男耕，桑麻满圃”，在这种小社会中，通过畜力和简单工具的使用，一夫一妻制专偶家庭就可以完成原本需要群婚制家庭来实现的生产功能了，当然，除了人口的生产之外，处于自然经济条件下的家庭生产仍旧主要集中在产品的生产上，商品生产与交换并不占据主要地位。随着分工与私有制不断发展，人类社会开始走向商品经济时代，工业革命变革了人类的生产方式，社会化大生产成为可能，家庭的产品生产被部分或全部地转移到社会中去了。人们开始在公司、工厂里工作，而不是在家庭里工作，家庭的产品生产功能被部分或全部地剥除了。在剥除了产品生产功能的家庭里，经济功能开始占据主导地位，家庭通过投资参与到生产中，成了“商品”或“资本”生产单位。

无论是在原始共产制社会、自然经济社会还是商品经济社会，家庭始终是作为一个生产单位存在的。通过家庭思想政治教育，家庭生产出具有社会适应性的下一代，保证了人类社会的有序运转与可持续发展。通过社会对家庭的思想政治教育，家庭不断地改变自己的生产方式以使自己与整个社会紧密地联系在一起，从而使家庭的产品或商品生产能力大幅提高，为社会的发展积累起丰富的物质资料。

二、传统家庭思想政治教育

中国古代社会是以家国同构的形式组织起来的，考察其家庭思想政治教育可以从家国同构的视角来进行。

在原始社会，一个群婚制大家庭就是全部的人类生活，家庭不是社会细胞，而是社会本身。只有当社会分化为一个一个的专偶家庭开始，社会才与家庭、个人区分开来，家庭才成为组成社会的细胞。最初，由于人口密度的提高，人类开始向外拓展自己的疆界，于是，最初的交往开始了，尽管这种交往伴随着鲜血与战火，一部分人沦为了另一部分人的奴隶。逐渐地，由于占有生产资料（主要是奴隶）的不同，奴隶主家庭内部产生了利益协调的活动，狭义上的政治开始产生。通过这种利益协调的活动，奴隶主家庭内部的政治次序被确立了下来：按照自然的等级，子需服从于父，弟需服从于兄，妻子则成为丈夫的附属。正如费孝通先

---

① 《马克思恩格斯选集》第4卷，人民出版社2012年版，第180页。

生所描述的那种差序格局一样，在自然经济社会，一种自然权力关系已经安排好了权力等级的政治次序，由最初的大家庭内部开始推演，正如一滴水落入水面一样，随着一代一代人口的繁衍，不断地漫向远处。直到最终，地缘相近、血缘相亲的家庭之间组成家族，家族之间又形成联盟，联盟则尊奉一位君王为大家长，并由此形成了国家这一政治实体。

“家庭”是传统国家建构理论的模板，“家国同构”意味着国家是建立在自然血缘基础上的家庭的扩大，国就是放大了的家，齐家才能治国平天下。因此，在传统社会中，家庭是社会的第一组成部分，是社会的细胞。在传统社会，家庭内部的思想政治教育与国家社会的思想政治教育是相互对应的，“父父子子”的上下服从关系，通过家庭内部的思想政治教育首先确立起来，并被推演至整个社会生活当中，成了“君君臣臣”的等级关系。君王在国家政治生活中扮演一个“大家长”的角色，无论“臣”或“民”都是其“子”，都需要向他效忠，正如在小家庭中，儿子要向父母尽孝一样。

“忠”与“孝”是传统“家国同构”社会的政治核心与思想核心。正如明朝刑部尚书喻茂坚有家训云“衍祖宗一脉真传，克忠克孝；教子孙两行正路，惟读惟耕”，又如孙奇逢《孝友堂家规》中所云：“夫家所以齐者，父曰慈，子曰孝，兄曰友，弟曰恭，夫曰健，妇曰顺”，通过家庭思想政治教育，基于自然情感之上的等级优先秩序被固定下来，并通过一系列礼法和规训被反复叙说，从而成了社会政治运行的基本准则。在传统社会中，“大家长”（包括君王）是家庭思想政治教育的主体，家庭思想政治教育的目的是培养在家庭中顺从“大家长”，因而也必然会顺从国家“君王”的“子民”。他们通过对“父权支配”之自然合理性的叙说、辩护和演绎，有力地维护了“父权”社会的稳定，并保证了遗产按照“父系”的方式进行继承。

三、现代家庭思想政治教育

分工，尤其是脑体分工，让人类从单一的民族种群共同体分化为多样的劳动（职业）共同体，各种劳动共同体因为劳动工具、生产条件、自然环境等的不同产生了各自不同的观念形态，这些纷杂的观念形态又因交往而不断碰撞，糅合出繁复精妙的人类精神世界，于是多样的意识形式开始出现。多样的意识形式既是分工的产物，也随着分工和生产力的发展而不断丰富，尤其是商品经济取代自然经济以后，通过世界历史性的交往，人类的精神得到了前所未有的丰富。于是，基于各种理性和契约精神，人们因互相认同而聚集在一起，建立起了现代的民族国家。

与传统国家不同，现代民族国家是由一群具有相同理念的“个体”建立起来的，尽管相同的文化、历史和语言会成为建立民族国家的主导力量，但却与以自然血缘家庭为纽带的传统国家形成鲜明的区分。处于现代民族国家中的每个个体都有着自己独特的精神世界，这个精神世界中包含世界观、人生观、价值观等观念因素，也包含悲伤、痛苦、快乐、兴奋等情感因素，符合个人观念因素的事情会让人产生正向的情感因素，不符合个人观念因素的事情会让人产生负面的情感因素。于是，分化了的“个体”因为相同的观念因素结合在一起，依不同性别而组成家庭，由此赋予了家庭一种全新的内涵，即超越了血缘的、基于观念共识之上的家庭。由此，家庭也成了现代民族国家的主要细胞。

家庭思想政治教育是家庭共识聚合为民族国家的重要基础。现代家庭思想政治教育的总体架构可以分为三个方面。第一个方面是，家庭作为一个社会细胞（客体），时时受到社会的思想政治教育。随着人类社会的进步与人类思想的成熟，作为一种社会形式的家庭变得更具规范性，这种规范性由社会所赋予，也由社会所监督。社会首先通过健康婚恋观的教育让男女双方在平等、自由的基础上建立交往关系，使具有一致世界观、人生观、价值观的男女结成婚姻关系，从而确保了家庭初始的稳定性，以及该家庭的共识与组成民族国家的核心价值观之间的契合；同时，社会尽可能地在子女养育（社会化）方面扶助家庭，如为新生儿提供营养补助、建立义务教育制度等。当家庭出现问题，如夫妻之间观念不和或家庭整体与社会规范相背离时，社会力量如社区工作者、警务工作者的介入，能有效起到思想政治教育的功能，使家庭恢复与社会间的稳定联结。即使家庭破裂无法修复，社会也提供了和平解散家庭的渠道。社会通过思想政治教育，使家庭之间平等地进行政治活动。基于共同的思想意识，家庭之间才能确立起应承担的政治义务与应获得的政治权利，从而保证政治活动的稳定有序进行，而这种共同意识的形成，有赖于思想政治教育作用的发挥。

第二个方面是，家庭作为一个场域，其内部成员之间每时每刻都自由地互相进行着思想政治教育。现代社会是一个高度分工、资本化、高速发展的社会。高度的分工导致人与人之间相分离，每个人的思想、意识、观念都开始分化，“个人主义”甚至“利己主义”盛行，人变得更自由了，也更“任意”了。与之相“矛盾”的，人与社会之间的联系却更紧密了，每个人都必须通过市场来获得使其足以生存的商品、服务。这种共识的退潮与个人的浮现，让家庭思想政治教育需要承担起更大的责任，家长需要对社会思想观念进行甄别，择拣其中与社会发展相适应的部分传递给子女，目的就是为了让孩子能够顺利成长为一个既能够适应现代社会生活，对民族国家的基本共识有着相当认同的，具备自己独立人格的、能够为现代社会发展做出贡献的完善的人。当然，这种家庭内部的思想政治教育，并不独独存在于家长与孩子之间，主体之间相互的思想政治教育随时在发生着，既有家长对子女的，也有子女对家长的。现代社会是一个飞速发展的社会，其伦理、道德也在随之发生转变，需要人们不断地再适应。如随着科技的高速发展，很多老年人无法运用互联网思维理解社会上发生的事情，这时子女便对他们进行教育，使他们能够理解一些只在互联网中才存在的道德与伦理。另外，家长与家长、子女与子女之间也时时都在互相教育着。

第三个方面是，家庭与家庭之间彼此进行的思想政治教育。现代社会是一个有机联系的社会。社会机体的有效运转有赖于家庭细胞的健康运行与相互沟通，通过开放交流，家庭与家庭之间彼此进行着思想政治教育，共同行使着自己的政治权利，从而取长补短，使社会有机体永葆活力。这样，家庭就不仅成为思想政治教育的场域和思想政治教育的客体，也成为思想政治教育的主体实践者了。“家风是社会风气的重要组成部分”[①]，优秀家庭赡养老人、培育子女、相爱互助、奉献社会的事迹，通过新媒体的传播入耳入眼入心，起到了非常好的思想政治教育作用。

✎ 问题与讨论

1. 如何理解家庭教育中的政治性内容与家庭思想政治教育的关系？
2. 举出几个例子，阐述家庭思想政治教育中与政治教育和思想教育有关的道德教育，并阐述其与政治教育和思想教育的内在关系。
3. 关于家庭思想政治教育的外延，你认为还应包括哪些内容？
4. 从人的社会化需要角度谈谈人为什么需要家庭思想政治教育？
5. 从家庭在社会中的意义的角度谈谈家庭思想政治教育何以存在？
6. 新时代家庭思想政治教育应该包含哪些内容？

---

① 习近平：《习近平谈治国理政》第2卷，外文出版社2017年版，第355页。

第六章　学校思想政治教育

学校思想政治教育是社会思想政治教育系统中非常重要且关键的一环，是核心主体部分，学校思想政治教育效果如何，将直接影响学生的成长与发展，直接影响我国主流意识形态建设和中国特色社会主义事业目标的实现。目前人们对学校思想政治教育的解读与定位还不够精准，对学校思想政治教育实践探索得还不够深入，对学校思想政治教育变迁了解得也不够全面，从而在一定程度上导致学校思想政治教育理论研究薄弱，以及实践效果不尽如人意。因此，加强学校思想政治教育研究，需要联系社会中的思想政治教育，并需要围绕一些基本理论和重大现实问题展开探讨。

第一节　学校思想政治教育地位

所谓学校思想政治教育，就是在学校这个场域中进行的思想政治教育，包括教师思想政治教育和学生思想政治教育两个部分。由于教师在教育教学活动中承担主导角色，所以，学生是学校思想政治教育的重点和主要对象，而这里的学生不仅包括大学生，还包括基础教育阶段的中小学生。从一个人的成长历程来看，学校思想政治教育是个体进入社会之前所接受的思想道德教育，是个体社会化的过程，对个体的成人成才起着“定基础”“明方向”的作用。但长期以来，人们更习惯于从整体上谈论思想政治教育的作用，或偏重于探讨高校思想政治教育的地位，而没有深入“学校内部”就不同学段的学校思想政治教育的地位进行专门研究，没有在社会和思想政治教育（体系）中阐明学校思想政治教育地位，也鲜有人考察不同学段的学校思想政治教育与社会其他思想政治教育（家庭、社区、企业）之间的互动互补关系，从而影响了人们对学校思想政治教育地位的全面认识，也影响了学校思想政治教育功能的发挥。

一、不同学段的学校思想政治教育的地位

学校作为学生主要的生活和成长环境，既是一种物质性存在，又是一个总体性范畴，更是精神文化性存在，由不同层次、不同类别的学校组成。江泽民曾说："思想政治教育，在各级各类学校都要摆在重要地位，任何时候都不能放松和削弱。"[①]应当说，几乎每一个人都或长或短地在学校里待过，接受过不同程度的学校教育。由于不同学业阶段的学生在生理和心理上的成长状况各异，对于知识的学习能力和自我的认知水平存在差异，因此每一层次的学校思想政治教育所设置的目标、发挥的作用及具有的地位也是不同的。所以，为了讲清楚学校思想政治教育地位，我们有必要先深入"学校内部"，从比较的视角阐释不同学段的学校思想政治教育地位。

小学是学生思想品德与行为习惯养成的基础阶段。小学思想政治教育应与家庭教育相配合，帮助学生扣好人生第一粒扣子，迈好人生第一个台阶，初步树立科学精神、集体意识、国家观念，初步养成良好的生活方式、行为习惯和规则意识。小学是人们接受最初阶段正规教育的学校，小学思想政治教育相对于中学和大学思想政治教育而言，更具有基础性。在小学阶段，学生的身体发展相对缓慢而稳定，但其心理发展迅速，表现出较强的可塑性、开放性和协调性等特点。在品德的养成方面，总体上来看，"小学生的道德认知是由表象到本质，由模糊到明确逐步发展的。6~8 岁的低年级学生对道德概念的理解模糊、不准确，9~12 岁的高年级学生的道德认识逐步向准确、深刻发展。"[②]小学生在生理、心理和品德成长方面所具有的特征表明，他们应当也能够借助观察和调查等简单方法认识自然、了解自然，树立起初步的科学精神；应当也能够认识到集体和个人的辩证关系，树立起初步的集体荣誉感、责任感和归属感；应当也能够初步感悟、体会和热爱生活，初步了解未成年人的基本权利和义务，做一个懂规则、守规矩的好公民。所有这些目标都可以被看作"人生第一粒扣子"，这粒扣子能否被扣好，不仅取决于家庭教育，还有赖于"科学""思想品德""社会"等小学思想政治理论课以及相关的思想政治教育活动。

中学是学生价值观形成和确立的调节阶段，也是基本定型期。中学思想政治教育的作用和地位突出地表现为，帮助学生矫正"人生第一粒扣子"，养成科学的世界观、人生观和价值观。中学教育是小学教育的继续，中学教育的对象一般是指十一二岁至十七八岁的青少年。在习近平总书记看来，青少年阶段是人生的"拔

---

① 《江泽民文选》第 2 卷，人民出版社 2006 年版，第 332 页。

② 李德全、蒋礼文：《新时期学校德育目标分层研究》，科学出版社 2012 年版，第 36 页。

节孕穗期”，最需要精心引导和栽培。古人云：“凿井者，起于三寸之坎，以就万仞之深。”（《刘子·崇学》）中学生正处在世界观、人生观和价值观形成确立的调整和关键期，而抓好这一时期的价值观养成十分重要。如果说小学是人生第一粒扣子试扣阶段，那么，中学则是第一粒扣子的调整和定型期。所以，中学思想政治教育的一个重要任务就是检验学生的“第一粒扣子”有没有扣好。如果没有，就得及时调整；如果已扣好，则要继续强化，给予中学生足够的精神滋养和正确的导引，帮助他们节节拔高、穗穗充盈。需要注意的是，初中阶段和高中阶段的思想政治教育在目标设置的侧重点上存有稍许差异，“高中阶段重在提升政治素养，引导学生衷心拥护党的领导和我国社会主义制度，形成做社会主义建设者和接班人的政治认同。初中阶段重在打牢思想基础，引导学生把党、祖国、人民装在心中，强化做社会主义建设者和接班人的思想意识”[①]。

大学是学生实现个体社会化的飞跃阶段，也是质变时期。大学思想政治教育要紧紧围绕“立德树人”这一根本任务，侧重于“增强使命担当，引导学生矢志不渝听党话跟党走，争做社会主义合格建设者和可靠接班人。”[②]经过中小学阶段比较系统的品德基础教育和训练，尤其是中学阶段的“拔节孕穗”，大学阶段的学生已经具备了较高的知识水平、较为抽象的思维能力，并有了较为明确的人生方向。因此，这一阶段的学校思想政治教育应坚持理论性和实践性相统一，既要用科学理论培养人，又要重视思想政治教育的实践性，把学校小课堂同社会大课堂结合起来，教育引导学生立鸿鹄志，做奋斗者。具体来说，一方面，要坚守思想政治教育的理论性，教育引导学生认真学习、全面理解和深刻领悟理论知识特别是马克思主义理论的内核与精髓，将客观真理内化为主体意识，外化为自己看问题的世界观和方法论。另一方面，除了常规意义上的校内实践，还应当鼓励和支持大学生走向社会、深入基层，用双脚丈量祖国大地，用双眼见证百态人生，用辩证思维观察问题、了解问题、剖析问题和解决问题，从而更好地感受基层社会的“温度”，体悟家国情怀，锤炼意志品质，引导学生把爱国情、强国志、报国行自觉融入实现中华民族伟大复兴的奋斗之中。

二、学校思想政治教育是社会思想政治教育系统的基地

思想政治教育是一个经常被使用的词汇，但从实际情况来看，我们对于它的理解和定位还不是很清晰，甚至存在一定程度的偏见和误解。“人们常常把思想政治教育仅仅视为一个要素、一种活动、一项工作，简单地称为‘思想政治教育’。

① 《中办国办印发〈意见〉 深化新时代学校思想政治理论课改革创新》，《人民日报》2019年8月15日。
② 《中办国办印发〈意见〉 深化新时代学校思想政治理论课改革创新》，《人民日报》2019年8月15日。

说得如此‘轻松’，而实际上是复杂的，因为它是思想政治教育系统在活动；思想政治教育作用是思想政治教育系统整体活动的外部表现，是思想政治教育系统与其他系统之间的互动效应。”①换言之，思想政治教育从来都不是独立存在的某一种活动或理论，也不是由国家或党组织单一地掌握主要资源实行的“自上而下”的教育形式。除了学校思想政治教育以外，还有社区思想政治教育、农村思想政治教育、企业思想政治教育、事业单位思想政治教育、军队思想政治教育等。正是这些不同领域、不同方面的思想政治教育共同构成思想政治教育的整体。每一领域的思想政治教育在整个思想政治教育体系中都有其合理的位置，彼此之间的关系是衔接的、协调的，总体上也是和谐的。

如果将社会思想政治教育比作一张网，那么，学校思想政治教育与社会其他思想政治教育的不同存在形式，都是这张网上的一个个网结，它们相互影响、相互作用，共同推动思想政治教育发挥作用。不同领域思想政治教育所发挥的作用又存有差异，经过比较不难发现，学校思想政治教育是社会思想政治教育发生作用的最典型形式，是思想政治教育的基地。之所以得出如此结论，主要基于这样几方面原因：第一，人人接受学校思想政治教育。如果社会中其他思想政治教育有各自成员，那么，学校思想政治教育的受众范围最广，人人都要受学校教育。我国实行义务教育，要求每个适龄儿童都得到学校接受正规教育，这就意味着，几乎每个人终其一生都有一段时间是在学校里度过的，几乎每个人都曾有过一个共同的身份——学生，几乎每个人都接受过或正在接受或即将接受学校教育，包括学校思想政治教育。所以，学校思想政治教育是几乎全体社会成员都要接受的教育，进而决定了它是最重要的思想政治教育方式，在整个思想政治教育系统中占有不可替代的地位。或许有人会质疑，家庭思想政治教育的受众范围岂不是比学校思想政治教育更广吗？确实，如果仅从受众范围来看的话，这种质疑是合理的。但同时，我们也要知道：“家庭思想政治工作属于非制度化的思想政治工作，不受思想政治工作系统的制度约束，只受到思想政治工作系统的影响。”②因此，我们是基于综合研究与比较的视角，认为学校思想政治教育的受众范围最广。

第二，学校思想政治教育较为系统和完整。相对于军队思想政治教育、企业思想政治教育和社区思想政治教育等思想政治教育形式来讲，学校思想政治教育在系统性和完整性上有其独特的优势，突出地表现在它内容的全面性以及开展形式的规范性，还有它对人的影响时段最为集中，时间也最长。毕竟，对于一个人来说，学校思想政治教育自从他迈进小学甚至幼儿园就开始了，一直持续到他大学本科毕业乃至研究生毕业。另外，从内容设置上来看，学校思想政治教育都是

① 孙其昂：《思想政治教育学前沿研究》，人民出版社 2013 年版，第 303—304 页。

② 孙其昂：《社会学视野中的思想政治工作》第 2 版，科学出版社 2017 年版，第 134 页。

比较完整、规范、成体系的，尤其是大学阶段的思想政治教育。在大学里，除了根据学生特点统筹安排的思想政治理论课以外，许多高校还在着力完善思想政治教育理论架构、师资队伍，积极营造有利的育人环境，构建“大思政”格局，即集融合课程育人、实践育人、网络育人、资助育人等十大育人体系于一体的全方位育人模式，以从多个方面解决“培养什么人、怎样培养人、为谁培养人”等关键问题，从而不断丰富和扩充学校思想政治教育形式，推动学校思想政治教育发展。

第三，学校思想政治教育对人的影响最为深远。毋庸置疑，学校对学生的影响是多方面的，同时也是相对而言更为深刻、更为持久的，这种影响通常会伴随人的一生。学校思想政治教育对人的教育和影响是基础性的，将会影响人的一生。美国学者珍妮·H. 巴兰坦指出：“权力影响着‘文化资本’的传递与再生产方式，教师控制着空间和时间的使用，指导初步互动，确定规则。因此，学校常规与礼节代表了主流价值体系，这种价值体系正由学校灌输给年轻一代。那些在学校内顺利地被挑选、分类和评价的学生很可能在步入成人时在社会中取得成功。”[①]这不仅说明学校教育尤其是学校思想政治教育已经成为传输国家意识形态和社会主流价值观的主渠道，而且揭示了学校对学生的影响是全方位的、深层次的，乃至决定了学生能否更加顺利地成长为一个合格的社会成员。学校思想政治教育往往发生在人成长的关键时期，也就是一个人在生理和心理上逐渐从幼稚走向成熟的重要阶段，同时也是一个人的思想品德与“三观”形成和确立的关键阶段，自然对人的影响会更深刻和久远。甚至可以说，步入社会后人的许多行为选择都是基于学校思想政治教育帮他们树立的价值观念，而后期的社会环境和实践只不过是进一步强化或修正人们原有的思想认识。

三、学校思想政治教育是培养堪当民族复兴大任的时代新人的希望工程

从学校思想政治教育在整个社会思想政治教育体系中的定位来看，它是社会思想政治教育的基地，也是社会思想政治教育存在的主要形式；而从学校思想政治教育之于培养社会主义建设者和接班人的角度来看，它又是培育堪当民族复兴大任的时代新人的希望工程。我们党始终强调，青少年是祖国的未来、民族的希望，中国特色社会主义事业只有赢得青少年，才能赢得未来。党的十八大以来，以习近平同志为核心的党中央更是多次指出，社会主义是一项伟大而艰巨的事业，若要使这一事业一直保持强劲的生命力，必须造就一代又一代忠实可靠的接班人，

---

① 〔美〕珍妮·H.巴兰坦：《教育社会学：一种系统分析方法》，朱志勇、范晓慧译，江苏教育出版社 2005 年版，第 205 页。

努力培养担当民族复兴大任的时代新人，培养德智体美劳全面发展的社会主义建设者和接班人，这是关乎国家命运和前途的根本问题。诚然，这项艰巨的任务需要动员全社会的力量、运用各种资源，才能有效完成。但比较而言，学校在其中还是得承担关键责任的。这主要是因为："培养什么人，是教育的首要问题。我国是中国共产党领导的社会主义国家，这就决定了我们的教育必须把培养社会主义建设者和接班人作为根本任务，培养一代又一代拥护中国共产党领导和我国社会主义制度、立志为中国特色社会主义奋斗终身的有用人才。这是教育工作的根本任务，也是教育现代化的方向目标。"[①]而学校思想政治教育是全方位的，无处不在、无时不在，是融入式、嵌入式、渗入式的，所以，"培养什么人"这一教育的首要问题就自然而然地主要落到了学校思想政治教育者的肩上。

学校思想政治教育是培育堪当民族复兴大任的时代新人最重要也是最主要的方式和途径。党的十九大报告提出："培养担当民族复兴大任的时代新人"，是对社会主义事业可靠接班人与合格建设者的最新阐释。这样的时代新人不但需要较好的科学文化素养和较强的业务能力，而且必须具备良好的思想政治素质。诚如有的学者指出："所谓'时代新人'，是'社会主义建设者和接班人'在新时代的体现和要求，指走在中国特色社会主义新时代的前列，具有坚定、自信、奋进、担当的精神状态，具有理想信念、爱国情怀、道德品质、知识见识、奋斗精神和综合素质，能够担当中华民族伟大复兴历史重任的奋进者、开拓者、奉献者"，"从一定意义上说，'时代新人'的提出，重点不在于调整素质构成，而在于调整人们的精神状态"。[②]不管是调整人们的素质构成，还是调整人们的精神状态，都需要借助而且是主要借助学校教育的形式进行的。那么，从学校内部的横向比较来看，何种课程能够承担得起引导学生做中华民族伟大复兴的担当者、顺应时代潮流的奋进者和搏击者以及有理想、有本领的青年一代的使命？何种方式能够更好地推动这些目标的完成？相对而言，更多要依靠思想政治理论课来完成，要依靠学校各个层级、各个方面发挥合力开展思想政治教育活动来实现。

通过学校思想政治教育的方式来培养堪当民族复兴大任的时代新人比以往任何时候都更加重要，也更为紧迫。从重要性来看，2004 年 10 月 14 日中共中央、国务院印发的《关于进一步加强和改进大学生思想政治教育的意见》，对大学生思想政治教育的重要性、指导思想、基本原则等问题作了规定，并指出，加强和改进大学生思想政治教育，提高他们的思想政治素质，把他们培养成中国特色社会主义事业的建设者和接班人，对于确保中国特色社会主义事业兴旺发达、后继有

① 习近平：《在全国教育大会上强调：坚持中国特色社会主义教育发展道路 培养德智体美劳全面发展的社会主义建设者和接班人》，《人民日报》2018 年 9 月 11 日。

② 刘建军：《论"时代新人"的科学内涵》，《思想理论教育》2019 年第 2 期，第 9 页。

人，具有重大而深远的战略意义。2018 年 5 月，习近平总书记在北京大学师生座谈会上发表讲话时又指出："古今中外，每个国家都是按照自己的政治要求来培养人的，世界一流大学都是在服务自己国家发展中成长起来的……我国社会主义教育就是要培养社会主义建设者和接班人。"[①]由此观之，通过学校教育尤其是思想政治教育的方式培养社会发展所需要的人才是每个国家都在做的事情，不能有半点马虎和懈怠，这凸显出培养时代新人的重要性。

学校思想政治教育是关乎我国意识形态工作领导权的战略工程。社会主义意识形态是马克思主义与中国具体实际相结合的产物，是中国共产党和仁人志士在对各种意识形态进行尝试、比较和分析之后的选择，是具有中国特色的意识形态，它所代表的阶级利益是各方利益的最大公约数，与社会普遍利益在根本上是一致的。学校思想政治教育之于掌握意识形态工作领导权具有比较优势。这种优势主要体现为：第一，学校思想政治教育特别是高校思想政治教育受到党和国家的高度重视，从而为学校思想政治教育功能的发挥提供了来自顶层设计方面的支撑。第二，学校思想政治教育受众范围广，给人的影响更为深刻。关于这一点，前文已经比较充分地论述过，而这就意味着学校思想政治教育能够更好地与各种社会思潮竞相争夺青年学生这一群体，并对其施以正向引导，否则，必然会有其他非社会主义甚至反社会主义的思想文化、价值观念去占领人们的思想阵地，这对社会主义意识形态建设是不利的。第三，学校思想政治教育的内容与社会主义意识形态内容直接相关。每一学段的思想政治教育在内容上都多少涉及爱国主义、集体主义、社会主义主旋律，也涉及社会主义核心价值观，还涉及理想信念教育等，这些都是意识形态内容的重点，是我们在推动意识形态建设过程中需要着重回应和阐释的问题。

第二节　学校思想政治教育实践

学校思想政治教育是发生在"学校"这个场域中，且主要由大学、中学和小学思想政治教育构成的有机系统，所以，对学校思想政治教育实践的考察，既要包括对大中小学思想政治教育实践的分别考察，涵盖对不同学段学校思想政治教育实践具体内容的考察，又要将不同学段的思想政治教育实践放入大社会思想政治教育的视角下重新审思之，考察学校思想政治教育的外部支撑和社会互动状态，如此，才能更好地呈现出学校思想政治教育实践的全貌。鉴于不同学段学校思想政治教育实践在原则、主体、客体等方面具有更多一致性，而在目标、内容、方

---

① 习近平：《习近平在北京大学师生座谈会上的讲话》，《人民日报》2018 年 5 月 3 日。

法和条件支撑等方面存有较大差异，因此，这里重点考察不同学段学校思想政治教育的目标、内容、方法、条件支撑和社会互动等实践要素。

一、小学思想政治教育实践

在小学阶段，思想政治教育主要是依托诸如“道德与法治”“科学”之类的课程讲授以及课外实践进行的。总的来说，很多小学把思想政治教育看作素质教育的重要内容，根据《小学德育纲要》及思想品德课程改革要求设置思想政治教育目标。而且，小学思想政治教育的内容更加通俗易懂、接地气，方法多种多样，但它所获得的外部支持及其社会互动相对较少。

（一）小学思想政治教育的目标

学校思想政治教育目标是学校思想政治教育实践所要达到的结果，由于不同学段的学校思想政治教育实践不尽相同，面对的教育对象的身心特点以及思想品德发展实际各异，因此，在思想政治教育具体目标的设置上也存在一些差别。至于小学思想政治教育的目标，可以从颁布于 1993 年 3 月的《小学德育纲要》中找到答案。《小学德育纲要》规定，要培养学生初步具有爱祖国、爱人民、爱劳动、爱科学、爱社会主义的思想感情和良好品德；遵守社会公德的意识和文明行为习惯；良好的意志、品格和活泼开朗的性格；自我管理、帮助别人、为集体服务和辨别是非的能力，为使他们成为德智体美劳全面发展的社会主义事业的建设者和接班人，打下初步的良好的思想品德基础。从这一规定出发，结合小学思想政治教育实际情况来看，小学思想政治教育的目标大体上包括：第一，在思想素质方面，培养小学生的集体意识和科学精神，教育小学生关心集体，尊重劳动，热爱科学，具有基本的是非善恶判断能力，不仅养成自己的事情自己做的良好习惯，还能主动帮助别人。第二，在政治素质方面，教育引导小学生热爱祖国，了解祖国的壮丽山河、悠久历史、灿烂文化；帮助小学生了解社会主义，了解我国的基本国情，了解中国共产党，知道中国共产党是中国少年先锋队的创建者和领导者，应该做党的好孩子。第三，在道德素质方面，教育引导小学生爱亲敬长，真诚友爱，懂礼仪，守规矩，初步养成良好的生活卫生习惯、健康的生活方式和基本的文明行为意识。第四，在心理素质方面，着重培养小学生的自尊自信和热爱生活的积极态度，“引导儿童感悟、体会生活对自我发展的价值，鼓励儿童积极参与生活，陶冶儿童热爱生活的积极情感，从而让儿童学会过有意义的生活”[①]。第五，

① 中华人民共和国教育部编：《义务教育品德与生活课程标准》，北京师范大学出版社 2011 年版，第 92 页。

在法纪素质方面，教育引导小学生自觉遵守学校纪律、公共秩序和交通规则，初步形成规则意识和民主法治观念，懂得法律对于保障个人权益和维护社会公共生活所具有的重要意义。

（二）小学思想政治教育的内容

学校思想政治教育内容可谓是整个学校思想政治教育的主体，它是“教师向学生念的‘经’，国家社会的要求体现在上面，学生要学习和接受它，社会根据教学内容评价教学的好坏，自身的评估也同样依据教学内容”[①]。所以，学校思想政治教育内容在学校思想政治教育过程中占有主体地位，同时也是对学校思想政治教育目标的具体化。从人教版小学思想品德教材目录以及小学思想政治教育实践活动来看，小学思想政治教育的内容主要包括以下几个方面：其一，爱国主义、集体主义、社会主义教育。这是每一阶段学校思想政治教育都会涉及的根本内容，在小学阶段则体现为，通过讲授“祖国妈妈，我爱您”“我们都是中华儿女”“腾飞的祖国”“我在集体中成长”等单元内容以及开展升国旗、唱国歌等活动，培养学生的国家观念、集体意识，教育引导学生在比较深刻地了解祖国的基础上更加热爱祖国，在比较充分地认识到集体之于个人意义的前提下更加关心集体，在比较全面地把握我国社会主义现代化建设伟大成就的同时更加拥护社会主义制度。其二，生活与生命健康教育。这是小学思想政治教育的基础内容，往往通过“健康生活每一天”“花钱的学问”等内容的讲授，引导学生了解自己身体的变化，知道如何保护自己，如何做一个聪明的消费者；还通过专题讲解“成长的快乐与烦恼”“珍爱生命”等内容，引导学生发现生活中的快乐，懂得生命的弥足珍贵，学会呵护我们的身体，知道在发生危险时应当如何处理。其三，规范教育。这部分主要包括道德规范教育，如通过“让诚信伴随着我”“关心你，爱护他”等内容的讲授，引导学生讲诚信、懂礼貌、讲道德；社会规范教育，如以“寻路和行路”“我和规则交朋友”等内容切入，引导学生了解如何看平面图，如何安全出行，了解规则在哪里，规则有什么作用；法律规范教育，比较突出的是通过班队干部选举以及教师对“我们的民主生活”的讲解，帮助学生形成初步的民主与法治意识。当然，除此之外，小学思想政治教育内容还涵盖了对自然环境和校园环境的介绍，也包括引导学生动手制作简单的模型、小物品等，以培养学生的科学兴趣。

---

① 王立仁：《学生思想政治教育论纲》，中国社会科学出版社 2015 年版，第 10 页。

（三）小学思想政治教育的方法

思想政治教育方法是连接教育者与教育对象的重要桥梁，是实现思想政治教育目标的重要手段，与思想政治教育实践效果直接相关。鉴于不同学段思想政治教育内容的难易程度不同，教育对象的认知能力和道德发展水平各异，因此不同学段的学校思想政治教育方法在具体操作层面也存在差别。在小学阶段，主要借助课堂讲授与课外实践两种形式开展思想政治教育。就课堂讲授来说，小学思想政治教育的方法包括说理引导法、激励感染法和榜样教育法。所谓说理引导法，就是以通俗易懂的语言跟学生讲道理的方法，这里的“道理”更多是指是非善恶的评判标准，即细致准确地告诉小学生什么是对的、什么是错的、为什么是对的、为什么是错的、今后应该怎样做，这些内容越具体越好。所谓激励感染法，就是依据一定的原则和要求对学生的思想行为进行评判从而强化学生的良好思想行为或纠正学生的错误思想行为的方法。就课外实践来说，小学思想政治教育主要采取的是实践锻炼法，即组织学生走近自然，实际地观察和感受自然，培养其对自然的热爱；或带领学生制作简单的模型、开展简单的实验，培养其对科学的兴趣；又或者组织学生参与集体劳动、公益等实践活动，使之初步感受社会的温度。当然，有些小学在开展思想政治教育时仅仅停留在课堂讲授而无实践环节，甚至课堂讲授还局限于教师的单向灌输。

（四）小学思想政治教育的条件支撑

尽管从总体上看，小学思想政治教育的目标比较明确，内容比较丰富，方法也比较多样，但不可否认的是，与小学语数外等重点学科相比，思想政治理论课的重要性不够突出，并且，小学思想政治教育的内容比较浅显，再加上小学教育存在“重智育、轻德育”的现象，对学校思想政治教育的作用定位不准确，从而导致小学思想政治教育受到的重视程度较低，得到的外部支持很少。

为此，需要多方面提供小学思想政治教育的条件支持。第一，家庭方面。家庭除了做好自身家庭思想政治教育以外，还要配合小学开展思想政治教育，主动了解小学思想政治教育的特点，做好配合工作。第二，学校层面。小学无论是学校领导、组织和教师，都应当重视小学生及小学思想政治教育的基础意义，重视融入小学各个方面开展思想政治教育，为培养小学生健康身心打好基础。第三，国家层面。国家从宏观层面和系统过程设计小学思想政治教育，为小学阶段的思想政治教育提供理论、舆论、政策、资金等支持。第四，社会层面。要着眼于小学思想政治教育与其他思想政治教育的互动关系，建构小学思想政治教育体系。

社会思想政治教育是一个大系统，内部各要素之间相互作用，共同构成思想政治教育的社会育人体系。从学校思想政治教育系统内各学段的互动关系来看，小学思想政治教育在个体成人成才过程中起到的是“地基性”作用。小学可通过家访、召开家长会、组建家委会等形式加强与家庭的联系，适当给予家长一些必要的家庭教育指导；家长也需要主动向小学报备孩子在家的思想状况，加强与小学的沟通，双方相互配合，从而共同组成“小学—家庭”一体化的思想政治教育整体。从小学思想政治教育与社区思想政治教育互动关系来看，小学应当加强与社区的沟通联系，充分利用社区资源，定期开展社区公益、教育讲座等活动，拓展校外思想政治教育空间，同时也要为社区思想政治教育提供专业指导。从小学思想政治教育与整个社会思想政治教育系统的互动关系来看，相较于中学和大学思想政治教育，小学阶段学生面临的学习和升学压力还没那么大，是联合其他社会主体开展思想政治教育的最佳阶段，也是最为必要的“打基础”阶段，小学思想政治教育的组织和管理主体要加强与其他社会组织和团体的联系，打通校内校外立德树人通道，如组织学生到科技馆、博物馆、美术馆进行参观教育，组织学生到爱国主义教育基地、革命老区，进行爱国主义、集体主义和社会主义教育。

二、中学思想政治教育实践

中学阶段的思想政治教育作为小学思想政治教育的延伸、大学思想政治教育的基础，既在目标设置和内容选取上与二者具有一脉相承性，又在方法的运用上存有不同。

（一）中学思想政治教育的目标

对于中学思想政治教育的目标，我们可以从《中学德育大纲》《初中思想品德课程标准（2014 版）》《普通高中思想政治课程标准（2017 年版）》以及中学生所使用的思政课教材等方面去把握。首先需要明确，中学思想政治教育的目标依然包括思想、政治、道德品质、心理素质和能力等方面。其次需要注意，初中阶段的思想政治教育目标和高中阶段的思想政治教育目标存在稍许差异。概括来讲，可以把中学思想政治教育目标归纳为如下几点：第一，思想素质目标，主要是教育引导中学生了解和掌握辩证唯物主义和历史唯物主义，树立起正确的世界观、人生观和价值观，培养中学生理性思考和辩证看问题的能力，增强其国家观念与集体意识，使之能够正确处理个人、集体和国家三者之间的关系。第二，政治素质目标，主要是培养中学生热爱祖国、热爱人民、热爱中国特色社会主义事业的情感，增强其民族自尊心、自信心和自豪感，树立起为中华民族伟大复兴而奋斗的志向；教育引导中学生热爱和拥护中国共产党的领导，深刻懂得中国共产党的领导之于国家昌盛、人民幸福的不可替代性。第三，道德素质目标，主要是教育引导中学生养成良好的卫生习惯、文明的言行举止和健康的生活方式，培养中学生热爱集体、奉献社会和乐于助人的精神，督促中学生养成自觉遵守社会公德、勇于维护公共秩序的行为习惯。第四，心理素质目标，主要是培养中学生自尊、自信、自立、自强的精神，使之能够学会悦纳自我，学会控制情绪，主动参加健康有益的文化活动，保持乐观、积极、昂扬向上的心理状态和精神面貌。第五，法纪素质目标，主要是教育引导中学生遵守家庭、学校和社会等领域的规则与秩序，知法、学法、懂法、守法、用法，逐步树立起法治观念，还能正确认识民主与法治、权利与义务、法律与自由的关系，掌握基本的法律知识，提高运用法律维护合法权益的能力。

（二）中学思想政治教育的内容

中学思想政治教育在内容设计上依然将爱国主义、集体主义、社会主义教育当作根本和主体，另外包括马克思主义基本理论、道德与法律、心理健康、人际交往等方面。由于初中生和高中生在领悟能力及受教育程度等方面存有差异，所以两个阶段的思想政治教育内容在具体呈现上还是不同的，这种不同主要体现在理论深度和抽象程度上。具体讲，初中思想政治教育内容通常包括：一是成长教育，即围绕“成长的节拍”“青春时光”“师生结伴同行”等主题开展教育，引导学生认识自己、做更好的自己，了解青春期心理卫生知识，学会如何更好地与老师、同学和他人相处。二是爱国主义、集体主义、社会主义教育，主要涉及的板块有“中国人·中国梦”“在集体中成长”“维护国家利益”等，另外还包括党的基本路线和方针政策教育，旨在引导学生了解我国的基本国情、基本国策和发展战略，了解我们党在社会主义初级阶段的基本路线以及我国现阶段的基本经济制度和根本政治制度。三是规范教育，包括思想道德规范，即教育引导学生学会感恩，养成文明礼貌、乐于助人的行为习惯；社会规范，意在教育学生自觉爱护公共环境和设施，遵守社会公德与公共秩序，特别增加了“网络生活新空间”这一内容，引导学生合理利用网络，进行网络人际交往；法律规范，主要是让学生了解生活中的法律，感受法律的尊严，做知法守法用法的人。四是心理健康教育，即引导学生“做情绪情感的主人”，对情绪进行适当调节和控制，追求高雅的生活，做自尊自信、自立自强的人。至于高中思想政治教育内容，既有与初中思想政治教育内容重合的地方，又有新的扩充，且更多的是理论层面的知识性内容，尤为突出的是增加了大量马克思主义基本理论与中国特色社会主义理论体系的内容，大体上是通过“经济生活”“政治生活”“文化生活”“生活与哲学”四门必修课与相关的选修课来体现的，目的在于增加学生的政治认同、科学精神、法治意识和公共参与。

（三）中学思想政治教育的方法

在中学阶段开展思想政治教育，同样是以课程讲解与课外实践两种形式为主，只不过课程讲解是更为主要的形式。中学教师在上思政课时一般会采取这样几种方法：一是说理引导法。与小学思想政治教育说理引导法不同的是，鉴于初中生已有了一定的辨别能力，初步形成了自己的价值取向，所以，对于初中生进行课堂讲解时并不是简单直白地告诉他们什么是对的、什么是错的、什么是可以做的、什么是禁止做的，而更多的是引导学生自己进行价值选择，形成正确的道德认知；对于高中生进行思政课讲解时则是引导他们不仅能够主动认识事情，还要知晓自己某种认识形成的依据与道理。二是情景教学法，亦即思政课教师依据教学内容有目的地引入或创设具有一定情绪色彩的生动具体的场景，引导学生在情景中体验，从而帮助他们更好地理解知识点。三是心理疏导法。中学生处于身心变化较大的青春期，对于很多事情相对容易钻牛角尖，也更容易受到自己情绪的影响，甚至在情绪影响下做出不当行为。这就引起了教育管理部门、学校及教师等层面的重视，将生命教育和心理健康教育纳入思想政治教育过程中，同时要求思政课教师能够有效运用心理疏导法帮助学生形成健康积极的心态。除此之外，思政课的讲授还包括讲解法、案例分析法等。综合来看，中学思想政治教育主要是立足课堂，甚至大多拘泥于课堂，不能真正走出课堂、走进生活、走向社会热点难点，帮助学生解决生活中遇到的困惑。这是需要进一步改善的地方。

（四）中学思想政治教育的条件支撑

中学思想政治教育作为连接小学思想政治教育和大学思想政治教育的中间阶段，所处的位置以及受到的“待遇”更为尴尬。这种尴尬的境遇主要表现为：从纵向对比来看，相对于小学思想政治教育，中学思想政治教育内容的丰富性更弱，理论性更强，且距离学生的生活实际较远，采取的方法则更为单一，从而导致对学生的吸引力不足；相对于大学思想政治教育，中学生通常迫于学习和考试压力，不愿意花费时间和精力去学习思政课，也没有参与思想政治教育实践活动的意愿和热情，从而导致中学思想政治教育目标和任务落实较难。从横向比较来看，家庭、社区、学校囿于思想认识的偏见，主动参与学校思想政治教育的热情和动力不足。在学校层面，一般更重视升学排名、拔尖培优而相对忽视思想政治教育。在国家层面，尽管对中学思想政治教育比较重视，如教育部在党的十九大之后重新修订了《普通高中思想政治课程标准》，把中学思政课看作国家意志在教育领域的直接体现，但在应试的教育背景下，政策落地较难。

从学校思想政治教育系统内各学段的互动关系来看，中学思想政治教育在“大中小学思想政治教育一体化”方面发挥着承上启下的作用，这一“过渡”属性赋予了中学思想政治教育特殊的互动使命，一方面它需要衔接小学思想政治教育，铸牢爱国主义、集体主义、社会主义教育以及生活与生命健康教育、规范教育等育人成果，不断深化和提升学生的思想素养、政治观念、道德修养、心理素质和法治意识。另一方面，它需要向后延伸，为大学思想政治教育的开展奠定良好基础。从中学思想政治教育与家庭思想政治教育的互动关系来看，这一阶段学生的生活空间更多是在学校，此时家庭思想政治教育应当配合中学思想政治教育，形成“以学校思政为主、家庭思政为补”的社会思想政治教育育人体系。家长应当提升自身思想道德修养，避免出现“5+2=0”的情况①。从中学思想政治教育与整个社会思想政治教育系统的互动关系来看，受制于学业压力和升学压力的客观因素，中学思想政治教育需要更加讲究艺术性和技巧性，巧妙地利用其他思想政治教育，以娱乐放松的形式为主开展校外思想政治教育。例如，中学可以联合专门的社会组织开展野外素质拓展、组织观看主旋律电影，在寓教于乐中提升学生的团结意识、合作意识、集体意识，潜移默化地开展爱国主义教育。

三、大学思想政治教育实践

大学阶段的思想政治教育实践相对于前两个学段而言，是最为系统和完整的，得到的关注度和重视度也是相对最高的。这一时期的思想政治教育不仅会借助思想政治理论课程开展，而且会通过一系列的实践活动来进行。同时，大学思想政治教育的目标更鲜明，内容更全面，方法更多样，受到的条件支撑也更多。

（一）大学思想政治教育的目标

到了大学，思想政治教育目标日益变得鲜明和具体，政治指向明确，其总目标或根本目标是引导学生矢志不渝听党话跟党走，争做社会主义合格建设者和可靠接班人。在这一总目标的指导下，大学阶段思想政治教育目标具体表现为：一是思想素质目标，主要是教育引导大学生掌握马克思主义基本理论，能够自觉运用马克思主义的立场、观点、方法观察和分析问题，把握主流与支流、全局和局

① 即五天的学校思想政治教育效果被周末两天居家的负面效果或零效果所抵消，最直观的现象是家庭负性情绪对学生的消极影响。

部、现象和本质等关系，亦能够掌握社会发展的基本规律，学会运用马克思主义思想方法和理论武器分析社会历史现象，改造主客观世界。二是政治素质目标，主要是教育引导大学生树立正确的国家观，既要热爱祖国，主动关心国际、国内形势，自觉维护国家荣誉和祖国统一，做忠诚的爱国者，又要拥护党的领导和中国特色社会主义制度，积极学习党的路线、方针和政策，深刻理解爱党、爱国和爱社会主义的统一性，逐步确立对中国发展道路的自信。三是道德素质目标，主要是教育引导大学生更加深刻地理解个人、集体和国家之间的辩证统一关系，准确把握“集体利益优先”的条件和依据，在个人利益同集体利益发生矛盾时，能够自觉地将集体利益放在首位；平时能够积极遵守公民基本道德规范，培育和践行社会主义核心价值观，确立远大的理想抱负。四是心理素质目标，主要是教育引导大学生养成积极、乐观、健康的个性心理品质，较强的心理调适能力，稳定的情绪和情感，能够正确对待生与死、得与失、苦与乐、福与祸，乐观地面对生活、学习和工作中遇到的困难与问题。五是法纪素质目标，亦即教育引导大学生遵守社会秩序、校规校纪，做遵纪守法的学生，“领会法律精神，增强法律意识，进一步提高对我国宪法规定的基本制度的认识，从整体上把握中国特色社会主义法律体系，不断增强维护法律尊严的自觉性和责任感”①。

（二）大学思想政治教育的内容

大学思想政治教育内容作为大学思想政治教育的一个子系统，其要素是多方面的。尽管学界对于大学生思想政治教育内容的要素构成存有争论，但总体上是明确的。大学思想政治教育内容大体上有如下几个方面。一是马克思主义基本理论教育，主要体现在“马克思主义基本原理”教材和相关的理论学习上，包括马克思主义观和马克思主义的创立和发展，涉及马克思主义哲学原理、政治经济学原理、科学社会主义理论、自然辩证法、人类学理论等，为科学世界观、正确人生观、价值观、政治观、社会观、道德观等提供理论基础。二是马克思主义中国化理论教育，主要体现为“毛泽东思想和中国特色社会主义理论体系概论”课程，内容有毛泽东思想、邓小平理论、“三个代表”重要思想、科学发展观、习近平新时代中国特色社会主义思想。三是党的路线方针政策以及当今世界和当代中国发展大势教育。关于这方面的内容在多门思政课中都有所涉及，尤为明显的是体现在“形势与政策”课程中，主要涵盖国内外形势，以及党的基本路线特别是十八大以来党和国家事业取得的历史性成就、发生的历史性变革、面临的历史性机遇和挑战等。四是思想道德修养与法律法规教育。相关内容除了体现在“思想道德

① 王立仁：《学生思想政治教育论纲》，中国社会科学出版社2015年版，第53页。

与法治”这一公共基础课上，还在诸如“伦理学”“法学”等专业课程中有所体现，侧重于引导学生正确判断什么样的成长成才道路才是最为可取的、什么样的价值观念才是最值得倡导的、什么样的人生才是最有意义的，以及我们要遵循和维护何种社会秩序、公共规范、法律规定。五是历史教育，既包括从正面介绍的世界历史、中国历史尤其是中国近现代史、中国共产党百年的奋斗史和中国特色社会主义理论体系形成与发展的历程，又包括从反面阐释的历史虚无主义的种种弊端、危害及实质，帮助学生认清历史虚无主义的真相，从而树立正确的历史观。

（三）大学思想政治教育的方法

大学思想政治教育活动是丰富多彩的，与之相联系的具体方法也是多种多样的，既有理论灌输法又有实践锻炼法，既有线下教育又有线上教育。比较来看，常用的大学思想政治教育方法有：一是理论灌输法，主要是思政课教师立足课堂，围绕教材内容，结合当前社会热点难点问题，对学生进行马克思主义理论教育，引导学生逐步树立或强化科学的世界观、人生观、价值观的方法，具体包括理论讲授、理论学习、理论宣传、理论研讨等。其中，理论讲授是大学思想政治教育当然也是其他学段学校思想政治教育最主要、最基本的方法。二是自我教育法，包括学生个体的自我教育和学生集体的自我教育。大学生经过多年的学习训练，完全有条件、有能力通过自我学习、自我修养、自我反思等方式，主动接受科学理论、价值观念、社会生活规范，进而提高自身的思想认识、道德水平和实际操作能力。因此，大学思想政治教育者往往会给学生充分的自主权，调动他们的积极性，既促使其开展自我反思、自制、自律等形式的个体自我教育，又鼓励其借助辩论会、研讨会等形式，在某个集体内通过成员间的相互影响、相互激励、相互促进从而实现集体的自我教育。三是榜样示范法，“指通过具有典型意义的人或事的示范引导、警示警戒作用，引导受教育者提高思想认识、规范自身行为的方法”[①]。这种方法不仅体现在对历史人物的理性评价上，还体现在对当前社会知名人物以及学生身边的人或事的宣传上，旨在引导学生通过观察他人的行为或评价某件事情，进而习得认知技能和新的行为模式。四是实践锻炼法，“就是指教育者组织、引导受教育者积极参加各种实践活动，在改造客观世界的过程中改造自己的主观世界，不断提高思想觉悟和认识能力，养成良好思想品德的方法”[②]。这种方法尽管在中小学思想政治教育活动中也有一定的存在感，但在高校中运用的范围却是最广的。而且，现在很多高校的思政课大都配套了一定权重的实践课，

---

① 陈万柏：《思想政治教育学原理》，中国人民大学出版社 2012 年版，第 174 页。

② 陈万柏、张耀灿：《思想政治教育学原理》第 2 版，高等教育出版社 2007 年版，第 224 页。

实践的形式也是各种各样，从线下延伸到线上。

（四）大学思想政治教育的条件支撑

由于人们对大学生的评价不再单纯以分数为衡量标准，而更倾向于从学习成绩、动手操作能力、思想道德素质等多方面进行综合考察，所以，相对而言，大学阶段的思想政治教育受到的重视是比较高的，所处的宏观环境及微观环境也是比较有利的，同时也有不同于小学和中学阶段的特点。具体来说，其一，家庭层面对大学思想政治教育的支持力度相较于中小学阶段要高很多。到了大学阶段，由于多数父母不在孩子身边，无法进行及时的“跟踪服务”和掌握情况，且这个时候的家长一般更加注重孩子的身心健康发展，所以，会把教育孩子的愿望更多寄希望于学校，相应地，他们对大学思想政治教育给予的支持也会更多一些，甚至有的家长把孩子世界观的形成、价值观的养成和人生观的塑造看作大学思想政治教育的全部责任。其二，学校层面对于思想政治教育活动的重视程度也呈现出越来越高的态势，不但支持思政课改革创新，还在积极推动课程思政建设，力争其他学科也能够承担起立德树人的任务，并协同学校各方力量共同推进思想政治教育活动的开展。与此同时，许多高校还在努力打通思政小课堂与社会大课堂，深化实践育人，鼓励大学生在奉献青春的过程中增进对人民的感情、对社会的责任、对国家的忠诚。其三，以社区、企事业单位为代表的社会组织对大学思想政治教育活动也给予了一定程度的支持，集中表现在为大学生提供了了解基层、了解社会的窗口，提供了诸多实践和锻炼的平台以及增长才干的机会。其四，国家层面对大学思想政治教育给予的重视和支持力度也非常高，不仅颁布或印发与大学思想政治教育直接或间接相关的规范性文件，还专门召开学校思政课教师座谈会，甚至对“形势与政策”课建设提出了具体的若干意见，这些都为高校思想政治教育工作提供了顶层设计和方向指引。

尽管大学思想政治教育相对于其他学段思想政治教育而言发展现况较好，但要看到，目前大学思想政治教育与其他思想政治教育之间的互动仍然较弱，社会大思政的优势未能完全发挥出来。从学校思想政治教育系统内各学段的互动关系来看，大学思想政治教育是学校思想政治教育的终点，但这一学段的思想政治教育难度反而是最高的。一方面，大学思想政治教育的针对性和精准度要求大学思政课教师不仅要把握住大学思政课教材，还要大致掌握中小学思政课教材内容，避免大学课堂对学生已然知晓的知识和观念不断“同义反复”，降低大学思政课吸引力。另一方面，大学思想政治教育的深刻性和艺术性要求思政课教师在中小学思政课育人效果的基础上进一步讲深理论问题，尤其是理想信念、人生价值、习近平新时代中国特色社会主义思想等重大议题。作为学校立德树人的“守门员”，大学思想政治教育要把好关，对部分学生在中小学形成的错误观念进行及时矫正，这样才能充分彰显大学思想政治教育在“大中小学思想政治教育一体化”中的重要地位。从大学思想政治教育与企业思想政治教育的互动关系来看，这一阶段的学生开始与企业接触，因而要广泛探索思想政治教育的“校企合作”模式，搭建社会实践基地，鼓励学生进行校外实习，在实习中体悟劳动精神，培养正确的职业观、劳动观、金钱观，提升自身业务能力和思想素质，实现学生、学校和企业的三方共赢。从大学思想政治教育与整个社会思想政治教育系统的互动关系来看，相较于其他学段的学生，大学生已然具备进入社会的基础性条件，此时学校思想政治教育与社会思想政治教育系统的互动空间才算全面打开，应当鼓励大学生自觉投身于社会不同领域和不同岗位进行实习锻炼，充分发挥学生的主体性和自主性，构建大学思想政治教育与企业思想政治教育、社区思想政治教育，乃至军队思想政治教育的平缓过渡，推动大学思想政治教育与社会思想政治教育的全面融合。

第三节 学校思想政治教育变迁

从历史纵向的角度来看，学校思想政治教育作为一项传统的特色活动，也是一项常做常新的实践活动，其目标的设置、内容的确定、方法的选取以及它所关联的环境因素都会随着时间的推移和条件的变化而发生改变。由于不同学段学校思想政治教育变迁存在许多共性，因此这里主要从总体上进行考察。

一、学校思想政治教育目标的变迁

学校思想政治教育目标是学校思想政治教育活动所蕴含的价值取向和实践预期，承载着国家和社会的要求，既有稳定性，又有变动性。按照唯物辩证法的观点，世界万事万物都处在不断生成、变化、发展和消亡的过程中，“世界不是既成事物的集合体，而是过程的集合体”[①]。因此，思想政治教育目标、内容和方法等要素都会随着时间的推移和外部环境的变化而发生不同程度的改变。具体到学校思想政治教育目标，它的变动性特征主要表现为，人们越来越注重对学校思想政治教育目标结构的探讨和构建，并使得学校思想政治教育目标内容渐趋多维性，学校思想政治教育目标结构逐渐由单一走向集合，彰显出不同的层次水平和类别。但在这众多“变化”之中，总有一些东西是暂时不会发生质变的，还会保持相对

---

① 《马克思恩格斯选集》第4卷，人民出版社2012年版，第250页。

的稳定性，那就是学校思想政治教育的总目标，亦即学校思想政治教育最为根本的目标。只是我们要知道，学校思想政治教育目标的稳定性特征并不否定学校思想政治教育目标的确是经历了变迁过程的。

具体来讲，学校思想政治教育目标的“不变”指的主要是它的总目标变化不大，这体现在政治方向和人的素质要求方面。一是在政治方向上，学校思想政治教育目标总是不自觉地反映着国家或政治集团的利益诉求和策略选择，体现出明显的政治性。从广义上去理解思想政治教育时，随着社会化进程的不断推进以及阶级和国家的产生，它便“不再是单纯的生产生活经验、集体规则以及文化知识的传递，而是包含着大量立场、原则与观念的政治实践”①。也就是说，只要有两个及以上个人存在的地方就一定有思想政治教育，只要有阶级、国家、政党、团体存在的地方，就一定会发生思想政治教育。并且，在社会中占主导地位的阶级一定会通过思想政治教育进行阶级统治和意识形态灌输、价值观念传递，引导民众形成符合社会、阶级需求的思想品德，形成稳定的政治态度与政治立场。再具体到学校教育层面，尽管古今中外，关于教育和办学的思想流派繁多，理论观点各异，但在某一点上是有共识的，这个共识就是要培养社会发展所需要的人。具体来说，就是培养社会发展、知识积累、文化传承、国家存续、制度运行所要求的人。二是在所要培养的人的素质方面，除了政治素质以外，还要包括思想素质、道德素质、心理素质、法纪素质等，要使学校思想政治教育发展成为“按照教育者的意志对被教育者进行思想塑造的思想改造、灵魂净化、境界提升的双向互动过程”②。这两个方面共同构成了学校思想政治教育总目标的内容。这个总目标是抽象而笼统的，具有高度的概括性和抽象性，规定着学校思想政治教育活动总的发展方向和总的要求，它一经确立便具有不容置疑的主导地位，直接决定着学校思想政治教育的内容、方法和手段等，对任何阶段的学校思想政治教育目标都具有统摄作用。

学校思想政治教育目标的“变”大体上表现为：一方面，学校思想政治教育目标结构逐渐由单一走向集合。在历史上的不同时期，我们对思想政治教育的定位是不完全一样的，对学校思想政治教育的理解和定位也是有差异的，这决定了处于历史纵向轴里的学校思想政治教育目标会发生改变，集中体现在目标结构由单一走向集合，表现出在分化基础上的整合。在以往很长一段时间里，出于社会大环境的影响，我们经常强调思想政治教育的“生命线”作用，突出其社会价值。但经过多年的探索与反复尝试，当前的学校思想政治教育除了要兼顾学生的思想实际与内在需要，还应把总目标渗透到学校思想政治教育的具体目标之中。并且，

---

① 李合亮：《思想政治教育探本——关于其起源及本质的研究》，人民出版社 2007 年版，第 47—48 页。

② 田鹏颖、赵美艳：《思想政治教育哲学》，光明日报出版社 2010 年版，第 37 页。

学校思想政治教育目标也不再是单一的，而是集合的，形成了层次较为分明的结构。例如，根据时间跨度将学校思想政治教育目标区分为长期目标、中期目标和近期目标，或根据学校级别层次制定出小学思想政治教育目标、中学思想政治教育目标、大学思想政治教育目标。这些目标共同构成了学校思想政治教育目标结构体系，彼此之间既相互区别，又相互联系，协同发挥作用。另一方面，学校思想政治教育目标内容渐趋多维性。不但依据不同标准将学校思想政治教育目标打造成了一个纵向层次性结构体系，而且依据教育对象的思想状况、身心发展特点及其思想品德形成发展规律等，将学校思想政治教育目标区分为不同维度。

二、学校思想政治教育内容的变迁

学校思想政治教育内容是由它所面临的形势、所承担的目标任务及所处的历史时代决定的，必然会伴随上述条件的变化而有所改变。在这些影响学校思想政治教育内容变迁的因素中，社会转型发挥的作用更为突出。

第一，学校思想政治教育内容在政治主导下重视学生发展。学校思想政治教育内容主要取决于国家和社会的要求，即政治主导。每个社会的统治阶级都会想方设法地提炼出代表其阶级利益和意志的思想观念、政治观点、价值追求，并通过实际的思想政治教育活动，使之成为在社会中占主导地位的意识形态，进而巩固自己的阶级地位和阶级统治。在社会现代发展过程中，学校思想政治教育内容越来越重视教育对象的发展。“思想政治教育作为满足人们精神需要的一种方式，旨在提升人的精神品质、道德素质，这规定了它必须把实现人的自由全面发展确定为自身的内在目的。只有真正把关注人的发展看作思想政治教育的根本，把人的全面发展视为它的最终价值旨归，努力杜绝任何形式的‘个人价值’缺席的行为和现象，才能充分调动人们建设中国特色社会主义的热情，为实现人的自由全面发展与共产主义的双赢目标而奋斗。”[①]因此，学校思想政治教育内容的确立在坚持政治主导下，特别重视社会需要和学生发展。

第二，学校思想政治教育内容的构成逐渐由零星的、碎片化的具体内容向整体性、系统性的内容体系转变。从历史的维度来看，新中国成立初期，学校思想政治教育内容确实比较具体，一般都强调政治思想教育，注重培养学生爱祖国、爱人民、爱劳动、爱科学、爱护公共财物等社会公德及集体主义精神。例如，1954年2月开展的全国中学教育会议就指出：“应以加强学生的爱国主义教育、劳动教

---

① 朱小娟：《回到人本身：思想政治教育应对认同危机的根本之道》，《经济与社会发展》2017年第1期，第76页。

育、集体主义教育和纪律教育为重点。”[①]这些方面其实就是后来学校思想政治教育内容的主要构成部分。近年来，在外部社会环境发生巨大变化、人们的价值观念更加多元以及思想政治教育自身不断发展的多重驱动下，越来越多的人着力于构建思想政治教育内容体系，包括学校思想政治教育内容体系，以至于学校思想政治教育内容逐渐裂变出较为完整的结构，分化出了根本性内容、主导性内容、基础性内容、拓展性内容和保障性内容等多个方面。这些方面共同构成了学校思想政治教育内容结构。

第三，学校思想政治教育内容要求不再仅仅局限于学生层面，还涵盖教师等主体。受制于误解和偏见，很多时候，我们一提到思想政治教育就会想当然地将之理解为对学生进行的活动，仿佛只有学生才需要被思想政治教育，学生永远处于被动接受的位置，实则不然。思想政治教育者只有率先学习、理解、践行学校思想政治教育内容，对之持有真学、真懂、真信、真用的态度，才有可能开展好思想政治教育工作。因此，学校思想政治教育在经历了长期实践，愈益尊重学生的主体地位的情况下，逐步实现由原来的“主客二元对立”范式向“主客二元统一”范式的转变，即不仅把学生当作学校思想政治教育内容的学习者与践行者，还把学校、教师、行政管理人员等在思想政治教育过程中相对来说居于主导地位的主体作为思想政治教育内容的践行者，强调学校思想政治教育内容是对这两大类主体的共同要求，从而保证学校思想政治教育的出发点和落脚点都是促进学生与教师、学生与学校以及所有与之相联的关系之间的和谐，并使国家和社会层面的价值要求服务于保证个人正当利益的实现及个性发展需要的满足。

三、学校思想政治教育方法的变迁

学校思想政治教育方法是实现学校思想政治教育目标、落实学校思想政治教育内容、提升学校思想政治教育效果的重要手段，它的变迁与社会发展变化、学校思想政治教育改革以及受教育者内在需要的发展等有高度联系。从社会发展变化来看，大环境越来越宽松，人们的主体意识越来越强，与之相伴而生的是，以往过于简单直接甚至有点粗暴的思想政治教育方法不再有多少存续空间，人们所渴望的是接地气的教育方法和活动方式。从学校思想政治教育自身发展来看，受到社会大环境的影响，学校思想政治教育的人文取向日益增强，活动方式更趋生活化，活动载体愈益多样化，这就要求思想政治教育方法同步更新，否则就无法真正促使思想政治教育内容入学生脑、入学生心。从受教育者内在需要的发展来

① 佚名：《全国中学教育会议胜利闭幕，根据总路线确定中学教育方针任务》，《人民日报》1954年2月2日。

看，学生往往更喜欢声像结合、图文并茂的教学教育形式，喜欢借助短视频这种立体的信息承载方式来满足自己碎片化的娱乐需求和“草根群众”自我表达的愿望。正是基于这多种因素，学校思想政治教育方法才在种类上，逐步从单一、有限变得多种多样；在表现形式上，从直接、显性转变为渗透、隐性；在具体实施中，则更加凸显层次性、针对性，强调因事而化、因时而进、因势而新，尤其突出网络思想政治教育方法的运用。

具言之，学校思想政治教育方法的变迁主要体现为：一是种类上，逐步从单一、有限变得多种多样。最开始的学校思想政治教育方法只有理论灌输、榜样示范、劳动实践等基本类型，而现代学校思想政治教育方法，还涵盖疏导教育法、比较教育法、典型教育法、自我教育法、感染教育法、心理咨询等。这些方法无疑是对学校思想政治教育传统方法局限性的自觉超越，而这种超越“反映了思想政治教育方法从单一到多元、从单向到双向、从认知到人格、从理论到实际、从经验到科学的发展趋向”[①]。二是在表现形式上，从直接、显性转变为渗透、隐性。为适应主客观环境的变化，学校思想政治教育方法在很早之前就向渗透化转变了，只不过转变的效果还有待提升。所谓隐性教育法，其实就是运用多种喜闻乐见的手段，把学校思想政治教育目标巧妙地隐藏在学生的社会实践及其人际交往、文化娱乐、组织管理等活动中，使学生潜移默化地接受教育者所倡导的思想观念，进而实现教育目的。三是在发展前景上，呈现出越来越明显的综合化趋势。有学者认为对学校思想政治教育方法，“尤其要关注教育者实施教育的方法与教育对象接受教育的方法互动、显性教育方法与隐性教育方法互补、社会教化方法与自教自律方法同构、现实教育方法与虚拟教育方法整合等方法的发展现象”[②]。与此同时，还有一部分学者提出四种视角，分别是以思想政治教育活动过程为逻辑线索构建思想政治教育方法体系，以“战略制导”思想为主导构建思想政治教育方法体系，将理论与实践两线结合构建思想政治教育方法体系，从时空、层级、动态、系统等多个维度构建思想政治教育方法体系。这些对于学校思想政治教育方法体系的构建都有积极的推动作用。

在互联网普及的当前社会，网络思想政治教育方法在推动学校思想政治教育活动过程中将发挥越来越重要的作用。所以，学校思想政治教育方法发展至今，除了不断丰富和拓展基本教育方法和艺术以外，还应重视网络方法。

---

① 佘双好：《从说理教育到心理疏导——思想政治教育方法的发展》，《思想理论教育导刊》2011 年第 7 期，第 89 页。

② 万美容：《论思想政治教育方法的融合发展》，《思想教育研究》2008 年第 2 期，第 9 页。

四、学校思想政治教育环境的变迁

学校思想政治教育环境是对学校思想政治教育活动产生影响和制约作用的诸因素的总和，是一个多层次、多侧面、多要素的复合结构，具有鲜明的动态性特征。这种动态性特征的形成，使得学校思想政治教育所处的社会大环境始终处于运动和变化中，学校思想政治教育环境内部各个要素也不断发生着变化，特别是教育主体和教育对象自身的变化具有关键性作用，人的实践活动会不断推动学校思想政治教育环境发生变化。概言之，学校思想政治教育环境的变迁主要体现在它的外部环境构成日益复杂，种类划分愈益细化，学校内部环境则受到越来越多的关注和探究。

一方面，学校思想政治教育外部环境的构成日益复杂，其种类的划分不断细化，给学校思想政治教育提供的支撑情况则不尽相同。就外部环境来说，主要是指宏观环境和微观环境。宏观环境包括社会经济制度及经济生活条件、社会政治制度及现实政治状况、社会文化及各种文化活动、大众传媒等，它们对学校思想政治教育活动及教育主体和教育对象都会产生某些影响，规约学校思想政治教育的发展方向。其中，网络环境在当前历史条件下对学校思想政治教育的开展以及学生思想道德观念的形成和行为选择所产生的影响是不可小觑的，也非常值得我们给予高度关注。微观环境则是指某种特定的生活实践范围，如家庭环境、学校环境、社区环境、同辈群体环境等。虽然许多人倾向于把思想政治教育的责任全部归结到学校层面，但是，人的思想认识、价值观念、道德水平、政治立场及其对社会的态度，并不只是在“学校”这个具体的活动场所及社会关系中形成和发展起来的，还会受到家庭、社区、同辈群体等环境的影响。至于学校环境对学生思想品德的影响，主要是通过教学活动、课外实践、教师榜样、校风学风、校园文化等方面进行的，更具有渗透性和全面性。事实上，学生所学到的东西中，不仅有教师教给他们的，还有学校环境给予他们的潜移默化的影响。所以说，学校教育包括思想政治教育对人的影响是更持久、更深远的。所以，现在有越来越多的学校开始重视对校园环境和氛围的打造，注意协同各方面力量，共同促进学生思想品德的发展与良好行为习惯的养成。当然，不管是宏观环境抑或是微观环境，都可以被细化为多种具体的环境，而每一层次的环境对于学校思想政治教育的开展来说，既有积极因素，也带来了一些挑战。

另一方面，学校思想政治教育主体越来越重视对思想政治教育内部环境的关注和探究。随着思想政治教育实践的不断推进，“思想政治教育研究内部化”日益成为思想政治教育者尤其是研究者关注的重要方面。所谓思想政治教育内部化，主要“是指思想政治教育研究要面向思想政治教育自身，要以研究思想政治教育自身问题为重点，以认识思想政治教育自身问题为主要目标，实现思想政治教育规律新突破”，“包括四个方面，即要正确处理价值原则与真理原则、传承与创新的关系，重在真理原则和创新，坚持科学第一，不为思想政治教育研究预设框框；要从思想政治教育学科出发来选择思想政治教育研究主题，而不是从外部出发，决定于外部；要进入思想政治教育研究对象内部了解思想政治教育对象信息，而不是做旁观者，甚至是远距离观察思想政治教育研究对象；要把外部资源转化为思想政治教育内部要素，实现思想政治教育外部资源内部化，而不是简单地做知识搬家，原理移植，缺乏必要的消化或缺乏思想政治教育学化”。[①]从学校思想政治教育多年实践来看，我们在反思和改善学校思想政治教育效果的过程中，确实过于偏重它的外部环境，而相对忽视了对其内部环境的研究，既没有深入研究和揭示出学校思想政治教育自身的规律、本质与机理，又缺乏对思想政治教育活动进行自我反思和自我批判，也没有完全进入学生内部进行研究，从而致使学校思想政治教育发展动力不足，取得的效果并不尽如人意。鉴于此，有些学者开始倡导从关注思想政治教育外部环境逐步向其内部环境倾斜，真正理解和努力实现思想政治教育研究内部化的要求，如此才能够推动学校思想政治教育实践，增强它的话语权。

✎ 问题与讨论

1. 如何理解学校思想政治教育的地位？
2. 为什么说“学校思想政治教育是思想政治教育存在的基础”？
3. 请结合学校思想政治教育实践，谈谈不同学段学校思想政治教育的特殊性是什么？
4. 应当如何看待学校思想政治教育的变迁及其发展趋势？
5. 如何做到全社会共同关心学校思想政治教育及各学段的特殊措施？

① 孙其昂：《思想政治教育现代转型研究》，学习出版社 2015 年版，第 401 页。

第七章　社区思想政治教育

社区建设是当代中国社会建设的基础工程，社区思想政治教育是社区建设的重要内容。探究社区建设与思想政治教育的关系，促进社区思想政治教育在社会转型中发展，成为新时代思想政治教育创新的重要载体与动力，需要全党全社会的广泛关注和参与。

第一节　社区思想政治教育地位

社区思想政治教育是什么？这是开展社区思想政治教育必须要回答的首要问题。社区是一个区域性的社会聚居群体，是社会生活的基本组织单位，是以共同居住的地域为基础，具有共同社会联系和价值认同的社会生活共同体，是一种地方性的社会。它是当代社会治理与服务的基层单元，同时也是社会建设的重心所在。从行政区划与空间范围来看，社区可以分为城市社区、农村社区、集镇社区及新兴的虚拟社区，中国社会正是由无数个大小不一、类型各异的社区组成的。从城市社区的视角探讨城乡社区思想政治教育，这主要基于以下三点：一是城市社区代表了社区未来发展的方向；二是城市社区更加复杂；三是城市社区的共同体认同建构相对于农村社区的共同体认同建构更加任重道远。无论是城市社区还是农村社区，从法理上讲，都不是政府管理机构，不是中国共产党的基层组织。然而，中国共产党在城乡社区设立党组织，社区党组织成为中国共产党的社会细胞，在社区建设中发挥领导核心作用，思想政治教育跟随党组织进入社区，在实践操作层面展开各种形式的思想政治教育。因此，社区思想政治教育是在社区空间范围内开展的思想政治教育。

一、社区思想政治教育的含义

社区思想政治教育的定义规定着社区思想政治教育自身，又制约着人们认识和规范社区思想政治教育的视野。社区思想政治教育主要是在街道辖区、居委会辖区、居民小区或农村中的村镇社区进行的思想政治教育。

社区思想政治教育是思想政治教育在社区的特殊体现，属于思想政治教育的一部分。刘云山在 2004 年 11 月的全国社区思想政治教育经验交流会上指出："社区思想政治教育是党的思想政治教育的重要组成部分和基础"。他进一步指出："做好社区思想政治教育工作，对于巩固党的执政地位、提高党的执政能力、实现党的执政使命，对于提高居民文明素质、社区文明程度和群众生活质量，对于促进改革发展、维护社会稳定，都具有重大的现实意义和深远的历史意义"。[①]也就是说，社区思想政治教育属于党的思想政治教育的组成部分，具有全局意义。"思想政治教育是指组织自觉开展的，对所属组织成员进行政治性的思想教育，动员人们为目标而奋斗的社会实践活动"[②]。思想政治教育、党的思想政治教育和社区思想政治教育是一个由一般到特殊，再到个别的延伸。就是说，社区思想政治教育具有思想政治教育的一般性质、党的思想政治教育的特殊性质，还具有社区思想政治教育的自身特质。社区思想政治教育是一般、特殊与个别的综合。社区思想政治教育是由我党及其社区建设组织开展的，对社区主体进行社区思想政治教育，培养社区建设的主体素质，调动他们积极参与社区建设活动的社会实践活动。

另外，社区建设并不仅仅是社区工作者的事业，还是中国共产党领导的中国特色社会主义事业的组成部分。社区建设的领导者、组织者、实施者主要是社区工作者，社区居民是社区建设的直接受益者，但是，社区建设主体并不限于社区居民。社区思想政治教育与社区有关，与社区建设有关，与社区居民有关，更与广泛的人群和社会相联系。社区建设是全社会共同的事业。

二、社区建设中的思想政治教育

社区建设是社区思想政治教育的直接动因。[③]从一开始，社区思想政治教育就受到社区建设的内在规定性作用，在不同发展阶段，得到了不同程度的关注，取得了不同的效果。整体上看，社区思想政治教育始终受到"社区建设"这一主题的限定。无论是理论研究者，还是实务工作者，始终认为先有社区，后有社区思想政治教育，进而将思想政治教育放置于"社区建设"的视域之下进行考察。在这种认知模式下，社区思想政治教育实践没有得到应有的重视，社区思想政治教育理论薄弱，整个社区思想政治教育呈现出一种"坚守底线"的实践逻辑。这

① 佚名：《加强党的执政能力建设 大力推进社区思想政治工作》，《北京日报》2004 年 11 月 20 日。

② 孙其昂、黄世虎主编：《思想政治教育学基本原理》第 4 版，河海大学出版社 2015 年版，第 4 页。

③ 孙其昂：《社区：当前思想政治工作的重要领域》，《思想政治教育研究》2011 年第 2 期，第 9—11 页。

种“坚守底线”的实践逻辑，认为只要社区建设过程中“坚持党的领导”、没有违反“政治原则”、没有突破“政治底线”，社区思想政治教育就无须专业介入，就不必有专门的社区思想政治教育。这种认识没有意识到社区建设需要社区思想政治教育，是由中国社区建设的社会制度所决定，又为社区建设自身所需要的。

第一，政治体制决定。中国共产党是社区建设的领导核心，除了新兴的虚拟社区，各类社区均设立了党组织。在社区建设过程中，社区党组织是社区管理、社区服务、社区文化的领导核心。①这一点，毫无疑问是由中国的政治体制决定的，不存在讨价还价的余地，更不能对其进行否定与质疑。②从国家顶层设计层面看，中国共产党是中国特色社会主义事业的领导核心，而在基层社会治理过程中，则表现为社区建设过程中的“党的领导”这一根本性原则。社区虽然不是基层政府，不是一级政府管理机构，但是，在实践中，同样需要遵循中国的政治体制安排，同样绕不开中国政治制度的根本规定性作用。全国范围内城乡社区建设的推进，均需要在中国政治体制的框架内展开，均需要服从国家顶层政治制度安排，相应的社区管理、社区服务及社区文化，均以不违反“政治体制”为根本原则。

第二，国家介入社区。从现行法律规范层面看，无论是城市社区、还是城市社区服务和管理模式“下乡”的集镇社区、农村社区，都以社区居（村）委会为社区的内部机构，是基层群众自我管理、自我服务、自我监督的自治机构，是基层社会治理的有效实践形式。然而，与西方以“生活共同体”为取向的社区相比，中国城乡社区建设的最大特色就在于“国家介入”，并且直接表现为党组织的介入，以及由此而引起的社区在制度设计、政策实施、资源分配及发展目标等层面上对国家的依赖。国家不仅推动了全国城乡社区建设的发生、发展及演变，而且在制度设计、政策实施、资源分配及发展目标等层面上，内在地规定了社区建设。与西方社区建设中的“社会驱动”所不同的是，中国社区建设是一种“政府主导”的模式，这有效地弥补了“社会驱动”先天不足的情况。从一开始，中国社区建设就深深打上了“国家烙印”，在社区管理、社区服务、社区文化及现在的社区治理中，均在不同层面展现了“国家介入”③。第三，维护社区稳定。自 20 世纪 80 年代民政部启动社区建设以来，中国的社区建设走过了 40 多年的历程。进入 21

① 马奇柯：《论社区思想政治工作网络化组织机制》,《理论探讨》2009 年第 4 期，第 138—141 页。

② 社区是中国政治建设的战略性空间，与国家治理、政党执政、社会合作、政治民主以及道德建设存在密切的关联。（林尚立：《社区：中国政治建设的战略性空间》,《毛泽东邓小平理论研究》2002 年第 2 期，第 58—64 页。）

③ 在中国社区建设过程中，存在两种不同的导向：行政与自治。大多数学者认为应该强化自治导向，然而，从实际看，居民自治又属于“政府主导型自治”。（徐勇：《论城市社区建设中的社区居民自治》,《华中师范大学学报（人文社会科学版）》2001 年第 3 期，第 5—13 页。）

世纪以来，伴随经济社会的快速转型，社区建设也在不同程度上进行了调整与改革。可以说，每一阶段的社区建设，都与整体的经济社会发展相配套，都是为了促进经济发展与社会管理优化。同理，经济社会发展过程中的各类问题，也同样可以在社区建设层面找到对应问题，并在社区建设过程中反映出来。与西方国家成熟的社区建设理论与实践相比，中国社区建设起步晚，而且基于中国实际，西方社区建设的成功经验又无法完全移植到中国，立足于西方社区建设的理论成果更加无法解释中国社区建设实践。中国的社区建设，是在理论准备不足，同时又缺少成功模式借鉴的基础之上展开的。可以说，中国社区建设，处于“摸着石头过河”的探索阶段，至今仍处于初级阶段。正因为如此，每一阶段的社区思想政治教育都最大限度地发挥维护社区稳定的作用。

在中国政治体制的安排下，以党组织为载体的国家，从一开始就进入社区，成为社区管理、社区服务及社区文化等的领导核心。并且，进入社区后的党组织，不仅是国家介入社区的有效手段与载体，也是国家连接社区的重要方式，用以促进国家与社区互动，从整体上促进社区的发展与稳定。一方面，社区党组织关系着国家的基层政权建设；另一方面，社区党组织更是社区稳定与发展的重要前提。社区党组织不仅担负着社区管理、社区服务的重任，在不同发展阶段，还分别肩负着维护社区经济、社区政治、社区文化及社区环境的职责。从这个角度看，社区党组织是全方位、立体化、多层次社区建设的核心力量，贯穿于社区建设的全过程，发挥着维护社区改革、发展及稳定的重要作用。①

从实际看，“党的领导”的“核心”角色，在社区建设过程中需要不断的解释、说明与强化。处于初级阶段的中国社区建设，不仅缺少可借鉴的经验模式与理论成果，而且时时受到西方社区发展“示范效应”的制约；在转型阶段，由于经济、政治、文化、社会及环境等多元利益纠葛，相关的制度设计、政策实施、资源分配以及发展目标经常引起学术界、政策界及社会大众的争论，这些都在不同程度上影响到社区党组织领导核心作用的发挥，影响到中国国家与社区之间的互动。从社区建设的视角来看，以“社区党组织”为主体的社区思想政治教育，服从于社区管理、社会服务及社区文化等社区事务工作，处于一种“兜底”的状态。从学术界到政策界，乃至社会大众，大多只能看到社区管理、社区服务与社区文化，而看不到社区思想政治教育。少数强调思想政治教育的社区建设，其社区思想政治教育也遵循着“坚守底线”的实践逻辑，而无法真正融入社区管理、社区服务、社区文化等主流社区建设当中去，在一定程度上制约了社区思想政治教育的展开。

① 社会稳定与思想政治教育是内在一致的。（雷友华：《社会稳定与思想政治教育创新》，《科学社会主义》2014 年第 3 期，第 85—88 页。）

三、思想政治教育引领社区建设

社区思想政治教育不仅仅是社区建设过程中思想政治教育“介入”与“兜底”的过程，同时也是思想政治教育视角下推动社区“建设”与“发展”的过程。如果说，前者表征着国家介入社区，维护社区稳定，那么后者则表现为国家与社区互动，推动社区发展。两种视角表征着社区思想政治教育的不同内涵、不同阶段、不同方法及不同目标，但其实质是一致的。也就是说，思想政治教育视角下的社区建设，与社区建设视角下的思想政治教育，反映出国家与社区的不同关系，折射出社区思想政治教育不同的发展阶段，最后在社区建设目标中实现统一。当代中国社区思想政治教育，在折射出“坚守底线”的实践逻辑的同时，也在一定程度上展现出“积极进取”的实践逻辑。这种“积极进取”的实践逻辑，表明思想政治教育不仅要坚守社区建设的“政治原则”与“政治底线”，还要更广泛地参与到社区建设的全过程中，通过推动社区建设，进一步提高思想政治教育在社区的存在感及生命力。

第一，社区建设的核心。如果说，社区建设视角下的思想政治教育受到了中国政治体制安排，那么思想政治教育视角下的社区建设，则是对这种政治体制安排的强化与发挥。政治体制安排只是回答了社区思想政治教育“为什么”“是什么”的问题，而对社区思想政治教育“怎么样”这一问题的回答，则需要通过思想政治教育视角下的社区建设这一视角来回答。从思想政治教育视角下的社区建设来看，社区党组织是社区建设的领导核心，不仅社区建设需要坚守这一“底线”，而且社区党组织还要在“坚守底线”的基础之上，积极促进社区发展。思想政治教育视角下的社区建设在表征中国政治体制安排的同时，还积极发挥社区建设的领导核心作用，将其全面融入社区管理、社区服务、社区文化等社区建设过程中，展现思想政治教育“积极进取”的实践逻辑。政治体制安排与社区建设核心内在一致，以社区思想政治教育的实践逻辑共同推进当前中国城乡社区建设的升级发展。

第二，国家与社区互动。社区建设视角下的思想政治教育，展现出“坚守底线”的实践逻辑，并以一种“国家介入社区”的形式展现出来。然而，思想政治教育视角下的社区建设，还展现出“积极进取”的实践逻辑，并以一种“国家与社区互动”的形式表现出来。国家介入社区，体现的是国家作为一个外部参与者，介入社区建设中去，并在其中扮演着“兜底”的角色，发挥着“坚守底线”的功能；国家与社区互动，体现的是国家善治的姿态，国家积极参与社区建设，在社区建设中全面发挥作用，扮演着“伙伴”的角色，发挥着“积极进取”的功能。

两种不同的国家与社区关系，展现出两种不同社区思想政治教育的实践逻辑。其实，无论是国家介入社区，还是国家与社区互动，都是当代中国社区思想政治教育的具体实践形式，都共同存在并发生于当代中国的社区建设过程之中。社区思想政治教育之所以展现出不同的实践逻辑，既是由于国家与社区处在不同的社会结构层面，还由于社区建设的城乡分布、地区分布、历史传统及现实状况等前提性条件制约。

第三，国家推动社区发展。思想政治教育视角下的社区建设，展现出中国特色社区建设独特的实践逻辑，内在规定着中国社区建设较之于西方社区的独特模式。从思想政治教育的视角看，国家介入社区，不仅要维护社区的稳定，还要进一步推动社区发展，以此来促进国家与社区的进一步互动。因为，在思想政治教育看来，国家不仅可以“兜底”社区建设，而且是社区建设的重要力量。一方面，政治体制安排与社区建设核心是根本一致的，政治体制可以维护社区建设的“底线”，同时也凝聚了社区建设的核心；另一方面，国家介入社区并不仅仅是制度设计上的安排，同时也是国家推动社区发展的重要路径。政治体制安排与社区建设核心内在一致，国家介入社区与国家推动社区发展连续兼容。思想政治教育并不仅仅是国家通过政治体制实现在社区建设过程中“坚守底线”的凭据，而应该成为社区建设的核心，成为推动社区发展的重要力量。

第二节　社区思想政治教育目标

思想政治教育的目标可以从多重角度来表述，从人的发展的角度来讲，思想政治教育的目标是实现人的全面发展；结合我国发展的实际，从人的培养的角度来讲，思想政治教育的目标是培养有理想、有道德、有纪律、有文化的“四有”新人；从意识形态的角度来讲，思想政治教育的目标是巩固执政党的政治合法性；从价值观的角度来讲，思想政治教育的目标是弘扬社会主义核心价值观；从各项工作的相互作用的角度来讲，思想政治教育的目标是为经济工作和其他一切工作提供生命线保障。也可以说，思想政治教育就要达到这样的目标，思想政治教育的根本目标是人的解放和全面发展。中国共产党的思想政治教育是“我们党和社会主义国家的重要政治优势”。随着经济多元化发展，各类性质的社会组织相继出现，它们注重通过文化建设等形式，以人文关怀为基础，来提高成员素质、提高组织认同感、增强组织凝聚力，从而提高组织效率，这是思想政治教育的新发展，是对思想政治教育目标的新表述。不同的话语表述，蕴含着相同的基本精神。社区思想政治教育是在以执政党为主导的多元合作格局中展开的，必须反映现代社区发展的趋势，其目标指向仍然如思想政治教育目标的一般表述，但是，又需要以社区发展的特殊性为依据将其具体化。作为思想政治教育大系统中的子系统，社区思想政治教育可以在国家、社区共同体和社区社会关系三个层次上确立自己的目标体系。在国家层次上，我国是中国共产党领导的国家，巩固对执政党的政治认同是社区思想政治教育的根本目标。在社区共同体层次上，社区思想政治教育要以积极促进社区认同的形成和发展，努力使居民民主参与的意识和能力逐步达到应有的水平为目标，根据我国社区认同先天不足的状况，应该把这一点作为当前的基本目标。在社区社会关系层次上，社区和谐应该是居民社区生活的常态，要把社区和谐确立为社区思想政治教育的基本目标。同时，还要看到，这三个层次具有内在的统一性。

一、提升社区党组织的组织力

改革开放过程中，执政党的先进性已经保证了国家的长治久安，但在改革的不同阶段有许多不同的主题和难题，需要通过思想政治教育来加强上下沟通，增进普通居民对执政党具体方针政策的理解，从而促进工作的顺利开展。从根本上和总体上来讲，中国共产党代表着我国最广大人民的根本利益，赢得了广大人民的高度认可和支持，但是，在改革的不同阶段，政治认同的达成还需要思想政治教育发挥作用。这是由于：第一，改革进程中有很多不确定的因素，需要进行艰苦的探索，只有上下沟通、群策群力才能渡过难关。第二，决策的贯彻执行需要民众的理解，对上级决策的领会和理解是执行者发挥主观能动性的前提。第三，群众的政治觉悟需要培养，特别是当某项决策涉及具体人员的利益调整时还需要灵活地调整方法。第四，决策者和执行者的权力需要监督。因此，思想政治教育在增强居民对执政党的政治认同上，不是一劳永逸的，而是需要持续不断的工作。

社区思想政治教育也是意识形态工作，维护执政党的政治合法性是社区思想政治教育的内在属性。思想政治教育是一定的主体将其思想体系传播于客体的过程，其最佳效果是将客体转化为具有主体属性，成为其思想体系的接受者和新传播者。在社区思想政治教育中，无论是从主体还是从思想体系来看，中国共产党都处于领导地位。尽管如此，单纯的政治宣传是不够的，要寓思想政治教育于日常的管理和服务中，使居民通过生活的改善来感知执政党的正确性，这也是中国共产党政治合法性的基础。还应该看到，改善民生本身就具有思想政治教育的功能，但是改善民生的思想政治教育效果如何，还有赖于社区工作者增强思想政治教育的主体性。也就是说，不能仅靠单纯的政治宣传，还要付诸其他思想影响。

在社区思想政治教育主体中，社区党组织是各主体的核心，对社区思想政治教育具有领导、指导和引导的职责。这主要是因为，其一，社区党组织是党在基层的组织机构，直接接受党的上级组织的领导，是党的宗旨的直接体现者，是党的意图的直接贯彻者。其二，社区党组织是执政党在社区的一级组织，而政府在社区则没有派出机构或一级组织。我国社区实行居民自治，尽管有关于社区居民委员会是半行政性组织，社区居民委员会没有完全按法规运转等现象，但是社区自治是发展趋势。在社区自治结构中，没有政府的权力存在，社区居民委员会是与政府联系最为紧密的组织。

执政党在社区的存在不仅体现为思想和政策上的宏观领导，还体现为党通过其在社区的组织直接开展的思想政治教育及其他各项工作。社区党组织是社区思想政治教育的领导者。中华人民共和国成立以来，党组织成为基层社会思想政治教育的权威主体。改革开放以来，基层社会发生了巨大变化，人员流动、治理变迁等因素实质上已经导致基层党组织的权威弱化，经济话语权已经显现。在社区思想政治教育中，社区党组织应当发挥主角作用，充分运用自身资源，组织社区各种积极力量开展社区思想政治教育，使各种资源实现最优组合并产生最大的效用。

二、强化社区居民的思想文化认同

社区认同是社区价值的基础。社区其本身通常被认为是有价值的。一般来讲，社区价值包括团结、参与、凝聚力等方面。尽管目前学术界对社区价值还存在一定的争论，但有一点基本上是没有争议的，即社区总是被认为是好的，所有社会精神的宝贵元素（如爱、忠诚、荣誉和友谊）都是社区的发散物。因此，与大众社会相比，社区的道德指向更加明确。社区是有道德维度的，道德社区与大众社会有着明显不同的特征（表 7-1）。

表 7-1 道德社区与大众社会特征对照[①]

道德社区	大众社会
认同感：成员强烈感觉到自己属于某一重要的、充满意义的群体	异化感：成员强烈感觉自己与意义群体的联系被切断
道德联合：成员觉得是在追求共同目标，与其他成员是“一个人”	道德碎片：成员追求不同目标，没有“一个人”的感觉
卷入：成员们都进入群体，而且觉得有参与群体的强烈需要	脱离：成员没有参与集体活动的冲动，没有充满意义的会员身份
完整性：成员彼此感觉到对方是一个完整的人，具有内在意义和价值	分裂性：彼此将对方看作达到目的的工具，不赋予个体以内在价值和意义

① Butcher H, Glen A, Henderson P, et al.(eds.), *Community and Public Policy*, London: Pluto Press in Association with Community Development Foundation, 1993, pp.13-18.

表 7-1 是国外学者对社区道德维度的经典概括，在这四个维度中，认同感是基础，正是因为有了对社区的认同感，社区成员才感到与其他成员之间有着共同的目标和共同的利益，并形成为一种道德联合，为此，积极的社区参与（卷入）才有可能实现，并且社区认同的程度也决定着社区参与的程度。正是由于社区成员之间有着道德认同，彼此之间才能感觉到对方是一个完整的人，这与现代性所造成的人格多面性在社会上的表现形成鲜明对照，在社会成员之间，大家都在某一人格意义上发生关系，而不必去理会其他方面，成员之间更多的是一种工具性的存在，缺乏内在的意义和价值。因此，社区认同是社区道德维度的基础，社区参与和社区互助都是建立在这一基础之上的。一般来讲，人们在城市或乡村空间的交往必然导致公共机构的建立，从而形成共同体，人们在公共场所内表达共同价值，表现出一个社区中人们的相互认同和共同信仰。一个由人居住、生存而得以存在和发展的城乡社区，只有拥有社区认同，才能形成自身强大的活力和功能，在这样的基础上，社区的进一步发展才成为可能。

社区思想政治教育要以积极促进社区认同的形成和发展为目标，努力使居民民主参与的意识和能力逐步达到应有的水平。社区要形成一个真正的共同体，就需要通过社区意识和社区认同，使居民逐步认识到社区共同体对自己的生活是有意义和价值的，让他们从价值观的角度看到社区共同体。社区意识主要是指社区居民对自己所属的社区有一种认同、喜爱和依恋的思想及心理。[①]我国经历了社会转型而出现的现代社区建设，其历时尚短，新的社区认同和社区意识目前尚没有建立起来，这也成为制约社区发展的一大瓶颈。

社区认同高低的一个主要指标就是社区参与度的高低。参与公共决策、执法和各项社会事务是现代公民的标志，具有较高参与意识和参与能力的现代公民是现代社区和社团组织的原动力和行为主体。社区是由若干组织和居民构成的松散性共同体，其工作对象以居民为主，主要满足居民的生活需要。居民根据自己的生活需要来选择是否参与社区事务,社区事务并不强求事事都要每个居民的参与。但是从总体来讲，没有居民参与或者居民的参与达不到一定的程度，的确对公共事务的发展有不利的影响，我国当前社区工作也正面临居民参与不足的困境。可以这样来界定社区居民参与的边界：社区状况会因居民的不参与而恶化，或社区状况会因居民的不参与而达不到预期的改善，将这种状况作为居民参与的临界点，考察居民参与的应然状态与实然状态的差距。

要加强对人的社区参与思想的影响因素研究。“思想政治教育是做人的思想

① 杨冬艳：《论社区概念及其演进中的价值诉求和伦理意蕴》，《中州学刊》2005 年第 5 期，第 163—165 页。

工作，思想政治教育的直接对象是人的思想”[①]。思想政治教育着眼于人的思想工作，通过做人的思想工作来发挥思想政治教育的作用。在社区建设领域开展思想政治教育，并不是对社区建设开展思想政治教育，而是对社区建设领域中的人的思想，主要是人的社区建设思想开展思想政治教育。当前社区建设领域存在的较大问题是参与不足和消极参与，这是影响社区和谐气氛、阻碍社区建设顺利发展、制约社区建设效率的重要因素，必须要找到其中的思想原因，能动地展开思想政治教育。社区参与度的提高是社区治理的基础。提高社区参与度需要全方位的工作，而社区思想政治教育为其从根本上找到解决问题的途径。

总之，社区思想政治教育要增强居民的社区认同，使居民感受到社区是不同于单位和社会的一种特殊存在。社区认同的具体表现为社区参与。社区认同涉及全体社区居民，但是现行机制很难在动员全体居民上有所作为，社区组织在寻找使尽可能多的居民参与的活动上显然还有大量工作要做。

三、促进社区的自治、法治与德治

社会和谐是社会主义核心价值观的基本内容之一，是我国传统文化的精髓、长期历史发展的经验总结和我国各项事业发展的基本理念。在任何社会群体内，核心价值体系都是构成社会共同体的思想基础、文化之魄、精神之髓。改革开放以后，以“发展”为取向的人民主权思想更加明确和具体，这是对以前价值体系认真总结和不断升华的结果。21 世纪初，胡锦涛又提出了以“科学发展观”和“和谐社会”为取向的人民主权思想，这是践行社会主义核心价值观的具体体现。科学发展观与和谐社会是一致的，其核心是以人为本。随着对改革中出现的一些异化现象，如发展的出发点是为了改善人类的生存环境却又造成了环境的恶化，人在发展中的意义再次成了人类哲学反思的对象，并以“以人为本”的理论形态嵌入科学发展观，成为科学发展观的核心。

将社区思想政治教育的基本目标确立为实现社区和谐，不仅是因为要遵循思想政治教育服从和服务于中心工作的基本原则，还因为对社区思想政治教育的基本矛盾的考察。对社区思想政治教育基本矛盾的考察可以从两个角度进行，一是社区思想政治教育学研究领域的角度，二是社区思想政治教育实践的角度。研究对象的确定应当根据研究领域的特殊矛盾进行。因此，探究社区思想政治教育学研究领域的基本矛盾也可以循着思想政治教育学基本矛盾的分析逻辑。一般把思想政治教育学研究领域的基本矛盾概括为“一定社会、一定阶级对人们思想品德

---

① 孙其昂：《论思想政治教育的基本精神与实现形式》，《思想政治教育研究》2011 年第 3 期，第 23 页。

的要求与人们实际的思想品德水准的矛盾”①，即理想与现实或者说应然与实然的矛盾。由此，社区思想政治教育研究领域的基本矛盾便可以推论为，执政党、国家与社会发展对社区居民的思想品德要求以及社区建设过程中形成的道德共识，与人们关于社区的思想品德实际水平之间的矛盾。

这里有两个矛盾，一是社会发展的总体要求的应然状态与社区成员思想实际的矛盾，二是社区共识与个别成员思想实际的矛盾。从社区思想政治教育实践来讲，社区思想政治教育的基本矛盾是社区思想政治教育应然状态与现实状态之间的矛盾，社区思想政治教育的应然状态是国家与社会对社区思想政治教育的期待，其现实状态则可以用实效来考量。当前社区思想政治教育实践正面临实效不足的困境。社区思想政治教育的目标就是要解决这些矛盾，使人们的思想道德水平达到应然的要求、使社区思想政治教育实效达到应然的要求，而社区和谐恰是对这种应然要求的总概括，也就是说，人们的思想道德水平与应然状态的差距决定着社区和谐的水平，而社区思想政治教育发挥不了实效，社区和谐就无法实现。以社区和谐为总体目标是从理想状况与现实状态的矛盾角度来谈的，矛盾是事物前进的动力，有了目标要求，就要按照目标要求去改变现实状况的落后，努力推动社区思想政治教育工作的发展。矛盾的存在首先是一种压力，不处理好矛盾就违背人们的预期，将矛盾的压力转化成为动力是一种思维方式，也是一门艺术，需要社区思想政治教育工作者细心品味。

从社区思想政治教育基本矛盾来看社区思想政治教育的目标，即要达到其应然状态。这种应然状态与我国社区当前发展的主旨相结合，其基本表现就是社区和谐。社区和谐与否和社区和谐的水平是衡量一个社区人们思想精神风貌和生活状态的基本尺度，也是衡量社区思想政治教育实效的基本尺度。当前影响社会和谐的因素，一方面是消极腐败现象的存在，另一方面是民生要求的提高得不到满足。社会中的消极腐败现象对社区居民的精神状态有一定消极影响，社区中的不和谐现象主要是居民生活中的一些矛盾造成的。这些矛盾有社区建设的不足，不能为居民的生活提供便利，也有邻里之间的一些琐事引起的纠纷等等。居民生活稍有不便时，便会把问题指向社区治理者，主要是党政机关和社区组织。居民邻里之间的琐事纠纷需要居民日常道德素养包括法治素养的提高，也有待社区建设的改善，如在新型商品房社区，居民之间因生活上的相互不利影响而引起的纠纷远少于老旧小区。在这些问题中，居民精神生活要求的提高得不到满足是一个日益凸显的问题。

社区思想政治教育处在和谐社会建设的大背景之下，和谐社会的要求与社会实际的矛盾是社区思想政治教育需要研究的基本问题，必须以思想政治教育效果

---

① 张耀灿、郑永廷、刘书林等：《现代思想政治教育学》，人民出版社2006年版，第88页。

最大化为原则，深入挖掘思想政治教育的潜力。社会生活中的不和谐因素，有的属于消极腐败问题，这些问题具有对立化、尖锐化的特点。民生中的精神生活要求则是发展中日益突显的问题，一般不具有对立化特点，也不是很尖锐，但是必须及时解决，否则积少成多也有可能演变为对立性矛盾。实现社区和谐与满足社区成员的精神生活需要，二者是相辅相成的，社区和谐为社区成员精神生活创造前提和基础，社区成员精神生活的充实可以使社区更加和谐，社区和谐至少可以分成两个层次，以化解社区矛盾纠纷为基础的低层次和以丰富社区精神文化生活为基础的高层次。在社会矛盾比较突出的时候，社区思想政治教育的基本目标应以化解社区矛盾纠纷为主，在社会矛盾得到化解或缓解的时候，社区思想政治教育应以丰富社区精神文化生活为主，二者各有侧重，不可偏废。

社区和谐是社区思想政治教育的基本目标，也是社区建设和社区治理的基本目标，要实现社区和谐，就必然要协调好社区内外各类组织和人员之间的关系，从社区思想政治教育的角度来讲，就是要在协调中最大限度地引导和满足各种不同的思想精神诉求。对于不同的思想精神诉求，一是要用主流价值观引导，二是要求同存异、相互包容，使各类社区主体的个性和积极性得到激发与引导。总之，社区思想政治教育以全面提高社区成员的思想道德素质为基础，通过社区建设和社区治理形成社区认同、增强居民的社区参与意识和能力，从而达到社区的积极和谐。社区居民特别是其中所谓的强势群体对社区的依赖维持在较低的水平，在对社区的不满不足以激起其主动参与的情况下，社区各方面表面看来相安无事，比较和谐，但实际上这种和谐是一种消极和谐，必将随着问题的积累而被打破。因此，动员一切可以动员的力量，构建居民积极参与下的积极和谐非常必要。

第三节　社区思想政治教育变迁

当代中国城乡社区建设已经成为经济社会发展的重要议题，吸引了经济学、政治学、社会学及管理学等哲学社会科学的广泛关注，并取得了丰硕的成果。但是，从现实发展来看，社区思想政治教育被社区建设遮蔽其中，而没有得到应有的重视。总体上看，社区思想政治教育仍处于经验探索阶段，因此有必要对社区思想政治教育的源起、境遇、任务、方法、转型发展等基本问题和内容的变迁作一些探讨。

一、社区思想政治教育的缘起

在公开的正式文件中，中共中央最早于 1999 年提出开展社区思想政治教育的任务。1999年的《关于加强和改进思想政治工作的若干意见》，要求把思想政治教育任务落实到基层，明确指出要重视和加强社区思想政治教育，围绕提高市民素质和城市文明程度，积极探索社区思想政治教育的途径和办法。2000年6月，在中央思想政治教育会议上，江泽民进一步强调："一切社会基层，包括农村、社区、企业、学校、军队和各类人民团体、社会组织等的群众教育、文化、娱乐场所，直接面对群众，其作用和影响不可低估，一定要切切实实地管理好、建设好。"①按照中共中央的部署，2000年9月，中央精神文明建设指导委员会下发的《关于在城市深入开展创建文明社区工作的若干意见》,明确要求把加强思想政治教育放在创建文明社区的突出位置，不断增强社区思想政治教育的针对性和实效性，扩大社区思想政治教育的覆盖面，加强社区思想文化阵地建设。

2000年11月，中共中央办公厅、国务院办公厅转发的《民政部关于在全国推进城市社区建设的意见》，强调要及时建立健全社区党的组织，加强自身建设，做好思想政治教育，发挥党员在社区建设中的先锋模范作用；加强对社区党员的社会主义教育、思想道德教育和科学文化教育，形成健康向上、文明和谐的社区文化氛围。中央的这一系列重大举措，明确提出了社区思想政治教育的重要方针原则，为社区思想政治教育指明了方向。2004年11月，中国思想政治教育研究会在武汉召开全国社区思想政治教育现场经验交流会，中共中央政治局委员、中央书记处书记、中宣部部长刘云山对召开这次会议作了重要指示。交流会上，中宣部副部长、中央文明办主任、中国思想政治教育研究会常务副会长胡振民出席会议并讲话，题为《加强党的执政能力建设 大力推进社区思想政治教育》。②江苏省思想政治教育研究会于2007年5月在南通市召开江苏省城市社区思想政治教育经验交流会，会议编成论文集，共收入文章87篇。这一阶段，社区思想政治教育开始吸引学术界关注，学者们开始从理论上探讨社区思想政治教育的发展，并发表了若干学术论文和专著。

此后，虽然有学者聚焦于社区思想政治教育研究，但整体上看，社区思想政治教育仍处于经验探索阶段，社区思想政治教育的地位、作用、价值、目标、任务、内容、对象、主体、途径、方法、领导、管理、机制等缺少深入研究，在一定程度上制约着社区思想政治教育的深入发展。从20世纪末提升市民素质和城市文明程度，到21世纪初加强基层党组织建设，再到后来的社区精神文明创建，围绕社区思想政治教育目标的研究经历了一个发展演变的历史过程，并最终落脚于"社区"这一生活共同体，成为社区建设的重要组成部分。也就是说，社区思想政治教育是一个跨界的议题，对其目标的探讨，经历了从"思想政治教育"转向

---

① 《江泽民文选》第3卷，人民出版社2006年版，第97页。

② 佚名：《加强党的执政能力建设 大力推进社区思想政治教育》,《北京日报》2004年11月16日。

为“社区”的变迁过程，并最终在二者之间达成共识，形成“社区思想政治教育”的最大公约数。

二、社区思想政治教育的境遇

社区思想政治教育是全国思想政治教育的重要组成部分，是中国共产党思想政治教育在社区建设领域的特殊表现与具体运用，不仅涉及当前正在进行的社区建设，还关乎着中国共产党的执政基础，关乎着国家的基层政权建设。当前，城乡社区建设已经在全国范围铺开，思想政治教育也被摆在了极其重要的突出位置。然而，在社区研究中，与“社区管理、社区服务、社区文化”等热点问题相比，社区思想政治教育依然处于冷门的位置①；在思想政治教育研究中，与“高校思想政治教育、大学生思想政治教育、企业思想政治教育”等主流议题相比，社区思想政治教育依然处于一种非主流的位置。②也就是说，无论是学术界，还是政策界，社区思想政治教育都处于一种边缘化的位置而得不到应有的重视。这其中，原因是复杂多样的，但一个根本的原因是，我们没有对社区思想政治教育的价值与属性形成清晰的定位与认识。

社区建设，对上连接着国家建设，对下连接着居民的管理与服务需求，中间则以社区为载体，实现与社会的有效衔接。社区思想政治教育作为社区建设的重要组成部分，是中国特色社区建设的显著特征和独特属性，同时也是连接国家、社会及个体的重要纽带，是社区建设多元力量汇聚的支点。从根本上看，社区思想政治教育直接表征为一种国家、社会、个体三者之间的关系。通过社区思想政治教育，国家实现了对社区建设的介入，社区实现了对国家的回应，个体实现了对国家治理与社会治理的评判。社区思想政治教育，不仅仅关系着社区建设，从深处看，还直接关系着国家、社会及个体三者之间的结构性关系。

鉴于此，自20世纪80年代社区建设起步之时，我国就十分重视社区思想政治教育，并且在不同阶段，我国均以不同的方式强化社区思想政治教育，取得了不同的效果。进入21世纪以来，全国范围内的社区建设如火如荼地展开，社

---

① 截至2021年12月31日，笔者通过中国知网检索发现，以“社区管理”为主题，共检索到12 000条文献；以“社区服务”为主题，共检索到45 476条文献；以“社区文化”为主题，共检索到文献8601篇；而以“社区思想政治工作”为主题，共检索到469条文献；以“社区思想政治教育”为主题，共检索到234条文献。因此，可以发现，与社区管理、社区服务、社区文化等研究议题相比，社区思想政治教育（社区思想政治工作）仍处于冷门位置。

② 截至2021年12月31日，笔者通过中国知网检索发现，以“高校思想政治教育”为主题，共检索到28 142条文献；以“大学生思想政治教育”为主题，共检索到36 547条文献；以“企业思想政治教育”为主题，共检索到484条文献。由此可知，与高校、大学生、企业等领域的研究相比，社区思想政治教育（社区思想政治工作）也处于非主流的位置。

区思想政治教育也不断地推进。近年来，随着思想政治教育日渐被重视，社区思想政治教育作为一项学术议题和实践任务，成为学术界和政策部门关注的重点，学者试图对一些比较成功的社区思想政治教育经验模式进行复制与推广。[①]这些都说明，社区思想政治教育已然成为社区建设的重要组成部分，成为当代中国社区建设绕不开的一项学术议题、政策议题及理论议题，成为今后中国城乡社区建设的重要力量。

总体上看，社区思想政治教育仍处于经验探索阶段。[②]与社区管理、社区服务、社区文化等议题相比，无论是学术界还是政策界，“社区思想政治教育”这一话语仍处于边缘化状态。在相当多的研究中，只有社区管理、社区服务、社区文化，却没有“社区思想政治教育”。这些研究要么完全回避“思想政治教育”而拒绝使用“社区思想政治教育”的术语，要么将“思想政治教育”夹杂在“社区管理、社区服务、社区文化”的话语体系当中，试图用“社区建设”来稀释“思想政治教育”。也就是说，我们在实践层面看得见、摸得着社区思想政治教育，到了理论层面，却无法对“社区思想政治教育”给予充分的定位，无法准确把握其的价值及属性。这种状况给“社区思想政治教育”带来了不小的挑战，在理论上更加遮蔽了“社区思想政治教育”的价值。

正因为如此，在当代中国城乡社区建设开启之际，重新认识社区思想政治教育的价值及属性，重新认识社区建设与社区思想政治教育的关系，显得尤为重要。因为，社区建设是国家、社会及个体等多元连接的纽带，是多元主体协商共治共建共享的过程，弱化或者忽视了某一方面，社区建设都难以有效展开，社区建设也难以顺利推进，会造成结构性失衡。而且，相当多的社会问题都可以在社区层面找到依据，也可以在社区层面寻求解决的途径。社区思想政治教育，既是社区建设议题，也是思想政治教育的任务，是二者相结合而产生的一个新领域、新问题、新实践。在实践中，“社区建设需要思想政治工作作为自己的思想保证、智力支持和精神动力，思想政治工作需要通过社区建设实现自己的价值”[③]。社区建设与思想政治教育实践之间，存在多元交叉，既有社区建设的一般性特征，也有思想政治教育的特殊性要求，二者共同形塑出社区思想政治教育的实践逻辑和现实发展。

三、社区思想政治教育的任务

传统思想政治教育的任务，主要指服从、服务于党的中心任务。围绕党的中

---

① 唐亚林：《社区思想政治工作实践机制论纲》，《江淮论坛》2005 年第 2 期，第 76—82 页。

② 孙其昂、叶方兴：《思想政治教育社会学的理论探索》，河海大学出版社 2016 年版，第 206 页。

③ 孙其昂：《社区建设与思想政治教育的辩证关系》，《政工研究动态》2008 年第 17 期，第 39 页。

心任务开展思想政治教育，动员干部群众积极投入党的中心任务之中，为完成党的中心任务而奋斗。改革开放以来，对思想政治教育的认识进一步深化，视野也有所拓宽。现代思想政治教育认为，思想政治教育的根本目标是培养社会主义新人，直接目标和任务则是多方面的。思想政治教育主要可以分为三个方面或三个领域，并在其中发挥作用。一是服务于党的中心任务，二是服务于社会建设，三是服务于人的需要和发展。这三个方面共同组成思想政治教育的服务领域和现实任务。社区思想政治教育大体也包括三个方面，一是社区建设战略和宏观思维，二是社区建设实践，三是社区居民思想的建设和发展。

第一，在社区建设战略和宏观思维方面。改革开放以来，我们党对社区在社会发展中的地位、社区建设的指导方针和思想，不断获得新认识新发展新成果，成为中国特色社会主义理论体系的组成部分。社区建设作为社会主义和谐社会的重要内容，被写入党的十七大报告。胡锦涛指出："把城乡社区建设成为管理有序、服务完善、文明祥和的社会生活共同体。"①要把这些社区建设思想转变为各级党委和政府、广大干部和群众的思想观念，成为社区建设的指导思想，需要思想政治工作。这种思想政治工作是以社区建设方针原则为对象的，属于社区思想政治工作的宏观范畴。另外，社区建设的理论及教育也存在着分歧和冲突，如关于社区的理论问题。现阶段中国社区建设大多引进西方社区建设理论，即西方社区发展理论。这些理论是否适合中国实际呢？假如这种理论和指导思想是符合中国社区建设需要的，那么，把这种社区建设理论转化或内化为社区建设主体的知识、观念和行为准则，社区思想政治工作就要发挥相应的作用。

第二，在社区建设实践方面。社区建设实践不仅是社会实践活动，在实践过程中还面临着大量的思想认识矛盾，这些思想认识矛盾不化解，社区建设的推进就会受到很大的阻力。党和政府关于社区建设的方针政策与思路，应通过思想政治教育说服人们贯彻执行，并加以落实。这是思想政治教育的通常思维。然而，社区建设实践中遇到的问题要求我们从实际出发来考察这些方针政策的可能性与可行性。

第三，在居民思想的建设和发展方面。以居民为对象进行思想政治教育应当是社区思想政治教育的主要任务。这方面至少有两个基本领域：一是社区思想文化环境建设，为居民营造一种文明祥和、人际和谐、积极向上的社区思想文化氛围。二是居民的思想心理引导、服务和教育。结合社区居民在社区出现的思想心理需要，进行必要的和有效的引导、服务；动员居民积极参与社区建设活动，在参与过程中增强社区认同感，调节社区人际关系，为社区文明作贡献；根据中国特色社会主义建设进程提出的建设任务，在社区开展思想政治教育。人们的思想

① 胡锦涛：《高举中国特色社会主义伟大旗帜　为夺取全面建设小康社会新胜利而奋斗——在中国共产党第十七次全国代表大会上的报告》，人民出版社 2007 年版，第 30 页。

观念和精神文化需要主要源于外部，人们从社会和直接的生活环境汲取思想文化元素，通过自身建构精神世界。简而言之，人们的精神世界是在与内外部相互作用过程中共同完成和建构的。社区思想政治教育将在社区针对社区居民开展有针对性的思想政治教育，直接服务于居民的思想文化需要。

总之，社区思想政治教育在空间上不局限于社区，在对象上不局限于社区成员和社区居民，在内容上不局限于社区事务，社区思想政治教育空间、对象、内容具有广泛性，至少包括上述三个方面。从现实而言，重点在社区针对社区居民开展思想政治教育，以小区为单位，努力建设生态小区、文明小区、和谐小区、幸福小区。

四、社区思想政治教育的方法

社区思想政治教育是社区建设的组成部分，围绕社区建设展开，为社区建设服务，但也受到社区建设的制约。所谓社区建设，包括社区建设的理念、法律、体制、机制、资源及其社区建设实践的总和。在计划经济体制下，我国并不存在严格意义上的社区。如果存在社区的话，社区事务也是由单位负责的，单位办社区（事务）。社区建设的未来目标是社区居（村）民自治，即社区办社区（事务）。

社区思想政治教育是思想政治教育的重要组成部分。思想政治教育是党的思想政治教育，社区思想政治教育也是党的思想政治教育。思想政治教育是其他一切工作的生命线，是社区建设的生命线。毛泽东关于“生命线”的思想，指的是思想政治教育是一切工作的中心环节。毛泽东指出：“掌握思想教育，是团结全党进行伟大政治斗争的中心环节。如果这个任务不解决，党的一切政治任务是不能完成的”[①]。“生命线”并不是指思想政治教育代替其他工作，而是指思想政治教育是其他工作中不可缺少的环节。这是由人的活动的规律所决定的，人的活动是由人的思想指导甚至支配的。思想指导行为，思想支配行为。人的任何活动都是如此。所以，要保证社区建设顺利推进，取得积极成效，社区思想政治教育是不可缺少的。居民参与率低，重要原因在于社区动员不足，就是缺少与现阶段相适合的社区思想政治教育。

社区思想政治教育主角是党组织。社区思想政治教育是由政府主导的思想政治教育。这里的政府，内在的包括社区党组织。在现阶段，社区党组织是社区实际的领导者、组织者，是社区主要的整合力量。然而，在社区建设主体结构方面，社区党组织又处在社区居（村）委会的背后。社区居民看到的是社区居（村）委会。居（村）委会又是政府在社区的代表。在这种情况下，到底谁是社区主角？

---

① 《毛泽东选集》第3卷，人民出版社1991年版，第1094页。

这里在论述过程中容易出现逻辑混乱，正是当今社区权力架构的矛盾所在。社区思想政治教育主力在社区民间。组织社区民间力量、社会力量，是做好社区思想政治教育的重要内容。社区居民和社区组织是社区思想政治教育的主力，可以称之为社区民间力量。社区民间力量是社区思想政治教育的主要潜在力量，目前还没有有效组织起来，甚至还没有凝聚起来。社区建设未来的目标是实现社区居民自治，这有赖于社区民间力量的成长和成熟。社区民间力量，并不能自然而然地发挥作用。通过社区教育，辅导社区居民参与社区建设，培育社区志愿精神，使社区民间力量凝聚起来，这是社区思想政治教育中不可或缺的方面。当社区民间力量形成，政府又进行有效的组织，才能建立起一支组织化的社区思想政治教育主体队伍，社区思想政治教育才能获得可持续发展。

社区思想政治教育通过社区建设推进。坚持以人为本、结合原则、渗透途径、互动过程，应当是社区思想政治教育的基本要求。坚持以人为本，依靠居民、教育居民和为了居民；坚持结合原则，把软件建设与硬件建设结合起来，把解决思想问题与解决实际问题结合起来，把思想教育与科学管理结合起来；坚持渗透途径，通过社区建设的各种途径，渗透政治教育、思想教育、道德教育、法治教育、科学知识教育、生态教育、健康心理教育；坚持互动过程，学习运用互动、沟通、合作等新的交往手段，善于在“来来往往”中开展社区思想政治教育，扎实推进社区思想政治教育。

五、社区思想政治教育的转型发展

当代中国社区思想政治教育较为清晰地展现出“坚守底线”的实践逻辑，但缺乏“积极进取”的动力与实践，处于“坚守底线”与“积极进取”的张力之中，处于“社会视角”与“国家视角”的分裂之中，处于“社区建设”与“思想政治教育”的分化之中，分化的同时还需要整合，实现社会建设新发展。

第一，利益整合。社区思想政治教育之所以在社区建设过程中得不到应有的重视，很重要的原因就在于，将“社区”与“思想政治教育”对立起来，将“社会视角”与“国家视角”置于两极的位置上，导致一种“此消彼长”的二元对立的思维。其实，无论是社区建设视角下的思想政治教育，还是思想政治教育视角下的社区建设，都存在一个共同的利益诉求，即通过“社区”的建设，来增强思想政治教育，实现共赢。进一步讲，社区建设涵盖社区管理、社区服务、社区文化等多个方面，社区思想政治教育也同样是社区建设的重要领域。社区思想政治教育作为社区建设的基础工作，没有独立于“社区”的利益，更加不是与社区管理、社区服务及社区文化相对立的诉求。社区思想政治教育与社区管理、社区服务及社区文化存在共同的“社区”利益诉求。只有从“社区”出发，才能将思想政治教育贯穿于社区管理、社区服务及社区文化全过程之中，才能在“社区”的空间范围内，提升思想政治教育的“回应力”[①]，推动社区思想政治教育的现代转型发展。

第二，问题导向。社区思想政治教育是在社区空间范围内展开的思想政治教育，与其他领域的思想政治教育相比，最大的特殊之处就在于“社区”。社区思想政治教育不仅关照社区建设的战略规划，还牵涉社区建设的制度设计与政策实施，以及微观层面社区居民的思想观念与道德规范。然而，社区思想政治教育并不是国家“硬性”通过制度设计将其融入社区建设过程之中，而是需要“柔性”回应社区建设与发展过程中的日常问题，提高社区居民思想政治教育的体验感与获得感。社区思想政治教育不应当是停留于理论教化，思想政治教育只有与社区日常生活结合起来，及时回应居民的问题需要，才能在社区建设中立住脚跟、站稳阵地。从实际调查来看，但凡社区思想政治教育处于弱化状态的，大多是脱离社区居民日常需要，无法回应具体的问题诉求的；但凡社区思想政治教育积极进取的，大多是结合社区居民日常需求，能够及时地解决社区居民日常生活问题。因此，问题导向成为推动社区思想政治教育转型发展的重要路径。

第三，社区为本。思想政治教育在全国范围内普遍存在，有高校思想政治教育、军队思想政治教育、政府思想政治教育、企业思想政治教育及社区思想政治教育等。在不同的领域，展开思想政治教育，存在不同的任务、不同的理念、不同的目标、不同的方法。具体到社区来说，展开社区思想政治教育，需要立足社区发展的基本特点，结合社区居民的日常需求，运用社区工作的主要方法，整合社区建设的多元诉求，使思想政治教育能够在社区当中落地生根。社区思想政治教育需要坚持“社区为本”，在思想政治教育的主体、客体、要素及环境等不同组合中，注意到“社区”这一载体。社区思想政治教育，首先是关于“社区建设与社区发展”的思想政治教育，而不仅是关于“思想政治”的社区工作。[②]社区思想政治教育的主体、客体、要素及环境，均是“社区”，而不是“思想政治”。在社区思想政治教育中，“思想政治”只是方法、手段与对象，需要通过“思想教育、政治教育及道德教育”来促进社区建设与发展。

社区思想政治教育转型发展，需要在“坚守底线”的基础之上“积极进取”，需要“国家视角”与“社会视角”的融合，需要从社区建设视角下的思想政治教育转向思想政治教育视角下的社区建设。一方面，社区思想政治教育是社区建设

---

① 叶方兴：《论提升思想政治教育的社会回应力》，《思想理论教育》2015 年第 3 期，第 60—64 页。

② 社区思想政治教育中的“社区”，存在本体论与方法论两个指向，只有将这两个指向的社区思想政治教育统一起来，才能在促进社区建设的同时，强化思想政治教育。

与思想政治教育的结合，在当代中国社区建设的大背景下，只有推进思想政治教育视角、方式、目标、理念的转型，才能进一步促进社区与思想政治教育的有机融合而不是机械叠加，才能使思想政治教育“进社区”；另一方面，社区思想政治教育是思想政治教育在基层社区的具体展现，直接关联着思想政治教育的体验感与获得感，思想政治教育需要“进社区”，进而促进国家、社区及居民的互动。社区思想政治教育转型，是“社区建设”与“思想政治教育转型”双重叠加作用的结果，是“坚守社区建设底线”与“思想政治教育积极进取”的契合点，是思想政治教育“社区转向”的具体体现。

社区思想政治教育转型发展，不仅是“社区思想政治教育的机制重建”①，更是思想政治教育“进社会”“进社区”，以及培育“社会思维”②的反映。然而，社区思想政治教育的特殊性就在于，在强化国家与个体互动的同时，还要看到“社区”，在“社区”实现国家与个体的连接互动。社区思想政治教育中的“社区”，不仅仅是一种空间单位，更是一种思想政治教育的载体、中介及目标。与其他领域的思想政治教育相比，社区思想政治教育的载体是社区工作，中介是社区管理、社区服务、社区文化等各类社区组织，目标是通过思想政治教育来提高社区居民的“社会性”，进而实现国家与个体的互动，在社区落实国家为人民服务的理念。社区思想政治教育表征着国家、社会与个体三者之间的结构关系与有机互动，而不仅仅是传统思想政治教育所折射出的“国家—个体”的直接关联与单向灌输。因此，社区思想政治教育是一种突破传统思维方式，“关照社会、整合社会”③的现代化思想政治教育。

习近平总书记指出：“社会治理的重心必须落到城乡社区”。④自中国共产党成立以来，思想政治教育始终作为城乡社区建设的重要内容而持续发挥作用。在新时代，社区思想政治教育是一种带有“社会性”⑤的战略规划，标志着以“国家”为主导的传统思想政治教育向以“社会”为关照的现代思想政治教育转型。换言之，社区思想政治教育突破了传统思想政治教育的认识方式与思维模式，在“国家—个体”之间融入了“社会”的基因，试图以“社会”为载体、中介与动力，重构“国家—社会—个体”三者的结构关系，推动思想政治教育的转型发展。社区思想政治教育转型，需要在“坚守底线”的基础之上“积极进取”，需要在社区空间与社区制度框架范围内，培育社区角色与社区身份，通过国家与社区的连

---

① 戴锐：《社区权威的生成机制变迁与社区思想政治教育的机制重建》，《河海大学学报（哲学社会科学版）》2010年第2期，第6页。

② 孙其昂：《社会学视野中的思想政治教育》第2版，科学出版社2017年版，第5页。

③ 任建英：《新时期如何开展社区思想政治教育》，《探索与争鸣》2000年第8期，第7—15页。

④ 中共中央宣传部编：《习近平总书记系列重要讲话读本（2016年版）》，人民出版社2016年版，第225页。

⑤ 戴志伟：《社区思想政治教育有效评价研究》，《湖北社会科学》2008年第11期，第188—191页。

接、社区与个体的互动，重构国家、社会与个体的关系。现代思想政治教育的转型发展，受到了当代中国社会转型与社会变迁的内在驱动，同时大数据、人工智能等因素，都对社区思想政治教育提出了新的诉求，如虚拟社区中的思想政治教育、数字化社区治理下的社区思想政治教育建构，以及社区共同体精神的激发和培育等，社区思想政治教育要回应并顺应这一现实诉求，实现自身实践逻辑的转型。未来，社区思想政治教育还将持续发挥作用，并将全方位地融入城乡社区建设，为当代中国城乡社区建设开辟道路、指明方向。

✎ 问题与讨论

1. 什么是社区思想政治教育？
2. 社区思想政治教育的目标与途径是什么？
3. 社区思想政治教育的经验和问题有哪些？
4. 社区思想政治教育的双重逻辑是什么？
5. 阐述社区思想政治教育的新动向、新发展、新趋势。

第八章　社会组织思想政治教育

社会组织是社会的基本要素，是人类活动的基本方式和载体。现代社会是组织化的社会，社会组织思想政治教育是思想政治教育社会学的基本议题。我国在“十四五规划”中强调要发挥群团组织和社会组织在社会治理中的作用，畅通和规范市场主体、新社会阶层、社会工作者和志愿者等参与社会治理的途径。党的十九届五中全会提出：“加强和创新社会治理。完善社会治理体系，健全党组织领导的自治、法治、德治相结合的城乡基层治理体系，完善基层民主协商制度，实现政府治理同社会调节、居民自治良性互动，建设人人有责、人人尽责、人人享有的社会治理共同体。”[①]伴随着深刻的社会变革，人们逐步超越以往单一的家庭、学校、单位等归属，而日益融入社会组织生活之中。思想文化是社会组织的灵魂，缺乏思想政治教育的社会组织，就像无根浮萍，缺少持续生存发展的根基。社会组织的灵魂建设，即思想政治教育尤为关键，只有筑好根基，才能垒起大厦。因此，思想政治教育在社会组织思想文化建设中有着重要的作用与意义。

第一节　社会组织思想政治教育地位

何为社会组织思想政治教育？这是开展社会组织思想政治教育所要厘清的重要问题。社会组织思想政治教育是指社会组织群体为实现或巩固统治、管理，保障社会的有序发展，有目的地向社会组织及成员施加思想政治影响，实现对社会组织的价值观引导，以提升社会组织成员的政治意识水平、形成良好的思想品德，促进社会和个人发展的教育实践活动。总之，通过形式多样的活动及社会行动，社会组织将其自身所蕴含的思想资源传递给了社会组织成员及社会成员，发挥着一定的价值引领作用。

① 中共中央党史和文献研究院编：《十九大以来重要文献选编》中，中央文献出版社 2012 年版，第 811 页。

一、社会组织的概念

基于观察角度的不同，不同学者对于社会组织的认知也有着一定的差异。王名提出了社会组织的“功能—结构—属性”定义。他认为社会组织是指那些承担了一定的社会功能但独立于政府体系之外的众多组织形式的总称，具有非营利性、公益或互益性、志愿性及非政府性四大特征。[①]胡春森认为社会组织是指企业、政党、行政组织以外的，由社会单位或公民个人依照相关法律法规自愿发起成立，并按照其章程进行自我管理的社会单位，它具有非营利性、自愿性、组织性等特点。[②]本书认为社会组织是公共关系的主体，是公共关系的三大构成要素之一。公共关系学所称的社会组织是狭义的，它是人们为了有效地达到特定目标按照一定的宗旨、制度、系统建立起来的共同活动集体。它有清晰的界限、明确的目标，内部实行明确的分工并确立了旨在协调成员活动的正式关系结构，如政党、政府、企业、商店、工厂、公司、学校、医院等。

首先，关于社会组织的特征。社会组织具备清晰的界线、明确的目标及分工、正式的关系结构，其特征介绍如下。

（1）特定的组织目标。组织一般有明确的、具体的目标，人们围绕某一特定的目标才形成从事共同活动的社会组织。组织目标是组织活动的灵魂，它可以是单一的，也可以是具有内在联系的目标体系。

（2）一定数量的固定成员。社会组织是由两个及以上的个体组成的系统。组织成员是相对固定的，成员明确地意识到自己属于某一组织，社会组织如无固定的成员就失去了自身存在的实体基础。成员进入或退出一个组织必须按照一定的程序进行。组织成员资格的取得一般都要经过组织的考核与审查。

（3）制度化的组织结构。为了实现特定的目标并提高活动效益，社会组织需要具有根据功能和分工而制度化的职位分层与部门分工结构。只有通过不同职位的权力结构体系，协调各个职能部门或个体的活动，才能顺利开展组织活动并达到组织目标。

（4）普遍化的行动规范。它一般是以章程的形式出现，并作为组织成员进行活动的依据。组织的行动规范是每个成员必须遵守的，它通过辅助的奖惩制度制约组织成员的活动，以维护组织活动的统一性。

社会组织是一个开放的系统，就每一个社会组织来说，不仅自身要与周围环境进行物质、成员、信息的交换，还要根据与其他组织的关系，组成不同的组织

---

① 王名：《社会组织论纲》，社会科学文献出版社 2013 年版，第 86 页。

② 胡春森：《浅议思想政治教育在中国特色组织文化建设中的作用》，《商》2016 年第 14 期，第 345—346 页。

体系，在更大的范围内和更高的水平上与外界环境进行各种形式的交换。一个组织如果自我封闭，组织的生命就会受到限制。社会生活中实际存在的工厂、机关、医院、学校、商店等都是社会组织的具体形式。

其次，关于社会组织的分类。在当今世界各国的社会生活中，活跃着一类以非政府性、非营利性、志愿性、自治性等为主要特征的社会组织及其活动。这类社会组织在各国均有所体现，在美国称之为非营利机构，在英国称之为公共慈善机构，在德国称之为志愿机构，在法国称之为社会经济机构，在瑞典称之为国民社会机构，在日本称之为公益法人，此外还有第三部门、非政府组织、市民社会、独立部门、免税组织、域（志愿域）、利益集团等称谓，并且各自所涵盖的内容、范围、分类方法、组织运作方式和机制，以及与政府的关系和政府的态度等，也都存有较大的差异。国际上关于社会组织的分类以及我国关于社会组织的分类介绍如下。

（一）国际上关于社会组织的分类

社会组织的分类是界定社会组织外延的基础。在国际分类体系中，有联合国国际标准产业分类体系，欧共体一般经济活动产业分类体系和非营利组织国际分类体系三种。其中，非营利组织国际分类体系在学术界得到普遍接受和认可。根据经济、显著性、精确性、完整性及组织的力量五大标准将社会组织划分为 12 组类和 27 亚类。

美国根据免税团体分类体系，以各类社会组织的不同税收地位和活动性质，把社会组织分为教育、健康、心理健康、疾病失序、医学研究、犯罪法律、就业、食物健康、住宅安置、公共安全与灾难准备、娱乐活动、青年发展、人力服务、艺术文化、环境、动物相关、国际、民权宣导、社区改进、慈善、科学研究、社会科学研究、宗教服务、互益服务以及其他公益活动等 25 类。日本的社会组织则分为 9 类，分别是公益法人、社会福利法人、学校法人、宗教法人、医疗法人、特殊法人、公益信托基金、共同组合及市民团体。各国依据文化背景、历史传统、基本制度以及社会认知程度、社会自治组织能力等方面的区别，即基本国情的不同，对社会组织的定义及分类存在差异。

（二）我国关于社会组织的分类

我国的社会组织分类有三种划分标准：第一，依据社会组织登记管理制度依法将社会组织划分成社会团体、基金会和民办非企业单位三类。其中，社会团体是公民个体或者企事业单位按照需求所成立的，吸收和自身属性相同的会员，同时根据事先制定的章程规定进行管理并且组织活动的一种团体，如学会、行业协会等。基金会主要通过法人、居民个体以及其他组织的捐赠来组织各类公益活动，是一种根据法律规定与流程创建的不以营利为目的的法人，其主要分为公募基金会和非公募基金会两种。民办非企业单位则是指企业事业单位、社会团体和其他社会力量以及公民个人利用非国有资产创办的，从事非营利性社会服务活动的社会组织，如各类民办学校、医院、图书馆、纪念馆等。第二，依据联合国国际分类体系，从社会组织活动范围出发，社会组织被分为科技与研究、生态环境、教育、卫生、社会服务、文化、体育、法律、宗教、工商业服务、农业及农村发展、职业及从业组织、国际及涉外组织和其他等 14 类。第三，依据社会组织的构成和制度特征，社会组织又分为会员制和非会员制。结合我国具体国情，社会组织有以下分类原则。

第一，全面性与正规性的原则。一个科学的组织分类体系，必须覆盖该社会的所有组织，而不能顾此失彼、重复或遗漏。同时，鉴于组织的多样性，按一般惯例，将非正规的临时性组织（如临时的集会、聚会、民间的集市、庙会等）以及存在于正式组织中的许多非正式组织（这是现代组织学所要研究的对象）排除在组织分类体系之外。换言之，组织分类体系只是解决正式组织的分类问题。

第二，兼顾现实与发展的原则。一种科学的组织分类体系，既要能够界定现实社会中业已存在的各类组织，又要能够适应并反映社会发展后组织类型调整、变化的要求，将变化发展了的组织纳入分类体系之中。同时，科学分类既要建立在基本国情之上，也要充分考虑与国际社会的可比性。

第三，边界清晰的原则。一个科学的组织分类体系，应尽可能选择最具本质意义的、有着明显边界的指标作为分类的标准，并且能够为最广大的社会公众理解与接受。

第四，指导实践的原则。一种科学的理论思想、学术观点，只有当其能很好地指导实践时才有意义。组织分类的意义在于，认识其实质性的区别，在社会管理实践中加强分类管理、分类指导或引导，更为重要的是要区别政策与对策，以利于组织的发展。

根据上述基本原则，中国新的组织分类体系见表 8-1。

表 8-1 中国社会组织分类体系表

	Ⅰ政府型社会组织	Ⅱ非政府型社会组织
社会组织	1.政权组织：中国共产党及各参政党、人大、政府、政协、军队、司法、人民武装等 2.人民团体组织：工会、妇联、共青团、工商联、侨联、台联、科协、文联等 3.对外团体组织：对外友协、贸促会等 4.国有事业组织：科、教、文、卫、体等各类国有事业单位	1.学术性社团组织：各类学会、研究会 2.行业性社团组织：各类行业、专业、产品协会，商会，各类同业公会等 3.专业性社团组织：各类由专业人员或专业技术人员、专门资金组组成的社团组织

二、社会组织与思想政治教育的关系

有人的地方就有思想的碰撞，社会组织本身有思想政治教育职能，社会组织在社会中也有思想政治教育的职能。思想政治教育可通过社会整合所产生的社会组织再组织化。社会组织与思想政治教育之间的关系有差异性的存在，也有契合性的存在，共同统一于社会主义社会建设中。

（一）社会组织活动与思想政治教育之间的差异性

从思想政治教育和社会组织活动两者的发展状态中可以看出，社会组织活动并不像思想政治教育那样与党的文化同源。党的思想政治教育产生在战火硝烟的革命年代，党通过基层宣传与文化动员，将党的发展同群众路线相结合。党的思想政治教育从创立、形成并逐步趋于成熟，历经跌宕，在曲折中谋求转机，有着深厚的马克思主义理论色彩、中华文化底蕴及时代内涵。诸多类型的社会组织则是依托本土的资源设立的。多年来，社会组织没有形成一个整体的、良性循环的社会组织公益文化，长久处于混沌的原生状态。社会组织难以发展壮大的根本原因之一就是没有在把握本地群众文化生活和民族文化的前提下进行两者的深入结合，简言之，就是与基层文化存在脱节。可以说，群众文化的作用范围和力度是两者存在发展差异的基础。

社会组织活动和思想政治教育所要解决的主要矛盾不同。思想政治教育要解决的主要矛盾是社会所要求的思想品德和受教育者现有的思想品德状况之间的矛盾，它包括教育者、受教育者、教育内容、教育载体、教育方法、过程要素之间的矛盾。社会组织所要解决的主要矛盾偏向于怎样更好地在政府的管理和支援下从事其自身感兴趣的组织活动。两者存在的意义和追求的目标处在两个不同层面。

社会组织活动和思想政治教育范畴不同。思想政治教育以个人与社会、思想与行为、教育者与教育对象、内化与外化、教育与管理为活动范畴；社会组织则以组织目标、组织结构与机制、组织的管理、组织的资金预算、组织项目的运作等作为主要的活动范畴。

（二）社会组织与思想政治教育之间的契合性

社会组织和思想政治教育有着共同的基础经济关系和群众社会，以及各个不同领域的文化持有者及群众。在两者的内在属性中，社会组织活动和思想政治教育的主体都是“人”，都受“人”的组织和管理，两者具有契合性。

1. 社会组织的思想政治教育性

社会组织存在并活动于社会“公共领域”，“公共领域”既是政治话语，又是文化思想、经济社会的话语。社会组织这一概念置身于文明史、文化史、政治史、制度史、经济史、社会史和思想史的背景中。因此，社会组织应该具有政治文化、民族文化、社会管理和思想教育的属性。社会组织由社会民众组成，因此也具有组织人格。总之，社会组织在其活动的过程中具有一定思想政治教育性。

在市场经济的发展过程中，衍生出四大社会问题：①贫富差距，涉及政府收入和居民收入、城市居民收入和乡村居民收入；②就业、教育、医疗、住房等基本民生问题；③经济失衡，重大比例关系如投资需求和消费需求、生产能力和需求能力、资本利润和劳动报酬的失衡；④潜藏的危机，经济运行在反复的“膨胀—收缩”中非良性循环。社会组织是民众实现自我治理的平台。社会组织自身的章程通过自律和激励性的规定，凭借制度、舆论导向、文化传统和道德规范等保障措施实现社会治理。这些治理的保障措施的核心内涵是要发挥民众的自主性、民主性和首创精神，需要通过思想政治教育来培养塑造。

社会组织作为一个社会生态圈，是相互信任关系、发达的社会纽带以及人们合作能力的体现与培养场所。它同组织机构本身表达着人类一种特殊的价值观。社会组织在提供志愿服务的同时，释放出市场上不存在的“爱”。社会组织的“爱”与特殊价值的社会形态亦需要思想政治教育参与进来。

社会组织成功运行要求社会组织成员具有良好稳定的政治观念、职业道德、伦理品格等素质。社会组织的思想政治教育侧重社会组织及成员在态度、情感、意志、信念、性格、气质等方面的交流，促进组织成员的理想信念、道德情操、成就动机、求知欲望、学习热情等非智力因素的形成。

2. 思想政治教育的社会组织性

思想政治教育的社会组织性指思想政治教育对社会组织的影响及组织功能，对社会组织的组织建设和社会功能发展具有积极意义。思想政治教育所实现的社会组织管理，更多体现的是一种思想管理、精神管理。虽然思想政治教育具有浓厚的阶级性、政治性，但不排斥管理性，孙中山说过：“政治两字的意思，浅而言之，政就是众人的事，治就是管理，管理众人的事便是政治。”[①]思想政治教育主要从事思想政治的灌输，但正是这种思想政治的灌输，使人提高认识，实现组织的协调与合作。

---

① 孙中山：《孙中山选集》，人民出版社 1981 年版，第 692 页。

社会组织人力资源管理的最大优点与难点在于，既要激励员工的工作热情，又要赋予工作以特殊的意义。因此，社会组织对工作人员的素质要求是：较高的社会使命感和道德自律。思想政治教育具有社会组织“生命线”的地位和价值，发挥着巩固和发展社会组织思想导向、精神动力、关系协调、政治保证的作用，担负着社会组织发展理论灌输、思想疏导、道德教育、心理激励的职能，是政治属性与管理属性、社会价值与个体价值、规范功能与动力功能的辩证统一。

三、社会组织思想政治教育的地位体现

社会组织思想政治教育的地位是多方面的，既是思想政治教育体系的内在要求，也是社会组织及社会对思想政治教育的要求，可以成为思想政治教育体系与社会各部分思想政治教育的相互补充和协同。社会组织思想政治教育的地位可以从以下方面体现出来。

第一，社会组织思想政治教育是思想政治教育自身发展的内在要求。我们正处于一个多样化发展的时代，生活方式、信息、价值观、道德、经济利益都呈现出多元化的发展趋势，这些都影响着思想政治教育的理念、内容、原则、策略、途径、方法等。传统的思想政治教育主要由党和政府统一安排，以灌输和理论教育为主，新时代条件下社会条件发生变化，如封闭环境已经被打破、教育内容在调整、教育方式在改变、思想政治教育诸领域在进行改革和创新。因此，社会组织要做的就是理念创新，根据新时代的实践需要，吸收借鉴，探索新的历史条件下有效的新观念、新方法，通过多种形式来传达自己的政治思想和目标。在这种趋势下，具有灵活性和社会性的非营利组织自然而然就需要参与到思想政治教育中去。

第二，社会组织思想政治教育是社会组织文化建设的重要保证。社会组织思想政治教育如同船舵一般，能够保证航船前进的方向。社会组织思想政治教育决定社会组织文化建设的指导原则，引领组织文化建设的方向，是社会组织文化建设沿着正确道路发展的重要保障。完整的社会组织文化包含组织观念层、制度行为层、行为方式层三个层次。社会组织文化建设是一项复杂的工程，需要一定的外部和内部条件。社会组织的外部条件就是宏观大环境，内部条件就是社会组织内部的微观小环境。思想政治教育在社会组织文化上的突出作用正是为建立社会组织文化创造良好的条件，就是将社会组织的宗旨和目标落实在具体工作措施上，从运行机制以及管理体制上确保社会组织正常工作，通过一系列手段来实现社会组织的目标，体现社会组织的价值。思想政治教育可以保证社会组织活动顺利进行，比如社会组织面临重组或者合并时，可以运用思想政治教育来说服组织成员。

思想政治教育可以为社会组织提供重要的保障。因此，健全和规范社会组织思想政治教育，既可以充分发挥思想政治教育凝聚人心的作用，又可以发挥组织文化建设的黏合剂作用，真正使新时代社会组织思想政治教育与社会组织文化建设融为一体，相互促进，在进行社会组织思想政治教育的同时，发展中国特色社会组织文化。

第三，社会组织思想政治教育是社会其他领域思想政治教育的重要补充。思想政治教育包括显性教育和隐性教育。显性教育注重理论和方针政策的宣传和解说，而隐性教育则强调以活动为载体，对人们进行引导。两者各有优势和特点，显性教育目的明确，更容易为人们所掌握，但是枯燥乏味，往往激发不了人们学习的兴趣。隐性教育正好能弥补其不足，虽然不如显性教育那样有明确的教育目的，但是只要运用得当，往往能达到更好的效果。社会组织思想政治教育是社会思想政治教育的重要组成部分，社会组织思想政治教育既为自己服务，也是社会思想政治教育环境的重要组成部分并发挥环境建设作用。这是社会组织思想政治教育具有隐性意义的原因。

第二节　社会组织思想政治教育实践

社会组织思想政治教育是思想政治教育实践的重要场域，是思想政治教育社会化的重要一环。叶方兴从分析“社会化”入手，将思想政治教育社会化理解为思想政治教育需要利用社会诸要素的有机链接、协同配合、关联互动等社会化的实践方式，在实现思想政治教育与社会融合的过程中，对现实的社会活动及现实的社会关系进行思想政治教育，要扬弃个别化、抽象化、非现实的思想政治教育状态[①]。民政部统计数据显示，截止到2021年第三季度，中国社会组织总数已经达到901 733个。中国社会组织如雨后春笋般增长，呈现蓬勃发展的气象。社会组织成为一股不可忽视的重要力量，党的十九大将社会组织作为新时代全方位参与国家建设的重要力量，将其纳入中国特色社会主义“五位一体”事业的总体布局中，赋予了社会组织崭新地位和重要价值。党的二十大报告中则进一步指出要完善社会治理体系，健全共建共治共享的社会治理制度，构建多元主体共同参与的社会治理共同体。社会组织作为新兴的社会力量，对维护社会稳定，促进社会发展有着重要作用，其同样是思想政治教育实践的新场域。因此，重视社会组织思想政治教育实践有助于我国的思想政治教育融入社会，促使思想政治教育在全

---

① 叶方兴：《思想政治教育社会化：一个概念的辨析与理解》，《学校党建与思想教育》2017年第4期，第12—18页。

社会的全面发展。

一、社会组织思想政治教育实践内容

社会组织思想政治教育作为思想政治教育的重要组成部分，其思想政治教育实践同样是以政治教育、思想教育、道德教育等内容为主。

（一）政治教育与民主实践

实践是认识的基础，是认识的来源与检验认识真理性的唯一标准。社会组织思想政治教育活动将理论置于一定的社会情境之中，通过自身的活动机制，为组织成员的民主实践提供了一定场域,从而促使了组织成员公民意识的激发与培养。具体来说，现代社会组织成员在社会组织里都平等享有一定的权利与义务。社会组织赋予了成员就具体事务自由表达意见的权利，而这种民主协商的参与方式可以培养社会组织成员的权利意识，使他们在讨论与协商社会组织的具体活动和民主实践过程中提升其行动能力。与此同时，社会成员在解决共同事务的过程中通过彼此信息的交流与汇集，会更加深入地了解社会和国家，从而有助于他们感受到作为公民应当具有的权利和义务，无形中接受了政治教育。

（二）思想教育与价值引导

思想教育是以世界观、人生观、价值观为主要内容的教育。社会组织思想政治教育实践往往便是对组织成员及其他社会成员的思想教育与价值引导。思想与精神是触及人的本质的东西，最不容易被改变。因此，思想教育必须要从尊重人的思想并认清人的本质入手，以达到改变思想之目的。现代社会组织作为由个体自由结社形成的自治性空间，其本质上是一种在思想层面有着一定共通性的集合体。社会组织通过组织体的联结机制成功将孤立的个人集合起来，组织成员加入社会组织的行为就表征着其个人对共同体意志的认同与服从，因此社会组织本身就带有价值引导的思想政治教育功能。

（三）道德教育与品性养成

道德教育是依据一定的伦理思想和道德规范对受教育者施加影响，以提高道德认知、陶冶道德情操、锤炼道德意志、确立道德信念、养成道德行为，从而将社会的外在要求内化为个体的道德观念、道德情感和内心信念，再外化为个体的具体行为，帮助受教育者培养良好的道德品质、道德人格和道德精神的教育。社会组织所进行的公益性、利他性活动承载着社会的道德理想和道德价值。社会组织成员正是在社会组织的活动中培养起责任、宽容、合作和团结的精神，形成了自我管理、自我发展的习惯和能力。[①]社会组织对组织成员的道德教育构成了社会组织思想政治教育实践的重要内容。社会组织作为一定组织成员自愿、自主成立的自治共同体，有着一定的道德准则与行为规范，并在社会组织的活动中，通过实践将外在道德要求转化为内在的道德品行。正是通过这样一个道德塑造的有机过程，社会组织成员走上了自我发展完善的品行养成之路。

二、社会组织思想政治教育实践问题

进入 21 世纪以来，社会组织呈现蓬勃发展的气象，但由于各种原因社会组织在思想政治教育实践上还存在着一定的问题。2021 年 3 月，民政部在全国范围内部署开展为期 3 个半月的打击整治非法社会组织专项行动，会同 21 部门联合印发《关于铲除非法社会组织滋生土壤 净化社会组织生态空间的通知》。专项行动期间，民政部门共核查涉嫌非法社会组织 3852 家，其中取缔 600 家，劝散 1448 家，自行解散 203 家，引导登记 544 家，曝光 111 批次 1057 个涉嫌非法社会组织的名单。诸如“郭美美事件”“中国国学院事件”等，对社会造成了恶劣影响。深入调查社会组织思想政治教育实践存在的问题，有助于社会组织加强对自身的管理，提高社会公信力，增强社会组织思想政治教育的实效性。

（一）社会组织思想政治教育实践问题的表现

第一，社会组织成员政治思想觉悟不够高。许多人认为社会组织是基层社会自发参与社会公共服务的一种工具，并不具有政治倾向。社会组织内部也有这类思想，思想政治觉悟不够高会导致社会组织成员法律意识淡薄。现如今社会上有许多慈善机构通过募捐等各种活动为需要帮助的人们提供服务，但社会组织自身建设的问题，导致社会大众对这些慈善机构普遍抱着怀疑的态度。由此可见，社会组织成员的政治思想觉悟与社会组织的社会作用是有关联的。

第二，社会组织管理制度不够完善。每一个组织的存在都应该制定相关的管理制度，制度是约束组织成员的有效工具。社会组织制度是指社会组织在进行长期的社会活动中在各因素的制约下形成的一套组织自我调节的运行准则。社会组织都有着自己的规章制度，规定着组织的相关要求，但是目前还存在一些组织的

① 龙静云：《我国社会道德共同体及其型构策略》，《中州学刊》2015 年第 1 期，第 84—91 页。

管理制度不够完善。一些组织因制度欠缺而出现组织成员违背组织建立的初衷，甚至是出现违法乱纪的行为。

第三，社会组织的实践方式较为单一。社会组织思想政治教育实践大多数采用的方式是以组织内部的党组织为核心，定期对社会组织成员开展思想政治教育活动。党组织以上课或会议的形式，向组织成员传递党和国家最新的思想政治指示与精神，组织成员学习领会这些思想。这种灌输式教育实践方式的内容一般比较枯燥，组织成员在接受教育时无法对教育内容进行更深层次的了解，对组织成员的社会行为的影响比较有限。同时，这种教育方式会因为组织成员的教育背景、社会环境等因素的不同，导致组织成员在某些方面不能很好地认同政治教育中的理念，甚至有一些与国家思想政治教育所传递的思想理念相违背的观念。通过理论教育的单一方式无法使社会成员转变认识，达到思想政治教育的目的。

第四，自身利益驱动。个人功利主义在现代化社会仍然存在。处在社会大集体中的社会人总是会从自身的角度出发考虑问题，为自己谋求最大化的利益。市场经济的产生和发展在为中国特色社会主义提供新的发展思路的同时也带来了一些负面的影响。目前社会组织利益驱动所表现出的问题主要体现为：有些社会组织成员为维护个人利益贪污腐败、假公济私，一方面打着慈善的幌子欺骗社会公众，另一方面欺骗组织内其他成员为自己谋福利，近些年社会组织因贪污腐败问题被社会报道的现象时有发生。

（二）社会组织思想政治教育实践问题的形成原因

社会组织思想政治教育实践活动存在的问题，有些形成于社会组织建立之初，有些则随着社会的发展，随着社会组织在国家发展战略中地位的提升而更加突出。充分挖掘社会组织思想政治教育实践问题形成的原因有助于党和国家加强对社会组织的管理。

第一，党组织尚未实现全覆盖。社会组织的主要任务是完成相应的社会活动，为社会创造价值。部分组织并不重视社会组织的党建工作，未认识到党建工作的政治核心作用。社会组织管理条例中指出登记在案的社会组织中有 3 人以上的正式党员应建立党的基层组织。党组织负责本组织成员的思想政治教育。但截止到 2021 年，超过 90 万个的社会组织之中，只有 17.1 万个社会组织成立了党支部。[①]社会组织中有很大一部分不满足建立党组织的要求，在这些组织中党建

---

① 中共中央组织部：《2021 年中国共产党党内统计公报》，2022 年 6 月 29 日，https://www.12371.cn/2022/06/29/ARTI1656486783270447.shtml。

工作无法全面展开，随着社会组织数量的增加，这将会给社会组织的治理工作带来困难。社会组织思想政治教育应在党组织的带领下完成，但党员数量较少，社会组织思想政治教育力度会明显不足。

第二，实践方法创新力不足。社会组织思想政治教育实践最终的成果如何，仅依靠单一的理论教育的方式是远远不够的。社会组织必须改变原有的枯燥乏味的方式，依靠多种教育方式来促进组织成员思想政治觉悟的提升。社会组织思想政治教育的教育方式普遍比较单一。社会组织进行思想政治教育的方式主要有上课或会议、文件发放学习、组织宣传教育等。这些方法对组织成员对教育内容的接受程度、接受效果都无从考量。网络技术为思想政治教育实践方式提供了新的可能性，但是目前社会组织很少利用网络的功能，这不利于社会组织的发展。思想政治教育实践应该具有多种多样的实践方式。虽然有些组织也在进行其他实践方式的探索，但是大部分活动都是以娱乐消遣的方式进行，活动结束后没有对活动主题进行很好的总结，起不到实质性的作用。

第三，监管体制不够健全。社会组织作为基层组织中的重要组成部分，对其进行监管是保证社会安定和谐的重要前提。目前社会组织蓬勃发展，但是相应的监管体制尚未健全。首先，社会组织的相关法律法规并不健全。这已经无法满足目前社会组织大量涌现的形势需要。现有的法律法规下，民政部门能够对社会组织的申请工作做到详细地审核，但是对审核通过的社会组织的管理力度仍相对欠缺。党的十八大以来我国加强了对社会各方面贪污腐败现象的查处力度，一旦查到贪污现象的存在，就会进行严厉的处罚。其次，政府部门对社会组织的监管体系不健全。在这一方面政府应该加强各部门之间的合作和协同管理，社会组织登记注册后，相关的部门需要对社会组织的工作进行监督管理，确保社会组织按照该组织的宗旨和任务进行相关的社会活动，尤其是注重该社会组织的资金流动情况，避免贪污现象的出现。

通过对社会组织存在的问题及其原因进行分析，其形成的原因主要可以分为两部分：一是组织内部存在一些不规范的行为以及组织内部成员个人导致的组织问题；二是有关部门对社会组织的法律规范以及管理等也存在不足。通过对这些问题的探讨，可以让社会组织进行更加深入的自我了解，同时党组织也能针对这些问题进行相应的整改，完善监管制度，改进社会组织思想政治教育的工作。

三、社会组织思想政治教育改进路径

社会组织思想政治教育近些年才刚刚起步，在成员政治觉悟不高、制度不健全、教育实践方式单一等一系列问题上需要探寻新的教育实践方式来完善和健全社会组织的思想政治教育，促进社会组织与党和国家保持齐心协力，共同为人民服务。社会组织思想政治教育实践方式需要在社会组织的长期发展中不断完善。根据目前社会经济发展状况和社会组织所存在的问题，应该从两个角度出发进行讨论，一是社会组织对组织内部成员进行思想政治教育的新的实践方式；二是社会组织参与到社会其他组织中进行思想政治教育的实践方式。

（一）组织内成员思想政治教育

从组织内部的角度出发，对组织成员进行思想政治教育的实践方法，将组织成员作为社会组织的核心组成部分，通过建立学习型组织、实行价值实践法、运用制度实践法等方式开展社会组织内成员的思想政治教育。

第一，建立学习型组织。学习型组织是指组织通过培养良好的氛围促使组织内部成员充分发挥创造性思维能力，为组织建设提供有效的建议。学习型组织强调系统思考、心智模式、自我超越及共同愿景等方面[①]，组织建立学习型组织是适应现代组织发展的时代要求，能够有效地适应现代化、信息化、知识化的时代发展要求。它强调组织成员进行自我修炼，提升个人素质，促进人的全面发展。与思想政治教育培养有理想、有道德、有文化、有纪律的社会主义接班人在目标上不谋而合，建立学习型组织对社会组织思想政治教育实践具有实际意义。社会组织在建立学习型组织时要注意以下几点。

（1）重视思路创新。思想政治教育的思路创新需要从整体出发，同时优化组织结构，坚持开放合作，这要求组织整合内外部力量，对组织队伍进行整顿，充分利用有效的研究方法和工作方式，建立系统的功能，对组织进行管理。同时，还需要向其他组织、团队进行学习，集思广益，保持开放合作的态度在社会大环境中汲取养分。

（2）培养心智模式。心智模式是指深植我们心中关于自己、别人、组织及周围世界每个层面的假设、形象和故事。组织成员的受教育程度对社会组织成员的心智模式有重要的影响，培养心智模式需要组织成员创新工作方式，向他人学习，从实践中学习，在参与社会服务中发掘新的学习方法，提高自己的思想政治觉悟。

（3）建立共同愿景。共同愿景是组织成员在个人愿景的基础上升华而生成的，因此受到个人目标的影响，组织成员需对组织愿景高度认同，这有助于组织成员积极参与社会组织的活动，产生强大的凝聚力、创造力和导向力。组织愿景

---

① 段海超、徐泽敏：《学习型组织理论视角下的思想政治教育创新》，《高校理论战线》2012 年第 11 期，第 50—53 页。

是蕴含在社会主义核心价值观中的，体现了社会群众的价值追求、价值取向和价值规范。

（4）营造组织学习型文化氛围。营造组织学习型文化氛围需要从精神、使命、价值观理念三个角度着手，建立良好的学习制度及知识共享氛围，构建文化传播网络，促进共同学习。

第二，实行价值实践法。价值实践法的核心在于寓教于工作，即将社会组织所要传递给组织成员的思想政治观念与社会组织的公共服务、社会工作等任务相结合，以工作实践的方式启发组织内部成员思考社会组织的价值所在以及社会组织未来的发展目标。因此，社会组织需要积极策划和开展相关的有益于践行社会主义核心价值观及社会组织自身价值的社会公益活动，促使组织成员积极参与到活动建设中去，在活动中加强交流和沟通，定期开展行业调查以改善自身的不足，增加社会中公民的关注与认可。同时，价值实践法是对理论教育法一种良好的教育互补方法。理论教育能够让组织成员具有一定的理论基础，但是当遇到实际问题时，理论教育并不能够起到很好的现实作用，仅仅能够起到一定的指导作用，价值实践法则能够使组织成员将其所学到的理论知识转化为自己观察和处理问题的立场、观点和方法，在现实实践中检验理论的正确性。在价值实践的过程中，组织成员可以形成自己对组织的认识，加强个体与组织之间的契合度，增强对组织的忠诚度。

第三，实施制度实践法。制度实践法主要是在社会组织内部建立民主的制度，寓思想政治教育于制度及制度实践。社会组织在进行决策时以民主的方式做出决策。在此方法上社会组织以民主政治教育的方式引导组织成员积极参与到社会组织的民主决策中，按照科学的程序建立相应的组织部门从事决策活动。首先，建立制度实践法，应该培养组织成员的民主参与意识。组织成员作为社会组织的重要组成部分，其行为、价值观等都会对社会组织的发展产生重要的影响。组织在进行决策等重大活动时应该充分听取相关成员的意见，活动结束后及时进行总结，组织成员谈论感想，对活动中的不足之处总结教训。其次，民主制度的建立应具有规范化的流程。组织成员希望自己能够参与到组织建设中去，也希望自己能够通过自己的才能对组织做贡献，因此组织民主制度的规范化必不可少。民主制度的建立应该有规范化的流程，使组织成员对制度的具体细节充分了解，做到信息的完全公开化。组织需要建立一套完善的民主制度的流程，流程包括组织领导者、组织管理者选举的具体细节，便于组织成员有迹可循。

（二）社会组织参与其他组织的思想政治教育

促使社会组织参与其他组织的思想政治教育，首先是构建组织互动模式。社会组织参与其他组织的思想政治教育主要分为两方面，一方面是社会组织作为教育主体对其他组织（如高校等）进行思想政治教育，另一方面是作为教育对象接受其他组织的思想政治教育。在构建组织互动模式时，社会组织既要利用本组织的优势为其他组织进行思想政治教育，同时也应该借鉴其他组织的优势，并加以利用。构建组织互动模式应该避免流于形式，认清组织双方的优势，如社会组织参与高校思想政治教育时，高校担任的职能更多的是理论教学和科学研究，而社会组织担任的角色则应该是利用在社会工作中所积累的实际经验来为高校提供案例帮助，同时给高校师生提供社会实践的机会，帮助师生从实践中体会思想政治教育的理念。高校作为组织互动模式的另一方，可以帮助社会组织进行思想政治理论教育科学研究服务，发挥高校的思想政治教育优势。组织互动模式的建立能够有效地帮助组织双方取长补短，合作共赢，社会组织应该积极参与到组织互动中去，为未来发展赢得机会。

其次，要构建实践平台。社会上存在最多的组织间的实践平台，是高校师生参与到社会组织的活动中去，从活动中体验思想政治教育，提升自我素质。然而，社会组织参与其他组织的实践平台相对较少,因此社会组织也需要构建实践平台，以便于不同的组织成员之间相互交流，共同进步。实践平台的构建需要多方组织的共同努力，在构建平台时要注意其重点是组织活动的信息公布以及相关需求信息，组织之间通过平台及时进行信息传递。目前信息资源的不对称是影响社会组织政治教育成效的一个重要因素，社会组织由于本组织的局限性无法接收到其他组织先进的思想理念，导致组织成员故步自封，跟不上时代发展的最新理念要求。通过构建实践平台，多组织之间在平台上进行多渠道交流沟通有助于打破“信息孤岛”的现象，进行多方面的交流合作。同时，实践平台不仅为社会组织之间提供了沟通渠道，也为党和政府加强对组织的监督和管理提供有效的途径。政府可将需要传递给社会组织的信息在实践平台上发布出来，并督促社会组织积极进行思想政治教育，协助党和国家进行社会治理。

最后，要协同开展实践活动。社会组织在协助党和国家进行社会治理时，可以展开多方社会组织的协同活动。例如，环保组织在开展环境保护实践活动时可以与其他组织共同合作展开活动，这样不仅加强了两个组织之间的联系，同时也可以促进不同组织成员之间对该活动主题进行思想上的碰撞，在实践中提高组织成员的思想政治觉悟。协同开展实践活动，重点在于组织之间不同思想观点之间的协同。不同的组织由于组织利益、社会环境等因素的影响可能会产生不同的想法和观点，那么，组织所需要完成的任务是将不同的想法进行综合，提供一个能够两全其美的方案，既能够维护双方利益，又促进思想素质的提高。组织成员需要从实践活动中体会活动的主题，在活动结束后为使组织成员有深入的了解可以开展组织成员之间的交流活动，促使不同组织的成员相互交流、相互学习。

第三节　社会组织思想政治教育变迁

社会现代化促进了人类社会的变迁，社会组织及社会组织思想政治教育伴随社会变迁也必然会发生变迁。社会组织的发展历程、社会组织思想政治教育的变迁及社会组织思想政治教育的发展表明，社会组织思想政治教育在我国社会主义现代化建设中发挥着重要的作用。

一、社会组织的发展变迁

（一）国外社会组织的发展历程

国外社会组织的发展有着悠远的历史渊源，它的历史至少与近代资本主义一样悠久，在 20 世纪 80 年代发展成为世界范围内的主要社会力量。纵向来看，国外社会组织的发展大致经历以下四个阶段。

第一阶段：公元 17 世纪到第一次世界大战之前。中世纪后期，西欧农业和手工业生产水平的提高以及商品货币关系的发展，为资本主义生产奠定了一定基础。14、15 世纪，资本主义率先在意大利萌芽，并逐步扩散到欧洲各个地区，16 世纪进入资本主义时代，17 世纪开始成为世界主要生产和生活方式。伴随着资本主义的产生和发展，早期的社会组织开始出现，这些社会组织多带有慈善救济、宗教和政治色彩。例如，英国 17 世纪末颁布了《慈善法》《济贫法》，宪章运动期间成立了全国宪章派协会、伦敦工人协会等有影响力的大规模社会组织。

第二阶段：第一次世界大战前后到第二次世界大战之前。19 世纪末，垄断资本主义产生并发展，社会矛盾出现新变化，社会组织也随之变化，出现了新的特点和类型。在这段时间内，出现了三种类型的社会组织：私人慈善组织、紧急救助组织和专门性组织[①]。

第三阶段：第二次世界大战后到 20 世纪 70 年代。第二次世界大战后，世界经济开始复苏，社会重建，生产力空前提高，中产阶级崛起，社会组织的发展整体呈现良好势头。在这一阶段，一是社会组织登上国际舞台；二是环境保护类组织大量涌现；三是各种类型的组织层出不穷；四是致力于维护世界和平的社会组织不断壮大；五是关注人权、保护人民利益的组织继续发展。

---

① 黄波、吴乐珍、古小华：《非营利组织管理》，中国经济出版社 2008 年版，第 39 页。

第四阶段：20 世纪 80 年代至今。20 世纪 80 年代以来，社会组织得到爆发式发展，其数量、规模、活动能力、活动影响力等诸多方面得到空前发展。2002 年，约 2500 个国际性社会组织被授予同联合国经济社会理事会磋商的资格。社会组织在国家和国际社会中迅速发展，不仅涌现出一批国际性社会组织，而且开始介入到国际治理和决策之中。

（二）国内社会组织的发展历程

我国社会组织的概念是个舶来品，但我国历史上也有社会组织，历史上就出现过类似的民间结社、慈善行为和组织。民间结社活动兴起于春秋战国时期，最初的结社组织包括带有政治性质的、带有学派性质的、带有民间宗教性质的、带有商业协会性质的组织。民间结社可以看作我国社会组织的早期原型，奠定了我国社会组织发展的基础。1949 年以前，在中国漫长的历史发展中，既有作为“信仰、志趣团体”及“行业性团体”的“社”，亦有作为民间结社的“会”。[①]根据其活动领域划分，主要有六类：一是行业协会，包括各种“会馆”“行馆”等；二是互助与慈善组织，包括各种“互助会”“合作社”“慈善堂”“育婴堂”等；三是学术性组织，包括各种“学会”“研究会”“学社”等；四是政治性组织，如青年团、救国会等；五是文艺性组织，如棋社、剧社、画社等；六是会党及其他秘密结社。此阶段的社会组织因时代背景与角色特征而带有一定的封建色彩或殖民色彩，还带有明显的农业经济社会色彩，称不上是现代社会组织。新中国成立后，中国现代社会组织在曲折发展中才逐渐兴起。学界一般认为，新中国成立后中国现代社会组织的发展变迁可划分为三个主要阶段。

第一阶段是从 1949 年中华人民共和国成立到 1978 年。在《中国人民政治协商会议共同纲领》中明确规定了人民群众的结社自由，人民可以依据国家法律与相关政策成立社会组织。新中国成立后，中国共产党把一些政治倾向明显的团体归为民主党派，取缔了“封建组织”和“反动组织”。为进一步保障人民群众的结社自由，政务院分别在 1950 年和 1951 年制定了《社会团体登记暂行办法》及《社会团体登记暂行办法施行细则》，确立了社会团体的类别、登记的范围、筹备登记、成立登记的程序、原则、登记事项以及处罚等内容。这一时期，由于经济发展缓慢加之计划经济体制的影响，中国现代社会组织虽已兴起，但仍发展缓慢，且成立的社会组织大多为官办，缺乏社会大众的参与。20 世纪 50 年代全国性社团只有 44 个，60 年代也不到 100 个，地方性社团大约在 6000 个左右。受“文化大革命”的影响，中国现代社会组织的发展一度停滞。

---

① 陈宝良：《中国的社与会》，中国人民大学出版社 2011 年版，第 3—6 页。

第二阶段则是1978年至21世纪初。伴随着改革开放，我国以建立社会主义市场经济体制为目标，这使我国的政治、经济、社会、文化发生了巨大的变化。在此期间，中国社会组织的数量出现了空前增长的趋势，全国性社团在经历1979年和1980年、1986年、1989年、1992年四次增长高潮后，省级社团也呈现出迅猛的增长势头。中国社会组织的发展经历了一个从无到有、从点到面、遍地开花的原始生长期。为了促使社会组织规范发展，1988年和1989年，国务院先后颁布了《基金会管理办法》和《社会团体登记管理条例》，确立了我国社会组织的双重管理体制。在国家政策的引导下，登记注册的社会团体的数量从1988年不足5000家迅速攀升到1992年底的15.45万家。①1998年，国务院再次修订《社会团体登记管理条例》，同年颁布了《民办非企业单位登记管理暂行条例》，1999年又颁布了《中华人民共和国公益事业捐赠法》，这些都是我国为完善社会组织法律法规所做出的努力。此阶段，中国现代社会组织呈现以下特点：一是行业协会迅猛发展，这得益于社会主义市场经济体制下各行各业的飞速发展；二是民办社会组织开始崛起发展，如"绿家园""自然之友"等民间环保组织迅速发展扩大；三是一些影响力较大的社会组织活动在此阶段出现，如"烛光工程""春蕾行动""希望工程"等，社会组织的动员能力、公益效果及影响力得以突显。

第三阶段则是从21世纪初至今。2001年，中国正式加入世界贸易组织，中国进一步扩大对外开放步伐，深度融入世界，中国现代社会组织也进一步发展壮大。2006年党的十六届六中全会通过的《中共中央关于构建社会主义和谐社会若干重大问题的决定》首次明确提出"支持社会组织参与社会管理和公共服务"，中国对于现代社会组织发展的政策倾向性更加明显。根据数据显示，2007年在各级登记管理机关登记注册的社会组织为38.7万个，加上进行工商登记和未登记的组织，实际数量要比这个数字多得多。②中国社会组织在汶川大地震和北京奥运会中的表现，使得社会组织得到了政府和社会的双重认可，2008年更是被学界定义为"志愿元年""社会组织元年""公民社会元年"，越来越多的社会组织走入公众视野之中。总之，我国现代社会组织的发展在曲折中不断前进，随着市场经济的发展和改革开放的深入，其也将迎来新的发展高潮。

① 王名：《中国民间组织30年：走向公民社会》，社会科学文献出版社2008年版，第11页。

② 中华人民共和国民政部：《2007年民政事业发展统计报告》，2008年5月26日，http://www.mca.gov.cn/article/sj/tjgb/。

二、社会组织思想政治教育的发展变迁

通过梳理中国社会组织的发展历程，可以看到，随着改革向纵深推进，我国社会主义经济、政治、文化、社会和生态建设持续发展，社会组织的管理创新日益重要。社会组织的发展已经与社会管理、公共服务、社会自治形成了犄角之势，支撑起社会主义建设的重心，社会组织的重要性也越来越突显。纵观新中国成立后我国思想政治教育的发展变迁，我国思想政治教育的开展也日益追求主体的自主性与途径运用的多元化。社会组织活动的丰富性、广泛性与灵活性，使得社会组织思想政治教育日益成为思想政治教育的重要领域。

（一）第一阶段：处于思想政治教育受教育者位置的社会组织

思想政治教育作为一种社会现象，自国家产生以来就普遍存在。因此，中国现代社会组织自产生以来，就带有思想政治教育功能，社会组织思想政治教育发端于新中国成立以来社会组织的逐步兴起之际。在这一阶段，由于经济发展不足，社会组织缓慢发展，且大多由政府主导，能动性不足，社会组织主要作为思想政治教育的受教者而存在。

传统的思想政治教育将受教育者看作思想政治教育的客体。在这种关系中，思想政治教育客体是思想政治教育的接受者和受动者，其与思想政治教育主体相对应，是主体的作用对象。思想政治教育客体具有可塑性、受动性和受控性。可塑性是指客体的思想和行为可以在主体的教育和影响下发生改变；受动性是指思想政治教育客体要接受思想政治教育主体施加的思想政治教育作用和影响；受控性是指客体在思想政治教育过程中始终受到主体的主导和调控。受教育者的思想和行为能否如教育者所期望，向社会需要的方向转变，关乎思想政治教育的成效，也是判断思想政治教育的目标实现与否的标准。在传统的主体中心模式中，教育者是教育过程的中心，处于权威地位，受教育者处于次要和从属地位。这一理论把受教育者完全看作被动的，其积极性、主动性和创造性往往会被忽视，这是将受教育者设定为客体的实质和要害。与受教育者作为客体的被动角色相对应，传统的思想政治教育采取的是单向灌输模式，受教育者的想法难以体现和表达。在主体性思想政治教育理论中，受教育者作为思想政治教育系统的关键组成部分，其主体性越来越得到重视，受教育者被看作思想政治教育的主体之一。受教育者是有思想有意志的人，他们在接受思想政治教育时不是被动的，而具有主动性，主体性是受教育者的根本特征。

在传统思想政治教育理论指导下，社会组织及其内部成员首先是作为思想政治教育的受教育者而存在的。在教育和受教育这对关系中，党的组织作为教育者存

在，而社会组织作为思想政治教育受教者而存在。早在1951年，中共中央就发布了《关于在全党建立对人民群众的宣传网的决定》。随后，一个覆盖全社会的思想政治工作宣传网初步形成。长期以来，党的思想政治工作都是以党组织作为依托的。在这一过程中，党组织及其干部、党的宣传员、报告员，以及学校的政治理论教师和辅导员等思想政治教育的工作者对受教育者进行思想教育、政治教育、道德教育和心理教育等或系统或日常的教育，将马克思主义理论知识和党的路线、方针、政策等思想政治教育内容以及顺应时代要求而产生的新内容传递给受教育者。由于社会组织是在社会环境中形成的新的社会组织形式，它不仅具有非政府性和非营利性的特点，还在一定程度上具有自发性和松散性的特性。社会组织不同于政府组织和市场组织的特殊性质，要求党组织在对其进行思想政治教育的过程中对教育的方法和内容做出适应社会组织实际的调整。只有采用有针对性的教育内容和方法，才能让社会组织认同中国共产党的政治主张，进而做出符合党的执政需要的行为。在受教育的过程中，社会组织通过发挥其主动性，与教育者进行平等的互动，自觉理解教育的目的和内容，独立做出判断和选择，完善自身品质。社会组织作为受教育者接受来自党的思想政治教育，是其作为教育者对组织参与者和社会大众进行思想政治教育的前提条件，是社会组织思想政治教育发展不可缺少的阶段。

（二）第二阶段：处于思想政治教育者位置的社会组织

党的十一届三中全会以来，中国现代社会组织数量空前增长，现代社会组织的力量也空前增强。社会组织服务对象的广泛性与丰富性，使其天然地具有思想政治教育者的属性。因此，在这一阶段，社会组织作为思想政治教育的施教者而存在，而受教育者是社会组织内部成员、服务对象以及其开展的活动所覆盖到的社会公众。这是社会组织在思想政治教育体系中的角色定位，也是它在社会思想政治教育体系中的责任定位。社会组织是由社会利益来源和利益需求多元化催生的，其类型繁多、覆盖面广，面对的是社会大众各种各样的利益需求。科研、环境、教育、卫生、社会服务、文化、体育、法律、工商、农业、宗教等领域都有它的身影。同时，社会组织在服务社会的过程中不断向公众传递着民主、公正、平等、自主、友爱、宽容、互助、利他等良性信息，自然地充当了在社会[①]中进行思想教育和政治宣传的角色，为公共权力和民间社会搭建了桥梁、建立了纽带。社

---

① 对社会的认知和定义具有多种含义。这里的社会主要指介于政府与市场、家庭等之间的社会空间或社会场域，是指社会现代化过程中发育起来形成的社会空间，也是人们活动的公共空间。对这个空间，西方通常称为公民社会，中国常称为民间社会，有的也称为私人社会，具有民间性、自发性、公私交互性等特点。这个社会空间，既不是像政府那样具有高度组织化、正规化、科层化，也不像市场那样具有经济性、交易性、物质利益性，也不像家庭那样具有高度的私人性、情感性、自然性，虽然具有民间性和自发性，但也受到法规、道德、风俗等规约。

会组织所特有的多样性、情感性和渗透性，让思想政治教育变得更具成效。基于社会组织作为思想政治教育者的现实基础，对民间进行思想政治教育来说，社会组织有着政府组织和经济组织不可比拟的优势。社会组织正担当着思想政治教育者的角色，发挥其思想政治教育创新的作用，积极履行承担、组织、发动、实施思想政治教育的职能，成为社会思想政治教育体系中的重要角色。

（三）第三阶段：处于思想政治教育主体位置的社会组织

步入 21 世纪以来，社会组织在肥沃的土壤中茁壮成长，我国社会组织发展迎来一个新的高潮。与此同时，思想政治教育也进入新阶段。因此，新的发展阶段，社会组织主要作为思想政治教育主体存在。

在新中国成立后的很长一段时间，党和政府通过严密的单位体制吸纳了整个社会，国家直接面对群众。这种组织化社会整合性很强，同时具有相对的闭合性。单位承担了政治、经济、社会、文化等各种各样的功能，单位就相当于一个小社会和准政府。每个人都从属于一个单位，依附于单位而存在，只有通过单位才能获得生产和生活的资源。随着改革开放及社会主义市场经济体制的建立，总体性社会被打破，政府、市场、社会三者分离的格局正在形成，而政府和市场所让渡出来的空间逐渐被社会组织所占据，其发展呈现出一片欣欣向荣的景象。三元治理模式下，三者发挥各自的优势，承担相应能力范围内的职责，政府和市场无法合理处理的公共事务则交由社会组织来承担。社会组织的壮大使得原来由党所承担的部分公共职能被剥离出来。社会组织对于完善党的执政能力方面也起着巨大的作用。第一，加强了民间与党组织之间的沟通，推动了决策民主化的进程。第二，可以自由表达民间的需求，缓和社会矛盾。在这个新生的社会环境中，社会组织在缓解公共事务方面的压力上是正面的，在促进思想政治教育方面也有其积极作用。新的发展阶段，社会组织更多依托丰富的组织活动对组织成员及社会人员进行思想政治教育，与家庭思想政治教育、学校思想政治教育、社区思想政治教育等一道形成社会思想政治教育的合力。

总之，从思想政治教育的受教育者到教育者，再提升到思想政治教育的主体地位，社会组织的社会影响力越来越大，已经成了我国社会建设中不可忽视的力量。面对不断变化的社会环境，社会组织内部正积极加强和改进思想政治教育的方式，讲究务求实效，逐步创新思路，为其更加深入持续有效地开展思想政治教育提供理论支撑。同时，社会组织努力发挥在公民思想政治教育中的教育者和主体位置的作用，作为公民社会的组织，其承继了公民社会的基础属性，担当起了公民教育的传道者。另外，社会组织还主动发挥其在学校思想政治教育中补充者的角色，为学校思想政治教育提供了一个新的活动载体，为学校师生提供更多参与社会实践的机会，并在理论与实践层面潜移默化地影响着学校师生。思想政治教育是我们党的一大政治优势，是我们党凝聚力量、迎接挑战的思想武器。准确把握社会转型期的规律和特点，高度重视在社会组织中开展思想政治教育，加强和改进社会组织思想政治教育，充分发挥思想政治教育在激发社会组织活力中的推动作用，对于创新社会治理，营造良好社会环境、构建富强民主文明和谐美丽的社会主义现代化强国具有十分重要的现实意义。

三、社会组织思想政治教育的发展展望

社会组织在思想政治教育中有着广阔的空间来发挥作用，发展的大趋势毋庸置疑。展望社会组织在思想政治教育中发挥作用的未来，虽然无法做出细致入微的描绘，但是应该期待美好前景的到来并致力于构建这美好的未来。

（一）构建良性互动，发挥沟通优势

社会组织因具有专门知识和特殊的社会关系而区别于一般的组织。由于社会组织不仅在功能上与政府、市场具有互补性，而且其能够紧密联系社会公众，从而可以构建良性互动、平等合作的关系。在构建多元、良性互动的模式时，应注意以理顺关系为前提，以互相信任和帮助为基础，以明确责任为关键，形成社会组织、政府和市场关系的新格局。同时，政府应合理把握社会组织独特的沟通优势地位，让社会组织在政府与民众对话中充分发挥“中介组织”的角色作用。为了让思想政治教育更容易获得实际效果，社会组织可以通过开展多种多样的活动来增加社会各阶层不同成员之间的互动与交流。社会组织的这种与社会基层近距离的沟通优势，一方面体现了其对社会大众的体恤与关怀，另一方面能够进一步促进全社会思想政治意识的广泛深入，建立政府与公民社会的合作伙伴关系。

（二）开拓虚拟空间，体现效率优势

随着新媒体时代的到来，网络平台将在思想政治教育的发展上发挥重要作用。社会组织可以利用广阔的虚拟空间，建立网络平台，传播先进思想，从而便于人们交流思想、讨论价值、提升自我。在香港，以“绿色力量”为代表的许多大型社会组织都建立了自己的网络平台，及时向公众通报本组织的信息，宣传环境保护知识与动态。社会组织如果想通过虚拟空间开展更具实效性、针对性的思想政治教育，就必须在网络平台的建设上多用心“经营”，网络平台的数量和质量都得以实现新的突破。网络媒体是多种信息形式融合在一起的综合信息传播方式，可

以将多种形式的思想政治教育内容生动地呈现给大众。社会组织的结构、机制、活动形式都具有很强的灵活性，能够根据不同背景、不同人群及不同现状及时做出调整。基于此基础，通过不断地尝试，努力开拓网络虚拟空间，就能够利用先进的科学技术来提高社会组织思想政治教育的效率。

（三）协同组织文化，创造合力效应

组织文化是组织的灵魂。一般来说，一个没有组织文化的社会组织往往只能见风使舵。同时，该组织的员工正常情况下也缺少责任意识，很难想象这样的社会组织可以发展和生存下去。党的十九大以来，社会组织既面临巨大的发展机遇，也将面对激烈的竞争，其竞争核心已经转变为人才之间的争夺。良好的组织文化能为人才提供良好的生活与工作环境，获得人才的认同，从而吸引更多的优秀人才。因此，社会组织可以通过建设良好的组织文化，来加强组织的向心力与凝聚力，从而赢得竞争优势。因此，思想政治教育对社会组织的组织文化建设有着积极的作用与意义，应推进思想政治教育，构建具有中国特色的社会组织文化，让思想政治教育和组织文化建设形成作用合力、体现协同效应，为满足人民日益增长的美好生活需要、实现中国梦提供又一份坚实的保障。

（四）发扬优良传统，推进工作落实

在社会组织思想政治教育中，应正确处理“继承”和“创新”的辩证关系，“思想政治教育方法是在不断适应历史条件的变化而发展的，是在继承与创新的辩证统一中发展的。”[①]没有继承，创新就失去了基础；同时没有创新，继承就成了教条。我们党在长期的革命和建设中，积累了丰富的思想政治教育经验、工作原则、工作方法及工作艺术。[②]在社会组织思想政治教育中，我们应继续坚持、发扬已有的“精华”，同时应结合社会组织的新特点，冷静观察，潜心研究，认真总结社会组织思想政治教育特有的规律，针对不同组织的实际情况，制定出一套行之有效的方式方法，以切实提高思想政治教育的实效性。

（五）借鉴国际经验，探索创新优势

虽然一些西方发达国家和我国的社会制度不同，但同样重视思想道德教育和

---

① 郑永廷：《思想政治教育方法论》，高等教育出版社 1999 年版，第 11 页。

② 丁卫华：《论非公有制经济组织思想政治教育实效性》，《淮北煤炭师范学院学报（哲学社会科学版）》2003 年第 4 期，第 40—42 页。

公民教育。国外社会组织起步早、发展快，有着独特而深厚的文化积淀，积累了丰富而成熟的经验，对我国社会组织思想政治教育具有一定的借鉴意义。创新是思想政治教育把握规律性、体现时代性、增强实效性的保证，为把思想政治教育推进得生动活泼、扎实有效，思想政治教育的理念、方法、思路、载体等都需要创新。

我国社会组织的发展还处在初级阶段，整体规模和组织能力参差不齐。在展望社会组织未来趋势之时，我们要将借鉴和创新充分结合，在借鉴其他国家的先进经验的同时，也要结合我国的基本国情，创新模式，走出一条具有中国特色的社会组织思想政治教育的发展新道路。

✎ 问题与讨论

1. 社会组织的特征有哪些？社会组织有哪些具体形式？
2. 什么是社会组织思想政治教育？
3. 简述社会组织与思想政治教育的关联性。
4. 当前社会组织思想政治教育存在哪些问题？
5. 简述中国社会组织思想政治教育的发展变迁。

社 会 篇

第九章　网络社会中的思想政治教育

网络在当前的社会生活中占据了非常重要的位置，它不仅是一种技术手段，而且逐渐成为一种生活方式，融入人们日常生活的方方面面。无论是在学校、工作单位，还是在家里、在路上，人们总是被网络包围，工作、消费、学习、娱乐等等活动都能够在网络上进行，“互联网+”成为生活的常态。20 世纪末 21 世纪初，思想政治教育者就注意到了网络对于思想政治教育的重要意义，并开始在网络社会中开展思想政治教育实践活动，网络思想政治教育的命题逐渐出现。在今天，网络社会中的思想政治教育已经成为思想政治教育及社会思想政治教育中不能回避的课题，需要推进实践和理论研究。

第一节　网络社会中的思想政治教育地位

20 世纪 20 年代，德国社会学家齐美尔在其著作《群体联系的网络》中使用“网络”一词来描述社会的存在样态，他认为，社会就是人与人之间的关系相互交织而形成的网络。20 世纪 90 年代以来，伴随着互联网向全民开放、互联网基础设施的建设及相关技术的推进，互联网走进了千家万户，将人与人、人与物、物与物连接起来，曾经社会学家的隐喻变为了技术层面的现实，“网络”也不再仅仅是对人际关系的模拟与想象，而成为由技术实现的社会存在。所谓网络社会，就是现实社会中的一部分，是一种社会场域。

在当前研究中，网络社会主要存在着两种定义：一是指社会发展的新历史阶段，一种新的社会形态。西班牙社会学家卡斯特循着马克思的思路，认为生产方式的变化引发社会形态的变革，提出继农业社会、工业社会之后，人类已经进入了网络社会阶段，网络影响下的社会政治、经济、文化呈现出新特征和新形态[①]。

---

① 何哲：《重新审视网络社会——兼论从农业文明、工业文明通向网络文明》，《党政研究》2019 年第 2 期，第 86—89 页。

二是指与现实社会相区别的社会场域。现实社会立足于自然物理的时间、空间基础之上，由物质、能量、信息三大基本要素构成，而网络社会则立足于以互联网为依托的技术和设施基础之上，主要由信息这一要素构成。“网络社会是在电子信息网络上由计算机构成的新型社会组织，是一种全新的虚拟化和符号化的社会系统。”①本书采取第二种定义，即认为网络社会是与现实社会相对的概念，与现实社会相比，网络社会是一个新的社会场域，又是现实社会的组成部分，但伴随着互联网技术的快速发展，网络社会是与现实社会既相区别又相联系和交叉的社会部分，已经成了人类社会的重要组成部分。

一、网络社会的发展历程

1983 年，美国军方采用具有扩展性的通信协议 TCP\IP②将军事基地的部分子网连接了起来，标志着互联网的正式诞生。1989 年，互联网正式由军用转为民用。1991 年，伴随着万维网（world wide web）的正式诞生，互联网正式面向大众普及。1994 年，我国正式接入互联网，成为被国际公认的拥有互联网的第 77 个国家。在三十余年的时间里，互联网飞速发展，成为人们生活中不可或缺的一部分。根据 WeAreSocial 和 Hootsuite 发布的统计数据，2021 年 1 月全球网民数量已经达到 46.6 亿人，占世界人口的 59.5%。我国是世界上拥有互联网最大用户群体的国家，截至 2021 年 6 月，我国互联网用户超过十亿，超十亿用户接入互联网，构成了全球规模最大、最富有生机与活力的网络社会。网络社会主要经历了三大发展阶段——Web1.0 时期、Web2.0 时期和 Web3.0 时期。

（一）Web1.0 时期

1989 年，英国科学家蒂姆·伯纳斯·李（Tim Berners Lee）发明了万维网，打破了只有经过专门训练的专业人员才能够利用一系列复杂程序进入互联网的局面，使得普通民众也能够使用互联网，互联网真正面向大众开放。这也标志着 Web1.0 时代的到来。这一时期，互联网一开始主要是面向大型企业、商业公司服务的，大型企业将自己的信息放置在网上，面向大众进行宣传；商业公司将自己的产品在网上进行展示，人们通过网络浏览信息，看到感兴趣的商品可以与公司

---

① 吴增基、吴鹏森、孙振芳主编：《现代社会学》，上海人民出版社 2018 年版，第 314 页。

② 1957 年，美国建立高等研究计划局资助科研项目，为研究者提供功能不同的计算机，当时的计算机造价很高且互不兼容，造成了极大的经费浪费，由此产生了将计算机连接的想法。由高等研究计划局牵头进行了计算机互联的实验，并且进行了局部的互联，由于采取的是 NCP（network control protocal，网络控制协议），只能实现网络内部的计算机互联，而不能实现网络与网络间的互联。

取得联系。在这一时期，Netscape、谷歌、百度等公司凭借浏览器和搜索引擎称霸互联网。伯纳斯·李提出，Web1.0是只读的网站，此时的互联网功能比较简单，主要承担信息传递的功能，只能为用户提供信息检索的服务。此时的互联网呈现出静态的单向的特点，其提供给用户的信息都是由网站的编辑对内容进行处理后呈现给用户，而用户只能被动地接受。这种模式下，用户只是过客，创造权、控制权、管理权、收益权均归网络背后的平台公司所有。

（二）Web2.0时期

2004年，蒂姆·奥莱利（Tim O'Reilly）在一次头脑风暴论坛上，首次提出了Web2.0的概念，比起技术上的变革，Web2.0更多的是一种观念上的革新，它旨在改变Web1.0时期用户的被动地位，强调以用户为中心。在Web1.0时期，互联网只为用户提供检索的功能，用户只能拥有网络提供的信息之内的可能性，在网络与用户的互动中，用户处于被动地位。用户在Web1.0时期只能在网络社会中检索信息、获取信息，而无法自己发布信息。进入Web2.0时期，用户可以在网络中发布内容，这首先改变了用户在网络社会中的地位。用户从被动的信息接收者转变为信息的提供者、创造者，他们不仅可以浏览网页，还可以在网页中发布内容，创建属于自己的网页。其次，改变了用户与网络的互动模式。用户与网络，或者说网络背后的平台公司的关系从单向的关系转变为双向互动的关系，用户可以通过留言等各种形式表达自己的意见与建议，让网络背后的平台公司接收到自己的感受并进行改进，用户参与到网络的建设中去，也使得平台公司的理念向着服务用户转变。Web2.0不再是单向的，而是逐渐发展为双向交流，这是社交网络兴起的体现，为此后以社交为主要模式的互联网发展方向奠定了技术基础。社交网络是Web2.0时期的典型应用，也是Web2.0时期社会性、主动性特征的典型代表。Web2.0时期的互联网正在进行着巨大的改变——从一系列网站到一个为用户提供网络应用的成熟的服务平台。这些平台中的内容依赖于用户的参与活动，借由人与人的分享，形成了现在Web2.0的世界。Facebook和Twitter等社交网站就是Web2.0时期用户主动参与形成的典型。

这一阶段的网络社会与Web1.0时期相比，互动性、开放性、多元性大大提升，用户的参与度、能动性大大增强。此时的互联网实现了信息的双向互动、交流，信息不仅仅是从网络平台流向用户，用户也可以在网络上发布内容（Ueser Generated Content，UCG），实现了用户与网络平台的互动，而且实现了用户与用户之间的互动，用户与用户之间以网络平台为载体进行，或是即时的，或是跨越时间的交流互动。一方面，UGC的兴起使得网络中的信息的来源和内容都日益多元，网络背后的平台公司的权力进一步被分化，用户能参与到“织网”的过程中；

另一方面，用户在网络上生产内容、创造内容，但是这些内容却不属于用户自己，而是属于网络背后的平台公司，平台公司通过对技术基础设施的掌握将用户创造的内容变为自己的数据资源，由平台公司使用，平台公司也因此获益。

（三）Web3.0 时期

Web3.0 是网络社会发展的最新趋势和阶段。Web3.0 既是在 Web2.0 的基础之上提出的构想，也是正在发展，正在应用于社会生活中的技术变革。Web3.0 将解决 Web2.0 时期存在的重要问题，即用户创造、平台拥有的问题，通过运用区块链等去中心化的技术，实现用户所创造的内容由用户所拥有，这些内容所创造的价值由用户所享用。用户在网络社会中创造的数字内容将成为一种数字资产，受到资产级别的权利保护。Web3.0 将进一步使得互联网为用户服务，通过大数据、语义网络建设、人工智能等技术的发展，网络将为用户提供更优质的信息，同时也会更懂用户，更懂人类，能够根据用户的喜好进行个性化的设置，甚至可以达到“你的网络比你更了解自己”的境地。Web3.0 将实现“无处不在的网络”的目标，通过采取更为简洁、人性化的交互界面设计，进一步消除人们使用互联网的障碍，达到人们使用互联网，就像使用自己身体一样自然的目标，同时进一步扩大网络基础设施建设，使网络成为生活中越来越普遍的方面，互联网不再是生活的某种选择，而成为生活的必需。

二、网络社会的基本特征

与现实社会相比，虚拟性是网络社会最大的特征。虚拟性使得网络社会能够摆脱时间、空间的限制，能够脱离现实社会中的身体、社会角色、社会身份等物质属性和社会属性，从而使网络社会呈现出匿名性、开放性、个性化等基本特征。

（一）虚拟性

虚拟性是网络社会的首要特征，是网络社会与现实社会相区分的本质属性。虚拟性使得人的活动和行为不再受到身体、时间、空间等自然因素的制约，一方面极大地拓展了人们思想、精神、观念的活动范围，“我刚去了澳大利亚的墨尔本，此刻正在英国的利物普。在从墨尔本到利物普的路上，我顺便在新加坡、苏黎世和巴黎停留了一下，在南非首都约翰内斯堡作了五分钟的短暂访问，又到俄罗斯首都莫斯科的红场上，去看了一下克里姆林宫高深莫测的影子。我到达利物普后，同那里的一个叫贝阿特丽丝的小姐进行了一番谈话……我又到了波士顿，找到贝阿特丽丝的那个朋友。她同我交谈一阵……我完成这一切旅行、观光和交谈约会，总共没有超过两小时。”[①]可见，网络空间的虚拟性为人们的观念性交往活动提供了无限的可能。另一方面，虚拟性极大地影响了人们的生活方式。比如，改变了劳动方式，分散劳动将代替集中劳动，远程劳动、在家办公成为新兴工作方式；改变了消费方式，电子商务、线上消费为人们提供更便捷的消费体验；改变了闲暇生活方式，为全球具有相似兴趣爱好的人提供了乐园；改变了交往方式，从人与人之间的沟通到“人—机—机—人”沟通，从基于面部、身体、语言等综合感官信息的沟通到基于文本的沟通。

在网络社会中，人们会构建自己的虚拟身份，这种虚拟身份是人们局部人格的投射。元宇宙就是在网络社会中虚拟身份的基础上形成的社会构想。在网络社会距离现实社会越近的地方，如微信家族群、班级群等，虚构身份与人们在现实生活中的身份距离越近，在网络社会距离现实社会越远的地方，如网络游戏、交友平台等等，虚构身份与人们在现实生活中的身份差距有可能变大，甚至出现背离。有研究指出，网络社会中的虚构身份是人们的理想化生存方式，当理想与现实距离越远时，虚拟身份与现实身份的差距就越大，人们受到的挫折感就越大，就越希望在网络社会中实现在现实社会中无法实现的愿望[②]，这就为网络社会与现实社会的分离埋下了隐患，人们可能会沉迷于网络社会，难以实现线上人生与线下人生的合理切换，在一定程度上造成个人自我认同的分裂。

（二）匿名性

匿名性是网络社会的虚拟性造成的必然结果。在网络社会活动的人脱离了现实社会中的自然属性和社会属性，匿名性是网络社会中人与人交流互动的最大特征。在网络社会中，非面对面的情境让人们在互动时感受到的社会监视的压力减小，在很多情况下，人们可以摆脱社会地位、社会角色等社会性特征以及伴随着这类社会性特征的社会规范和角色期待的制约，而且随时可以撤退。因此，匿名性能促进个人的自我表露，让人们能够更加主动、自愿地展示自己的言行，表达自己的真实想法。这也是人们认为网络社会能够推动社会民主化发展的原因之一。在现实社会生活中，自我表露多发生在具有亲密关系的熟人之间，而在网络社会，往往发生在陌生人之间。有研究表明，在网络社会中，匿名化的程度越高，自我表露就越多[③]。自我表露也是网络社会必备的生存技能。在网络社会中，每个人

① 易丹：《我在美国信息高速公路上》，兵器工业出版社 1997 年版，第 2 页。

② 夏学銮：《网络社会学建构》，《北京大学学报（哲学社会科学版）》2004 年第 1 期，第 85—91 页。

③〔美〕喀薇丽·萨布拉玛妮安、〔捷克〕大卫·斯迈赫：《数字化的青年：媒体在发展中的作用》，雷雳、马晓辉、张国华等译，世界图书出版广东有限公司 2014 年版，第 8 页。

既是信息的接收者，也是信息的传播者，这要求人们不仅要拓宽信息接收的渠道，也要注重自我展示、自我表露，才能够获得更多被关注的机会，扩大自己的社交范围，丰富信息来源，增强社会资本。

同时，匿名化也会使人陷入一种“无标识状态”：“上网活动的人很清楚，没有人会知道他是谁。正是由于这种心态，使一部分人在网上活动时缺少最起码的礼貌和道德。一个人在有标识状态下受这样或那样的制度规范的限制，受到一定条件的约束，每个社会的管理在形式上都差不多，人们的表现也大同小异。但在无标识状态下，由于人们的行为不受监督和约束，所以，它更能反映出个人的修养和一个社会的文明程度。”[①]在现实社会中若发挥作用的道德、法律等社会控制手段失灵，就容易发生失范现象。比如，键盘侠现象，“网络上重拳出击，现实中唯唯诺诺”[②]，网络匿名性的特征助长了键盘侠群体非理性的情绪宣泄行为。再比如，网络诈骗就是利用了网络社会匿名性的特征，捏造自己的身份等信息，通过欺骗的方式谋利的违法行为。

网络社会的匿名性特征是相对于网络的使用者即网络用户而言的，对于网络的设计者、管理者、控制者，如对程序员、网络平台公司和政府机关等来说，网络社会并不是匿名的，每个游走于网络社会的人都有属于自己的身份标识——IP地址，通过 IP 地址能够实现网络社会的实名制。通过国家和政府对网络社会管理、监督制度的完善、大数据等技术手段的发展以及线上与线下世界的不断融合，网络社会匿名性的特征将逐渐削弱，也许存在技术高手能够通过专业、复杂的程序设计隐匿自己在网络社会的行踪，但对于大多数普通民众来说，网络社会不再是完全脱离现实生活的伊甸园。

（三）开放性

由于互联网自身协议的开放性，网络社会中的信息和服务是向所有人开放的，也就是说，从理念上讲，所有人都能够进入网络社会。伴随着 Web2.0 时代的全面来临，网络社会中的每个人既是信息的接收者、传播者，也是信息的发布者，是创造互联网内容的主体。网络社会开放性的特征从信息平等的方面冲击了传统的社会权力结构，改变了权力集团对信息的垄断和不同阶层之间的信息不平等关系，打破了传统的自上而下的权力格局。权力根据其依靠的资源不同，可以划分实体权力和信息权力。网络社会中的信息资源向所有人开放，每个人都获得了获取信息资源并将其转化为权力的机会。“每个社会成员都有了为其他任何一个社会

① 谭昆智、杨力：《人际关系学》，首都经济贸易大学出版社 2007 年版，第 338—339 页。

② 引用网民对键盘侠群体特征的描述。

成员提供信息、思想观念、情感倾诉和精神寄托的可能，都有了评判社会、抨击时弊而成为大众代言人的可能，而每个人都可能成为信息权力的拥有者或支配者……信息权力改变了传统权力自上而下运行的机制，它可以直接影响社会上层，形成一种自下而上且阵容庞大的信息力量，具有了对传统权力产生质疑的能力，打破了传统权力一家独大的格局。”[①]网络社会开放性的特征使得信息资源能够突破民族国家的边界，为全世界的人民所共享，拉近人们的精神距离和心理距离，加强人们之间的联系，推动全球化的进程。在现实社会中相隔万里的人们在网络社会中可以说是毫无距离，开放、共享的信息资源缩短了不同民族、不同国家、不同文化之间的距离，真正实现了全球范围内的人际交往。

20 世纪 90 年代，未来学家尼葛洛庞帝预言具有开放性特征的网络社会将把人类带入一个美好的未来，权力更加分散、民族国家的消失、全球化的实现是数字化生存时代的基本特征。然而，2016 年，他在再版的《数字化生存：20 周年纪念版》一书的序言中写道：“25 年前，我深信互联网将创造一个更加和谐的世界。我相信互联网将促进全球共识，乃至提升世界和平。但是它没有，至少尚未发生。真实的情况：民族主义甚嚣尘上，管制在升级，贫富鸿沟在加剧……全球化变成了本土化，尽管智识的、经济的以及电子的骨干设施都取得了飞速增长，但无所不在的数字化并没有带来世界大同。”[②]一方面，网络社会将信息权赋权给每个人，推动了社会民主化的进程；另一方面，出现了新的权力寡头和权力控制方式。就像悲观主义者所描述的那样，大众忘记了技术永远是技术，社会发展进程的真正决定者是技术的操纵者。

（四）个性化

网络社会个性化的特征首先体现在互联网的开放性为每个人提供了自我展示、自我表达的空间，每个人都能够在网络社会中发声，展现自己的个性。其次，网络社会能够为人们提供足够丰富的信息资源，让人们能够按照自己的需要、兴趣和喜好进行信息的筛选，一方面实现了信息获取过程中的个性化，另一方面能够使自己的个性得到充分的发展。再次，网络社会中存在许多非主流群体、亚文化群体、小众群体等，人们总能在网络社会中找到志同道合的伙伴，或建立非正式群体群落，这为人们个性的发挥提供了群体环境。最后，网络社会中的人们能享受定制式的服务，各种算法程序会根据人们在网络社会中留下的数据对人们的

① 翟岩：《网络化时代社会权力结构的变迁与重构》，《福建师范大学学报（哲学社会科学版）》2020 年第 6 期，第 114、115 页。

② 〔美〕尼古拉·尼葛洛庞帝：《数字化生存：20 周年纪念版》，胡泳、刘九如、段永朝等译，电子工业出版社 2017 年版，第 5—6 页。

偏好进行计算，进而为人们定制个性化的信息内容和表现形式。

网络社会在促进人们个性化发展的同时，也存在着片面化的倾向。伴随着互联网的普及，网络社会的成员更加多元化，所有人都能够在网络社会中自我表露，获取信息，创造信息，群体分化也更加精细。开放的互联网并没有使人们变得更开放，也不是只有好处而没有坏处。研究表明，人们在选择网络群体时呈现出同质化的特征，即加入与自己相似的群体，在网络社会中，不同群体之间的壁垒仍然存在。在面对信息时，人们也只会按照自己的偏好选择信息，庞大的信息资源不一定能够开阔人们的视野。加之网络社会中的技术机制会按照同质化的原则进行信息的处理，人们只能看到自己感兴趣或者技术认为人们会感兴趣的内容，进一步加强了人们片面化发展的可能性。

三、网络社会的思想政治教育效应

网络社会既是现实社会在虚拟空间中的投射，同时也具有新的特征。网络社会同样需要思想政治教育，网络社会的主体是人，其虚拟化的特征使得人的思想、价值、观念等内在精神方面的特征在网络空间中表现得更为强烈，同时网络社会中出现了一系列新问题，需要思想政治教育解决。

（一）拓展思想政治教育空间

网络社会拓展了思想政治教育活动的空间，从现实社会拓展到了网络社会。网络社会是思想政治教育对象活动的重要空间，随着互联网以及移动互联网的普及、手机等移动设备的应用，“随时在线”“永远在线”成为人们日常生活的一部分。We Are Social 和 Hootsuite 发布的统计数据显示，到 2021 年，全球社交媒体用户总共在网络社交媒体上花费 3.7 万亿小时，相当于超过人类存在的 4.2 亿年的总和[①]。网络社会在占据人们大量时间的同时，也成为人们重要的活动空间，网络社会中的信息将对人们的主观世界产生重大的影响，既有积极影响，也有消极影响。例如，网络谣言不仅会影响人们的思想观念和价值判断，甚至会使人们做出错误的行动和不理智的行为。因此，思想政治教育必须进入网络社会，在网络社会中发挥作用。网络社会是了解思想政治教育对象的重要场所。网络社会因其匿名性的基本特征，使得人们更容易自我显露，在网络中展示自己的真实想法，关注思想政治教育对象的网络社交媒体的动态，是了解教育对象的思想观念的重

---

① 〔美〕喀薇丽·萨布拉玛妮安、〔捷克〕大卫·斯迈赫：《数字化的青年：媒体在发展中的作用》，雷雳、马晓辉、张国华等译，世界图书出版广东有限公司 2014 年版，第 9 页。

要方式。随着大数据时代的来临，人们在网络社会的一举一动都变得有“据”可循。如今，人们的日常生活与网络交织在一起。在我国，有 10.12 亿人看短视频、7.51 亿人看直播，短视频、直播正在成为全民新的娱乐方式；8.45 亿人网购、5.21 亿人叫外卖，全民的购物方式、餐饮方式正在发生悄然变化；9.26 亿人使用在线政务服务、3.63 亿人使用在线医疗，在线公共服务进一步便利民众。[①]这使得思想政治教育对象的数据将更加丰富、全面，大数据描绘出的画像将更为具体、准确。大数据是了解思想政治教育对象，开展精准思想政治教育的重要技术基础。

（二）丰富思想政治教育内容

网络社会为思想政治教育提出了一系列新命题、新挑战，需要丰富思想政治教育内容加以应对和解决。一是网络道德现象。道德教育是现实社会中的思想政治教育内容的重要组成部分，主要以基于现实社会条件中形成的、适用于现实社会中的道德规范为基本内容。然而在网络社会中，道德失范现象是网络道德现象的重要方面，并具有新特点。一方面，现实社会中的道德规范并没有对该问题做出规定；另一方面，现实社会中的道德规范无法适用于网络社会条件下出现的问题。因此，需要丰富思想政治教育内容，加强网络道德规范教育。二是网络集体行动现象。网络集体行动指的是在一定时间内，人们自发地或有组织地聚集在某一网络领域中，集体进行自我表达的行为。这种集体行动有可能转换为现实社会中的行为，尤其是政治行为，也有可能只是停留在网络社会中，但对人们的思想观念的影响也是不容小觑的。网络集体行动具有匿名化和非个体性的特征，极易受到不理智因素的煽动而转变为网络侵犯行为。思想政治教育内容中应当增加网络集体行动的内容，使人们具有正确处理网络集体行为的素质和能力。三是网络意识形态问题。互联网的开放性使得各种思想观念有了新的存在空间。特别是西方资本主义势力作为现代社会科技程度较高的社会力量，必然会利用网络社会为自己服务。

（三）更新思想政治教育关系

思想政治教育关系主要由思想政治教育要素之间的关系所构成，是社会中人与人、人与物、物与物之间的关系的一部分。人与人之间的关系在思想政治教育关系领域，指的是思想政治教育者与思想政治教育对象之间的关系。在现实社会的思想政治教育中，思想政治教育者与思想政治教育对象都是思想政治教育的主

---

① 中国互联网络信息中心：《第 51 次中国互联网络发展状况统计报告》，2023 年 3 月 2 日。

体，二者之间的关系就其人格和权利而言是平等的主体之间的关系，但是在实际的思想政治教育活动开展过程中，思想政治教育对象的主体性由于种种限制难以得到充分发挥，思想政治教育者与教育对象的关系在课堂上表现为教师与学生的关系，在企业中表现为企业党委与员工的关系，在社区中表现为社区居委会与居民的关系，思想政治教育者与教育对象的关系总是包含着不同程度的权力因素[①]。而在网络社会中，互联网去中心化的传播方式改写了人与人之间的关系，虚拟性、匿名性、开放性的基本特征一定程度上消解了现实社会中的权力因素的影响，人与人之间的关系更倾向于主体间性关系。在网络社会中开展的思想政治教育也必然遵循网络社会中的关系属性，思想政治教育者与思想政治教育对象之间的关系将更为平等，更贴近于人与人之间的互动关系的本来状态。

人与物之间的关系指的是思想政治教育者、思想政治教育对象与思想政治教育内容之间的关系。在现实社会中的思想政治教育中，思想政治教育者、思想政治教育对象与思想政治教育内容之间的关系往往表现为思想政治教育者选择、设计、整合思想政治教育内容，将思想政治教育内容传递给思想政治教育对象。思想政治教育对象在这一关系中处于被动状态，在直接的现实性上，其对教育内容的影响是通过教育者实现的，即思想政治教育者考虑到教育对象的思想基础、知识水平等实际情况对教育内容进行调整，教育对象与教育内容的关系通常被置于单向接收型的关系，教育对象的能动性未被充分重视和发动。而在网络社会中，思想政治教育者在发布教育内容后，基本处于不在场的状态，思想政治教育对象面对教育内容拥有了更多的能动性，可以选择接收或者不接收教育内容，以何种形式接收教育内容，在什么时机接收教育内容。思想政治教育者对教育内容的控制能力相对削弱，教育对象对教育内容的影响力增强。

物与物之间的关系指的是思想政治教育内容与思想政治教育载体之间的关系。在现实社会中，思想政治教育内容受制于思想政治教育载体的制约，思想政治教育载体处于三维空间之中，总是受到三维空间的制约，能够承载、表现的内容总是有限的。以书籍为例，思想政治教育内容在书中表现的数量、深度、顺序等方面，这既是由作者即思想政治教育者决定的，也是由书籍的物理属性决定的。而在网络社会中，思想政治教育内容将以超文本的方式为载体，思想政治教育内容不再受到载体的制约，“要表达一个构想或一连串想法，可以通过一组多维指针，来进一步引申或辨明。阅读者可以选择激活某一构想的引申部分，也可以完全不予理睬。整个文字结构仿佛一个复杂的分子模型，大块信息可以被重新组合，

① 这里的“权力因素”，不只是行政权力，而是以能力、经验、知识、资源等多种含义的力量的总和。相对于教育者，受教育者总是处在教育的弱势，即处于权力弱势。

句子可以扩张，字词则可以当场给出定义”[①]。思想政治教育内容可以兼顾广度与深度、一般性概述与细节性刻画，还可以利用多种媒体形式作为载体，调动思想政治教育对象的多个感官，以实现其更好的表达。

第二节　网络社会中的思想政治教育实践

网络无处不在，网络社会中的思想政治教育因素及其实践也随处可见。网络社会中的思想政治教育实践的形式和内容越来越多样化，总体上看，网络社会中的思想政治教育实践主要可以分为三种类型：一是基于网络的思想政治教育实践，二是源于网络的思想政治教育实践，三是融于网络的思想政治教育实践。

一、基于网络的思想政治教育实践

基于网络的思想政治教育指的是网络作为一门技术应用于思想政治教育的各个环节之中，是现实社会中的思想政治教育在网络社会中的反映和投射。网络社会为思想政治教育内容的展示提供了新的载体，为了解思想政治教育对象提供了新的窗口，为思想政治教育者与思想政治教育对象之间的交流、互动提供了新的途径。

（一）展示思想政治教育内容

在网络社会中，展示思想政治教育内容的网络载体主要包括思想政治教育专题网站、思想政治教育专用 App、思想政治教育专题微信公众号、思想政治教育专用微博、思想政治教育专用短视频号等，它们将现实社会中的思想政治教育内容“搬”上网络，以数据逻辑进行分类、整理、汇聚，使人们能够更快、更全、更广地进行内容检索。思想政治教育专题网站主要指的是国家、各级党委政府、学校、社区等设置的思想政治教育专题网站，“学习强国”App 是思想政治教育专用 App 中的典型代表，思想政治教育专题网站与专用 App 将文字、图像、声音、视频等不同形式的思想政治教育内容汇聚起来，以超文本的形式实现了相关内容之间的链接，是思想政治教育内容的重要载体。思想政治教育专题微信公众号、专用微博主要是国家、各级党委政府、学校、企业党委、社区等为账号主体的微

---

① 〔美〕尼古拉·尼葛洛庞帝：《数字化生存：20 周年纪念版》，胡泳、刘九如、段永朝等译，电子工业出版社 2017 年版，第 64 页。

信公众号和微博号，如微信公众号“共青团中央”、微博号“紫光阁”等等。它们主要呈现文字形式的思想政治教育内容，与以书籍、报纸、杂志等纸媒呈现的文字形式的思想政治教育内容相比，其优势在于实时性、即时性，能够及时回应社会热点问题，针对人们在社会生活中产生的思想问题进行及时的反馈。伴随着短视频的兴起，国家、各级党委政府、学校、社区等纷纷入驻抖音、快手、哔哩哔哩等视频平台，将思想政治教育内容以短视频的形式呈现出来，如“新闻联播”入驻抖音，以短视频平台为载体的思想政治教育内容在呈现方式上更具有趣味性，话语方式上更为生活化。网站、App、微信公众号、微博及视频平台往往由专门的职业化的思想政治教育人员负责，定期更新教育内容，宣传党的指导思想与政策等。

（二）了解思想政治教育对象

在现实社会中，了解思想政治教育对象的基本情况主要有定性调查方法和定量调查方法两种形式，定性调查方法主要能够对个体思想政治教育对象的思想情况进行具体的把握，定量调查方法主要能够对群体思想政治教育对象的思想情况等进行宏观的把握。网络社会为思想政治教育者收集思想政治教育信息、了解思想政治教育对象提供了新的窗口：思想政治教育者可以通过教育对象在网络社会中留下的数据足迹了解教育对象，尤其是伴随着网络社交媒体平台成为人们生活中不可或缺的一部分，“晒”逐渐成为一种生活方式，人们会在网络社会中发布自己的生活状况折射出自己的思想状态，或者直接进行思想情感层面的抒发，微信中的朋友圈、QQ 中的空间和微博都成了展示教育对象思想状况的新窗口。在现实生活中了解教育对象的方式也可以在网络社会中进行，如访谈法可以借助微信、QQ 等聊天工具开展，问卷调查法可以借助“问卷星”等网络问卷 App 开展。

随着大数据技术的发展，利用大数据了解思想政治教育对象情况成为一种新的重要途径。大数据既可以对群体进行总体性的把握，也可以对个体进行精准性的把控。在“大数据+思想政治教育”的实践中，所有人的思想状况都可以通过分析其在网上活动留下的痕迹和现实生活中产生的种种数据而被总体把握和揭示，呈现群体的思想状况、把握群体的思想规律、精细分析群体思想与各类事件的联系，甚至掌握不同群体对不同教育信息的好恶等等。同时，教育对象个体的信息被数据化并积累到一定的程度，就可以通过数据分析清晰地揭示个体思想行为的状况，这为网络思想政治教育开展个性化、定制化的教育活动提供了有力支撑，进而有效地提升了教育活动的针对性和实效性。这种基于大数据分析的宏观层面的群体思想政治教育与微观层面的个体思想政治教育的结合，是大数据时代思想政治教育的两个重要着力点，并将极大地推动思想政治教育的新发展。

（三）开展思想政治教育互动

思想政治教育互动主要指的是人与人之间开展的带有思想政治教育性质的互动，既可以是个体与个体之间的互动，也可以是群体之间的互动。现实社会中的思想政治教育互动主要发生在面对面的情境之中，在一个固定的物理三维空间之内，思想政治教育者与教育对象之间借助口头语言、肢体动作、眼神等符号要素，调动全感官经验进行互动交流，如谈心谈话、读书会、思想政治理论课等等活动；也可以借助文字开展互动，思想政治教育者将教育内容凝结成文字，借助书籍、杂志、报纸等不同载体与教育对象产生互动，教育者通过文字对教育对象施加影响，教育对象在阅读中接收信息、解答疑惑、增长知识，形成自己的世界观、人生观、价值观。网络社会为开展思想政治教育互动提供了新的途径，借助微信、QQ 等网络聊天室使得思想政治教育者与教育对象之间的对话从线下搬到了线上，由于其不受物理空间限制的特点，教育者与教育对象无论相隔多远，都能开展互动，是对现实社会中的思想政治教育的有益补充，同时其提供的语音通话、视频通话的功能能够使思想政治教育互动不再局限于对话框中的文字载体，能够最大限度地还原现实社会中面对面的交流情境。微信、QQ 等网络聊天室较多应用于个体与个体之间的互动（也可以通过创建群聊的形式实现群体之间的互动），腾讯会议、ZOOM、钉钉等在线视频会议 App 以及快手、抖音、哔哩哔哩等视频网站提供的直播功能则为群体思想政治教育互动提供了新途径。进入 Web2.0 时代以来，除了微信、QQ、微博等主打社交功能的网络平台以外，几乎所有类型的网络平台都具备一定程度的社交功能，成为泛社交媒体。例如，网络游戏平台为玩家提供的聊天、添加好友、缔结组织等功能，网络购物平台为卖家与买家之间、买家之间提供交流渠道，网络支付平台同样具备添加好友、进行聊天的功能。

“点赞”“转发”“留言”是网络社会中开展思想政治教育互动的独特方式。无论是微信中的朋友圈、QQ 中的空间、微信公众号发布的内容、微博中发布的内容还是短视频平台、直播平台都提供“点赞”“转发”“留言”的功能。思想政治教育者可以在不同平台发布思想政治教育内容，教育对象通过“点赞”“转发”“留言”与教育者进行互动，“点赞”更多表达教育对象对教育内容呈现出一种正向的反馈，是浅层次的互动，而“转发”和“留言”则会将互动带入更深层次，甚至在留言区展开思想的交锋。同时，留言的状态是向公众开放的，可以吸引更多的人加入到留言区的讨论之中，形成群体之间的思想政治教育互动。教育者也可以通过点赞、转发、留言教育对象发布的内容，拉近与教育对象之间的关系，将教育寓于生活之中。

二、源于网络的思想政治教育

随着越来越多的人进入网络，网络社会对思想政治教育提出了新挑战，促使思想政治教育增加新内容。源于网络的思想政治教育指的就是针对网络社会中的人们的思想行为出现的新问题开展的思想政治教育活动，如网络素养教育、网络舆情管理、网络道德教育和网络文化治理等。

（一）网络素养教育

20 世纪初期，面对着大众传媒的发展，英国学者李维斯等提出了“媒介素养”的概念，认为面对大众媒体提供的数量丰富、内涵复杂的信息，应当开展媒介素养教育，培养青少年辨别和抵御负面信息的能力，防止青少年沉溺在商业力量主导下的大众媒体所推销的“低层次满足”的文化模式中。媒介素养强调的是人们如何处理自身与媒介信息之间的关系，1992 年美国媒体素养研究中心将媒介素养定义为人们在面对不同媒体中各种信息时所表现出的对信息的选择能力、怀疑能力、理解能力、评估能力、思辨性应变能力以及创造和制作媒介信息的能力。网络素养是媒介素养的网络社会形态，与以往的媒介相比，网络媒介的独特之处在于使原本处于被动接受地位的信息接受者能够参与到信息传播中来，人们身兼传播者与接收者两种角色，形成了交互传播模式，同时也使得网络社会中的信息不仅数量庞大，而且成分复杂，对人们的媒介素养提出了更高的要求，也使得网络素养、媒介素养成为现代公民素质的必需。网络素养不仅对个人发展具有重要意义，而且对社会发展同样具有重要意义，保证人们具有处理好网络信息的能力，是消除“数字鸿沟”以及实现信息公平、社会公平的重要方面。

开展网络素养教育是网络社会中的思想政治教育实践的重要组成部分。开展网络素养教育的目标是提升人们的网络素养水平，培养人们合理运用网络社会中的信息的能力，主要包括获取能力，即使用网络技术查询、筛选、获取信息的能力，在网络社会中，信息获取平台层出不穷，能够快速接受新产品、使用新产品也是获取能力的重要组成部分；分析能力，人们要能够在海量的信息中找到有价值的信息，对媒介所传递的信息进行正确的解读，对媒介所传递的事实是否符合事实、逻辑、因果关系等进行判断，对信息存在的社会语境、媒介与社会之间的关系进行分析；判断能力，即对信息内容的怀疑批判能力，面对网络中大量的为争夺眼球、制造轰动效应而被“创造”出来的不良信息，要学会用批判的眼光评估各种信息资源，善于“去伪存真”；传播能力，要在网络社会中加工、制作、发布、传播信息，利用网络技术表达自己的思想。思想政治教育一方面要宣传传播学的基本常识和网络传播基本原理，增强人们在网络中获取信息、传播信息的能力；另一方面要加强马克思主义理论教育，以马克思主义的立场、观点和方法增强人们分析信息、批判信息的能力。

（二）网络舆情管理

舆情指的是公众对事物的意见或态度，是“由个人以及各种社会群体构成的公众，在一定的历史阶段和社会空间内，对自己关心或与自身利益紧密相关的各种公共事务所持有的多种情绪、意愿、态度和意见交错的总和”①，自进入网络社会以来，网络成为公众进行思想表达和发声的重要窗口，尤其是进入 Web2.0 时代以来，网络的社会交往、双向互动的特质尤为凸显，便于舆情的形成、汇聚、表达，网络舆情就是公众在网络社会中发表的意见和意愿汇聚而成的。与发生在现实社会中的社会舆情相比，网络舆情具有形成速度快、影响范围广、讨论量大等特征，一旦传播不当，就非常容易引发群体极化，形成群体压力，甚至引发不理智的行为。

网络舆情的形成主要有三个方面的诱因：一是社会矛盾的存在。引发网络舆情的根源是现实社会中的社会矛盾，由社会矛盾引发的种种社会问题在网络社会中引发公众的意见表达，由此汇聚成网络舆情。二是个人意见的扩展。不同个体对社会问题的反应是不同的,个人在网络社会中的社交媒体平台上发布个人意见，引发他人的注意。在其他网友的跟帖、回应、讨论中，个人意见扩展为一定的讨论量。三是偶然事件的激发。基于某一社会问题形成的偶然事件是网络舆论形成的爆发点，这一偶然事件是客观存在的社会矛盾所造成的必然，其偶然性在于究竟是什么事件、由谁参与、发生在何时何地具有不确定性。人们通过网络或其他渠道了解这一事件进而引起广泛议论，从而形成网络舆情。从这三个诱因出发，思想政治教育开展网络舆情管理，应当从三个方面着手：一是关注社会矛盾。毛泽东将社会矛盾分为两种类别，一是敌我矛盾，二是人民内部矛盾，在我国当前发展阶段，人民内部矛盾是主要矛盾形式，人民内部矛盾需要通过说服教育解决。思想政治教育是解决人民内部矛盾的重要方法，思想政治教育能够通过谈心谈话、说理等方式，通过思想教育解决人民内部矛盾。因此，思想政治教育要关注社会矛盾，从根源上进行网络舆情治理。二是开展舆情监测。从个人意见发展为社会舆情需要一定的时间和积累，思想政治教育工作者要加强对网络舆情的监测，一旦出现意见累加的倾向要及时准备好防控措施，建立健全预警机制，对监测中发现的问题，及时预警并启动预案，为舆情的平息做好充分准备工作。三是及时回应问题。

① 刘毅：《简析舆情变动规律》,《天津社会科学》2007 年第 3 期，第 63 页。

“网络舆情的实质是回应问题……舆情事件治理的关键是有效回应。”[①]当偶然事件爆发后，面对网络舆论，思想政治教育要积极发声，及时回应公众提出的问题，做到化解谣言、传播真相、理性发声，引导舆论朝着积极、健康的方向发展。

（三）网络道德教育

所谓网络道德指的是“人们在开展网络活动时应当自觉遵守的各项行为的总和，主要是指以公民自身信念以及社会舆论作为主要手段进行调节、管控的道德规范。”[②]与现实社会相比，人们在网络社会中承担的角色、遵循的社会规范都存在着一定的差别，伴随着网络社会的发展，针对网络中人们的失范现象，网络道德也逐步形成和完善，2019 年的《新时代公民道德建设实施纲要》将网络道德建设作为新时代公民道德建设的重要内容。道德教育是思想政治教育的重要组成部分，开展网络道德教育活动也应当是网络社会中思想政治教育的重要职能。

在网络社会中，思想政治教育开展网络道德教育活动，一方面要培养自律自觉的网络道德主体，提升网络道德的原动力。网络生活是广大人民群众一起参与创造的，要营造良好的网络道德，需要从网络道德主体——“人”着手，以精准化的手段对其展开思想政治教育活动，提升广大人民群众的道德自律和道德自觉。道德是内在的、自我规范的活动，网络的虚拟性、匿名性特征使得他律的手段在网络社会中的效力下降，网络道德建设最终要依赖人的道德自律与道德自觉。另一方面要凝聚网络道德的价值共识，打造网络道德共同体。网络道德的提升既要依靠个体自觉，更要形成社会共识，“凝聚道德价值共识，既要设好道德底线，以威慑、惩戒的方式破解道德失范、共识破裂的问题，让人对外部的道德准则心生敬畏、严谨遵循，也要以共识性的道德信仰使人心生信服、自觉向善，维护共同的道德观，平衡自由与秩序的关系。”[③]思想政治教育要坚持情理交融的方式，一方面开展理性教育，凸显网络道德的理性逻辑，以理想的道德思辨凝聚共识；另一方面激发人的情感，以人的同情心、同理心进行道德教育，形成对网络道德的理解、遵循与共识，在共识基础上打造网络道德共同体。

（四）网络文化治理

网络社会的开放性为所有人提供了展示自我的舞台，使得网络社会热闹非凡，

---

① 邝良锋、罗昱夫：《网络舆情的实质与治理——基于新冠肺炎的舆情分析》，《华南师范大学学报（社会科学版）》2021 年第 2 期，第 193—194 页。

② 赵岩、谭向阳：《公民网络道德素养的提升路径》，《人民论坛》2018 年第 17 期，第 110 页。

③ 王欣玥：《网络道德建设内蕴的多重向度审视》，《思想理论教育》2021 年第 7 期，第 86—87 页。

各种在现实生活中备受压抑的文化也在网络社会中出现，各种亚文化在网络社会中不断上演并逐步发展形成多样化的网络文化景观，构成社会文化环境的重要组成部分。文化是人创造的，同时社会文化也塑造着人，文化构成了人出生、成长的社会语境，影响着人的价值观念的形成发展。因此，思想政治教育必须关注网络中的文化，开展网络文化治理活动，纠正网络文化发展的偏差以及网络文化对人的观念世界带来的负面影响，营造风清气正的网络文化环境。

"网丑"文化是当前网络社会中辐射面较广、影响力较大的亚文化之一。"网丑"文化脱胎于现实社会中的"审丑"文化，"审丑"文化是现代性的产物，在传统社会的美学中，丑往往作为美的对立面存在，文学艺术中对丑的塑造是为了衬托美、表现美、歌颂美，而进入现代社会后，"工业革命和技术革命改变着人们生活的同时，也很大程度上造成贫富差距越来越大，加上两次世界大战的摧残，人们的生活理想出现毁灭性打击，失业、流离失所、无家可归、种族歧视等生存困境与自由、平等国度和万能的上帝背道而驰，由此导致焦虑抑郁、心理病态、人性扭曲等一系列现代综合征"[①]。马克思的意识形态理论指出，美同样是统治阶级的统治工具，资产阶级宣扬的美好社会愿景与社会成员悲惨的现实命运毫无关系，丑成了与虚假的"美"相对立的真实，阿多诺提出以与流行艺术相反的审丑抵御市场物化的同化力量。同时，现代性倡导的人的解放在理性不断祛魅的助力下发展到了极致，甚至走向了理性的反面——非理性主义，丑代表的混乱、无序、欲望的满足、情绪的宣泄体现了生命的原始冲动以及无意识层面的灵魂深处的展现，迎合了非理性主体的需要。但是，令人唏嘘的是，进入网络社会的"审丑"文化——"网丑"文化，失去了原有的批判性意义，成了自己批判的对象，空余非理性主义逻辑。"网丑"文化出现的背后是资本的助推，在注意力经济、流量经济影响下的网络社会，打破常规的同时满足现代人非理性需要的"丑"能够快速抓住人们的眼球，并积累起一定的受众，一些人通过提供"网丑"文化内容走红并获得巨大经济利益，使网络平台背后的公司看到了"丑"背后的商机。推广"丑"，贩卖"丑"，鼓励人们制造"丑"，无论是内容的创作者还是受众，都成为网络平台公司牟利的一环。在这一过程中，人们的审美趣味不断下降，非理性因素不断扩散，"金钱至上"的价值观愈加极端[②]，在这种轻佻的文化环境中，人们逐渐丧失了对社会事务进行严肃思考和理智判断的能力。

以"网丑"文化为代表的网络文化环境，是内容创作者、受众、网络平台公

---

① 闵媛春：《西方审丑观念的历史流变》，《社会科学战线》2020年第7期，第269页。

② 马克思在《资本论》中说，"因为从货币身上看不出它是由什么东西转化成的，所以，一切东西，不论是不是商品，都可以转化成货币。一切东西都可以买卖。流通成了巨大的社会蒸馏器，一切东西抛到里面去，再出来时都成为货币的结晶。"以往人们用来交易货币的商品是劳动力，在"网丑"文化的助推下，人们用来交换货币的商品是自己的理性、隐私、作为人的文明底线和尊严。

司三方“共谋”的产物，思想政治教育要从这三个方面着手，开展网络文化治理活动。首先，思想政治教育要提升内容创作者的思想、道德、政治素质，使其坚持正确的价值取向，在内容创作中弘扬真善美、批驳假恶丑；其次，思想政治教育要开展审美教育，使受众形成健康、积极的审美趣味，树立崇高的文化理想，从而自觉抵制落后文化；最后，思想政治教育要加强对网络平台公司的从业人员的社会责任教育，使其认识到自己承担的文化传播、文化塑造等社会责任，尽力转变其“唯利是图”的错误价值观念。

三、融于网络的思想政治教育

融于网络的思想政治教育是将网络社会看作独特的思想政治教育空间，把握发生于网络社会之中的思想政治教育的独特属性与规律。在网络社会中，思想政治教育实践主要存在着以下特点。

（一）教育者的意识和实践活动具有不确定性

从教育者的意识和实践活动的过程来看，具有明显的不确定性。网络社会改写了教育者与教育对象之间的关系，从“人-人”的关系转变为“人-机-机-人”之间的关系，教育者与教育对象均隐匿于屏幕之后，对于教育者而言，教育者难以实时收到教育对象的各种反馈信息，难以根据教育对象的反应进行及时的应对、调整、跟进，思想政治教育是一门人与人交流互动的艺术，在面对面的交流中，除了口头语言，眼神、面部表情、肢体动作等等符号要素都在其中发挥着作用，在屏幕的阻隔下，教育者难以对教育对象的反馈进行精准的捕捉和判断，教育者与教育对象的互动过程被割裂。在某些场景中，教育者甚至不确定哪些网络受众成为自己的教育对象，导致教育者的准备活动不够充分，教育活动目标不够明确，进而影响思想政治教育的效果。

（二）教育对象的意识和实践活动具有离散性

从教育对象的意识和实践活动的过程来看，具有明显的离散性。对于教育对象而言，教育者隐匿在屏幕之后，非面对面情境削弱了教育者对教育对象的“凝视”与“监控”，冲击了思想政治教育的主导性。教育对象对教育过程的控制权大大提升，学不学、怎样学、学哪些、什么时间学、以什么方式学都掌握在教育对象手中，教育内容能否被教育对象内化、教育目标能否实现、教育活动的最终结果如何很大程度上依赖于教育对象的主体性。教育对象的认识活动不到位主要表现在主动性不够，情感活动不到位主要表现在认同接受程度不高，实践活动不到位主要表现在内化践行不积极。

（三）教育者与教育对象之间的意识和实践活动具有互动性

从教育者与教育对象之间的意识和实践活动来看，两者之间具有明显的互动性。网络社会中思想政治教育活动的四个子过程，即教育者的自觉活动和实践活动，教育对象的自觉活动和实践活动，各子过程不是连续的，而是相互重叠的。四个子过程相互重叠推动着网络社会中思想政治教育的深入发展和教育目标的顺利实现。网络与网络信息的交互性也要求网络社会中的思想政治教育过程表现出明显的交互特征。在网络社会思想政治教育四个子系统的互动过程中，关键是形成互动，尤其是教育者与教育主体之间的互动与共鸣，这是最重要的事情，也是网络社会思想政治教育应追求的最佳效果和基本目标。

第三节　网络社会中的思想政治教育方法

网络社会中的思想政治教育方法具有技术性、互动性、便捷性的特征，主要包括信息库法、信息隐匿法、虚拟现实法和网上与网下结合法等四种基本类型。网络社会中的思想政治教育方法处于动态发展之中，伴随着网络技术的发展而不断发展。同时，网络社会中的思想政治教育有其独特特征，网络社会赋予了其多向互动性，要从这一属性出发，推动网络社会中的思想政治教育方法向着多向互动型转变。网络社会中的思想政治教育方法种类多样，各有所长，要综合运用各种方法，发挥出各自的优势，实现“1+1>2”的效果。

一、网络社会中思想政治教育方法的特征

网络技术支撑起了网络社会中的思想政治教育方法，思想政治教育方法在网络的相关属性的影响下呈现出与现实社会中的思想政治教育方法迥然不同的特征，主要表现为技术性、互动性和便捷性。

（一）技术性

技术性是指网络社会中的思想政治教育的各种方法都有一定的技术含量。技术性是网络社会中思想政治教育方法区别于现实社会中的思想政治教育方法的

首要特征。在现实社会的思想政治教育方法中，传播载体如传统的大众媒体报纸、广播、电视等不能被思想政治教育者所掌握，思想政治教育者的教育主要通过口头语言、文字等载体进行，科学技术含量较低。而在网络社会中，互联网赋予了每个人成为内容发布者的资格，也意味着思想政治教育者能够掌握运用网络及其相关技术开展思想政治教育活动。因此，在网络社会中的思想政治教育方法都具有一定的技术含量，依托网络及其相关技术进行，具有鲜明的技术性特征。

（二）互动性

互动性指的是在网络社会中，思想政治教育者与教育对象能够开展跨越时间、空间的即时互动活动。在现实社会中，思想政治教育者向教育对象提供教育内容，不一定能够得到及时的反馈。时间、空间的障碍阻挡了教育者与教育对象的互动，教育者与教育对象的互动只能在面对面的情境内展开。同时，受到物理因素的限制，教育者与教育对象的互动范围有限，只能进行人数有限的交流互动。网络社会中的思想政治教育方法大大提升了思想政治教育的互动性，思想政治教育者在网络社会中发布、传播思想政治教育信息，教育对象可以实时接收到，并进行及时反馈。同时，在网络社会中，教育者与教育对象之间可以进行一对一、一对多、多对多、多对一等形式多样的互动活动，思想政治教育互动的规模不再受物理因素的限制，思想政治教育方法的互动性大大提升。

（三）便捷性

便捷性是指网络社会中的思想政治教育方法具有方便、快捷的特性。互联网的快速发展和信息技术的进步为网络社会中思想政治教育的实施带来了极大的便捷。比如，人们可以随时从任何信息终端获取信息的全部内容并快速了解。在网络社会中，文字、语音、图像、视频等多种形式的思想政治教育信息以数字信号的形式进行光速传输。思想政治教育者与教育对象可以自由地交换信息、交流思想，并可以免费访问任何网站或网页，时间和空间因素似乎不再影响思想政治教育的效果。

二、网络社会中思想政治教育方法类型

厘清网络社会中的思想政治教育方法的基本类型，对于实现教育方法的有效整合，以及促进网络社会中的思想政治教育方法的规范发展，具有总体引导和现

实借鉴意义。网络社会中的思想政治教育方法应包含信息库法、信息隐匿法、虚拟现实法和网上教育与网下教育结合法等基本类型。

（一）信息库法

信息库法是将现实生活中丰富的思想政治教育信息内容储存在网络社会之中的方法，通过建立网络信息库促进思想政治教育信息在思想政治教育者与教育对象之间传播。在网络社会中，信息的传播方式从“推”改为了“拉”，现实社会中的传统媒介是将信息“推给”大众，而在网络社会中，则是为人们提供选择，让人们自主地“拉出”信息，即通过超链接技术获得自己所需要的信息。因此，要建立网络思想政治教育信息库，以提供充足、全面的思想政治教育信息，并满足教育者与教育对象的丰富、多元需要。无论是思想政治教育者为准备教育活动需要的信息，还是教育对象进行自我学习需要的信息，都能够通过网络检索找到自己需要的信息。

从规模上看，网络思想政治教育基本分为大型综合性信息库、中型基础性信息库和小型专业性信息库。大型综合性信息库将为思想政治教育者与教育对象提供全方位的思想政治教育信息，如网络道德教育信息、网络思想教育信息、网络政治教育信息、网络心理教育信息、网络法治教育信息以及与网络思想政治教育相关的各类信息，如人文科技信息等，以满足各类各层次思想政治教育者与教育对象对网络思想政治教育信息的需要。中型基础性信息库应提供思想政治教育的基本信息，能满足一般教育对象对网上思想政治教育基本信息的需要。小型专业性信息库将针对一定的思想政治教育主题或特定的思想政治教育群体进行建设，如针对中国共产党建党百年进行信息库建设，再比如针对学生群体、企业员工群体、军队群体等建立的信息库，为特定的教育者与教育对象提供思想政治教育信息。各行业特别是有条件的单位可建立中小型网上思想政治教育信息库，并可与大型网上思想政治教育信息库进行链接。

（二）信息隐匿法

信息隐匿法是隐性思想政治教育的基本方法，思想政治教育者将思想政治教育信息隐匿在网络社会中，让教育对象在不知不觉中接收思想政治教育信息，接受思想政治教育。与“标签式”的显性思想政治教育方法相比，信息隐匿法能够降低教育对象面对新事物的心理门槛，缓解教育对象思想上的“自我免疫效应”，思想政治教育信息隐藏在网络社会的环境中，通过潜移默化的方式完成思想政治教育目的。

信息隐匿法尽管具有潜在性的特征，广泛弥漫于网络社会中，但并不是盲目的，信息隐匿法同样具有针对性，是思想政治教育者根据教育对象的思想情况和思维特征设计开展的。思想政治教育者在进行信息隐匿法时，要根据教育对象的上网目的来设计。人们进入网络社会的目的各有不同，有的是为了娱乐，有的是为了工作，有的是为了学习，有的是为了社会交往。根据人们不同的上网目的，教育者可以把思想政治教育信息渗透到教育对象的工作信息之中，渗透到教育对象的利益相关信息中，渗透到教育对象的文化娱乐信息之中，做到有的放矢，提高思想政治教育的实效性。

（三）虚拟现实法

虚拟现实法是将虚拟现实技术引入思想政治教育活动中形成的教育方法，是教育主体利用虚拟现实技术开展思想政治教育活动，实现思想政治教育目的的方法。虚拟现实技术是将数字技术制造出的虚拟场景通过影像、声音、味道、触感等多感官形式呈现出来，使人产生身临其境的真实之感。虚拟现实技术主要包括现实增强技术、虚拟现实技术、介导现实技术、混合现实技术等等，既可以在现实空间中呈现出虚拟的人、事、物，也可以在虚拟空间中呈现出虚拟事物但使人沉浸其中，以为其是真实的世界。教育学领域的研究表明，与普通课堂相比，运用虚拟现实（VR）和增强现实（AR）技术的课堂能够让学生在更长时间内保持专注，更好地吸收教育内容。这种具有沉浸式的体验更有利于教育对象开启心流体验，进入心流状态，教育对象能够集中注意力、全神贯注、忘我地投入到思想政治教育活动中，使其不知不觉在思想政治教育活动中投入更多时间。

网络社会中的思想政治教育的虚拟现实法不是为了营造一个不存在的虚假的思想政治教育环境，而是为了通过提供内容丰富多元的环境，使思想政治教育对象获得身临其境的真实体验，以提升思想政治教育的效果。思想政治教育者可以根据教育内容、教育目标、教育对象的思想状况等条件自主创设教育场景，既可以重现历史场景，比如在开展伟大建党精神教育时，可以根据党史记录还原中共一大召开的历史场景，将抽象的符号化的精神还原为具体的鲜活的人物和事件，让教育对象身临其境地感受中国共产党人坚持真理、坚守理想，践行初心、担当使命，不怕牺牲、英勇斗争，对党忠诚、不负人民的伟大建党精神。可以通过虚拟现实技术展示如果中国人民没有选择马克思主义信仰的后果，让教育对象直观地感受马克思主义信仰的科学性、正确性以及对中国发展的重要性，推动教育对象坚定马克思主义理想信念。

（四）网上教育与网下教育结合法

网上教育与网下教育结合法指的是不仅要在网络社会中开展思想政治教育活动，也要在现实社会中开展思想政治教育活动。从现代人的生活场景看，现实社会与网络社会共同编织起了人的生活世界，网络社会在人们生活中的占比越来越大，成为人们重要的思想活动空间，人们的身体还留在现实社会中，思想却在网络社会中飞驰，网络社会中的一切文化景观都将成为影响人们思想观念、价值观念的重要因素。因此，开展思想政治教育活动，就要做到现实社会与网络社会的联动，以协同性的作用面对综合复杂、虚实交错的人的生活场景。

对于网络社会中的思想政治教育而言，必须坚持网上教育与网下教育结合法。现实社会是网络社会的基础，是诸多网络社会问题的根源所在，现实社会中的问题不解决，网络社会中的问题永远无法解决，所以网络社会的发展是为了“以虚促实”，而不是“以实代虚”，网络社会中的思想政治教育是为了应对人的现实的生存境遇，而不是为了发展虚拟的网络思想政治教育形态。网络社会的思想政治教育要紧密地与现实社会的思想政治教育结合在一起，确立一致的目标和方向，共同规划，协同发力，促进思想政治教育对象形成正确的世界观、人生观、价值观。

三、网络社会中思想政治教育方法的优化

网络社会中的思想政治教育方法的优化要从三个方面着手：一是网络社会中的思想政治教育方法处于动态发展之中，要随着网络技术的发展而不断发展，不断丰富网络社会中的思想政治教育方法类型；二是网络社会中的思想政治教育有其独特特征，网络赋予了其多向互动性，要从这一属性出发，推动网络社会中的思想政治教育方法朝着多向互动型转变；三是网络社会中的思想政治教育方法种类多样，各有所长，要综合运用各种方法，发挥出各自的优势，实现“1+1>2”的效果。

（一）发展技术基础，推动思想政治教育方法丰富更新

进入现代社会以来，社会发展的节奏不断加快，尤其体现在技术变革上，网络技术的发展日新月异，而网络技术的发展直接影响到了网络社会中的思想政治教育，改变了网络社会中的思想政治教育的技术基础及技术环境。网络社会中的思想政治教育方法要随着网络技术的发展而不断更新，这既是思想政治教育适应时代发展的需要，也是实现思想政治教育自身发展的需要，如果网络社会中的思

想政治教育不能随着网络技术的最新发展更新出新的方法，那么以往的教育方法在新的技术环境中不一定能够发挥作用,思想政治教育将无法守住自己的“阵地”,同时新的技术也将提升思想政治教育的效果，比如大数据、人工智能等在思想政治教育中的应用,大大提升了思想政治教育者的工作效率,使得大规模的精准化、个性化的思想政治教育成为可能。网络社会中的思想政治教育方法不是一成不变的，而是处于动态发展之中，思想政治教育要根据网络技术的发展不断进行自我发展，形成更多新的更高效更有益的思想政治教育方法。

（二）明确网络特征，促进思想政治教育方法效果提升

随着网络社会的发展，网络社会“多向互动”的属性越发明显，在网络社会中的每个人都是信息的发布者，都是发声者，思想政治教育双向沟通、多向沟通的特质在网络社会中将更为明显地凸显出来。现实社会中的思想政治教育方法受到时间、空间等物理因素的限制和教育内容主导性特点的影响，单向传达性的特征较为明显，也有研究将这一类型的思想政治教育方法称为“独白”。在去中心化、自由开放的网络社会中，独白式的思想政治教育方法应当朝着复调式的思想政治教育方法转变，这是网络社会中思想政治教育方法优化的主要方向。独白式的思想政治教育方法既不符合网络社会中信息的传播规律，也不适应网络社会中人与人之间的沟通方式。双向互动、多向互动的复调式的思想政治教育方法赋予了思想政治教育对象在教育过程中更多自我表达的机会，教育者能够根据教育对象所反映出的思想状况进行及时的反馈，有利于思想政治教育活动的开展。

（三）整合方法优势，实现思想政治教育方法综合作用

网络社会中的思想政治教育方法多种多样,每种方法都有自己的特点和优势。思想政治教育的成效既取决于每种方法的作用，同时也取决于多种方法的综合运用，尤其是在网络社会中，思想政治教育对象可以自主地对思想政治教育信息进行选择，单一的思想政治教育方法未必能达到令人满意的结果。在这种情况下，把多种网络社会中的思想政治教育方法相结合，进行优势互补就显得尤为重要。思想政治教育关注的许多思想问题往往是复杂的，靠一种方法难以解决，只有运用多种方法才能取得好的效果。要通过正确把握网络社会中各种思想政治教育方法的特点和优势，优化教育方法组合，形成教育方法系列，整合优化网络社会中的思想政治教育方法。

✎ 问题与讨论

1. 网络社会发展主要经历了哪些阶段？每一阶段的基本特征是什么？

2. 网络社会中的思想政治教育实践主要包括哪些类型？

3. 网络社会中的思想政治教育方法有哪些？具有怎样的特征？

4. 在大数据、人工智能、虚拟现实、高速通信等技术的加持下，在元宇宙等未来网络社会的愿景中，网络社会中的思想政治教育将迎来怎样的未来？

5. 网络社会思想政治教育在思想政治教育体系的地位和作用是什么？

第十章　社会文化中的思想政治教育

文化是人类活动的成果，也是社会的重要组成部分。思想政治教育是社会的一部分，同样是社会文化的组成部分，社会文化中有思想政治教育，思想政治教育运用社会文化开展思想政治教育实践，同时为社会文化服务，也借以社会文化为社会服务。社会文化承载着思想教育的作用，在铸魂育人方面发挥着重要的凝聚和整合作用。在这一过程中，思想政治教育处于重要的地位，发挥着重要的作用。通过这一过程，社会文化和思想政治教育实现了融合式的发展，随着社会文化的现代转型，思想政治教育也在发生着积极的转变。

第一节　社会文化中思想政治教育的地位

社会文化承载和发挥着思想政治教育的作用，在社会文化建设中既成为思想政治教育的重要载体和力量，也为自身提供思想政治教育作用，体现出了社会文化与思想政治教育的互构意义。因此要重视社会文化中的思想政治教育作用，确立思想政治教育在社会文化中的重要地位。

一、社会文化的内涵

从社会学的角度看，文化包括五种分析框架，分别是制度结构、文化历史和遗产、生产与传播、观众效应、意义和社会行动。制度结构指的是物质和观念文化中的核心模式，主要表现在语言、身份、家庭、流行文化、工作等社会制度中，如作为制度模式的个体主义文化或家庭文化；文化历史和遗产指的是文化与不同时空的文化实践和文化过程的相似的一面，如民间文化对当前社会的意义，大众文化的兴起与工业社会的联系；生产与传播指的是文化的组织化地生产与传播，并与不同的社会阶层和群体相结合的过程，如权力与文化；观众效应指的是文化对社会群体或者个人的影响，如电视对舆论的影响；意义和社会行动指的是社会行动者如何认识行动的意义，以及这一过程对制度化文化的影响、文化的意义与社会行动之间的关系，如社会运动与文化变迁的关系。[①]这五种分析框架提供了研究社会文化的五种角度，对文化的整体和过程进行不同层面的分析。但是，贯穿于社会文化整体和过程的核心是价值观，它为社会文化的不同层面确定价值取向和意义。帕森斯（Talcott Parsons）基于同质性与共享性，将文化视为能够进行共享的意义和价值的符号体系，其中价值观发挥着引导行动的功能。[②]希尔斯（Edward Shils）认为每个社会都存在一个具有强大影响力的文化中心，它既是一个支配着社会的信仰、价值和符号秩序的中心，也是体现具体信仰的行动、角色和人的结构。[③]

文化也是社会系统中的一个重要要素，既相对独立，又渗透在社会系统的各个领域与层次，同时在社会生活中产生着重要的作用。[④]因此，文化是一种通过象征符号呈现出来的价值观，在与相应的社会系统相联系时，它的意义及作用会通过多种多样的载体体现出来。由于文化是社会系统中的要素，社会文化就会受到社会系统的制约和影响。社会文化是社会整体中的文化，反映着社会结构的状况，带有社会生活的特征。因此，社会整体的状况就是社会文化发展的重要条件，为社会文化的变化、转变和发展提供着重要的动力。反之，社会文化的发展也会推进社会系统的整合，为经济社会发展提供重要的精神动力和价值条件。因此，在社会系统的影响下，社会文化就会呈现出多种多样的丰富状态。从理论形态的角度看，社会文化的多样性表现为意识形态、价值观念、社会思潮、价值取向、思想舆论等形态。在理论形态方面，意识形态指的是在一定历史条件的基础上，一组相对稳定的、相互联系的、具有共同倾向与评价原则的价值信念。[⑤]当前，在思想舆论领域也存在着分化，大致有红色、黑色、灰色等“三个地带”。[⑥]社会思潮则是在一定历史条件下形成的思想观念潮流，具有现实性、动态性、评价性和综合性的特点，它同时包含理论化的意识形态和日常的社会心理体验。[⑦]从实

---

① 〔美〕约翰·霍尔、玛丽·乔·尼兹：《文化：社会学的视野》，周晓虹、徐彬译，商务印书馆2004年版，第38—40页。

② 〔美〕杰弗里·亚历山大：《社会学二十讲：二战以来的理论发展》，贾春增、董天民等译，华夏出版社2000年版，第25—30页。

③ 〔美〕戴安娜·克兰主编：《文化社会学：浮现中的理论视野》，王小章、郑震译，南京大学出版社2006年版，第20页。

④ 孙其昂：《社会学视野中的思想政治工作》，科学出版社2017年版，第51页。

⑤ 刘少杰：《当代中国意识形态变迁》，中央编译出版社2012年版，第5—6页。

⑥《用社会主义核心价值观凝心聚力——关于建设社会主义文化强国》，2016年5月5日，http://theory.people.com.cn/n1/2016/0505/c40531-28326337.html。

⑦ 刘少杰：《当代中国意识形态变迁》，中央编译出版社2012年版，第156—159页。

体形态的角度看，社会文化的多样化表现为文化建设、文化工作、文化艺术、公共文化服务、文化产业、新文化事业和文化产业等载体形式。

二、社会文化多样化中的思想政治教育

当今中国，随着经济社会的快速发展，价值观念、社会思潮、思想舆论、价值取向等思想观念呈现出纷繁复杂的状态，为了更好地凝聚社会共识和实现社会整合，就要对这些不同的思想观念进行引导和约束。由于这些多样化的思想观念与不同的社会群体和个人相联系，为他们了解、认识、接受、生产、传播和改变，要对它们进行引导和整合，就要对受它们影响的社会群体和个人的思想进行思想政治教育，用正确的理想信念和理论来武装他们的头脑，进而影响他们的世界观、人生观、价值观和社会行为。思想政治工作说到底还是做人的工作，关系到怎么培养人、怎样培养人以及为谁培养人这个根本问题。新时代的思想政治教育面临着中华民族伟大复兴的战略全局、世界百年未有之大变局的时代背景和世界视野，更需要走向世界舞台，讲好中国故事、构筑中国精神和中国价值；同时也要直面各种社会思潮的冲击，不仅要坚守好主流意识形态的阵地，还要阐明社会主义文化，处理好中华民族优秀传统文化和外来文化的关系，从而厚植民族精神、坚定文化自信。因此，在社会文化形态中，思想政治教育的地位和角色就显得非常重要，它发挥着凝聚价值共识和维持主流价值模式的重要功能。

思想政治教育是组织自觉进行的政治性的思想教育活动。思想政治教育的特点是：组织性的行为，传递组织的主张；具有自觉性，是有目的和有计划进行的；通过人指向人的思想；政治性，其核心是政治信仰；基本方法是讲道理，主要是思想交流；目的是释疑解惑、鼓舞士气、改善素质和培养思想政治教育者；是一种社会实践，一种思想性的教育实践。[①]在这里，思想也包含一定的结构和内容，包括三个方面：一是知识，它是思想的基础；二是观念，它是思想的核心；三是思维方式，是一套对事物进行认知的思维方式。思想交流指的是思想与思想之间的交流，其内核是价值观，形式包括介绍、交谈、讲解、说服、辩论、争论等；思想性的社会实践是指行为，以思想观念的力量改变主观世界，通过作用于人们的精神领域，使人们的主观思想外化为客观行为。[②]从思想政治教育的内涵可以看出，它就是对人的思想进行教育、引导和约束，进而实现思想上的整合，使得不同的社会群体和个人都认同与践行社会的主流价值观。思想政治教育体现为在社会文化的分化中发挥着思想引导、思想凝聚和价值整合的作用。随着我国社会

① 孙其昂、黄世虎：《思想政治教育学基本原理》第4版，河海大学出版社2015年版，第4页。
② 孙其昂、黄世虎：《思想政治教育学基本原理》第4版，河海大学出版社2015年版，第54—55页。

思想观念领域的深刻变化，社会中涌现出多种观点思潮、价值取向、思想舆论和价值观念。这些思想观念、价值取向对社会群体产生了深刻的影响。一方面，多元化的社会思潮是时代和民智发展的反映，是社会化的产物，丰富了社会文化、推动了社会发展；另一方面，各种思潮观念良莠不齐，难免会出现混淆民众思想、阻碍社会进步的潜在危机。对此，要不断巩固马克思主义在意识形态领域中的指导地位，牢牢掌握意识形态工作的领导权与话语权。

思想政治教育对社会思潮发挥思想引导作用。社会思潮对社会现实和问题的解释存在评价性与片面性，而且这种片面性会影响到人们对社会现实的日常理解和情感表达。在社会转型时期，社会文化中的价值取向、规范等要素也存在着分化的状况。当今，极端个人主义、拜金主义、享乐主义、历史虚无主义等错误的社会思想观念对处于社会转型期的人们产生了很大的冲击，它们在一定程度上弱化了社会的价值纽带和信任基础。对此，思想政治教育要发挥教育、规范和约束的功能。

思想政治教育体现为有助于社会文化发挥所承载的教育作用。当今中国，在社会主义文化建设中，教育者要以马克思主义及其中国化的理论成果、共产主义信念、社会主义核心价值观、中华优秀传统文化等为内容进行思想政治教育，强化马克思主义在受教育者思想中的权威性，为实现社会整合建立共同的思想和价值基础。思想政治教育有效利用自身在政治素质、理论、组织、知识、阵地、队伍、传播技术等方面的优势来充分推进中国特色社会主义文化的宣传和建设工作，不断巩固、增强马克思主义在意识形态领域的指导地位，不断增进社会主义意识形态的凝聚力与引领力，不断推动社会主义先进文化的建设、繁荣与发展，进而充分地发挥中国特色社会主义文化的引领、指导、规范和整合作用。对于显现市场化、商业性、娱乐性等方面特点的新型文化消费，教育者还要加强对普通群众价值取向的引导，要尽力运用社会主义核心价值观来引导、教育他们，约束他们对个人主义、消费主义等价值观的过度认同和追求。在这一过程中，教育者要对产生新型文化消费的新型文化业态进行研究，不断地认识和吸纳其价值与意义，将其产生的社会效益和经济效益解释清楚。在与受教育者交流过程中，教育者要对合理消费的观念进行宣传，在实现这些业态经济效益的过程中不断推进公民素养和社会文明的提升。

三、正确的政治思想与社会文化的思想整合

由于我国社会思想观念的深刻变化，社会文化的多样化会在一定程度上造成人们在价值取向和规范遵循上的错误、疑惑和模糊，为了有效地解决这些问题，

就需要运用正确的政治思想对多样化的取向和遵循进行思想凝聚与价值整合。在解决这些问题的过程中，思想政治教育能够发挥重要的功能和作用。它的内涵就在于运用正确的政治信念和理论来进行思想交流，进而改变受教育者的主观精神世界。在当今的社会转型加速期，社会发展进程中难免会出现一系列矛盾和问题，作为对这种社会变迁的反映，一些非主流的社会思想观念便产生了。它们在一定程度上对社会发展中的问题进行了解释和表达，迎合了与这些问题存在利益相关的一部分社会群体和个人的需求，在社会中以不良的思想文化形式表现出来。这些社会思想观念的问题在于，它们看待社会发展和转型的立场与倾向是片面的，有时甚至是错误的，容易将有些受教育者的思想引向错误的方向。而且，它们通过语言、大众传媒、行为等一些象征符号来掩盖其价值取向，借助对社会转型中的社会问题的关注来拉近与相关群体和个人的距离，进而鼓舞他们接受并认同它们内在的价值取向。对此，有些受教育者往往缺乏敏感性和辨别力，无法认清这些非主流社会思想观念的本质，也缺乏对其进行批判的能力。同时，与这些非主流文化具有利益相关的社会群体和个人，往往基于自身的利益、情绪、虚荣等方面的考虑，不考虑这些文化的合理性，任意夸大他们所遭遇到的问题的严重性和这些文化在解释与解决这些问题的有效性。在一些不能坚守正确思想舆论导向的大众媒体的推动下，这种状况往往会在社会中引起范围比较大的不好的舆论，可能会影响一些受教育者做出错误的思考和价值判断。

对于社会思想观念中存在的错误观点、错误思潮、网络舆论乱象等思想问题，需要采用思想政治教育的方法加以引导和解决，以为经济、政治、社会和生态文明方面的发展提供价值和规范支持。当下，正确的理论成果就是马克思主义及其中国化的理论成果，尤其是习近平新时代中国特色社会主义思想。首先，这些理论成果是对共产党执政规律、社会主义建设规律和人类社会发展规律的科学认识和论断，是更好地发展中国特色社会主义的科学理论创新成果。其次，这些理论成果指明了正确的政治方向、政治原则、政治立场和政治意识，为人民群众提供了正确的价值取向和科学有效的思维方式。再次，对主流的意识形态，在多元的社会文化中处于主导和支配地位，为不同的价值判断提供科学和正确的标准。对于教育者，要在工作中坚定对这些正确理论成果的信仰，坚定正确的政治方向、立场和意识，强化对这些理论成果的学习、内化、认同和践行。同时，还要不断地用这些正确的理论成果武装头脑，将它们内化于心和外化于行，并深刻融入关于思想交流的社会实践中去。只有教育者不断地深化对这些政治思想的学习，才能坚定思想教育行为和过程的正确方向，才能为受教育者提供正确的思想教育内容，才能强化自身在受教育者内心的权威。

在中国特色社会主义进入新时代的进程中，这些理论成果具有凝聚共识和实现思想整合的功能。因此，它们在社会文化的思想和价值整合中发挥着非常重要的功能和作用。教育者要利用管理载体、活动载体、文化载体、传媒载体、人载体等途径来揭示非主流社会思想观念的片面本质，使受教育者认识到非主流社会思想观念的局限性和危害性，进而摒弃这种片面的思想。同时，教育者还要利用不同的载体宣传正确的政治思想、党的理论和路线方针政策、中央的重大工作部署和关于形势的重大分析判断等内容，使受教育者对于经济社会发展中的各种问题和思想具有一个正确的认识和判断，以及不会受到片面的意识形态的影响。而且，教育者要动员政治觉悟高、理论素养好的受教育者，让他们运用自身在理想信念、思想认识、理论知识等方面的有利条件来对这种片面的观点进行批判，以弱化这种思想观念在社会中的影响力。在社会转型期，多样化的社会文化会作用于不同社会群体和个人的价值观，影响他们的价值选择。如后现代主义思潮，发明了一些类似迷失、断裂、异质、反讽、平面等概念来表达自己的思想，但由于这些概念的不同含义也带来了模糊性、不确定性与反叛性，如青少年的反传统、反权威、玩世不恭等表现。①对于这种思潮给人们价值观带来的负面影响，教育者要利用不同的载体和方法来开展社会主义核心价值观教育，要结合家庭、学校、企业、社区、政府等途径来推进思想教育。在教育过程中，教育管理者和实施者要协调这些途径共同发力，推进受教育者在家庭美德、社会公德、职业道德等方面的建设和教育。

第二节　社会文化中思想政治教育的类型

随着我国经济社会的发展，尤其是中国特色社会主义进入新时代，社会主义先进文化不断地繁荣和发展。文化建设是一个庞大的体系，是发展教育、科学、文学艺术、新闻出版、广播电视、卫生体育、图书馆、博物馆等各项文化事业的综合性活动。它既是建设物质文明的重要条件，也是提高人民思想觉悟和道德水平的前提保障。总的来说，广义的文化建设是集文化工作、文化艺术、公共文化服务、文化产业、新文化事业等领域的工作于一体的思想体系和实践指向。同时文化建设与文化工作、文化艺术等其他社会文化的类型不是各自发展的平行关系，而是相互促进、互为支撑的包容关系。只有处在同一社会文化背景下的文化实体形态协同发展、多元共驱，思想政治教育才能更好地发挥对社会文化凝聚价值共识和维持主流价值模式的作用功能。

---

① 刘少杰：《当代中国意识形态变迁》，中央编译出版社 2012 年版，第 169—170 页。

一、文化建设中的思想政治教育

在文化建设领域，需要继承和发扬中国共产党实践中形成的文化建设经验，并要不断丰富和发展。在马克思主义的指导下，党的百年文化建设取得了重大成就，为中华民族的伟大复兴提供了重要的文化基础。[①]党的文化建设思想，在新民主主义革命时期就已初具规模，形成了中国先进文化建设的雏形。1942年，延安文艺座谈会召开，毛泽东在会上指出："求得革命文艺的正确发展，求得革命文艺对其他革命工作的更好的协助，借以打倒我们民族的敌人，完成民族解放的任务。"[②]文艺要很好地"作为团结人民、教育人民、打击敌人、消灭敌人的有力的武器"[③]。社会主义革命和建设时期，毛泽东在中共中央政治局扩大会议上提出艺术问题要"百花齐放"、学术问题要"百家争鸣"，发展人民喜闻乐见的文化形式。改革开放时期的文化建设，党始终坚持团结一致、解放思想、实事求是的文化建设思想路线，在加快新长征的步伐中，将建设中国特色社会主义现代化强国的目标纳入现代化建设的总目标中。当下，中国特色社会主义进入了新时代，文化建设就是坚持马克思主义在意识形态领域中的指导地位，坚持中国特色社会主义文化道路，建设社会主义文化强国，这包括牢牢掌握意识形态工作的领导权与话语权、加强中国特色社会主义理想信念的宣传教育、提升社会主义核心价值观的引领力、加强思想道德建设、繁荣和发展社会主义文艺、推进公共文化服务发展、传承与弘扬中华优秀传统文化、加快发展现代文化产业、加强网上思想文化建设等内容。

在文化建设中，落实思想政治教育主体责任。各级党委、部门、阵地、平台、智库、文化企业等要积极地发挥教育者的主体性作用，充分发挥文化建设的思想政治教育作用。在思想教育过程中，运用各种文化建设工作中的资源、优势和机会改造受教育者的主观世界，使他们在文化建设中受到熏陶和鼓舞。面对社会思想观念的分化和改变，文化建设工作发挥着指导、教育、规范、激励、约束等重要的功能。因此，文化建设在多样、丰富的社会思想观念中具有重要的思想政治教育功能。

在文化建设中，发挥教育受众的思想政治教育功能。受教育者是文化建设中思想政治教育的主要对象，文化建设内容为受教育者所认同和实践是文化建设中思想政治教育的重要目标。先进文化为受教育者提供正确的思想和价值遵循，发

---

① 万光侠：《百年文化建设的历史经验》，《红旗文稿》2021年第20期，第36—38页。

② 《毛泽东选集》第3卷，人民出版社1991年版，第847页。

③ 《毛泽东选集》第3卷，人民出版社1991年版，第848页。

挥着教育功能。思想政治教育的主要形式是思想交流，其交流的内核是价值观。对于受教育者，文化建设所倡导的文化就是提供这样一种正确的价值观，通过思想政治教育来规范其思想认识和价值取向。在文化建设中，教育者使得文化建设在受教育者的思想发展中发挥着激励和约束的思想教育功能。文化建设中关于社会主义意识形态、理想信念、核心价值观、优秀传统文化、民族精神及当代中国价值观念等方面的表达、解释、传承和发展对受教育者产生激励的作用，使他们在接受思想教育的同时，也能够自觉地发挥自身的主体性和主动性来接受和内化文化建设中的正确思想导向，从而增强他们的文化自信和政治觉悟。同时，由于文化建设在于巩固马克思主义在意识形态领域的指导地位和增强人民的文化自信，文化建设中的思想性和政治性要求也在思想政治教育上对受教育者发挥着约束作用。受教育者思想的丰富和多样能够为社会文化的发展带来活力，但必须遵循正确的政治方向和原则。

二、文化工作中的思想政治教育

在我国，文化工作是党和国家在文化建设中所开展的工作，它的内容丰富多样，包括党的文化工作方针政策的贯彻落实、文化政策措施的拟定、文化事业和文化产业规划的统筹和实施、文艺事业的指导和管理、公共文化事业的发展、非物质文化遗产的保护、文化市场的指导和监管、文化市场的综合执法、文化体制机制的改革等内容。①文化工作是党和国家事业的重要组成部分，在坚持走中国特色社会主义文化发展道路、建设社会主义文化强国、坚定文化自信中发挥着重要的引导、指导、激励和整合的作用。在党的领导下，文化工作始终以马克思主义为指导，始终坚持以人民为中心。文化工作要满足人民在文化生活中的需求，要体现人民心声和人民意志。②

在党的百年奋斗中，文化工作也走过了光辉历程，取得了重大成就、积累了重要历史经验。在新民主主义革命时期，文化工作的重心在于传播革命文化、建设无产阶级领导的人民大众的反帝反封建的新民主主义文化；在社会主义革命与建设时期，文化工作的重心在于初步建立文化事业管理体系，这一体系从中央到地方，由党委领导的宣传系统与政府领导的文化行政系统组成；在改革开放和社会主义现代化建设新时期，文化工作的重心在于推进社会主义文化的大繁荣；在中国特色社会主义新时代，文化工作的重心在于更加坚定文化自信、推进社会主

---

① 文化和旅游部公布的《文化和旅游部主要职责》。

② 徐国亮：《文化建设必须坚持以人民为中心的工作导向》，《红旗文稿》2021 年第 24 期，第 35—37 页。

义文化强国建设迈入新阶段。[①]在新时代，推进文化工作的不断繁荣和发展，就要不断地加强党的全面领导，坚持以马克思主义为指导，坚持中国特色社会主义文化的发展道路，坚持以人民为中心。在文化工作中，各级思想政治教育者要对新时代的这种要求不断地进行学习、贯彻、领悟和落实，通过具体的文化工作对这种要求进行宣传、教育和传递，进而深化对教育对象的这一要求的认识、理解和内化。

在我国，文化工作是为了发展中国特色社会主义文化、推进文化强国建设、不断坚定文化自信，为了满足人民在文化生活中的新需要和新期待，在文化事业与文化产业领域进行的高质量文化建设工作。在新时代，文化坚持正确的方向、以人民为中心、推进创新、深化改革开放、推动融合发展，发挥自身的铸魂、赋能作用，为文化事业与文化产业的高质量发展、社会主义文化强国建设做出重要的贡献。在党的全面领导下，文化工作为满足人民在文化生活中的新需要、推进人的全面发展等方面提供了强大动力与坚强保障。文化工作的内容是丰富的，包括社会文明的提升、新时代艺术创作体系的构建、文化遗产的保护传承利用、公共文化服务体系的健全、文化产业体系的健全、文化市场体系的完备、对外文化交流等方面的工作。在党的全面领导下，文化工作不仅有利于推动文化事业与文化产业的高质量发展，还有利于文化强国的建设，具有重要的思想政治教育作用。对于教育者，文化工作中的原则、理念和实践都具有重要的思想教育作用。党委、政府、文化和旅游部门、行业组织、公共文化机构、国有文化企业、国有文艺院团、各类文化人才等主体要担负起思想政治教育的责任，通过具体的工作来发挥文化工作的思想政治教育作用，不断促进教育对象思想认识的深化。

在文化工作中，党的全面领导、社会主义核心价值观、以人民为中心、坚持社会效益在首位、社会效益与经济效益的统一、创新驱动、改革开放的深化、文旅的融合等方面的原则和理念，是推进文化工作发挥引导、铸魂、赋能、熏陶等方面作用的重要思想文化资源。在社会文明的提升中，教育者要通过社会主义核心价值观来引领文化工作，推动教育对象思想观念和精神面貌与新时代的要求相适应。在这一过程中，他们可以通过这一价值观与文艺作品和文化产品的融合、“四史”教育、群众性文化活动的开展、文明新风的文化体验等活动来丰富教育对象的精神生活，进而赋予他们强有力的精神力量。在新时代艺术创作体系的构建工作中，教育者能够通过艺术创作的引导、精品力作的打造、文艺团体发展能力的提升、优秀作品的演出演播、文艺评论的加强等活动来聚焦中国梦、反映新气象和讴歌新创造，进而不断地对教育对象产生熏陶、教化作用。在文化遗产的

---

① 《党领导文化工作的重大成就和历史经验》，2022 年 1 月 5 日，https://www.mct.gov.cn/whzx/whyw/202201/t20220105_930272.htm。

保护传承利用工作中，教育者可以通过文化遗产资源的管理、考古发掘、文物保护利用、非物质文化遗产的保护传承等活动来推进中华文化的传承，进而发挥中华文化的教化和涵养作用。在公共文化服务体系的健全工作中，教育者可以通过公共文化设施的健全、群众文化活动的开展、公共数字文化的建设等活动来提升公共文化服务的覆盖范围与实效水平，进而强化教育对象对惠民、公平、共享等理念的认同。在文化产业体系的健全工作中，教育者能够通过文化产业的升级、协调发展等活动来发展新型业态、新型消费模式，在坚持社会效益处于首位的同时来推动社会效益与经济效益的统一，进而通过丰富文化生活来推动教育对象思想认识水平的提升。在文化市场体系的完备工作中，教育者通过市场主体培育、行业管理、综合执法改革等活动来推进文化市场健康、有序的发展，为教育对象提供积极向上的文化环境和文化氛围。在对外文化交流工作中，教育者可以通过多层次的交流、传播等活动来宣传、展现中国文化和中国价值，进而不断地强化教育对象的文化自信。在这些文化工作中，教育者通过正确的思想导向对教育对象向进行宣传、引导和教育，使得受教育者认识到党的领导、马克思主义的指导、以人民为中心、中国特色社会主义文化道路是文化工作不断发展的保障。只有认识、理解、领悟和内化这一思想内涵，文化工作的思想政治教育作用才能得到充分发挥。

三、文化艺术工作中的思想政治教育

文化艺术工作即文艺工作，即是文艺工作者通过以人民为中心的创作导向、结合时代发展和人民需求，借助自身在激情、笔触、旋律、形象等方面的专业能力来创作出优秀的文化作品，从而满足人民对美好精神生活的需求。以人民为中心是文艺工作的创作导向，人民对精神文化的需求是文艺工作的出发点与落脚点。①由于文艺工作者对当代中国价值、中华文化精神、中国人审美追求、人民的伟大实践、丰富多彩的生活等方面具有深刻的认识和理解，他们的文化作品在启迪思想、陶冶人生、温润心灵、灵魂铸造、凝心聚力等方面发挥着重要的作用。因此，对于思想政治教育中的教育者，文化艺术工作具有重要的教育、熏陶和引导作用。重要的是，教育者要善于发现这种作用，并将其运用到对受教育者的思想提升之中。在社会主义文艺中，文化艺术工作坚持着以人民为中心的创作导向，传递着社会主义核心价值观，传递着真善美，书写着人民的伟大实践。文化艺术的这种品格和特征，就意味着它具有重要的思想政治教育作用，对多样和多元的

---

① 谭好哲、任晓菲：《中国共产党百年文艺政策与文化领导权建设》，《山东大学学报（哲学社会科学版）》，2021年第6期，第1—13页。

社会思想观念具有重要的整合作用。

在社会主义文艺中，文化艺术具有学习、解释、表述和传递以人民为中心的创造导向的作用，进而肩负着思想政治教育的重要责任。首先，文艺工作者深入生活、向人民学习，从人民的实践与生活中汲取创作的营养，把人民的冷暖、幸福始终记在心中。基于此，他们对于人民的精神需求的认知、理解和把握能力比较高，领悟和内化的程度也比较深刻。他们的这种较高的艺术把握能力为创造精品力作提供了重要的条件，有助于创造出思想精深和艺术精湛的优秀作品。由于能够更好感受和把握人民对美好精神生活的需求，这些文艺作品才能够更好地感动、熏陶和教育人们，进而有助于他们增进作为受教育者的自觉意识和主动性。同时，这种文化艺术的把握和创造能力也为他们强化作为教育者的主体性提供了重要的条件和机会，一旦在创作中扎根人民，他们所具有的自觉性和能动性就会得到更大程度的激发。因此，通过文艺工作者，社会主义文艺的思想政治教育作用得到了充分和有效的发挥。

其次，通过文化艺术工作，对新时代以人民为中心的创作导向和中国特色社会主义文化的认识、解释与理解不断地得以深化。作为教育者，文艺工作者具有精湛的创作能力和深刻的认知能力，他们对以人民为中心的创作导向和中国特色社会主义文化也就具有深刻的理解、感悟和解释能力。这种解释将人民与以人民为中心的创作导向和中国特色社会主义文化结合起来，对增强受教育者的政治觉悟、理想信念、道德水准和文明素养都具有重要的引导作用。在创作过程中，文艺工作者扎根人民，通过现实主义精神、浪漫主义情怀来观照现实实践和生活，对党、祖国和人民进行讴歌，传递积极向上的价值观。在这一过程中，他们不断提升自身的文艺反思能力，对不良的文化作品和现象进行批判和抵制。在文艺工作中，文艺工作者不仅在创作中以马克思主义文艺观为指导，在创作导向上以人民为中心，书写和宣传向上的价值观，还要抵制庸俗、低俗的不良文艺作品，反对模仿抄袭、快餐式消费、机械化生产等不良的文艺现象，要敢于对不良的文艺思潮表明正确的立场和态度。实质上，作为教育者，这一解释过程也是他们与受教育者进行思想交流的过程。通过不断的认识和解释，受教育者对以人民为中心的创作导向和中国特色社会主义文化的感受与理解也在逐步深化。

再次，通过文化艺术工作，对新时代以人民为中心的创作导向和中国特色社会主义文化的表述、书写与记录不断地得以深化。通过文艺作品的创作和解释，文艺工作者对以人民为中心的创作导向和中国特色社会主义文化的表述、书写、记录更加深刻和丰富。对这种导向和文化进行表述很重要，面对人民群众，文艺工作者既要满足其身心发展的内在需求，创作出大众喜闻乐见的文艺作品，又要贴合现实生活，拓宽文化艺术的表现渠道。文艺作品作为最贴合群众生活的文化表述方式，其功能不仅在于能满足群众日常的精神娱乐需求，还要在文艺作品中融入社会主义核心价值观等中国特色社会主义文化的思想意蕴，对一些非主流思潮、亚文化观念进行驳斥，充分体现出文艺作品中的思想政治教育价值。文艺作品对这种导向和文化的表述既有理论化和体系化的表述形式，又有感性的和日常的表述形式。无论何种表述和书写方式，它们都应当为人民所需要和喜爱，既不能千篇一律，更不能杂乱无章，而是要依据不同的受教育者采取与之相适应的合理形式。只有这样，这些表述形式才能对受教育者产生重要的思想引导、熏陶和提升作用。

最后，通过文化艺术工作，对新时代以人民为中心的创作导向和中国特色社会主义文化的宣传与传递得以拓展。在社会主义文艺中，文艺工作者在人民心中具有良好的形象和重要的地位，文艺工作者是否具有明确的身份定位和职责担当决定了他们是否能成为合格的教育者、能否对受教育者产生正向的引导作用。文艺工作者的身份要求他们具有坚定的理想信念、高尚的人民情怀、精深的思想、精湛的艺术、渊博的知识、深刻的反思精神、沉甸甸的社会担当，而这些品位、格调和责任恰恰是宣传与传递以人民为中心的创作导向和中国特色社会主义文化的重要条件，同时也是一名合格思想政治教育者所应该具备的核心修养。由于这些品格是获得受教育者信任的重要基础，文艺工作者对这种宣传与传递的拓展具有更大的推动作用。而且，在宣传与传递这种导向和文化的过程中，榜样教育也是文艺工作者尤其是名家大师进行思想政治教育的有效方法，他们通过讲述自身的学习、理解和实践的经历和体悟，来为受教育者树立接受思想政治教育的榜样形象，进而激发受教育者的学习热情。

四、公共文化服务中的思想政治教育

公共文化服务主要是解决群众读书、看报、看展览、看演出、参加文化活动等方面的问题，是实现好、维护好、发展好人民基本文化权益的主要途径，是以人民为中心的发展思想在文化建设中的重要体现。[①]截止到 2021 年，公共文化服务取得的成绩体现在四个方面。一是更加有力地保障人民的基本文化权益，颁布实施了公共文化服务保障法、公共图书馆法、博物馆条例等法律法规，出台了国家基本公共服务标准，推进公共文化服务均等化建设。二是不断完善公共文化服务设施网络，截至 2020 年底，全国共有公共图书馆 3212 个、美术馆 618 个、博物馆 5788 个、文化馆 3327 个、文化站 4 万多个、村级综合性文化服务中心 57.54 万个。三是日益丰富优质的公共文化产品与服务，为满足群众的需要，积极开展

① 文化和旅游部：《国新办发布会：努力构建现代公共文化服务体系》，2021 年 8 月 30 日，https://www.mct.gov.cn/whzx/whyw/202108/t20210830_927412.htm。

和推动群众性文化活动，如线上线下累计参与人次达 1.24 亿的 2021 年春节期间的网络联动全国“村晚”活动、参与人次超 1.7 亿的庆祝中国共产党成立 100 周年的“唱支山歌给党听”大家唱群众歌咏活动、内蒙古“乌兰牧骑”牧区文艺演出的基层送文化活动、文化志愿服务活动等。四是公共文化服务发展活力持续迸发，加强公共文化数字化建设，实施数字图书馆推广工程，建设国家公共文化云平台，打造“云端博物馆”“云上村晚”等全景式数字体验平台。[①]

通过公共文化服务的开展，人民群众的基本文化权益得到了保障，其文化获得感和幸福感得到了增强。通过这一过程，文化服务的思想政治教育作用得以充分地发挥。公共文化服务是对主流意识形态进行传播的有效载体，是进行文化动员的可靠途径。[②]在公共文化服务工作中，以人民为中心的发展思想和社会主义核心价值观得到了充分贯彻、落实、宣传、表达和传递。在新时代，推动公共文化服务的发展，不仅在于使得人民群众的文化权益得到保障，还在于提升基本公共文化服务均等化水平，缩小城乡间和区域间的差距，实现人人参与、全民共享的公共文化服务发展格局。通过公共服务在布局、水平、供给方式、数字化网络化智能化等方面的发展，人民群众对美好精神生活的需要和期待得到更好满足。这意味着公共文化服务的发展具有重要的思想政治教育作用，通过公共文化服务，人民群众的思想觉悟、理想信念、道德水准和文明素养都会得到很大的提升。在这一过程中，教育者将公共文化服务中的群众参与、发展成果与以人民为中心的发展思想、社会主义核心价值观有效地结合起来，进而不断地推进公共文化服务发挥引导、教育、激励的作用。在公共文化服务中，教育者既开展公共文化服务工作，又在这一工作中担负着思想教育的责任。因此，通过这一服务中的参与、互动、交流和沟通，教育者能够推动受教育者的思想认识实现不断提升。基于公共文化服务的发展，教育者在进行思想和价值引导的过程采取网络化、智能化的沟通手段，对以人民为中心的发展思想、社会主义核心价值观与人民群众在这一服务中的关系进行解读、阐释，进而使得受教育者更好地理解这一服务在文化权益保障、文化建设发展中的重要作用。通过线上线下的广泛参与和沟通，这一服务的思想和价值内涵会得到充分展现与宣传，进而对受教育者产生思想认识和行为选择上的引导作用。

充分发挥公共文化服务对受教育者的教育作用。公共文化服务的发展，切实解决了群众进行文化参与的问题，保障了群众的基本文化权益，满足了群众对美好精神生活的新需要和新期待。在这一过程中，受教育者不仅进行了文化参与，

---

① 文化和旅游部：《国新办发布会：努力构建现代公共文化服务体系》，2021 年 8 月 30 日，https://www.mct.gov.cn/whzx/whyw/202108/t20210830_927412.htm。

② 潘峻岭、圣章红：《以公共文化服务创新思想政治教育的当代价值》，《学习月刊》2021 年第 10 期，第 40—43 页。

也获得了文化满足感和幸福感。实践活动和思想感受的结合，使得受教育者对这一服务中的为了人民、人民参与、人民共享、均等化水平提升、城乡和区域间差距缩小等内涵有了切身的认识、理解与体悟。基于此，教育者对这一服务内涵的以人民为中心的发展思想和社会主义核心价值观进行阐释，使得受教育者对它们的认知水平得以提升，进而实现这一服务的教育作用。

通过公共文化服务，教育者充分发挥这一服务对受教育者的激励作用。对于群众，这一服务的作用就在于促进人人进行文化参与，推动全民共享，保障其基本的文化权益。在这一服务中，全民阅读、传统民俗文化活动、"村晚"、百姓大舞台、民歌大会、广场舞示范展示等文化活动能够充分调动群众的积极性，不断增强他们进行文化参与的主动性。通过这种参与，他们的热情和精神被不断激发出来，参与的意愿也不断地得以强化。在这一过程中，他们不仅身心愉悦，而且在轻松快乐的氛围中实现了思想认识水平的提升。对于教育者，他们就能够通过这种文化服务来激励受教育者，进而促进其自觉提高思想觉悟的主动性。

五、文化产业中的思想政治教育

在我国，文化产业是实现人民群众多样化、丰富性和高品位文化需要的重要基础，是增强他们的幸福感和满足感的重要途径，是文化创造力得以激发、文化强国建设得以推进的必然要求。高质量的文化供给、人民精神力量的增强是文化产业的核心所在。[①]随着我国全面建设社会主义现代化国家新征程的开启，文化产业在为国家重大战略服务、新经济增长点培育、经济社会发展赋能等方面发挥着更大、更重要的作用。在这一过程中，得益于科技发展、产业变革、创新驱动，文化产业不断产生出新产品、新业态与新模式，新文化产业逐渐发展起来。新文化产业，具体包括：数字艺术、数字创意、数字娱乐、线上演播、沉浸式体验等新型业态，数字文化与网络直播、社交电商、短视频等在线新经济的融合，网络消费、体验消费、定制消费、智能消费等新型消费等。其中，数字创意包括网络文学、网络游戏、网络动漫、网络视听、网络音乐等内容。数字文化产业是文化产业中的创新，是新数字技术向新文化产品、新文化消费模式的转化。这些新型业态既推动了人人参与、全民共享，又拓展了人们对文化的认知、体验和消费，还满足了人们多样化的文化需求。更重要的是，这些业态承载着教育、教化的作

---

① 郑琼洁、成一贤：《文化产业的数字生态与高质量发展路径》，《南京社会科学》2022 年第 1 期，第 155—163 页。

用，有助于人们思想认识、精神面貌的提升。[1]在新文化产业中，以网络游戏为例，它也发挥着重要的思想教育作用。网络游戏既是文化产品，也发挥着文化教育作用。在网络游戏中，人物、故事、音乐、价值取向等内容是融合在一起的，这会在潜移默化中影响游戏者的价值观和人生观。这意味着网络游戏既具有娱乐性，也具有文化性。因此，只有坚持正确的思想导向，网络游戏才能成为优秀的文化产品，才能有助于游戏者形成正确的价值观和人生观。在这种新型业态中，教育者要对网络游戏的价值取向进行分析、辨别和评价，进而指导受教育者选择有思想、有深度的网络游戏。在这一过程中，教育者要指导受教育者对低水平的网络游戏加以抵制。这些低水平的网络游戏充斥着新奇、刺激和感官愉悦，消解正确的价值导向，传播模糊、扭曲甚至错误的价值观念。因此，教育者要进行引导，结合家庭、学校、企业、社区等途径开展思想教育，将正确的价值观传递给受教育者。可见，文化产业在经济转型升级、文化生活新期待满足、国家文化软实力增强等方面发挥着重要的作用。在这一过程中，文化产业还具有重要的思想政治教育作用，发挥着聚民心与育新人的重要作用。在文化产业的发展中，既要以马克思主义为指导，将社会效益放在首位，实现社会效益与经济效益的统一，又要实现社会主义先进文化与社会主义市场经济的融合发展。在创作生产和产品供给上，要以人民为中心，满足他们在文化生活中的新期待和新需求。同时，通过创新和融合，借助内容、形式、载体、业态、模式等方面的创新来实现引领、赋能、教育、服务的重要作用。对于教育者，这些内容在文化产业的发展中发挥着重要的思想政治教育作用。

文化产业发展的过程既是经济转型升级的过程，也是新期待得以满足的过程，还是宣传思想的过程。基于此，教育者不仅要认识到文化产业的思想政治教育作用，还要善于在其发展中运用这种作用。这种作用既能够使得受教育者的新期待和需求得到满足，又能使得他们增进接受思想政治教育的主动性。在文化产业发展中，以马克思主义为指导、社会效益置于首位就是为了坚定文化产业的正确导向，就是为了发挥其凝心聚力的作用。在这一过程中，社会效益与经济效益的统一、先进文化与市场经济的融合，就是为了推进文化产业的健康发展，就是为了惠及人民。在文化产品的创作生产中，以人民为中心的导向有利于精准对接文化需求，满足多样化的新期待；社会主义核心价值观的引领有利于突出产品的思想内涵，深化产品的思想深度，宣传向善、向上的价值观。在文化产业中，思想和经济的统一、文化与产业的融合是其发挥思想政治教育的重要基础。这一基础具有科学性、辩证性和综合性的特征，在思想交流的过程中，教育者要将其阐释清

---

① 张伟、吴晶琦：《数字文化产业新业态及发展趋势》，《深圳大学学报（人文社会科学版）》2022年第1期，第60—68页。

楚、讲解明白。只有受教育者认识到文化产业的思想内涵，他们才能在文化消费、文化体验中感受到它的熏陶、教化、育人作用，才能不断增进自身接受教育的自觉性，才能不断提升自身的思想觉悟和行为规范。在文化产业中，演艺、娱乐、文化会展、工艺美术等传统文化业态，数字艺术、数字创意、数字娱乐、线上演播、沉浸式体验等新兴文化业态，消费月、消费季、消费周、夜间文化、文创商店、博物馆、美术馆等文化消费，乡村传统节日文化、民俗表演等乡村特色文化产业，都是能够发挥熏陶、教化作用的思想政治教育载体。重要的是，在文化产业实践中，教育者要善于运用这些载体，使得受教育者在参与、消费、体验中认识与感悟文化之美，不断提升自身的觉悟和素养。

六、新文化事业中的思想政治教育

新文化事业是文化事业中的新型业态模式，对实现文化生活新期待、文化产业升级、置社会效益于首位、社会效益与经济效益有机统一等方面具有重要的价值和意义。关于新文化事业，它包括：文化驿站、城市书房、文化礼堂、文化广场等新型公共文化空间，流动文化服务，菜单式、订单式的公共文化产品与平台，乡村“村晚”、广场舞、“大家唱”合唱节等群众性文化活动，公共文化云、智慧图书馆等公共数字文化等。

发展文化事业，建设社会主义文化强国是党始终坚持的目标方向。党在十九届五中全会通过的《中共中央关于制定国民经济和社会发展第十四个五年规划和二〇三五年远景目标的建议》提出，“繁荣发展文化事业和文化产业，提高国家文化软实力”。发展文化产业和文化事业是党在新时期文化建设的重要使命，新文化事业也朝着更多元、更开放、更包容的方向发展，新时代文化事业发展更具有时代性和发展性。新文化事业发展的空间场域、载体渠道拓宽，不仅所蕴含的教育内容极大丰富，给教育者和受教育者提供了教育素材，还突破了传统的思想政治教育模式，为双方搭建了便捷高效的互动平台。对于教育者，在正确把握意识形态与服务、事业之间的关系的基础上，他们就能够充分发挥这些新兴业态的思想政治教育作用。在新文化事业中，新型业态有力拓展了公共文化的覆盖面，有效深化了公共文化的参与度，大力创新了服务的方式。在新文化产业中，新型业态推进了文化事业的优化升级，活跃了文化消费，实现了文化生活的多样化新需求。对于这些新型业态的价值和意义，教育者要有清晰、深刻的认识，通过这些业态的发展来传递给受教育者。

在这些新型业态中，要坚持正确的思想导向，以马克思主义为指导，以人民为中心，以社会主义核心价值观为引领，充分发挥它们聚民心和育新人的思想教育作用。公共文化空间、公共文化产品与平台、群众性文化活动和公共数字文化作为新文化事业的重要组成部分，同样发挥着重要的思想政治教育作用。在新文化事业中，以群众性文化活动为例，它在人们的文化参与中就发挥着重要的思想政治教育作用。这一活动拓展了文化参与的范围与程度，有助于增强群众对为民、惠民等理念的体悟、内化和认同。在这一过程中，自觉地参与文化活动有助于增强群众对先进文化的热情，有助于激发他们在文化活动中的创造力。这不仅有助于提升人们的精神面貌，还有助于增强他们对美好生活的期待和向往，还有助于增强他们在文化生活中的幸福感与满足感。因此，教育者要深刻认识、精准把握，充分发挥群众性文化活动的思想教育作用。在思想交流的过程中，要使受教育者认识到这一活动既依靠他们的自觉参与，又保障了他们的文化权益，还丰富了他们的精神生活。只有这样，才能不断地增强他们参与的自觉性，提升他们的思想觉悟。同时，公共数字文化依托计算机、互联网和融媒体技术进行文化交流传播，各种社交媒体、文化资源数据库应运而生。在这种新兴业态中，教育受众能实现全方位、多角度的文化交流，同时也更容易受到多元化社会思潮的影响，一些人难以在复杂的思想冲击中把握正确的方向，因此需要教育者对其进行思想政治教育，使受教育者坚持正确的思想导向，从而树立正确的世界观、人生观、价值观，并将正确的价值观内化于心、外化于行。

第三节　社会文化现代转型中的思想政治教育

改革开放以来，随着我国经济社会的快速发展，社会文化也不断繁荣发展。在这一过程中，社会文化所承载的思想政治教育作用不断地得以发挥，全社会的思想和意志不断地得以凝聚。同时，社会文化还需要与思想政治教育进行融合，进而通过思想政治教育来使得自身的引导、教育、凝聚等作用更好地发挥出来。随着社会文化的现代转型，思想政治教育也在不断地发展，以更好地与其相融合。

一、社会文化的现代转型

从理论上看，现代转型的动力来自现代性的力量。现代性是在后封建的欧洲建立并在 20 世纪成为具有世界历史性影响的行为制度和模式，在现代社会生活的发展中，现代性对其具有三个方面的推动力，分别是：时空分离、抽离化或脱域机制、制度反思性。[1]在现代性力量的推动下，人类社会显现出向现代转型的特征。在此，现代转型主要表现为现代社会在结构和功能上出现的分化与整合。现代社会的分化只是现代转型的一个层面，它的另一个层面是现代社会的整合。正如有学者在论述社会变迁时所指出的，社会变迁要经历一个由分化、适应的升级、包含和价值的普遍化这四个部分组成的发展过程。[2]如果将社会的现代转型视为一个社会变迁的过程，那么它也包括社会的分化和整合。由于社会文化是社会整体的一个组成部分，它的现代转型过程也包含着分化和整合。

当今中国，现代性的力量通过改革开放、工业化、市场化等推动力表现出来，它们共同推动中国社会的现代化发展进程。改革开放以后，我国处于社会主义现代化建设的快速发展时期，现代转型的趋势也更加明显。在这一时期，现代化建设推动了社会文化的发展和繁荣，社会文化既充满了活力，也产生了多种多样的价值取向与价值观念。社会文化呈现出现代转型的态势，这种态势的形成既有外在的条件要求，也有内在的发展动力。从外在条件来看，现代化建设和经济社会的快速发展是它向现代转型的重要外部条件。现代化建设和经济社会的发展要求人们的思想观念充满活力，以更好地适应经济社会发展的状态，这对社会文化提出了分化的功能要求。同时，经济领域的发展导致社会阶层的分化，带来了不同的利益阶层和利益群体，如精英群体、中间群体、边缘群体和新群体等社会群体成为当下社会的主要群体类型。由于在物质生活条件、认知水平和交往场域等方面存在差异，不同的社会阶层和群体会形成性质不同的多类型文化，有些文化对启迪民智、社会和谐发展有推动作用，而有些则对社会群体产生消极作用，进而阻碍社会的进步发展。这也对社会文化提出了分化的功能需求。因此，面对经济建设和社会阶层这两个外部条件，社会文化进行分化才能满足它们作为子系统提出的功能需求，以适应新的社会发展形势。从社会文化的自身来看，它也对自身提出了分化的要求。社会文化的分化有利于增强它的开放性和包容性，并在多元和交流中吸收优秀的文化成分，从而推动自身的发展。外部条件和内在动力共同推动社会文化的分化、发展和繁荣，从而推进它的现代转型。改革开放以来，随着经济的发展和社会的转型，社会文化出现了大发展和大繁荣的局面。马克思主义在意识形态领域的指导地位更加巩固，中国特色社会主义文化更加繁荣兴盛，社会主义文化强国的建设不断加强。中国特色社会主义文化的不断发展为人们确立了正确的思想导向、理性信念、价值取向、道德规范等内容，为人们提供了正确的价值和规范遵循，不断增强着人们的文化自信，不断强化着思想和意志的整合。

---

① 〔英〕安东尼·吉登斯：《现代性与自我认同：现代晚期的自我与社会》，赵旭东、方文译，生活·读书·新知三联书店 1998 年版，第 16—22 页。

② 〔英〕帕特里克·贝尔特：《二十世纪的社会理论》，瞿铁鹏译，上海译文出版社 2002 年版，第 62 页。

在繁荣和发展中，社会文化除了进行分化之外，还要进行整合。如果社会文化只分化，不进行整合，它就不利于社会整体的发展。社会文化的整合是为了满足社会结构和社会秩序的维持的功能需求，它的整合既有利于社会在有秩序的状态下推进现代转型，也有益于新的更高层次的社会分化。社会文化的整合一方面要更加巩固马克思主义在意识形态领域的指导地位，实现中国特色社会主义文化更大的繁荣和发展，推动社会主义文化强国建设不断迈向新阶段，不断坚定文化自信；另一方面，还要对多种多样的价值取向和价值观念进行思想整合，实现全社会思想和意志的凝聚。其中，中国特色社会主义文化确立了正确的思想导向、理想信念、价值取向、舆论导向等文化内容，引导人们坚持正确的指导思想和价值取向。这一文化把握着不同发展阶段的社会主要矛盾，对不同社会阶层和群体的需求给予关注并表述出来，从而实现最大程度的思想凝聚和价值共识。对于多种多样的价值取向和价值观念，要加强马克思主义的指导作用，不断实现思想的凝聚与价值的整合。通过思想政治教育的实践，不断加强马克思主义的思想指引，不断规约受教育者的思想导向、理想信念和价值取向。在社会文化的发展中，中国特色社会主义文化为多样化的价值取向和价值观念确立了正确的指导思想与价值观，为实现对它们的整合提供着规范的价值遵循。对于中国特色社会主义文化，要通过思想政治教育的实践在全社会不断进行宣传、传递和展示，以更好地发挥聚民心和育新人的重要作用。

二、社会文化现代转型中的文化认同

在现代转型中，中国特色社会主义文化实现了大发展和大繁荣，充分发挥着思想凝聚、培根铸魂、价值整合的作用，同时，对这一文化的认同也不断得以提升。关于认同，它指的是在文化特质或者与之相关的文化体系的基础上建构意义的过程。[①]在这一文化意义的基础上，对中国特色社会主义文化的认同不断加强，文化自信不断坚定。同时，这一文化在文化认同中充分发挥着指导、引领和教育作用。在这一过程中，思想政治教育发挥着重要的作用。

当今社会，生活在同一文化背景下人们对某些社会思想观念也会产生不同的看法和理解，如“内卷”与“躺平”之争、“两栖青年”和“斜杠青年”群体的发展壮大等现象都凸显出社会文化现代化转型中人们思想的转变，以及对社会多元化文化的追逐和认可。对于有些受教育者，特别是社会中的青年群体、边缘群体和新群体等，更容易受到多元文化的冲击，影响其自身的价值取向和实践行动。

---

① 〔美〕曼纽尔·卡斯特：《认同的力量》，夏铸九、黄丽玲等译，社会科学文献出版社 2003 年版，第 3—4 页。

同时，这种状况在一定程度上会产生一些文化认同的问题。在解决这些问题的过程中，思想政治教育依然发挥着重要的思想凝聚和价值整合作用。

首先，对于有些受教育者，在学习和内化意识形态领域的话语与理论的过程中，会存在由于抽象和理论化而引起的价值认知模糊的问题。由于受教育者的文化程度、年龄结构、生活阅历不同，对意识形态领域内的话语和理论的理解程度也存在差异，这些话语和理论有时过于抽象，与受教育者的日常认知存在一定的距离，从而导致他们认知模糊。虽然他们也知道这些话语和理论所传递的价值的大概意思，但是他们有时无法做到清晰地认识，这就给他们的思想交流带来了困惑。对于这种情况，教育者要结合受教育者的认识水平和认知能力，进行精准的思想交流和对接，采用易懂的话语来全面和准确地宣传、传递意识形态领域的话语与理论。

其次，对于有些受教育者，他们的价值认同与主流文化中的价值取向存在一定的偏差，进而导致他们在行为规范的选择上也存在一定的偏差。这种偏差会使得人们的价值判断产生问题，从而导致他们轻信一些错误的观点。多元化文化背景下的社会中存在着各种社会思潮和价值观念，有些社会群体会对非主流文化中的一些观念产生认同，由于这些观点往往与他们的日常心理体验有关，这就使得他们更容易受到这些观点的影响。对此，教育者要准确地判断、分析、表达出这种偏差，并对受教育者进行思想引导和思想教育。同时，教育者还要利用不同的载体来创造思想政治教育的条件和氛围，将理论化的教育方式和日常感性的教育方式结合起来，在日常生活中开展正确的思想宣传和教育。①通过教育，不断提升受教育者对中国特色社会主义文化的认同，引导他们从自身的日常实践中不断增强文化自信。

最后，有些受教育者存在对一些错误思潮的认同，从而产生错误的价值取向。由于社会思想观念的深刻变化，有些受教育者对享乐主义、拜金主义、极端个人主义等错误的思潮产生认同，认为这些错误思潮能够给自身的社会经历和自我遭遇带来他们所认为的看似合理的解释，而这些解释就是他们产生价值认同的意义来源。有些人则是因为从众或立异心理对某些非主流文化思潮产生认同，并以此影响更多的社会群体。对此，教育者要坚持正确的政治立场，引导受教育者与这些错误的思想观念进行斗争。在这一过程，既要摒弃错误思想观念对教育者的消极影响，使受教育者明辨是非，做出正确的价值判断和选择，还要运用社会主义核心价值观来加强对受教育者的教育，引导他们不断地学习和内化社会主义核心价值观，进而促使他们产生正确的价值认同。

---

① 孙其昂：《社会学视野中的思想政治工作》，科学出版社 2017 年版，第 197 页。

三、社会文化现代转型中的思想政治教育实践

思想政治教育是政治性的思想交流实践[①]，是人与人之间进行的思想互动，是对人的精神主观世界的主动改造。在思想政治教育的过程中，教育行为的计划性和组织性、教育者和受教育者进行思想交流的主动性和自觉性，以及对人的思想的指向性、教育的政治性、教育的功能性等都要在思想教育实践中得到充分的体现。由于思想政治教育的这些特性是其社会性的表现，思想政治教育实践的发展会受到它所面临的社会环境的影响[②]，因此社会文化的现代转型给思想政治教育实践带来了重要的影响。在这一过程中，思想政治教育实践也要在认知、情感接受、思想交流行为等层面不断发展，进而与之相适应。

首先，在社会文化的现代转型中，思想政治教育认知也要不断地提升。这一认知分为思想政治教育外部认知和内部认知。关于外部认知，主要指的是思想政治教育在社会文化现代转型中对外部环境认知的改变。当下，社会主义市场经济的发展和社会结构的转型，带来了利益的分化和社会思想观念的多样化。在这种社会环境中，人们具有了进行利益和价值选择的一定自由，不同的群体和个人基于自身的利益与精神诉求，选择认同与其日常生活联系比较紧密的社会文化。例如，备受青年群体推崇的“丧文化”“躺平”“废柴”观点，以颓废悲观、厌世迷茫为情绪底色，偏离社会所倡导的主流价值观，发展为青年亚文化的新型表达形式，并逐渐成为一种被部分社会群体所认同的新文化趋势。这些思想既反映出当下青年群体的社会心理和价值取向，也体现出社会群体在社会文化现代转型中的思想变化。对于思想教育所宣传和传递的主流思想文化，少数受教育者会认为这与他们自身的发展存在一定的距离，对这一文化与他们之间的关系的认知存在模糊性，不能有效认识这一文化的重要作用。例如，在极端个人主义中，有些人只追求个人利益，无视集体利益和个人利益之间的关系，认为市场经济就是追求金钱、享受和感官愉悦。对于类似这样的外部环境所反映出来的思想文化问题，教育者要能够进行及时的发现和准确的判断，进而提升对思想政治教育外部环境的认知。关于内部认知，主要指的是在社会文化现代转型中，对于思想政治教育行为内部的认知。在多样化的社会文化中，有些教育者有时也会受到多种多样的价值取向的影响，也会追求利益、权力、声望等社会资源，也会受到享乐主义、拜金主义等一些错误思潮的影响。对于类似的问题，教育者要能够及时地感受得到，通过提升自身的思想认知加以解决。为了提升自身的内部认知，教育者要推进自

---

① 王振：《思想政治教育视域下以文化人的定位与特性》，《思想教育研究》2018 年第 10 期，第 58—62 页。

② 孙其昂、叶方兴：《思想政治教育社会学的理论探索》，河海大学出版社 2016 年版，第 53 页。

身主体性的发展，不断地坚定自身的理想信念、强化自身的职业意识、提升自身的道德素养。作为思想政治教育的设立者、实施者、管理者、教育者和服务者，他们能够通过增进主体性来提升思想政治教育实践中的内部认知。通过认知的提升，他们能够更好地加深对社会主义先进文化的学习和内化，更好地集中精力来提升专业和职业能力与素养，更加坚定自身的理想信念。除了自身的内部认知，教育者还应当引导受教育者也提升对思想政治教育行为的内部认知。通过引导和教育，他们能够使得受教育者的自觉性和主动性进一步增强，增强他们对主流思想文化的内化和认同。因此，无论外部认知还是内部认知，只有认知不断地得以提升，思想政治教育才能不断地得以发展。

其次，在社会文化的现代转型中，要不断增强受教育者在思想政治教育实践中的情感接受能力。思想政治教育的目的在于通过政治性的思想教育，对受教育者的思想和价值观进行改造，进而实现社会的思想凝聚和价值整合。要实现这一目的，就需要不断增强受教育者对思想政治教育实践的认同。在这种认同中，受教育者的情感接受就是重要的组成部分。在思想政治教育实践中，情感接受发挥着重要的作用，它有利于将正确的政治信念转化为实践的热情，将主流思想文化和思想政治教育的知识内化到人格之中，将主流价值取向和道德规范转变为行为准则。但是，在各种非主流文化的影响下，受教育者在对思想政治教育的情感接受上存在一定的挑战，进而产生文化认同的焦虑。①对于有些受教育者，他们轻视甚至拒斥成为思想教育的对象，并不认为思想政治教育实践有助于提升他们的思想认识水平。而对于有些受教育者，他们将思想政治教育实践视为国家和组织的行为，认为与自身关系不是很密切，从而无视思想政治教育的影响，有些人甚至还有嘲讽和解构思想政治教育的行为。对于类似这些从情感上对思想政治教育实践进行轻视、排斥或者刻意回避的问题，教育者要通过文化参与、文化体验、合理的文化消费等方式来激发受教育者的热情，丰富他们的精神面貌。通过这些文化实践活动，受教育者对思想政治教育实践的情感会不断地得以增强，对思想政治教育的接受能力也会不断地得以提升。

最后，在社会文化的现代转型中，要不断增强思想交流行为。在多元社会文化中，教育者和受教育者都面临着多种思想价值的影响，这些价值影响在方向、层次、力度、方式、范围等方面存在较大的差异，从而给他们之间的思想交流行为造成一定的挑战。教育者运用组织化的方式开展思想宣传，引导受教育者的价值观和价值取向。但是，对于有些受教育者，教育者的思想教育是一种运用抽象化的文化符号进行宣传的行为，这些文化符号蕴含的信息和意义与他们的联系并

① 王丽萍：《转型期的文化多元、文化冲突对社会焦虑的影响》，《山东社会科学》2018 年第 2 期，第 93—98 页。

不紧密，他们可能采取轻视或者无视的态度。而且，他们有时还会运用互联网技术对教育者的思想教育行为进行一定程度的解构，弱化它的权威和意义。实质上，互联网技术有时会使思想政治教育面临一些矛盾，如网络信息的庞杂性和人类处理信息能力的有限性间的矛盾、网络文化的多元性和马克思主义意识形态的主导性间的矛盾、网络的非群体化和大学生群体性特征间的矛盾、网络的工具性和理性信念的价值性间的矛盾①；同时，互联网带来的信息碎片化容易导致思想政治教育目标的模糊化、话语的肤浅化、主客体关系的复杂化。②因此，为了解决类似的问题，教育者要加强与受教育者之间的思想交流，通过多样化的交流互动行为来提升受教育者的思想觉悟，进而增强他们提高思想认识的自觉性。要增强他们的自觉性，教育者还要不断地推进自身、受教育者、教育方法、教育载体等方面的相互融合。另外，影响思想交流行为的因素还与教育者的理论素养、教育方法的应用、教育载体的建设、教育环境的营造等方面的内容有关。在社会文化的现代转型中，社会思想观念会发生深刻的变化，教育者对这一变化要进行深入的研究和分析，提升自身的思想认知能力，进而不断推进思想的交流。在教育过程中，教育者要善于灵活运用教育方法和教育艺术，进而提高思想交流行为的吸引力。教育者还要善于加强教育载体的设计、建设和管理，进而增强教育载体在增进受教育者主动接受情感熏陶和激励方面的积极作用。同时，教育者还要加强各种教育环境的相互协作与配合，推动条件环境、网络环境、学术环境、活动环境等方面的有效衔接，进而营造良好的思想交流氛围。

✎ 问题与讨论

1. 如何理解社会文化的概念？
2. 如何理解思想政治教育在社会文化中的地位？
3. 如何理解思想政治教育在社会文化中的作用？
4. 社会文化中思想政治教育有哪些类型、各种类型之间的关系是怎样的？
5. 如何理解社会文化现代转型中思想政治教育实践的变化？

---

① 王学俭、冯东东：《大学生网络思想政治教育：价值·挑战·保障》，《思想教育研究》2017年第5期，第90—93页。

② 周艺璇、王长恒：《信息碎片化传播对高校网络思想政治教育的挑战及对策》，《学校党建与思想教育》2018年第17期，第67—71页。

第十一章　国际交往中的思想政治教育

国际交往中的思想政治教育根植于国际社会与现实个人发展的诉求。它既是世界范围内交往发展的重要形式，也是思想政治教育现代化发展的可能路径。本章遵循了解国际交往中思想政治教育“是什么”“怎么样”“怎么做”的思路，阐述国际交往中思想政治教育的必要性、实践现状和实现路径，塑造国际社会交往规范，使每个人都能成为文化传播的使者，在国家政府间、社会组织间及个人日常生活间增进对话交流与不同文化间的相互理解，从而在信息互换中推进价值与文化的传播，凝聚起身份认同与价值共识，让“建设和谐世界”的理念真正入耳、入脑、入心，在共同构建人类命运共同体中，推进文明互鉴。

第一节　国际交往中思想政治教育的地位

重视国际交往中的思想政治教育地位，发挥思想政治教育在国际交往中的作用，是在新时代历史条件下，面对全球化发展浪潮，科学有效推进思想政治教育现代化进程的必要之举。通过对国际交往中思想政治教育的基本含义、主要特征的认识，理解其对世界整体发展、思想政治教育学科建设和人的自由全面发展的重要意义。

一、国际交往中的思想政治教育的基本含义

国际交往中的思想政治教育是随着交往扩展到世界范围而产生和发展的。要理解国际交往中的思想政治教育的基本含义，首先就要了解什么是交往、国际交往的形成和发展以及国际交往的基本形态。

（一）国际交往的内涵

在日常生活中，交往指的是人与人之间的互动，通常伴随着资源和信息的传递。交往是马克思主义中的重要范畴，马克思站在实践的视角解读了交往的形成、交往的特征、交往的发展规律，以及交往与人的全面发展和社会发展的关系等。

根据马克思主义的交往理论，交往扩展到世界范围是人类实践水平提升的必然结果。人类实践活动水平的不断提升，社会生产力的飞速发展，为交往范围和交往形式的扩展提供了条件。交流通信工具的变革使得交往突破了地理因素的阻隔，从哥伦布发现新大陆开始，人类活动从彼此分割的地域中心逐渐向全球性社会过渡，随着工业革命与世界市场的发展，以往被限制在狭小范围内的交往逐步转变为跨越国家和地区界限的世界性普遍交往。第三次科技革命后，世界一体化的进程不断加速，全球化成了人类交往的最新发展阶段。正如习近平总书记指出："这个世界，各国相互联系、相互依存的程度空前加深……越来越成为你中有我、我中有你的命运共同体。"[①]在全球化交往过程中，人类不断跨越民族国家的地域界限，超越社会制度、文化的障碍，使全球经济、政治、文化形成一个密不可分的有机整体。现代人类社会的全球化交往实践改变着世界经济、政治、文化的格局和秩序，参与其中的每一个国家、每一个领域的发展现状和发展前景都彼此联系、相互影响甚至互相依赖，越来越多的国家意识到孤立的发展观早已落后于时代，要想发展只能在与其他国家之间普遍交往的形式中实现。

国际交往是全球化背景下世界交往的突出表现。国际交往区别于国家内交往，特指带有跨越主权国家边界的国家与国家之间的物质交往、经济交往、政治交往、文化交往等各个方面的交往活动。马克思指出："思想、观念、意识的生产最初是直接与人们的物质活动，与人们的物质交往，与现实生活的语言交织在一起的。"[②]物质交往是交往最基本的形式，国际物质交往是国际交往的最基本的交往形式，决定着其他一切国际交往的形式和内容，主要表现为物质资料跨越国家地域边界的传递、交换与消耗，如跨境国际物流、跨国界污染等。国际经济交往也可以称为跨国经济活动，总体上表现为世界市场的形成及其场域内的多样活动，具体表现为对外贸易、对外投资、跨国企业、国际分工、金融合作等形态。国际政治交往是国际关系中的国家、政治权力主体之间政治信息、思想和态度的传播与沟通等政治外交行为，在政治多极化的今天，参与联合国框架下的多边主义与全球治理体系已然成为国际政治交往常态。互联网的普及带来全球范围内广泛的

---

① 习近平：《习近平谈治国理政》，外文出版社2014年版，第272页。

② 《马克思恩格斯选集》第1卷，人民出版社2012年版，第151页。

文化交融，国际文化交往已经触及社会各个角落，自媒体时代中的每一个人都有可能成为跨文化对话的参与者，人类社会国际交往由此进入一个新时代。

（二）国际交往中思想政治教育的基本含义

思想政治教育必然参与到国际交往之中。世界范围内的普遍交往带来了不同民族之间的频繁交流，各民族文明也在交往中不停碰撞摩擦，在冲突和融合中不断发展。在全球化浪潮中各民族迈进了更高程度文明的社会发展阶段，世界作为一个社会整体而存在，各民族人民在信息、关系、利益等方面有了更深的相关性和依存度。但是，这并不意味着世界趋同，社会主义国家与资本主义国家的经济制度、政治理念和治理思路等方面存在着较大分歧。与此同时，这也不意味着世界平等，人类社会并非处在相同或相似的发展水平，在国际交往中存在着中心与边缘的悬殊差距，“西方文化正借助其财力和技术的优势，大口吞噬着第三世界那古老而又丰富多彩的文化”[①]。在这种不对称的文化传播中，文化霸权主义和文化殖民主义仍然存在，对处在不平等地位的发展中国家提出了严峻挑战。资本主义国家在“全人类共同利益”的幌子下，极力鼓吹全球化，操弄意识形态，其目的是便于发达资本主义国家向其他国家，尤其是向社会主义国家进行意识形态渗透。

为此，近年来我国政府与学者高度重视并反复强调要坚持中国特色社会主义发展道路，维护国家意识形态安全，积极争夺国际话语权。从这个意义上讲，渗透于思想领域和精神层面的国际交往是一个需要重点关注并谨慎对待的大问题，基于对国际交往过程中有关差异与不平等的深度思考，思想政治教育的入场便完美契合了国际交往参与者在保持自身独立性的前提下融入全球化浪潮的现实诉求。国际交往中的思想政治教育以一种跨文化、跨学科、跨时空的宽广视角，结合全球化时代的精神之精华和我党思想政治教育的基本要求，在中国与世界的文明交流互鉴中构建具有民族特色、顺应时代规律的思想政治教育理论和实践体系，为正确处理国际交往中碰撞与冲突提供指导和方案，在超越传统国际秩序观和摒弃极端民族主义的偏见的基础上，构建的一种新型国际交往秩序，促使国际交往参与者在既相互对立又彼此统一的动态过程中实现共同进步。

国际交往中的思想政治教育作为一种带有特殊指向性的国际交往方式，是国际思想文化领域内实现跨文化交流与理解、满足不同参与者精神需求的互动对话式的实践活动。在全球化时代背景下，国际交往参与者之间借助语言、文字、符号等中介工具，对意识、情感、价值、能力等意识对象之间相互联系和相互作用

---

① 邴正：《社会发展的文化自觉》，中国社会科学出版社 2018 年版，第 49 页。

的理解把握而实现，表现为多元文化环境下各参与者在进行国际交往过程中展现出的思想政治教育现象，侧重于研究国际交往参与者间思想的交流、情感的交融、价值的传递、精神的传播及文明的传承。国际交往中的思想政治教育帮助国际交往参与者打开国际视野、唤醒政治意识与主体意识、树立文化自信、提升价值判断力并形成正确的国际交往观和交往规范，指导其在多元价值观念的国际社会中做出正确的价值选择，以促进人的政治社会化发展、弘扬民族精神、维护国家意识形态安全、构筑新型国际秩序。

二、国际交往中的思想政治教育的主要特征

准确理解和把握国际交往中的思想政治教育，必须在界定国际交往中思想政治教育的基本含义的基础上，正确把握国际交往中思想政治教育的主要特征。

（一）虚拟与现实并存

随着移动网络技术革命的推进，Web2.0 时代已经到来，以互联网为基础，通过电脑或移动终端来实现的新型交流方式迅速普及，在网络空间下国际虚拟交往和国际现实交往相互叠交，国际交往中思想政治教育同样展现出了虚拟性与现实性并存的显著特征。搜索引擎、电子期刊、新闻 App、社交平台、视频平台等都成了国际交往中思想政治教育的重要场域。对教育者与受教育者而言，互联网技术逐渐模糊了虚拟与现实的界限，在参与国际交往中思想政治教育时往往拥有现实与虚拟的双重身份，即现实社会真实身份和在虚拟世界的数字化映射。

（二）显性与隐性并存

新时代加强和改进思想政治教育需“把显性教育与隐性教育结合起来”[①]。这既为国际交往中思想政治教育旗帜鲜明、立场坚定地坚持和提供显性教育提供了支持，又为创新和加强潜移默化、深入人心的隐性教育提供了方向。实际上，国际交往中思想政治教育确实做到了二者的有机结合，一方面，政府在国际舞台进行形势政策报告，坚持中国特色社会主义外交理念，展示中国特色社会主义的先进性与优越性；另一方面，不断挖掘和整合中国特色文化资源，打造精神底蕴丰厚的文化环境，将中国故事付诸丰富多样的载体。在 2022 年冬奥会上，中国以全球共通的体育语言和体育精神，为人类携手抗击疫情照亮前路，为推动构建人

① 中共中央、国务院：《关于新时代加强和改进思想政治工作的意见》，《人民日报》2021 年 7 月 13 日。

类命运共同体提供舞台，面向世界生动讲述中国发展的故事，让世界更好地了解新时代真实、立体、全面的中国。

（三）传播与澄清并存

意识形态的传播是国际交往中思想政治教育的本质体现。澄清对中国的偏见、曲解与抹黑也成为国际交往中思想政治教育的重要面向，政府部门、商业机构、民间组织等不同层次的参与者通过严正声明、文化产品设计制作、事实再现解读等不同形式进行澄清

（四）互为主体与双向整合

交往活动总是在一定的主体之间进行的，国际交往中的思想政治教育作为一种独特的交往实践活动，其最显著的特征就是互为主体性，也就是说国际交往中思想政治教育活动中的教育者与教育对象互为主体。意味着，国际交往中思想政治教育参与者既是思想政治教育信息的接收者同时又是思想政治教育信息的传播者。“交往实践使主体之间形成角色共同体，在理解、解释和参与中达成共识。”[①]国际交往中思想政治教育参与者之间相互影响、相互制约、相互理解、相互改造，并不断优化互动关系，使国际交往中思想政治教育的效果更具实效性。

互为主体性带来的是国际交往中思想政治教育是过程的双重整合性与双向建构性。双重整合是指一方面在交往整合中产生主体系列——参与国际交往的多极主体，另一方面按对应整合生成交往系列——国际政治、国际经济、国际文化以及国际新规则和新格局。双向建构是指交往实践一方面在多极主体基础上建构全球性交往共同体；另一方面，以交往实践的反身性而达到主体的自我重构，构建具有独特个性的多极主体形态。因此，国际交往中思想政治教育必然是在多样性与统一性、多元化与一元化的两个相反相成向度内开展的。

三、国际交往中思想政治教育的重要意义

国际交往中思想政治教育是国际交往的重要组成部分，在人类社会历史发展中，国际交往中思想政治教育不仅对个人的全面发展、思想政治教育学科建设产生深远影响，也对世界格局建设也起到重要作用。

---

① 张耀灿等：《现代思想政治教育学》，人民出版社2007年版，第79页。

（一）世界发展意义

当代大国崛起围绕着“多极化世界格局”构建，党的十九大明确提出建立以“共享”为核心的“新型国际关系”与“人类命运共同体”的新外交理念，在国际交往中，中国高举“和平、包容、开放和多边主义”的旗帜，积极回应国际秩序和国际体系的质疑，以公平正义理念指导国际合作共赢，缓解周边地区和国际环境的紧张局势，打造全球伙伴关系，引领全球治理体系改革，促进国际社会和谐，推动世界的发展和繁荣。

在国际全球化新格局下，国际交往中思想政治教育与新时代的国际社会矛盾相适应，国际交往中思想政治教育实践相较于其他学科实践而言，对国际社会成员的政治素养与道德素养更具有针对性，能为国际社会的健康发展提供助力，在国际交往中引领进行多元文化、多元价值的交流、理解、互鉴与共存，倡导先进科学的“共同体”思想，力求达成世界各国合作共赢、互通有无的交往平衡。为全球环境治理注入思想动力，不仅有利于提升国际影响力、感召力和塑造力，还有利于传播习近平新时代中国特色社会主义思想，加深世界对人类命运共同体的理解与认知，以中国智慧与中国方案向世界展示中华文明历经沧桑始终不变的“天下”情怀，从而印证了中国特色社会主义理论体系的科学性。

（二）思想政治教育意义

国际交往是当下最活跃、最开放的社会活动之一，已经成为热议的话题，渗透到了社会科学的各个领域。思想政治教育社会学作为最关注、最关心思想政治教育与社会之间联系与互动的学科，探索国际交往中思想政治教育，是必须的也是必然的。

国际交往中思想政治教育的研究充实了思想政治教育学学科体系。把国际交往引入思想政治教育学领域，拓展了思想政治教育学的研究范畴和学术视野，有利于提升思想政治教育理论的科学性和现代性。一方面，对国际交往中思想政治教育的研究探讨国际社会参与者在交往行动中自觉或不自觉携带的思想政治教育“星火”，这不仅为思想政治教育提供了一种新的视角，更重要的是可以建构起思想政治教育交往范式，在总体上丰富思想政治教育学的理论研究。具体而言，国际交往中思想政治教育是思想政治教育社会学学科体系中重要的组成部分，研究和完善国际交往中思想政治教育是思想政治教育社会学拓深的必然要求和迫切任务，能极大地促进思想政治教育社会学的研究发展。另一方面，国际交往中思想政治教育的研究将思想政治教育学原理与国际社会实践有机结合，可以吸收借鉴其他国家在处理思想、政治等相关问题的有效方式，有助于解决全球化背景下思想政治教育面临的新问题与新挑战，增强思想政治教育的实效性，提升思想政治教育的实践质量。

（三）个体意义

关注人的发展，是思想政治教育研究的核心。交往与人的发展本是共生性问题，国际交往中思想政治教育牢牢把握住了这个核心并将其融入全球化的大时代背景之中，力图培养自由全面发展的现实个人，所有的举措都是为了提高人们认识世界与改造世界的能力，满足人民群众促进社会进步和自身发展的需要。

全球化时代是一个开放的时代，由于经济全球化和信息技术的运用，世界变成了地球村，人们之间的交往方便而快捷，社会的普遍交往已成为一种趋势，任何个人、组织、民族乃至国家都无法也不应该阻挡它。为此，要从思维深处提高个人参与国际交往的主动性，在国际交往中为人的全面发展提供机遇。通过国际交往，跨越主体的“自我”界限，在不断的自我开放和更新中与他人和国际社会达到一种融合，以思想政治教育行动促进自我认知，合理对待差异，达到沟通与理解，从而实现相互超越和升华，形成符合时代和人自由全面发展要求的思想道德品质。具体展开，首先就是要帮助个人树立正确的国际交往理念，在人和国际社会之间的交往中培育人类命运共同体意识。在教育者与受教育者心中形成正确的国际交往理念，构建合理的国际交往规范，把合理规范的国际交往模式运用到思想政治教育中去，在交往性的思想政治教育中进一步规范国际交往行为。

引导人们正确认识国际交往，把握国际交往，合理选择国际交往对象，避免国际交往风险，是国际交往中思想政治教育为提高国际社会参与者主体意识、发展国际交往互动关系、建立和谐的国际关系、提高思想政治教育有效性的重大课题。研究这个问题就是要探索现代国际社会交往的理论和方法，把自发的、经验的国际交往引导到自觉的、合理的国际交往轨道上来，在国际社会主体间多向交往互动关系中，促进每个人的全面发展。

第二节　国际交往中思想政治教育实践

国际交往中思想政治教育实践是在教育者和受教育者之间按照既定目标组织起来的实践活动。结合国际社会发展的时代现状，将国际社会对人们的思想道德素质要求融入国际交往中思想政治教育。在这一过程中不同层面教育者和受教育者之间的平等互动，以建设人类命运共同体、塑造新型国家形象、构建中国话语体系和叙事体系、增进文化理解和文化自信为目标，从理论形态、实践现象和异同比较等方面构成了国际交往中思想政治教育实践的主要内容，并在时代条件的助力与限制下有序展开。

一、国际交往中思想政治教育者与受教育者

国际交往中思想政治教育者与受教育者都是国际交往中思想政治教育实践活动的参与者，其包括具有价值判断、思想意识、政治观念的个人、群体或组织。教育者与受教育者以平等的方式存在，通过对话的方式表达观点与诉求，在交流互动中相互影响、相互改变。正是在这种状态下，在国家政府间、社会组织间及个人日常生活间等不同层次的国际交往中进行思想政治教育成了常态。

（一）国家与国家之间交往的思想政治教育

国家是国际交往中思想政治教育的最主要的承担者，依据已有的权力和权威，通过制定政策、对话协商、组织动员和谋求合作等方式，贯彻自己的意志，传播自己的价值，实现自己的目标。世界交往范围的扩大更新了国家属性和职能的内涵，国家已经从传统的国内政治主体逐渐走向世界，成为全球政治网络中的重要节点[①]，其外向功能得到了进一步的拓展和延伸，在国际舞台上发挥着越来越重要的作用。世界各国由于社会制度不同，经济、科技、文化、社会所处的发展阶段不同，历史文化背景各异，因而各国有各国的发展轨迹，选择不同的政治发展道路，所有国家平等相待互相尊重，也正是由于不同国家内部的差异性才为不同国家间的合作提供了可能和基础。

（二）非政府组织间交往中的思想政治教育

随着政治全球化，非国家行为体的参与在国际社会产生了越来越重要的影响力，目前国际上出现了各种国际组织，在不同领域为国际社会所面临的各种问题提供交换意见和寻求解决方法的场所。国际交往中思想政治教育顺应时代潮流，参与国际交往中思想政治教育实践的非政府组织也层出不穷，尤其是国际之间的教育机构，如发扬汉语传统魅力的孔子学院成为一道亮丽的名片，各式各样的留学机构和语言机构成为学生走出国门的助推器。孔子学院等非政府组织传播我国

---

① 景璟：《全球化时代国家的再审视——基于国际视角的国家嬗变》，《社会科学战线》2022 年第 4 期，第 271—275 页。

的优秀传统文化和先进的社会主义文化，在人类命运共同体理念指引下，既聚焦同一性培养国际化的世界公民，又不断输出中国文化为解决全球性问题提供中国智慧，承担起大国责任与担当。除此之外，国际交往中思想政治教育实践有序开展的一个重要因素是民间团体作用的增强。当前，联合国的全球性会议鼓励在世界范围内形成民间团体的力量，并希望借此促成一个更加全面、重在参与及透明的全球治理体系，用以配合政府间合作解决更多全球性的问题。基于此，国际交往中思想政治教育通过教育机构或者民间团体等引导民众树立正确的价值观，借鉴西方思想政治教育中的先进理念，注重“显性教育”与“隐性教育”相结合，从受教育者的实际出发，注重个性化的教育，而不是千篇一律或者“一刀切”，增强受教育者的参与性和实践性，注重主体之间的相互交往，注重情感的发生与共鸣。

（三）个人日常生活的国际交往中思想政治教育

个人在国际交往中具有明显的自由性和灵活性，能够自主地表达道德意志、政治诉求，不受外界无理的约束和限制。自由决定自己是否接受他人的价值观念，以及自主接受、选择何种价值观念，并使自己在多元价值冲突中坚守自己信奉的价值原则。在个人日常生活中，教育者或者受教育者之间的国际交往中思想政治教育实践活动主要是受自我意志的支配，而不是他人的强制和灌输，更易发挥出主体的创造性，实现国际交往中思想政治教育适应现代化发展的时代需求。在全球化的背景下，国际互访与各国之间的学生交流并非仅限于在发达国家或发展中国家，无论在哪个国家，去国外留学都日益受到青睐，近年来，留学生虽然受到国际政治形势、经济危机及新冠疫情等多方因素影响，但在全球范围内，留学生人数仍保持着不断攀升的态势。有组织根据联合国教科文组织（UNESCO）数据统计，进入 21 世纪以来，全球国际学生流动人数由 2001 年的 227 万人，增长到了 2020 年的 636 万人，二十年间增加了 409 万人，增长了接近两倍。与此同时，各国学者之间的国际交流也日益便捷和频繁，教师们不仅可以去别国进修和旅行，而且可以通过网络足不出户地与别国学者同行进行交流对话。各类国际组织资助的跨国教育研究和教育发展项目，也为学者的国际交流提供了便利。如今，虚拟网络与现实交往错综交互，跨文化交际更为深入，“宏观生态与微观平台”崭新媒介环境基本形成。抖音海外版中便有一大批海外华侨、学子甚至海外友人，以创作和展现内蕴丰富文化的“中国场景”，分享和制作地方特色的“中国美食”，呈现情节曲折、鲜活感人的“中国故事”为发布内容，在“中国叙事”中为国际受众提供多元真实的体验场景，引导国际受众深入了解中国文化，提高对中国文化的接受度与好感度并使之形成共情和共鸣，从而在沟通意义上塑造起“可被理解的中国”。个人在国际交往中的积极参与，在信息互换中推进价值与文化传播，凝聚起身份认同与价值共识，不断增进“四个自信”，强化国家意识、政治意识与主体意识。

二、国际交往中思想政治教育的目标

国际交往中思想政治教育的目标是国际交往中思想政治教育实践的起点与归宿，它承载着国际社会、国家发展和教育者对受教育者的期待，对国际交往中思想政治教育起着导向和调控作用。

（一）建设人类命运共同体

人类命运共同体是事关人类前途命运的极具开创性的伟大构想①，是对人类文明发展趋势的整体判断，推动世界各国在经济上互利共赢、政治上相互信任及文明上兼容并蓄。“推动人类命运共同体建设，需要从理念共享开始，通过路径共建，达成终极目标。”②要想实现人类命运共同体理念在世界更大范围内得到有效的认同，就需要更广更深的国际间交流，这就提出了国际交往中思想政治教育重要的时代任务。要充分发挥国际交往中思想政治教育促进交往规范、理念认同、达成共识的功能，积极拓展国际交往中思想政治教育途径，通过对在国家政府间、社会组织间及个人日常生活间的交往机制构建中增进互联互通，让“建设和谐世界”的理念深入人心，最终共同构建人类命运共同体。

（二）塑造新时代的国家形象

中国有条件、有能力塑造让人耳目一新的大国形象。③在正确的历史观、大局观和角色观下，将人民的根本利益与人类社会的长远利益有机统一，塑造国际公共产品的提供者、国际秩序的维护者、联合国维和行动的积极参与者、国际新格局的建设者的负责任大国的国际形象。新时代中国国家形象传播应通过国际交往中思想政治教育来加强国家形象的国际对话沟通，打破刻板印象和标签化的偏

---

① 王公龙：《构建人类命运共同体思想：发展马克思世界历史理论的伟大构想》，《中国特色社会主义：实践探索与理论创新——纪念改革开放四十周年（上海市社会科学界第十六届学术年会文集：2018 年度）》，2018 年，第 60—71 页。

② 任洪生：《跨文化交流与人类命运共同体建设：现实、挑战与应对》，《人民论坛 · 学术前沿》2022 年第 2 期，第 78 页。

③ 阮宗泽：《在推动构建新型国际关系中塑造新时代中国国家形象》，《中国党政干部论坛》2020 年第 12 期，第 6—10 页。

见与误读，普及更具完整性和系统性的认知。国际交往中思想政治教育具体实践活动使国家形象不再作为“被抽象化的指标”和“区隔化的形象谱系”，而是在各国间独特而感性的历史文化与民族精神交流中形成可感知的认识与理解，从而增进文明间的互惠理解，展现出更加真实、全面、立体的中国国家形象。

（三）构建中国话语和中国叙事体系

习近平总书记指出：“要加快构建中国话语和中国叙事体系，用中国理论阐释中国实践，用中国实践升华中国理论，打造融通中外的新概念、新范畴、新表述，更加充分、更加鲜明地展现中国故事及其背后的思想力量和精神力量。”[①]既要立足全球视野讲好中国生动的“小故事”，也要用中国智慧在国际社会做好国家形象的“大文章”。为此，国际交往中思想政治教育要反对西方某些国家搞意识形态划线的做派，积极弘扬全人类共同价值，通过多种途径推动我国同各国的人文交流和民心相通，更加广泛地宣传中国主张、中国智慧与中国方案，构建中国话语和中国叙事体系。例如，将“精准扶贫”理念写入联合国文件，深入挖掘在脱贫攻坚中的动人故事，把中国的价值与立场融入其中，让世界其他国家人民看到消除贫困的希望。

（四）增进文化理解与文化自信

全球化时代互联网技术发展让人类的交往脱离了时空的禁锢，道德形态学又为不同的伦理道德提供了以一种近似于“形态相通”的开放可能，这就需要国际交往中思想政治教育具有宽阔的视野与开放的胸怀，以海纳百川的胸怀面对和吸取人类文明创造的一切优秀成果和进步观念，为中国精神与中国理念的推广创造条件，从而为中国梦的实现创造良好的国际舆论环境。在国际交往中思想政治教育与开放性思维的契合下，将某些文化现象置于同一国际语境之下，吸收和借鉴不同国家思想政治教育的成果，不仅能满足人民群众对中华文化的追求、传承中华文明基因、增强人民群众的文化自信，还能弥合文化上的差异性，实现文化认同、价值认同，最后达成对政治合法性的支持[②]。

三、国际交往中思想政治教育的内容

国际交往中思想政治教育的内容是为了实现既定目标，教育者向受教育者传

① 习近平：《习近平谈治国理政》第4卷，外文出版社2022年版，第317页。

② 许利平、韦民等：《中国与周边国家的人文交流》，时事出版社2015年版，第4页。

递的理论知识、价值观点和实践活动，可以将其概括为理论形态、实践模式和异同比较对话交往三种主要类型。

（一）国际交往中思想政治教育理论形态

我们在世界范围内看到了相似且互相模仿的各国教育改革，不仅发展中国家学习发达国家的教育经验，发达国家也在研究和学习发展中国家的教育经验。此外，我们还看到了一个超越国界的教育科学，它使得各国的教育科学工作者日益分享着同样的概念体系、同样的方法论基础、同样的话语生产，以更加积极的姿态推进教育全球化进程。在国际互访中的学者和学生交流之间实施思想政治教育，让他们在“走出去”的同时更好潜移默化地宣传我国的思想文化与传播正能量；在国外专家学者与学成归来的留学生“引进来”的同时，积极借鉴国外先进的公民教育等基础理论教育知识与方法，与我国思想政治教育进行更好的耦合，促进我国思想政治教育理念不断科学化与人文化，教育方式不断先进化与合理化，真正做到国际交往中思想政治教育与国内思想政治教育的有效结合，完善思想政治教育本身，也是更快担负起“促进人的全面发展”的历史任务，更好地在国际交往中推进教育和社会的发展。

（二）国际交往中思想政治教育实践模式

根据马克思交往实践观中的“主体—客体—主体”结构模式，国际交往也相应形成两种相关性模式：人际交往模式和自我交往模式。人际交往模式是以“自我”和“他者”的现实交往为中介的，而自我交往模式是“主我”和“客我”的反思和自省，在人际交往中渗透着自我交往，在自我交往中夹杂着人际交往，人际交往为自我交往做了铺垫，自我交往是对人际交往的升华。为此，国际交往中思想政治教育实践也呈现出“教育”和“自我教育”两种对应模式。教育与自我教育是外因与内因、手段与目的的辩证关系。国际交往中思想政治教育不仅要求教育者把正确的思想观念和道德规范传授给受教育者，更需要受教育者通过自身的思想矛盾运动，即自我教育，运用正确的思想去克服错误的思想，从而树立正确的世界观、人生观、价值观，最终培养起自我教育能力。思想政治教育的输出往往更具共性化和知识化，而自我教育则表现出更明显的个性化和针对性的特点。国际交往中思想政治教育通过对已获得的信息进行选择、修改和加工，将社会和整个国际要求的思想品德转化为每个个体思想的心理活动，使其树立自省意识，将全球公约与合乎社会发展要求的思想品德牢记于心、外化于行，走出国门时成为本国真正的“代言人”。每个国家的国民由于本国国情、受教育程度及习俗等的不同，在交往之时，如何让对方接受并认同我们的观点与看法，并不是强势的直接灌输，而应该采用“你来我往”的方式，从实际情况出发，加以甄别选择，让对方真正能够感同身受，真正认可与接受自身所要传达的观点与看法，从而在国际交往中形成良性互动，求同存异，达到国际交往中思想政治教育效果的最大化。

（三）各国思想政治教育的异同比较与对话交往

比较的背后是不同道德体系和文明体系的自我定位、自我理解与相互关联及互竞互争的问题[①]。由于“文明多样性”为国际交往提供了经济体制、政治理念、价值观念、生活方式、社会形态等方面的“可比性”，以“中西互镜”为主的比较对国际交往中思想政治教育起到了基础性作用，并为国际交往中思想政治教育提供了丰富、鲜活、生动的感性素材。在多元文化的交流中，凸显了“自我”与“他者”的身份对立，正是通过国际交往中思想政治教育的有效发声，才能在遭遇“普遍主义”的绑架与压迫时保持清醒并坚定立场，在尊重“差异”的基础上寻求“同一”的共识。通过对外交流、跨文化比较研究等增加各国各高校之间的学习交流，并以此带领各国学生的互动融合，可以有效规避信息流向不平衡的潜在风险，搭建起广泛的交流平台，为我国争取国际话语权、创造友好舆论环境提供重要着力点。其中，通过鼓励每个人积极参与对外文化交流，以创意文化产品、旅游、学术交流等不同方式，针对不同议题，如社区营造、生态环保、志愿服务、民主人权、组织网络等，鼓励每个人通过人道援助、学术文化交流、经贸科技交流、NGO外交等形式开展对外交流，近距离接触其他国家的民俗风俗、真实国情，提高对其他国家文化认知的深度和广度，培养“人类命运共同体”意识，让每个人成为世界沟通交流的使者。

四、国际交往中思想政治教育的条件

国家交往中思想政治教育不是盲目的，而是在特定条件下进行的。国际交往中思想政治教育的条件与国际交往中思想政治教育紧密联系相互作用，具有鲜明的时代特点，影响着国际交往中思想政治教育进程和效果。

（一）全球化时代下国际交往的新特征

全球化给国际交往带来了新的时代特征。其一，国际交往参与者多元化。全

① 田海平：《比较哲学的元问题及道德形态学方法再思考》，《江海学刊》2017 年第 1 期，第 5—13 页。

球化时代国际交往是多种因素、多种力量推动的结果，既存在于不同国家间、国际组织间、非政府组织间，也存在于个人和小群体之间，呈现出多元化特点。其二，国际交往信息化和数字化。人类赖以生活的地球日益“数字化”了，人类的实践活动和认识活动的对象将越来越多地被“数字化存在”和“信息化存在”所取代，国际交往也表现出从实体化转向信息化和虚拟化的倾向。其三，国际交往范围全球化。在全球化时代，社会交往不再是传统意义的“血缘性的”“民族的”“地域性的”交往，而是“世界历史性的”“世界历史意义的”“普遍的”“全球性的”交往。其四，国际交往内容广泛化。全球化虽然从经济交往开始，但发展到今天，全球性社会交往早已不再局限于经济领域，伴随着的是政治交往、文化交往，是价值观念的碰撞、文明的相互交流。

（二）国际交往中思想政治教育的有利条件

全球化以新技术革命为主要推动力，以政治、经济、文化的广泛交往为基本内容，以各民族国家的相互依存发展关系为纽带，为我国社会主义事业发展提供了空前的发展舞台。在参与国际事务和国际竞争中，促进了国家的发展，综合国力有了飞跃式的提升。各级政府用于进行思想政治教育的资金投入逐年增加，教育者的工作条件得到了提高与改善，技术设施的广泛使用为思想政治教育的发展与创新提供了前所未有的机会，“慕课”“翻转课堂”等的实施既能多方面听取国外先进优良声音，又可以为本国思想政治教育“发声”，也更便于为国际交往服务。同时，思想政治教育通过开放性的全球化得到了丰富的工作资源、信息和创新机会，开放的国际大环境使我国思想政治教育走出国门，实现同各国之间的相互交流、相互学习和相互借鉴，开拓了思想政治教育的新视野与新思维。特别是网络时代的到来，扩大了思想政治教育的空间和渠道，发达国家的成功经验和理论、国外思想政治教育的良好的做法对我国思想政治教育有积极的借鉴作用。

（三）国际交往中思想政治教育的不利条件

在百年未有之大变局下，发展中国家与西方发达国家之间的身份裂痕日益凸显，美国等西方国家对中国的猜疑和防范日渐升级，从而造成国际关系信任薄弱、国际安全结构不稳定等。值得注意的是，西方国家赋予“文明较量”更多的含义，如生态竞争、人权竞争等，对世界各民族的传统文化、民族自尊心形成强烈的冲击，极大影响正在成长中的青年一代。在国家交往的进程中，“西方化”的巨大冲击使学生对本民族文化和价值观产生怀疑，产生失落感和反感；同时，反对西化民族文化的声浪在亚非拉地区也不断兴起。此外，随着网络技术的发展，信息量空前增加，学术信息、娱乐信息和经济信息等使互联网成为信息的宝库。而伴随着的是各种各样的信息垃圾，这些信息垃圾使人们的道德意识弱化，带来了文化与价值的振荡与冲突，消解了思想政治教育的效果。

第三节　国际交往中思想政治教育的方法

国际交往中的思想政治教育方法是进行专门实践，特别是专业实践而采用的方式、程序及手段的总和，是教育者对国际交往中思想政治教育客观规律的正确把握和科学运用。国际交往中思想政治教育目标的实现与否、效果好坏，都离不开方法的指导与运用。为此，必须了解国际交往中思想政治教育方法对目标实现、活动开展和效果保障层面的重要意义，认识熟悉进行国际交往中思想政治教育的一般方法、特殊方法及其他方法等主要类型，结合主体间性原则、发展性原则、整体性原则和渗透性原则指导国际交往中思想政治教育方法的应用，从而为国际交往中思想政治教育的有序展开提供支持。

一、国际交往中思想政治教育方法的重要意义

“行动十分迂缓的人，只要始终遵循着正道前进，就可以比离开正道飞奔的人走在前面得多。”[①]笛卡儿生动地阐明了科学方法的重要作用与价值。国际交往中思想政治教育方法不仅在马克思主义交往理论的探索、国际交往中思想政治教育的研究以及思想政治教育方法的现代化发展蕴藏着价值作用，而且对于达成国际交往中思想政治教育的目标、指导国际交往中思想政治教育的活动和保障国际交往中思想政治教育的效果层面具有重要的实践意义。

（一）国际交往中思想政治教育方法的理论意义

国际交往中思想政治教育方法是马克思主义交往理论的有益探索。随着全球化的引领，在全球范围内进行相互了解与交流变得越来越重要，交往形式也呈现出多样化特征，国际社会各参与主体应在尊重世界历史的前提下，带着和平互助的心态积极参与到世界交往进程中，促进自我发展，推进世界进步。国际交往中思想政治教育方法通过对马克思社会交往理论的研究与学习，参考世界历史理论和全球化理论研究，引申出对国际交往思想理论的深入思考，为国际社会参与主

① 〔法〕笛卡尔：《谈谈方法》，王太庆译，商务印书馆 2006 年版，第 viii 页。

体间的交往行为的规范、社会思潮与主流意识形态矛盾的化解、人的全面发展目标的实现提供方法路径，促进了马克思主义交往理论与思想政治教育实践的有机结合，赋予了马克思主义交往理论时代的生命力。

国际交往中思想政治教育方法是国际交往中思想政治教育研究内容的重要组成部分。国际交往中思想政治教育方法作为链接介体，以理论的形式体现着国际交往中思想政治教育研究者对“国际交往中思想政治教育理论如何应用”“怎样开展国际交往中思想政治教育活动”“如何推进国际交往中思想政治教育发展”等问题的思考，承担着国际交往中思想政治教育信息输入与输出的角色作用。国际交往中思想政治教育方法自身具有丰富的理论价值，是国际交往中思想政治教育研究的内容之一，提供了国际交往中思想政治教育方法基础理论、国际交往中思想政治教育方法合理应用、国际交往中思想政治教育方法功能发挥、国际交往中思想政治教育方法优化等研究方向，为国际交往中思想政治教育的理论研究提供学术火花。

国际交往中思想政治教育方法是思想政治教育方法创新发展的重要力量。国际交往中思想政治教育方法，彰显着思想政治教育方法的时代性，直接关乎思想政治教育方法现代化水平。作为思想政治教育立足于全球化时代背景并结合国际社会参与者交往互动规律的针对性方案，国际交往中思想政治教育方法是思想政治教育方法创新发展的关键部分，也是跳出思想政治教育方法现代化困境的破题之处。国际交往中思想政治教育方法的不断优化，顺应了思想政治教育方法分化与综合相统一的现代化发展趋势，不仅助力了思想政治教育主导性方法、主体性方法的现代化建设，还响应了社会信息化的现实要求，提高了思想政治教育方法与新媒体技术的融合水平，推进了思想政治教育方法科学化与精准化发展进程。

（二）国际交往中思想政治教育方法的实践意义

国际交往中思想政治教育方法是达成国际交往中思想政治教育目标的重要手段。国际交往中思想政治教育方法，是完成国际交往中思想政治教育任务，以及实现国际交往中思想政治教育目标所不可少的手段。方法可以为国际交往中思想政治教育搭建连接主观愿望与既定目标之间的桥梁，将基础理论转化为实现目标的手段与工具。在国际交往中思想政治教育中，采用科学、正确的国际交往中思想政治教育方法为实现国际交往中思想政治教育目标指明方向，服务于国际交往中思想政治教育任务的完成。

国际交往中思想政治教育方法是开展国际交往中思想政治教育活动的重要指南。国际交往中思想政治教育内容与方法并不是相互孤立存在的，国际交往中思想政治教育的内容需要采用顺应国际社会多元化发展的方法进行有效传播。国际交往中思想政治教育方法能够为国际交往中思想政治教育活动指明方向，指导教育者以科学适配原则促使受教育者思想道德水平发生变化，提高其认识世界和改造世界的能力，从而有效解决国际社会参与者面临的思想道德问题。

国际交往中思想政治教育方法是实现国际交往中思想政治教育效果的重要保障。国际交往中思想政治教育预期效果的实现依赖于多种有效的教育方法的耦合作用。在国际国内环境日新月异的条件下，国际交往中思想政治教育需要应对很多新的困难和挑战，这就要求教育者必须通过国际交往中思想政治教育方法的创新来满足新时代的变化发展的需要，适应国际国内环境以及受教育者思想观念变化的状态，为国际交往中思想政治教育提供支持，以增强国际交往中思想政治教育的实效性。

二、国际交往中思想政治教育方法的主要类型

国际交往中思想政治教育方法丰富，其主要类型可以将其按照一般方法、特殊方法和其他方法进行划分。

（一）国际交往中思想政治教育的一般方法

国际交往中思想政治教育的一般方法是指在普遍意义上指导思想政治教育实践活动的方法主张，能够直接干预并影响国际交往中思想政治教育进程，消减阻碍国际交往中思想政治教育目标达成的不利条件，保障受教育者对国际交往中思想政治教育内容接受、理解并认同的实际效果。

比较教育法，是“将两种不同现象、事物、理论的性质、特点进行比较鉴别”①，在区分与对比中明辨是非，检验认识得出结论。国际交往中思想政治教育参与者不仅应做好“借鉴外国思想政治教育”，也应“讲好中国故事”，将关注“他者”与聚焦“自我”有机结合，扎根本土并放眼世界，在解决人类面临的共同难题方面发出中国声音。这就意味着，国际交往中思想政治教育在运用比较教育法时除了保留传统的内容参考、方法借鉴、教育交流及文化互鉴功能外，还需要特别注意“求同存异”的观念，增加国际社会参与者之间的相互理解，培养整体意识，回应建立人类命运共同体的发展要求。在马克思主义社会交往理论的指导下，本土思想政治教育国际化与国际交往中思想政治教育统筹规划、协同发展，以服务于国际交往中思想政治教育的发展。

隐性教育法，是在受教育者无意识或不自觉中进行教育的方法，“主要包括渗

① 《思想政治教育学原理》编写组：《思想政治教育学原理》，高等教育出版社 2016 年版，第 249 页。

透式教育方法、陶冶式教育方法和实践体验教育方法”[①]，在国际交往中思想政治教育过程中扮演着重要角色。将教育内容渗透进受教育者可接触的所有事物、活动与空间中，营造和谐的文化氛围，打造和睦的人际关系，在潜移默化中影响受教育者的思想与行为，激发其参与的主动意识与自觉意识，从而促进受教育者实现进步提升。近年来，随着人口在世界范围内的流动，国际思想政治教育通过隐性教育方法，宣扬包容开放理念为外来移民建设国际化社区，针对留学生群体在校园内举办的国际文化交流节，都取得了良好的教育效果。

（二）国际交往中思想政治教育的特殊方法

国际交往行为发生在复杂多变的国际环境中，涉及多元国际社会参与者，由于国际社会参与者在意识形态、政治理念、传统文化观念等方面存在差异，在利益、态度与行为上存在矛盾，这就导致国际社会参与者之间常常处于不和谐、不协调状态。国际交往中思想政治教育需要承担解决顽固思想障碍、化解思想行为冲突的责任，并防微杜渐，谨防不良思潮对主流意识形态的侵蚀。为此，还需运用国际交往中思想政治教育的特殊方法精准化面对问题。

预防教育法，“是指思想政治教育者针对人们可能或将要发生的思想问题与行为偏差，事先进行教育，防止思想问题与行为偏差发生，并将思想问题或行为偏差消灭在萌芽状态的教育方法”[②]。在世界历史发展进程中，西方资本主义无论是国际经济方面，或是西方理论方面，都起步得要早，也更为丰富充实，而发展中国家在这方面的理论准备并不充分，因此在国际交往中隐含着一种霸权，即它通过表面中立的全球话语如全球问题、国际贸易等转移和遮蔽了西方资本主义价值观。为此，国际交往中思想政治教育要及时察知各种思想行为苗头，以唯物史观、用世界历史眼光来客观分析社会思潮中的价值观念，把思想政治教育工作做在前面，筑牢意识形态安全防线，避免成为发达资本主义国家的附庸。

冲突调节法，是一种针对激化状态的应急方法。国际交往既是一个整体化过程，更是一个多样化的过程，是求同存异的过程，在这个过程中不同的国际社会参与者通过交往互动，认识世界、参与世界发展建设，并在此过程中形成自己的身份认知。这个过程注定不会是一帆风顺的，存在矛盾是在所难免的，但矛盾如若不及时化解便会不断积累，一但超越限度就将爆发冲突。为此，国际交往中思想政治教育要在调节矛盾与处理冲突两方面下功夫，通过“热处理”“冷处理”“隔离”“转移”等方式，理顺对立情绪，调解国际纠纷，增进有效沟通，强调共同利

---

① 张耀灿、郑永廷、吴潜涛等：《现代思想政治教育学》，人民出版社 2006 年版，第 383 页。

② 刘新庚：《现代思想政治教育方法论》，人民出版社 2006 年版，第 262 页。

益，谋求广泛合作，从而减少矛盾冲突带来的消极影响。

（三）国际交往中思想政治教育的其他方法

国际交往中思想政治教育者十分重视方法创新，积极主动地找寻新办法，对国际交往中思想政治教育方法进行科技赋能、多学科借鉴实现国际交往中思想政治教育方法的创造性运用。

数据信息海量化早已成为当今时代的标识，大数据依托其新技术在国际社会各领域发展做出了重要贡献，不仅推动了金融贸易、服务管理和技术成果的升级，还促进了思维方式与交往形式的变革。大数据时代，思想政治教育方法具有创新的现实必要性，而大数据与思想政治教育存在的契合点又使得思想政治教育方法具有创新的技术可能性。为此，国际交往中思想政治教育重新审视传统思想政治教育方法在解决国际交往中思想政治教育问题的不足，积极利用大数据的技术手段为思想政治教育方法赋能，满足受教育者对教育动态图像化的新需求，例如在官方新媒体平台转发总理答记者会中运用中国传统文化来为中国问题发声的片段，让国际直观体会到中国传统文化的魅力和中国的大国担当与传承。

国际社会的多面向发展使得国际交往中思想政治教育环境变得更具挑战性，受教育者接触到的外来文化、学术理论、政治理念与价值观念变得更加复杂，在“一体化”进程中不同领域进行了交叉融合，单纯针对一种问题的解决方案已经不能满足国际交往中思想政治教育的需要了。因此，国际交往中思想政治教育对传统的单一型方法提出怀疑，指出“思想政治教育方法现代化发展的综合性不强以及其综合性相对欠缺”[①]的不足，促使其通过多学科理论借鉴、多元方式和多种手段融合探索综合型、互动型的思想政治教育方法，在现实国际交往中发挥思想政治教育的效能。

三、国际交往中思想政治教育方法的应用原则

在国际交往中思想政治教育的过程中，要根据国际社会参与者在思想道德层面遇到的问题，结合主客观条件和各要素影响的综合考量，具体分析其性质及其产生的原因，选择合适的方法。国际交往中思想政治教育方法的原则，是结合马克思主义交往的相关理论、社会学的基本原理和思想政治教育的运行规律而确立的，其具体阐释了国际交往中思想政治教育方法运用时的基本准则，有利于指导国际交往中思想政治教育的有序展开。

---

① 阿剑波：《思想政治教育现代化发展研究》，兰州大学 2020 年博士学位论文，第 209 页。

（一）发展性原则

恩格斯提出：“我们的理论是发展着的理论，而不是必须背得烂熟并机械地加以重复的教条。”[①]这一表述指明了国际交往中思想政治教育不可能是一成不变的。随着世界历史的进程、时代的进步，国际交往中思想政治教育会不断地自我超越，国际交往中思想政治教育理论水平相应提高，国际交往中思想政治教育方法也随之发展。

国际交往中思想政治教育服从并服务于国际交往的现代化建设和人的发展，国际社会参与者的现代化和国际社会的现代化需要国际交往中思想政治教育的现代化发展，而国际交往中思想政治教育的现代化水平又依赖于国际交往中思想政治教育方法的现代化程度。另外，国际交往中思想政治教育方法的发展还出于满足国际交往中思想政治教育自身的现代化发展需要。国际交往中思想政治教育以自觉姿态直视并预测未来国际社会各参与者可能产生的需要以及国际交往过程中即将面临的问题，这就需要国际交往中思想政治教育方法积极入场并不断优化，为国际社会发展所需提供助力，彰显国际交往中思想政治教育自身的发展自觉性。

为此，国际交往中思想政治教育方法在应用中应秉持发展性原则，与时俱进，正确对待科学选择思想政治教育的传统方法，合理吸纳其他学科的理论与方法，增强现代科学技术赋能，在实践探索中不断进行改革创新。在继承中发展、在借鉴中优化、在创新中提高并在实践中检验，从而为国际交往中思想政治教育实践提供更优质的指导。

（二）整体性原则

所谓整体性原则就是指选择一种或多种方法进行实践，使其被整合作为一个内部协调的有机体而发挥积极作用。在国际交往中思想政治教育方法应用中，整体性原则是指以系统思维对思想政治教育体系及其内部各要素以及国际交往环境等因素进行整体性把握，综合分析其复杂性特点，从而选择多种方法，并将选用的方法交叉糅合为整体，使其系统有序地发挥综合作用。整体性原则特别强调国际交往中思想政治教育的系统性与连续性，注重国际交往中思想政治教育过程的循序渐进。

人们参与国际社会中的活动是多方面的，纷繁复杂的社会思潮时刻影响着人们的思想，国际社会各项工作和研究也呈现出日益综合化的趋势，在互联网的加

① 《马克思恩格斯选集》第4卷，人民出版社2012年版，第588页。

持下，这些因素的影响在传播速度和传播广度上又更胜从前。而人们的思想行为是在主客观条件和各种复杂因素的共同影响下产生的。因此，国际交往中思想政治教育不能只解决眼下问题，也不能依靠单一的方法，而要在整体上把握，搭配运用多种方法，强化和巩固国际交往中思想政治教育的成效。

整体性原则要求国际交往中思想政治教育在选取和运用方法时，要注重方法的交叉、渗透和融合，方法之间的配合度和融通度，在真正意义上打造内部结构稳固、彼此交叉糅合、效能优势明显的方法有机整体。这就要求协调国际交往中思想政治教育方法的使用顺序和组合方式，将国际交往中思想政治教育的各阶段有机衔接，从而加大国际交往中思想政治教育的力度，提高国际交往中思想政治教育成效。

（三）渗透性原则

渗透是指思想政治教育方法融入其他事物的方方面面，思想政治教育结合其他事物发挥思想政治教育作用。国际交往中思想政治教育方法应用的渗透性原则有两层面含义，一方面是指国际交往中思想政治教育方法相互融合与链接，做到正功能耦合和良性契合；另一方面指能够通过思想政治教育方法的合理运用使思想政治教育覆盖到的国际社会的各个领域，渗透到国际交往的各个环节。

“为了适应环境条件与对象特点的新变化，思想政治教育方法已经呈现出明显的综合化发展趋势。”[①]同时也对国际交往中思想政治教育方法的融合运用提出要求。为此，必须将国际交往中思想政治教育方法相结合，统筹多方优势，通过优势互补，助力国际交往中思想政治教育实效提升。根据渗透性原则，国际交往中思想政治教育方法的应用不仅仅是彼此衔接和互补，更是在实践中互相彼此联结和包容，实现方法之间的相互辅助、互相补益，发挥联合优势。在理论阐释和价值澄清的基础上，着重情感的共鸣和思想的启迪，进而深入受教育者的思想领域，使其内化于心，增强国际交往中思想政治教育的说服力。

随着国际交往的拓延，国际交往中思想政治教育面临着更加复杂环境和艰巨任务，国际交往中思想政治教育要能够渗透到国际组织、国际化学校、国际化社区等国际社会各个场域，渗透到跨国经济、国家外交、学校教育、异国生活等国际交往活动的方方面面，通过文化产品、文化活动及文化建设等隐性方式，使受教育者在自然舒适的状态下认同并接受国际交往中思想政治教育的内容，提高国际交往中思想政治教育的综合效用。

---

① 万美容：《论思想政治教育方法发展的综合化趋势》，《思想理论教育》2008 年第 11 期，第 10 页。

✎ 问题与讨论

1. 如何理解国际交往中思想政治教育的基本含义?

2. 为什么要重视国际交往中思想政治教育?

3. 简述国际交往中思想政治教育的目标与内容。

4. 如何认识和把握国际交往中思想政治教育方法的不同类型?

5. 结合个人学习与实践经历，谈一谈国际交往中思想政治教育方法的应用原则。

第十二章　美好社会中的思想政治教育

人类社会的发展史，总体来说，就是一部对美好社会不懈追求的历史。美好社会既作为人们当前对社会发展的现实感受，又成为社会发展的未来期待，具有物质与精神并重，历史、当下与未来共享的特征。但“美好社会”绝不等于“完美社会”，美好社会既有美好的一面，也有不完善的一面，人们正是在一次次发现和改进社会中不完善之处的进程中，推动着社会朝着美好的方向发展，实现美好社会朝着更美好的方向前进。美好社会作为思想政治教育客观现实的社会理想，思想政治教育参与美好社会的建设，无论是在建设过程中还是在美好社会的持续发展中，思想政治教育都发挥着重要的作用。美好社会既指向人类追求的美好社会理想，又现实地指向当前中国特色社会主义理想所追求的美好社会即社会主义社会、共产主义社会。思想政治教育在美好社会各项功能实践过程中，思想政治教育发挥着“生命线”的地位和作用。实现人的全面解放是美好社会的核心要义，实现人的全面解放不是单独个人的发展，它的前提是实现社会每一个人的自由全面发展，全面发展中的重要内容是思想观念的发展，这是思想政治教育的使命任务。美好社会中人的解放是人与自我、人与他人、人与社会、人与自然关系的全面和谐，美好社会中的思想政治教育为实现“人的全面发展”目标，贡献思想观念层面的价值。

第一节　美好社会中的思想政治教育地位

美好社会中的思想政治教育地位，是社会整体对思想政治教育的评价和定位，立足于思想政治教育在美好社会中的功能发挥。地位体现在关系之中，美好社会中的思想政治教育地位则展现了美好社会建设与思想政治教育的关系状态。正确认识美好社会的内涵，把握思想政治教育与美好社会的关系，方可明确思想政治教育在美好社会中的地位，这对深化思想政治教育在美好社会中的功能发挥，具有积极的意义。

一、美好社会及其新时代的发展特性

追求实现美好社会的向往内在规定了“何为美好社会”与“社会如何才能美好”双重维度。前者蕴含对美好社会的本质规定，后者侧重实现美好社会的实践方式。探索实现美好社会的实践方式需要以明晰美好社会的本质规定为前提，把握好时代赋予美好社会的新内涵、新发展和新要求。从美好社会的完整意蕴出发，方可为思想政治教育在美好社会的实践方案提供内在依据。

（一）美好社会的本质与内涵

何为美好社会？这是对美好社会的本体论意义上的追问，其所指向的焦点则是美好社会的本质。作为一个概念，“美好社会”由“美好”与“社会”两个词语所组成，“美好”作为定语修饰“社会”，“社会”是这一概念的主体。因此，美好社会本质上属于社会中的一种，是在“社会”概念的统辖下，思考社会的美好类型或方面。那么，在分析美好社会的本质之前，需要明确“社会”这一概念的内涵与本质。

社会，本质上是由生物与环境形成的关系总和。具体而言，是指在特定环境下共同生活的生物，能够长久维持的、彼此不能够离开的相依为命的一种不容易改变的结构。地球上生存的生物均会形成一定程度的社会，特别是群居性的生物，如狼群、蜂群、蚁群等。而我们通常意义上的社会则是指向人类所构建的关系体——人类社会。人类社会是共同生活的个体通过各种各样关系联合起来的集合。这种关系叫作“社会关系”，如家庭关系、共同文化及传统习俗等。社会关系包括个体间、个体与群体间、群体间的关系。群体的范畴，小到民间组织，大到国家政党。国家在实质上是以一方领土为界线的大社会。个人与国家之间的关系就是个体与大社会之间的关系，而个人与世界的关系就是个人与人类整体社会之间的关系。此外，社会不仅仅是由人组成的，还有物质。没有一个可以共享的世界就不具备思维同步和感情契合的条件。所以，社会是一个人际关系和物质基础及信息技术或近或远、或稠密稀疏、或多或少的一个集成。

在明确了社会概念的内涵与本质后，“美好社会”概念的本质也变得清晰了起来。美好社会所追求的美好，也是指向一个由人与人、人与环境所组成的关系的联合体，要实现人与人之间、人与环境之间关系的平衡、优化与和谐，本质上是社会关系的美好。在《汉语词典》中，“美好”指在各方面都使人喜欢，极好。与“幸福”的理解一样，“美好”也是多样的、无法统一的，带有个体主观意识的，无法用确定性词语界定，又具有历史阶段性和动态性。因此，美好社会是与一定时期的生产力水平相关的，具有阶段性的特征，其内涵是确定的、具体的，具有历史的阶段性和客观性。每个社会历史发展阶段均有基于当时社会发展实际而做出的对美好社会的定义，美好社会被赋予富足、自由、平等、公平、正义、和谐、博爱等具体内涵。由于发展程度的差别，各历史时期对美好社会的理解与寄寓在美好社会上的期望均不同，但仍然有着共性的一面，即人们对美好社会均怀抱着积极、正向的情感，美好社会承载的是人类社会发展的光明、幸福的未来。

社会如何才能美好？这是对美好社会的实践论意义上的追问，其追问的焦点在于美好社会在现实生活中的内涵。从逻辑起点看，“现实的人”构成了美好社会的逻辑起点，社会是人的集合，一个社会的美好必然要体现在最基础的个人层面上，体现在个人美好的社会生活之中。从价值意蕴看，人与自身关系、人与他人关系、人与社会关系及人与自然关系的协调统一生成了美好社会的价值意蕴。社会的美好本质上是社会关系的美好，呈现为各种社会关系的协调稳定。从实践向度看，人与他人的和谐关系奠定了美好社会的交往基础。人与社会的和谐关系建构了美好社会的社会基础。人与自然的和谐关系夯实了美好社会的自然基础。

同时，美好社会的内涵又是多维度的，具体展开为理想、理论（制度）、价值、实践四个维度。首先，在理想维度，美好社会作为人类社会发展的理想目标存在于人类社会发展的各个阶段，理想的美好社会有着不同的表述，是“大同社会”，是“桃花源”，是“理想国”，是“太阳城”。美好社会就是高悬在社会发展前端的苹果，是社会发展极力争取的理想目标。其次，在理论（制度）维度，美好社会是一套套成熟的社会发展理论体系，人类社会经历原始社会、奴隶社会、封建社会、资本主义社会、社会主义社会，未来发展至共产主义社会，围绕着每一个社会的运行、治理，均形成一套系统的理论体系，从而实现各社会要素的有效整合和持续运转。美好社会不是空洞的畅想，其实现依赖于科学合理的社会理论的指导。再次，在价值维度，美好社会体现为一定的社会价值追求。历史上人们对美好社会在价值层面的追求和探讨一直未曾停歇，古希腊时期，苏格拉底的“至善社会”，柏拉图的公正的“理想国”，亚里士多德幸福的“沉思社会”，近代康德所诠释的“理性王国”，海德格尔的“人诗意地栖居”。这些无不表明美好社会彰显着人们对至善、至臻、自由、公正等社会价值的向往和追求。最后，在实践维度，美好社会是人类实践中的美好社会，体现为具体的社会治理、社会运动、社会革命与社会改革。通过各种类型的社会活动，推动当前社会的建构与发展，朝着美好社会的目标前进。

（二）人类对美好社会的不懈追求

美好社会是人类社会自古以来孜孜不倦的追求。这种追求贯穿在整个人类社会发展进程之中，是推动社会主动发展的动力，也是人类社会发展和共同价值生成的“最大公约数”之一。对美好社会的追求不是一成不变的，随着历史的前进，美好社会的内涵不断增添新的内容。对美好社会的不懈追求，持续引领着人类对社会的本质、功能、属性、目标、发展规律、建设途径等方面的探索。

“轴心时代最早产生出关于人类社会的系统思想体系”[①]，透过这些关于人类社会的系统思想体系，我们能够看到当时人们在主动建构美好社会过程中所展现出的思想智慧。在中国是春秋战国时以孔子创立的儒学为代表的思想体系，在西方是古希腊以苏格拉底、柏拉图和亚里士多德为代表所创立的思想体系，在印度是以释迦牟尼为代表的佛学思想体系。这三大轴心文明，不约而同地对美好社会进行了思想探索与实践架构。

以孔子为代表的儒学思想，对美好社会的追求是与儒家的社会秩序观紧密关联的。儒学以“礼”治天下，以“仁”为追求的核心目标。“礼”制的核心是社会的等级秩序，即“君君、臣臣、父父、子子”（《论语・颜渊》），强调每个人扮演好社会赋予自己的角色，各得其所，国家归于治理。“礼”是社会秩序对美好社会追求的保障，“仁”则是思想品德的精神保障。“己所不欲勿施于人”，“克己复礼为仁。一日克己复礼，天下归仁焉。”（《论语・颜渊》）社会中的个人首先管理好自己，安守本分，人人都以“仁”为精神追求，社会就会美丽和谐。轴心时代的思想家孔子与其创立的儒学，是从社会秩序与社会精神品德两个层面展开对美好社会的设想与追求的。

古希腊思想家苏格拉底、柏拉图、亚里士多德对理想社会也进行了比较系统的阐释。“知识即美德”是苏格拉底的核心主张，强调知识对社会生活的重要性，要由有知识的人来管理国家，建构美好社会。这一思想被柏拉图继承并发展为“哲学王”的思想，其在《理想国》中指出：“国家与个人。不经哲学家治理。决无希望可言。”[②]同孔子的思想一样，柏拉图也十分关注社会秩序对美好社会的重要性，他强调人要信守天生的等级，认为人要按照“金、银、铁”三种“质”在身体中的成分来选择需要扮演的社会角色，并要信守本分，不能逾越。亚里士多德对追求美好社会所做的贡献，是把美好社会同政治联系起来。他认为“人类天生就有合群的性情，‘人类在本性上应该是一个政治动物’”[③]，是社会性与政治性的结合，他将美好社会的实现寄托于城邦，在良好的城邦政治制度之下，城邦会成为一个美好的社会。

随着社会发展的推进，社会的构成元素与组织关系越来越庞杂，结构越来越

① 马光霞、孙力：《美好生活追求的历史演进及内在逻辑——从科学社会主义发展的角度》，《党政研究》2019年第1期，第66页。

② 〔古希腊〕柏拉图：《理想国》，吴献书译，上海三联书店2009年版，第187页。

③ 徐大同：《西方政治思想史》，天津人民出版社1985年版，第42页。

高级和复杂，人们对美好社会的认识也不断深化。进入近代社会，人类的知识积累实现了历史性的飞跃，对客观世界发展规律、人类社会发展规律的认识更加系统、深入。“差不多和哥白尼的伟大发现（真正的太阳系）同时，国家的引力定律也被发现了……先是马基雅维利、康帕内拉，后是霍布斯、斯宾诺莎、胡果·格劳秀斯，直至卢梭、费希特、黑格尔则已经开始用人的眼光来观察国家了，他们从理性和经验出发，而不是从神学出发来阐明国家的自然规律。”[①]立足于理性的“国家自然规律”对美好社会的追求，在近代取得了丰硕的成果。莫尔的《乌托邦》标志着空想社会主义思想的诞生，他设计了美好社会的制度基础——公有制。康帕内拉的《太阳城》批判资本主义罪恶，向往没有私有制、没有剥削、人人劳动、大家都享有幸福的美好社会；圣西门、傅立叶、欧文批判了资本主义社会弊病。但直至马克思主义的诞生，才真正为人类寻求到实现美好社会的科学办法及途径——科学社会主义，为美好社会的追求建立了科学的基础，奠定了正确的社会制度基础。科学社会主义建立在剩余价值学说和唯物史观两大科学方法论的基础之上，为建立美好社会——社会主义社会，指明了前进方向，提供了建设路径。

马克思对剩余价值规律的发现与唯物史观的创立，使社会主义完成空想到科学的蜕变。社会主义不再仅仅停留在精神想象的阶段，在社会物质实践中，找到了通往美好社会的实践路径。科学社会主义实现了对物质与精神的双重把握，成为新时代对美好社会追求的核心。把握美好社会与科学社会主义的关系，对于理解和实现当前中国的社会治理具有重要意义。从此，有了科学社会主义指导下的美好社会理想，社会主义思想的核心内容就是对美好社会的追求。

（三）新时代美好社会的发展特性

中国特色社会主义是科学社会主义在中国的实践，这是追求和建设美好社会的时代。党的十九大报告指出：“中国特色社会主义进入新时代，我国社会主要矛盾已经转化为人民日益增长的美好生活需要和不平衡不充分的发展之间的矛盾。”这一论断在解放思想、实事求是的精神指导下，为中国特色社会主义发展进入新时代作了有力注解。美好社会的内涵发展与建设路径也随着中国特色社会主义进入新时代和社会主义矛盾的转化而增添新的内容。

1. 人民性

2012 年 11 月 15 日习近平在十八届中央政治局常委同中外记者见面时首提

---

① 俞可平：《马克思主义历史考证大辞典》第 1 卷，商务印书馆 2018 年版，第 623 页。

"美好生活"概念，指出："人民对美好生活的向往，就是我们党的奋斗目标"。[①]之后，"人民日益增长的美好生活需要"同"不平衡、不充分的发展"作为社会主要矛盾的对立两面被写入了十九大报告。一直以来，中国特色社会主义的建设和发展始终将人民群众摆在突出位置。进入"新时代"，人民性得到了很好的延续和发扬。新时代建设美好社会始终遵循"为了人民、依靠人民、成果由人民共享"的原则。首先，新时代美好社会在立场上坚持人民性，贯彻以人为本的思想，站在人民的立场去发现问题，依靠人民的力量去解决问题，并给人民群众带来最大的实惠。在党领导新时代美好社会建设过程中，坚持党性与人民性的统一，将人民性作为党的力量源泉，将群众路线作为美好社会建设的根本工作方法保证。其次，新时代美好社会在战略布局上坚持人民性。在"全面建成小康、全面深化改革、全面依法治国、全面从严治党"的战略布局中，坚持人民需要、人民利益、人民发展的导向。最后，新时代美好社会在重大举措中坚持人民性，在关系人民群众切身利益的教育、就业、社会保障、医疗健康、生活环境等各个方面的公共事业采取重大改革举措，在经济、政治、文化、社会、生态文明五大社会发展领域坚持以人民为中心，使人民需求成为美好社会发展的导向。

2. 全面性

美好社会所谓的"美好"，是指物质与精神的双重美好。对社会来说是物质生产力的大发展和社会关系的极度和谐，对个人来说是生活与思想双重需要的满足，最终在个人头脑中形成一种美好的感觉。所以，对于美好社会的追求绝不是单向度的，而是物质与精神并重的，任何只追求物质富裕或者只追求精神富足的美好社会创建活动，注定只能迎接失败。社会的物质文明建设是精神文明建设不可缺少的基础。精神文明对物质文明的建设不但起巨大的推动作用，而且保证物质文明发展的正确方向。两种文明的建设，是"互为条件，又互为目的"的关系。进入新时代，在习近平新时代中国特色社会主义思想指导下，美好社会建设的全面性是精髓所在，体现在建设领域的全面性、发展目标设定的全面性、发展主体建设的全面性、历史使命塑造的全面性等方面。新时代的美好社会顶层设计是在"八个明确"和"十四个坚持"的方略架构下进行的，全面的体系丰富了新时代中国特色社会主义建设的理论与实践的内涵。

3. 发展性

在社会建设范式构建中对发展性的重视。社会生产落后的短缺经济年代，社会建设的重点是物质文化需要的满足，建构的是"需要—生产"范式，主要以解

---

① 习近平：《习近平谈治国理政》第1卷，外文出版社2018年版，第4页。

决生存需要为主，这就决定了社会生产的不全面，集中在生产“物质文化”等人民最基本的生存需要方面，在政治、社会、生态等方面的发展不协调。进入新时代，美好生活需要要求从“需要—生产”范式向“需要—发展”范式转换，经济、政治、文化、社会、生态文明等需要引领起“五位一体”高品质、发展型的美好社会建设。新时代的美好社会在时空上呈现发展性形态。“美好社会”作为切实的感受是主体基于现实中“当下”的幸福而产生的持久性的感受，同时，美好社会又作为社会发展的理想状态，成为当前社会建设不断推进、发展的目标。因此，美好社会就成了连接当下与未来的一座不断发展的桥梁，这座桥向着未来无限延伸，没有尽头。

二、美好社会中思想政治教育的具体呈现

从古至今，人类从未停止对美好社会的建设与追求，东西方文明社会发展的各个阶段，构成人类追求美好社会的节点，将这些节点串联成线，在历史的脉络中去呈现思想政治教育的形态、内容，可以发现在人类美好社会追求与建设中，思想政治教育存在的普遍性和重要性。

（一）中国古代社会建设发展中的思想政治教育

在中国古代社会建设与维护中，思想政治教育是重要的统治、教化工具，对于政权合法性的巩固、国家凝聚力的维护、人民思想的导向发挥着作用。从整体上概括中国古代社会中思想政治教育的特点，体现为政治教育与道德教育的融合。

夏商周时期的社会建设中的思想政治教育。这一时期，国家机器的完备程度尚不高，思想政治教育处于形成的雏形阶段，对思想、意识的影响主要依赖于宗教文化。为维护奴隶社会的统治，统治者将宗教神学上升为国家意识形态，一方面运用宗教神学为统治地位的合法性佐证，将政权与天意、天命等神圣意志联系起来，将对神权的服从转化为对世俗政权的服从。一方面运用宗教神学为统治行为的合法性确证，在各类国家事务之中，运用祭祀、占卜等活动，将天命、神旨教化人民思想，使统治行为得以推行，使民顺从。随着国家结构的扩展和管理体制的完善，奴隶社会发展到西周时期，在宗法制基础上所形成的一套伦理规范逐渐取代宗教神学在国家中的思想政治教育功能，宗法制通过礼乐制度和伦理教育来实现对国家的伦理规范。这一时期的思想政治教育内容可以概括为“修身、保民、重教”，建立在“周礼”基础之上的思想政治教育在思想教育和道德导向上都发挥了重要的作用，并为春秋时期的孔子所推崇，并且得到了总结和进一步发挥。

秦汉隋唐时期社会建设中的思想政治教育。中国进入封建社会并逐渐发展至全盛时期，封建社会的思想政治教育也逐渐走向成熟，秦崇法，但忽视了民众思想的教化，在秦覆灭之后，其后继朝代吸取经验教训，不但依靠制度刑法，更加重视思想政治教育。汉朝儒家思想被提升到治国思想的高度，成为封建社会主导意识形态，以“天人感应”为君权神授提供理论基础，用“三纲五常”约束民众思想与行为，重视封建道德修养，加强民众道德教育，儒家仁义的思想体系成为官方正统的思想，为民众所广泛接受。发展到隋唐时期，其间经历儒释道的融合发展，以儒学为根基，吸收佛家、道家思想的官方思想进一步巩固思想领域的主导地位，隋唐科举制度的发展，使统治阶级进行民众教化获得了更加有效的载体，思想政治教育的强度与效果都有很大的增加。

宋元明清时期的社会建设中的思想政治教育。这一时期封建经济有了进一步的发展，但阶级斗争和民族矛盾也有所加剧。统治者在加强中央集权的同时，也加强思想上的伦理道德教化。这一时期的宋明理学在人们的道德认知与社会行为方面提供了主要的依据和标准，成为思想政治教育的主要内容。明清时期，理学发展与社会发展之间呈现出滞后性，反对理学的思想也以讲学、著书等方式向民众传播，起到了思想启蒙的作用。清末，传统的思想政治教育内容已经远远滞后于社会发展要求，阶级斗争与民族矛盾的激化，新的思想政治教育内容和方式急需产生，为改变旧中国的面貌，思想政治教育进入了多元发展的时期。

（二）西方美好社会建设中的思想政治教育

西方社会发展中也普遍存在着思想政治教育，但由于不同的地缘因素、生产方式、政治体制等，与同时期的中国社会中的思想政治教育既存在共性，又有着独特的特点。

西方奴隶社会思想政治教育。这一时期的代表是古希腊与罗马，希腊城邦宣扬民主与自由的思想，将思想政治教育与城邦政治结合起来，智者们是这一时期的思想凝聚体。他们用自己的演讲、教授向民众传达思想指引。苏格拉底、柏拉图、亚里士多德都提出了涉及政治、人民、教育、正义、德行等各方面的思想，这些思想影响深远。在罗马帝国时期，基督教成为思想政治教育的重要主体。神学思想成为思想政治教育的主要内容，通过宗教活动，实现对人们思想的引导和信念、价值观的树立。

西方封建社会思想政治教育，自西罗马帝国灭亡，欧洲的封建社会开始。这一时期的思想政治教育是在封建主世俗统治与基督教神学统治下发育而成的。教会垄断了文化教育事业，在思想上实现专制，科学也沦为神学的婢女，为神学的合理性论证。通过经院神学的发展，神学的思想体系趋于完备，在社会思想中占据主导。同时在世俗王权与神权的博弈中，世俗的封建统治者也重视思想政治教育，灌输服从效忠封建统治的思想，维护封建主的统治和利益，培育封建世俗王权的追随者，例如骑士精神的培养。

西方资本主义社会思想政治教育，14 世纪末 15 世纪初，资本主义生产关系有了大发展，开始逐渐取代封建生产关系，与之伴随的是要打破封建思想对人们思想的禁锢，在思想文化领域爆发了文艺复兴运动。人们的思想受到启蒙，人的地位上升，人的理性思想被强调。随着资本主义的进一步发展，资产阶级革命的要求越来越强烈。资产阶级理论家对民众进行思想政治教育，宣扬民主、自由、平等的思想，为资产阶级革命做了思想上的准备。在资产阶级掌握国家权力，资本主义成为国家主导之后，其思想政治教育则围绕阶级统治的巩固而展开，企图在思想领域将自由、平等、民主、法治等观念塑造成为资本主义的永恒价值，以掩盖和修饰在经济基础中的不平等剥削。现代西方资本主义的思想政治教育在内容、方式、载体、技术手段上有了更新，使思想政治教育更加隐性化、渗透化，但其本质是不变的，是为资产阶级的阶级统治服务。

（三）无产阶级美好社会建设中的思想政治教育

无产阶级在社会主义革命、建设、改革中，充分发挥思想政治教育的作用，使整个阶级从自发走向自觉，始终指引着社会主义的发展方向，凝聚力量，达成共识，导引着革命者、建设者、改革者的行为。

1. 社会主义理想信念教育

理想信念是理想中的最高层次和信念中的最高形式的有机统一。理想信念既重视对未来的追求又注重对现实生活中秉持的信念的执着，所以理想信念是当下与未来的结合互动。理想是信念的源泉，有坚定的理想，才有坚定的信念，而通过坚定的信念对现实的物质实践产生助推，才能增加理想实现的可能性。理想信念的存在，引导消除人的异化和社会的异化现象，强化人的自为性，激发人的主动性和创造性。社会主义作为一种理想信念，从莫尔的《乌托邦》起始，已经形成和发展了近 500 年。社会主义理想信念对人和社会的发展起到了至关重要的推进作用。社会主义理想信念是党和人民的一面旗帜，起着方向定位的作用。不论是在空想社会主义时期还是在科学社会主义诞生之后，又或是在社会主义本土化的阶段中，社会主义作为一种理想信念，体现为不同发展阶段内党、国家、人民的奋斗目标，体现为社会建设的方向，使社会朝着社会主义社会与共产主义社会的方向前进。在现阶段的中国，坚定中国特色社会主义理想信念，体现为对中国特色社会主义道路、理论、制度、文化的自信。只有形成思想上的共同体，才能形成组织上的共同体。有了共同的理想信念，人们就有了共同的价值目标和价值取向，人们的热情就会发生汇聚作用而相互激励和不断增强。思想层面的共同体使人们共享一套相同的理论和概念，从而形成共同的思维方式和价值观念。组织层面的共同体为社会推动力的产生提供社会协作的组织基础。在社会主义理想信念的凝聚下，社会主义共同体的表现形式为社会主义政党。正是社会主义理想信念的存在，推动社会主义政党的形成，通过社会主义政党（共同体）的作用发挥，社会主义理想信念转化为实际的社会发展动力。

2. 社会主义理论教育

社会主义发展史，同时也是社会主义理论不断丰富、发展、科学化的历史，从标志马克思主义诞生的《共产党宣言》发表算起，经历 170 多年的发展。理论教育是思想政治教育的基础。社会主义发展过程中的思想政治教育，是通过理论教育培育人们理性的认识与思想，自觉地追随社会主义运动，而不是运用情绪的煽动，感性地激发群众一时一刻的冲动行为。只有建立在理论教育基础之上的思想政治教育对人们思想的引领才是科学的、可持续的、自觉的。社会主义思想政治教育理论教育的内容、形式、载体、渠道等随着社会主义发展进程的不断推进而不断更新。在社会主义革命阶段，思想政治教育理论教育的内容侧重于对旧制度腐朽的揭示、对剩余价值剥削的揭示、对社会主义革命运动的理论指导等，为革命任务服务，培养社会主义者的革命乐观精神和奋斗精神，教育的形式和方法也与革命时期的艰苦条件相适应，并有适应性的创新，如口号、歌谣等。在社会主义建设阶段，思想政治教育理论教育的内容侧重于社会主义制度、社会主义生产方式、所有制方式等有关社会建设方面的内容，以社会主义社会理想凝聚全体人民参与社会主义建设，调动建设的积极性。思想政治教育方式采用学校教育、社会宣传的方式。在社会主义改革中，思想政治教育的内容侧重于制度创新、中国特色社会主义新思想的教育，唤起人们对社会主义理想的信心，对改革持续深入发展的支持。理论教育是思想政治教育的根基，只有将根基打好，当代思想政治教育才能取得良好的成效。

3. 社会主义实践教育

理论和实践相统一是社会主义教育的根本特征。只有坚持理论和实践的统一，才能在社会主义实践中培育出社会主义建设者。“不是意识决定生活，而是生活决定意识”[①]通过社会实践，在社会实践中以符合社会主义价值观的基本要求观察社会与现实，分析社会现实问题，才能感受与认同社会主义观念，自觉形成社会

① 《马克思恩格斯选集》第 1 卷，人民出版社 2012 年版，第 152 页。

主义理想信念。人民群众只有在实践的过程中获得了实惠、利益和幸福，才会在内心深处认同社会主义价值体系，并由衷地转化为自己的自觉信念、价值追求和道德规范，进而见之于日常行为之中，社会主义的吸引力和感召力才能真正发挥出来。在实现社会主义思想政治教育实践教育过程中，要促进思想政治教育社会化的发展，在学校教育中，不能将学校与社会割裂开来，思想政治教育要形成合力，需要学校、家庭、社会的共同配合，共同营造一个实践教育的环境，通过学校、家庭、社会的联动，增加实践机会，拓展视野，在实践中深化思想认识。

三、思想政治教育与美好社会共建

不论是美好社会本身还是美好社会的建设过程，思想的方面都是作为美好社会的重要组成而存在的。思想政治教育以人的思想为直接对象，对作为理想的美好社会本身以及美好社会的建构过程，发挥着重要的作用。正确认识思想政治教育与美好社会的关系，明确思想政治教育在美好社会中的地位，对深化思想政治教育在美好社会中的功能发挥，具有积极的意义。

（一）美好社会成为思想政治教育理想

思想政治教育根本目标中内在地蕴含着美好社会建设的要求，美好社会也成为思想政治教育的理想。思想政治教育就是要在人与社会建立广泛连接的现实基础上，协调多方面的利益，化解其内部的矛盾，形成一个具有同理想、共命运的共同体，从而最终达成促进整个社会的向前发展这一具有普遍规律的社会实践预期。

美好社会成为思想政治教育理想具有以下几点含义：第一，美好社会成为思想政治教育理想的根本逻辑在于思想政治教育关注“人”。思想政治教育的对象是“人”。人的全面发展理论中的“人”包括个人、群体、社会等不同维度。思想政治教育的直接对象是作为个体的人，而根本对象则是群体的“人”、社会的“人”。每个个体从思想到行为在政治、经济、文化，以及科技、军事、宗教等各领域上存在着特定的坐标，即思想政治教育的受众群体是历史的、具体的、有条件的。因为人的历史性、具体性、条件性，思想政治教育的美好社会理想也是具体的、历史的、具有条件的，依照不同阶段的人而具有不同的形态。第二，作为思想政治教育理想的美好社会是联合、连接的社会。人类社会是基于群居这一重要属性发展起来的，这是由于个体只有在群体中才能更好地实现自身的生存发展需要，而为了实现更高层次、更多维度的需要，人与人之间就需要凝聚成更加广泛的共同体，彼此协作分工。而从小共同体逐渐向着大共同体发展正是人类社会发展一直所遵循的必然规律。第三，作为思想政治教育理想的美好社会是一个美好的共同体，建立在普遍认同的基础上，认同是对广泛受众群体开展思想政治教育使其形成普遍的价值认知，构筑社会共同理想。认同是思想政治教育工作的结果，同时也是社会意识迭代发展的起点。思想政治教育理想的实现必须以上层建筑意志或者整个社会的共同理想为价值导向，把广大受众群体联合起来，构建广泛的共识，形成合力共同向前发展。

（二）思想政治教育参与美好社会建设

建设美好生活一方面要求以个体美好推动社会美好，另一方面也需要社会以和谐繁荣的面貌反哺个体发展，为此必须从人的需要和社会的需要、人的发展与社会的协调发展出发处理好人与社会的关系。

思想政治教育参与美好社会建设的重要途径就是参与社会治理。思想政治教育作为非正式制度治理的重要方式，是国家治理现代化的应有组成部分，思想政治教育治理承担着上层建筑对经济基础适应性调整的重要功能，承担着为各种治理活动提供指导思想的特有职能。思想政治教育治理承担着提升意识形态治理能力的领航功能。就治理体系而言，不仅包括经济制度、政治制度、文化制度、社会制度、生态文明制度和党的建设制度方面的各项正式制度治理，同时也包括对经济思想、政治观念、法律文化、宗教、伦理、艺术、哲学等非正式制度的治理。物质力量变化同样需要精神力量随之改进以与其保持适度张力，而这种改进正是通过文化意识形态治理来实现的，提升意识形态治理能力，关键在于思想政治工作在国家治理现代化中的跟进、落实能力。

思想政治教育参与美好社会建设还要发挥个体发展功能。思想政治教育个体性功能的发挥主要表现在为个体社会适应功能、个体精神享受功能和个体思想进步功能。第一，个体社会适应功能。思想政治教育的核心要素就是社会成员，具有适应社会发展要求的特性，并在社会发展中成就自我。思想政治教育是实现人的社会化的重要方式，思想政治教育的开展过程，是社会思想的个体化过程，在个人思想中注入社会的因素，从而实现个体社会适应的功能。第二，个体精神享受功能。思想政治教育归根到底是改造人的主观世界的实践活动，故而应该解决人的精神依赖和终极归宿的问题。满足个体的精神需求、激发个体的精神动力、关照个体的终极归宿，是思想政治教育发挥个体精神享受功能的主要方式。第三，个体思想进步功能。思想政治教育就是要实现人的自由而全面的发展，是在个体价值满足与需求之间循环往复不断发展的，这不仅促进个体的发展与完善，还促进了社会要求的不断提升，进而推动社会的发展。

（三）美好社会建设中的“生命线”地位

美好社会是全人类所共同具有的理想追求，是人类进行的一种普遍的社会建设活动，在不同的历史阶段具有不同的建设形态，但相同的是，人类对美好社会的建设都是从物质与精神两个方面展开的，虽然对这两个方面的关注程度在各个建设阶段存在差异，但对这两个建设维度的包含是自始至终的。精神维度的美好社会建设主要以思想政治教育（广义上的思想政治教育）的形式展开。在中国共产党领导下的美好社会建设过程中，中国共产党人将思想政治教育在美好社会建设中的地位形象地比喻为：生命线，意在说明思想政治教育对社会建设的重要性，是关乎社会生命的主线。在“生命线”理论下，思想政治教育参与社会建设，使社会发展越来越好，在新时代，中国特色社会主义社会建设取得了全世界瞩目的成就，这实际表明了“生命线”理论的正确性。给予美好社会建设中的思想政治教育以高度的地位，应是人类美好社会建设的普遍共性。

生命线理论存在一个不断发展的过程：第一阶段，主要是针对思想政治工作在新民主主义革命中的地位所提出，肯定了政治工作作为红军生命线的重要地位。第二阶段，从政治工作与经济工作的关系出发，肯定了政治工作作为一切经济工作生命线的重要地位，丰富和发展了生命线理论的内涵。第三阶段，生命线地位得到了新的发展。十一届三中全会开启了中国改革开放的进程，面对中国发展的新形势，以邓小平同志为核心的党的第二代中央领导集体重新确立了党的思想路线，强调思想政治工作应围绕经济建设这一中心任务来进行，结合企业的各项经营管理工作来开展。江泽民进一步肯定了社会主义市场经济条件下，思想政治工作对国家发展的重要性，强调不能动摇思想政治工作的生命线地位，并始终不懈、与时俱进地提高思想政治工作的实效性。胡锦涛则从意识形态领域、全面建设小康社会、加强党的执政能力等方面阐述做好思想政治工作的必要性。习近平则进一步明确了新形势下宣传思想工作的方向目标、重点任务和基本原则，强调应真抓实干来强化思想政治工作。“生命线”所代表的内涵不断地丰富与发展，随着时代的进步不断增添新的理论内容。

做出美好社会建设中思想政治教育处于“生命线”地位的判断，是对思想政治教育在美好社会建设中的重要功能作用的肯定和高度重视。这是立足于整体的宏观判断，具体化的“生命线”地位在美好社会建设各个阶段的内涵体现，则具有多样的表达，“生命线”地位也会依循实际的情况而进行不同程度的展开。

第二节 美好社会中的思想政治教育类型

社会化的思想政治教育是美好社会中的思想政治教育总类型，无论是在美好社会建设过程中的思想政治教育建设功能发挥还是在美好社会阶段性建设完成后思想政治教育继续存在并发挥维护、发展的作用，都是深度嵌入社会，建立在思想政治教育系统与社会系统深度耦合的基础之上的。因此，美好社会中的思想政治教育是系统的社会性思想政治教育。系统性与社会性是美好社会中思想政治教育的重要特性。梳理美好社会的建设发展线索以及美好社会在各代表性地区国家顶层设计中的表现，有助于我们发现美好社会建设与人的发展之间的关系。人的全面发展是在“人与自我本身、人与他人、人与社会、人与自然”关系的和谐解放中实现的。美好社会中的思想政治教育持续地在这四个方面做出努力，并以此为脉络分化出不同的思想政治教育类型。

一、社会化是美好社会中思想政治教育类型的总体呈现

美好社会中的思想政治教育是嵌入社会并与社会发展相融合的思想政治教育。作为人类社会发展的理想目标，美好社会在不同历史阶段有不同的呈现形式，而每一阶段的美好社会也面临着不同的社会矛盾现实和承担着不同程度的社会发展使命。美好社会中的思想政治教育是仅围绕着社会现实矛盾和发展使命而运行与发展的，并在矛盾的解决和使命承担中不断实现自身的社会化。社会化是美好社会中思想政治教育类型的总体呈现。

（一）社会化思想政治教育的内涵

思想政治教育社会化是“思想政治教育活动作为一个统一的有机整体与社会发展相融合的过程”①，“思想政治教育社会化的本质就是思想政治教育不断适应和超越现实社会。”②因此，社会化的思想政治教育是与美好社会的发展相适应、相促进的，体现着思想政治教育系统与社会系统之间的良性互动。

具体而言，要实现思想政治教育对社会的融合、适应与一定程度的超越，就思想政治教育而言，则要有效利用起社会诸要素的有机连接、协同配合、关联互

① 蓝江：《思想政治教育社会化研究》，湖北人民出版社 2005 年版，第 6 页。

② 王滨、宋劲松：《论思想政治教育社会化及其功能》，《理论与改革》2010 年第 1 期，第 114 页。

动等社会化的实践方式，充分构建思想政治教育与社会连接的载体与平台，畅通思想观念输出的渠道，实现思想政治教育与社会系统的对接和融入。社会化的思想政治教育，表征着一种开放性、关联性、主体性思想政治教育，摆脱传统思想政治教育孤立、封闭、抽象的固定形态。从宏观层面上看，社会化的思想政治教育呈现为思想政治教育系统与社会系统的对接；在微观层面上，则表现为思想政治教育全面进入社会各领域、各部门、各群体、各行业、各环节，发挥思想政治教育的价值引领、思想观念引导作用。

在构建社会化思想政治教育时，需要重点把握“对接”“进入”“生效”三个环节。首先，社会化的思想政治教育要实现对社会系统的“在场”，必须依赖于体系化的思想政治教育社会化介体，通过介体，广泛连接起思想政治教育与社会各领域、行业、群体等，实现思想政治教育与社会的对接。社会化的思想政治教育融入社会的直接目标是社会中的人，围绕人的生活世界构建思想政治教育的介体体系是明智与高效的，统筹起个人生活、工作、学习、休闲中的众多活动载体，选取能为思想政治教育所使用的，加以承载相应思想观念、价值准则等，从而达到思想政治教育社会化的效果。其次，与社会领域分化、社会流动性大、个体化强等特征相一致，社会化的思想政治教育将有别于传统思想政治教育整体、单一、自上而下的模式，将着力实现思想政治教育在社会生活的各个领域、行业、职业、群体、环节的差异性。这样的思想政治教育不是粗放式、一刀切的，而是精细化、微操作的。“现代社会的诸领域需要接受思想政治教育，而不是接受某一种思想政治教育。不同的行业、群体、领域、组织可以根据自己的思想特点、话语方式、信息交往方式来加以选择。”①这就要求社会化的思想政治教育要依据社会的多样性、多元化实现自身内容、话语、样态的多样化与多元化，唯有如此，思想政治教育方才具备进入社会的可能。最后，要着力实现思想政治教育的社会化效果，使思想政治教育社会化生效。社会对思想政治教育的认同往往建立在实效的基础之上，让社会各领域、各行业、各部门中的个人切实体会到思想政治教育带来的精神价值、观念作用，对思想政治教育社会化的可持续性具有重要意义。此外，必须认识到的是，思想政治教育在社会中的“有效”不是一个模式的“普遍有效”，而是结合不同领域、行业、群体、对象所产生的“具体有效”。

（二）美好社会中的思想政治教育是社会化的思想政治教育

美好社会的发展性、生活化、大众化牵引着思想政治教育社会化的发展。首

---

① 叶方兴：《思想政治教育社会化：一个概念的辨析与理解》，《学校党建与思想教育》2017 年第 13 期，第 17 页。

先，发展是物质世界的客观规律，思想政治教育实践与社会实践是相互联系、相互促进的，因此思想政治教育的社会化进程也是不断发展的。思想政治教育社会化的发展性受到社会存在发展和社会意识发展的影响，主要体现在思想政治教育要素的发展上。思想政治教育社会化的内容根据政治发展、人民群众生活发展而不断完善与创新，并在人民群众中快速传播、影响深远；思想政治教育社会化过程中的客体范围也从学生群体、企业员工、社区居民等社会群体中不断丰富和拓宽；思想政治教育社会化过程中的教育教学手段也因教育环境因素的影响变得形式多样，美好生活中思想政治教育社会化的发展性更加彰显。其次，美好社会最直观地体现为人民的“美好生活”。美好社会中的思想政治教育必然要依托人民大众的生活实践，不能脱离人民群众的日常生活实践，其作用于受教育者的意识形态，影响着受教育者的精神世界。最后，美好社会是大众化的美好社会，实现每个人的全面发展。这要求美好社会中的思想政治教育要面向社会中的所有人，要在教育的内容和方式方法上充分体现大众性的特征。思想政治教育社会化的大众性特征是将思想政治教育的先进性和广泛性有机统一起来。先进性是指思想政治教育社会化从宏观视角进行切入，针对社会整体、国家整体、世界整体，提出系统化、科学化的思想政治理论体系和知识架构。广泛性是指思想政治教育社会化依托社会大众生活，关注社会大众的情感诉求和精神表达，关乎社会大众的切身利益问题。

美好社会的发展诉求也要求思想政治教育实现社会化的转变。第一，美好社会意味着新的发展起点，同时意味着新的社会发展使命的出现。以当前中国特色社会主义进入新时代的发展阶段为例，新时代意味着新一阶段美好社会的开启，同时出现的还有新的社会矛盾和新的发展使命。相应地，思想政治教育工作也进入新的起点，思想政治教育融入新的社会矛盾解决过程之中，融入新的发展使命实现过程之中，客观上都指向了思想政治教育的社会化，要求思想政治教育积极融入新的社会大环境，不断创新教育模式、丰富受教育群体。

第二，美好社会的发展意味着社会整体和公民个体发展新需求的出现。在美好社会中，社会环境更加开放、宽容，公民个体的需求也变得多种多样。思想政治教育社会化的进程就是与其他社会活动相互交流、相互促进，最终实现共同发展的目的；同时积极扩大思想政治教育对受教育者的影响力，最大限度地把思想政治教育成果分享给社会全体参与者，促进社会中的公民个体实现人生价值。

第三，美好社会要重点解决好发展进程中的新矛盾。在新矛盾的解决过程中，思想政治教育的发展与人民群众的物质生活、精神生活存在一定的矛盾与诉求。解决精神教育与物质现实之间的诉求矛盾，实现物质和精神都富裕。要解决教育目标与受教育者现状之间的诉求矛盾，实现教育目标和受教育者协调共进。同时，要解决美好社会发展的全球化问题。随着经济、文化的全球化发展，国家、社会及个体要面对复杂多变的全球化环境影响，如何在现有的思想政治教育社会化过程中提升对全球化、国际化等现实情况的思考和融入，也是美好社会中思想政治教育社会化所面临的重要问题之一。

（三）美好社会中思想政治教育社会化的多重维度

在美好社会中，思想政治教育的总体类型呈现为社会化的思想政治教育，这种社会化的特征体现在主体、客体、内容、方法的社会化之上。

首先，主体、客体的社会化。这里的主体社会化，不是指社会学所说的人的社会化过程，而是指思想政治教育角色成为社会普遍的角色。思想政治教育的主体是指对教育对象的思想政治品德施加影响的教育者。美好社会是共同建设的社会，也是开放社会，需要确立人人是思想政治教育的教育者，又是思想政治教育的受教育者，人人都有双重身份，在思想政治教育场域具有承担双重角色。这是社会空间思想政治教育的特点，也是现代社会人人平等的体现。这在互联网时代更是如此。教育者的社会化不仅意味着教育者范围的扩大，还意味着教育者职能作用的深化，教育者不再止步于学校场域。同样，受教育者也不限于接受思想政治教育的正式场所，在共建美好社会及社会空间自然现象，也应当成为自动行为。社会公民、社会团体、组织或机构及家长均要纳入思想政治教育的主体范围。从思想政治教育受教育者的角度来看，这是指思想政治教育的对象不仅仅是在校的学生，而是包括各类群体以及贯穿这些群体一生中的各个阶段，如职业道德教育、成年人的婚姻教育、亲子教育、失足人员和老年人的再社会化教育等，真正实现全员育人、全方位育人、全过程育人。美好社会是一个多元、多样的社会，是变化发展迅速的社会。思想政治教育对象在变化了的形势面前呈现不同类型，包括正式群体，如学生、党员干部、企事业单位职工群体等，也包括非正式群体，如先富起来的群体、农民工群体、留守儿童群体新兴职业群体等，实现思想政治教育客体社会化的全覆盖。

其次，内容的社会化。这指向思想政治教育内容的更新优化和与时俱进。思想政治教育内容社会化要依据教育客体的成长发展规律有层次地科学安排教育内容，从道德教育、心理教育等基础性教育入手，循序渐进，把意识形态内容寓于非意识形态内容中。同时厘清学校教育、家庭教育、社会教育各自的教育内容和教育责任，通过搭建共同教育的平台，为实现科学育人的目标做出各自应尽的努力。思想政治教育内容社会化还要求面向未来社会对人才培养的需要，展示思想政治教育的时代性和前瞻性。“每一个时代的理论思维，包括我们这个时代的理论思维，都是一种历史的产物，它在不同的时代具有完全不同的形式，同时具有完全不同的内容。”[①]思想政治教育一方面要体现一般性原理、理论的教育，另一方面还要不断开创和探索与时代发展相适应的内容，大量吸收关于经济全球化、知识经济、人类命运共同体、协同发展方面的内容。

最后，方法的社会化。思想政治教育内容要通过一定的方法才能有效地传达给受教育者，这样的教育才有用。思想政治教育如果仅仅囿于专职或兼职的思想政治教育工作者及相关部门，其教育的影响力就极为有限，许多的社会关系就会成为思想政治教育无法问津的死角。因此，社会化的思想政治教育必须依靠全社会共同来做。思想政治工作涉及经济和社会生活的各个方面，不仅党的组织、宣传部门要做，党的其他部门、政府部门以及工会、共青团、妇联等人民团体和其他社会组织也要做。同时，要充分发挥社会科学、新闻出版、文化艺术工作者和教育科技工作者的重要作用。要在党委统一领导下，充分调动社会各方面的积极性，形成职责明确、齐抓共管、覆盖全社会的工作机制。思想政治教育要充分采用各种方式，拓展教育渠道，将家庭、学校、单位、社区等各种社会力量纳入思想政治教育的体系中来。因此，社会化思想政治教育的方法是全面性、系统的方法，通过方法统筹起广泛的思想政治教育因素，发挥合力。

二、美好社会中的思想政治教育类型的系统分化

美好社会中思想政治教育的总体类型是社会化的思想政治教育，作为在社会系统中全面展开的社会化的思想政治教育，它成为系统化的整体，从系统的角度审视社会化的思想政治教育，才能全面地廓清其结构与类型。

（一）美好社会中思想政治教育作为系统化存在

“思想政治教育系统是指存在于一定思想政治教育环境中的，由若干相互联系、相互作用的思想政治教育要素所组成的整体。”[②]这样，从系统论的角度对思想政治教育进行考察，思想政治教育被解构为：思想政治教育要素、思想政治教育关系、思想政治教育整体三个部分。首先，思想政治教育系统具有相应的思想政治教育要素，可以从不同角度区分思想政治教育各要素。思想政治教育知识系统由原理、规律、价值、任务、内容、方法、途径等知识要素所组成整体。思想政治教育学科系统由学术组织、学术主体、学术规范、学术活动等要素所组成整体。思想政治教育实践系统由思想政治教育工作组织及其活动等要素构成整体。

---

① 《马克思恩格斯选集》第3卷，人民出版社2012年版，第873页。

② 孙其昂、黄世虎：《思想政治教育学基本原理》第4版，河海大学出版社2015年版，第81页。

其次，思想政治教育关系是思想政治教育要素与思想政治教育要素之间、思想政治教育要素与整体之间、思想政治教育与其他事物之间的关系。要素与系统的关系是部分与整体的关系。要素间的关系则构成思想政治教育结构，结构是功能的基础。思想政治教育系统与其他社会系统的关系构成思想政治教育的外部关系，是思想政治教育环境的组成部分，体现了思想政治教育系统特定的范围与系统的开放性。最后，系统论视角中的思想政治教育是一个整体，不仅指思想政治教育系统具有整体性，而且指向思想政治教育系统内部各方面和思想政治教育系统与外部联系的整体性。美好社会中的思想政治教育是作为系统的整体性社会实践活动，是对思想政治教育系统要素、关系和整体的整合。

系统化赋予思想政治教育以特征，具有整体性、结构性、思想性、渗透性、组织性的特征。

（1）整体性，指系统化的思想政治教育是一个整体存在。“整体大于部分之和”，所以，整体性强调思想政治教育系统既是“多”又是“一”，既是由众多思想政治教育要素构成，又是内部统筹的一个整体，这就决定了要素之间的关系，要素与整体之间形成有机关系，任何一个要素都不能离开整体而独立存在，而作为整体，缺少必要的要素也将残缺不全，影响功能的发挥。

（2）结构性，指思想政治教育系统中各要素、各子系统、思想政治教育系统与其他的社会系统之间的相互关系。要素是系统中的要素，系统规定并指明了要素之间的相互关系，给要素以明确的定位。结构影响着系统的功能，结构的多元性决定功能的多元性，这些因素成为功能发挥的保证。

（3）思想性，指思想政治教育系统具有人的属性的表现。思想政治教育的先进与落后，说到底体现在思想的先进与落后，美好社会中的思想政治教育，以人的发展为目标，致力于人的思想解放。

（4）渗透性。思想是以人及人的活动为载体的，随着人的活动和流动而存在于运动，思想的地域间流动总是伴随着人口的迁移或者人类活动的扩展。思想是渗透在人的头脑之中，渗透在人的活动之中的，这就要求美好社会中思想政治教育活动的开展要注意发挥结合性的特性，结合具体的条件、载体、主体来发挥思想政治教育的影响。

（5）组织性。思想政治教育系统是人为组织化的系统。美好社会中的思想政治教育是“自组织”的产物，具有组织的自觉性、自主性。思想政治教育的发展和功能发挥，既是对人类社会整体组织能力的检验，又是对思想政治教育系统力量自组织能力的检验，在大环境稳定的情况下，具有决定性的因素在于内因，在于思想政治教育系统的自组织化能力与程度。

（二）美好社会中思想政治教育系统类型总体构成

“人的全面发展”、实现人的全面解放是美好社会的核心要义，实现人的全面解放不是单独个人的发展，它的前提是实现社会每一个人的自由全面发展，所以，美好社会中的人与自我本身、人与他人、人与社会、人与自然之中的和谐解放，美好社会中的思想政治教育为实现“人的全面发展”的目标，需要在这四种关系中做工作，因此，以关系为标准，美好社会中的思想政治教育开展途径可以看成由这四个方面所构成的完整系统。

（1）服务人与其自身关系的思想政治教育，即以实现个体身心的和谐发展为目标的思想政治教育。社会个体身心素质的全面发展，是人类追求的目标，也是美好社会构建的目标。人类社会的发展历程和人的发展的理念，经历了若干个环节，包括原始文明、农业文明时期的谋生性发展，再到工业文明时期的增长性发展，以及后工业文明时期的可持续发展。今天，我们在构建美好社会的时候，提出了和谐的发展命题，实际上是对人的发展理念的拓展。

（2）服务于人与人的关系处理的思想政治教育。人际关系是社会的最基本的关系，它既是一定经济基础和社会关系的反映，也是一定社会文明、文化修养和思想道德的集中反映。人际关系的和谐，直接关系到美好社会的和谐与稳定。思想政治工作是沟通人际关系、沟通群体关系、沟通利益集团关系的润滑剂，具有疏导协调的功能作用。通过思想政治教育的方式，架起利益体之间的沟通桥梁，充分实现思想政治教育所具有的道德教化功能、品行指导价值和功能，从社会主体的自身、从社会结构的内部、从人与人之间，建立起良好的品德意识和规范，以和谐人际关系的行为标准的确立和实施，来指导社会主体的思想和品德行为，以促使人们增进相互了解，使人际关系更加和谐。

（3）服务于人与社会关系处理的思想政治教育。人与社会的和谐发展，是指个人与社会友好相处，互相依存，相互促进，和谐发展。当前人与社会的和谐，已经成了社会稳定的实质表现。思想政治工作的社会定位，即是承担着促进人与社会和谐发展的使命。人具有多种多样的属性，其中最根本的属性则是自然属性和社会属性。社会属性是人的最主要、最根本的属性，是人区别于动物的根本标志。人类社会发展的历史表明，个体和社会充满着辩证法，主要是个人与社会相互依存、密不可分。社会是由无数个人组成的，个体在社会中生活，人的生存离不开社会，人的发展也离不开社会，需要社会提供种种条件。任何一个社会的存在和发展，都是所有的个体及其团体、集体努力的结果。一切个体活动的总和，构成社会的整体运动及其发展。思想政治教育务必坚定工作重心，督促社会主体，继续坚持以经济建设为中心，全力抓好物质文明建设，不断提高人民群众的物质生活水平，这是国家发展、社会发展、美好社会构建的第一要务。加强对教育对象的心理疏导，引导主体经常调节自我心理状态，积聚、保持平常心，形成积极的心理，使之适应于不断变化的社会生活形势，这是促进人与社会和谐的内在根据和现实需要。

（4）服务于人与自然关系处理的思想政治教育。和谐社会不仅力求人际和谐、人与社会的和谐，也强调人与自然的和谐。人类与自然是一对矛盾的统一体。人类的生存发展依赖于自然，而人类为了生存和发展，要通过所从事的活动来向自然索取，并力图影响、改变自然，这就存在着人与自然关系的矛盾问题。客观地来审视，实现人与自然的和谐发展，已不再是一个一般的口号，而是我们基于全球性生态危机所提出来的，是关系到整个人类生存和发展的需要急迫解决的现实问题。思想政治教育要通过宣传和教育，提醒人们，保护自然，维护生态平衡，实现人与自然的友好相处、和谐发展。思想政治教育工作要帮助人们统一认识，端正态度，树立正确的人生观和价值观，确立合理的生存态度和需要定位，选择健康、文明、绿色的生活方式。同时，可以通过环境法规和生态伦理教育，提高人们对自然环境的认识，正确对待环境恶化的现实，树立起正确的生态意识和生态责任感，形成热爱自然、保护自然的崇高的道德感。

（三）美好社会中思想政治教育的具体类型

美好社会中的思想政治教育以教育对象为观察的焦点，我们可以将美好社会中的思想政治教育具体化为四种类型，分别是：理论—认知型、实践—反思型、交往—互动型、环境—熏染型。

理论—认知型思想政治教育，是一种价值正当性及其行为要求的说理教育，它主要解决社会成员价值接受和认同的理由以及规范要求问题。它是从人的思想认识入手来解决社会成员的行为问题。美好社会中开展的各种基于人们思想品德形成的规律、旨在使社会成员形成符合社会需要的思想品德的社会教育活动，都隶属这种理论—认知型思想政治教育之列。理论—认知型思想政治教育往往是靠理论阐释、用道理说服人，使人具有社会主导价值观念并按照规则行事。

实践—反思型思想政治教育，是一种教育对象的感悟与反省的教育。在美好社会中开展思想政治教育，我们不仅要重视理论认知型思想政治教育的主动疏导与劝诫作用，而且要发挥好教育对象的主体性，使之达到自我教育。人的自我教育不是社会成员的冥思苦想，而是人们在社会生活实践中反思、反省而形成的感悟与认同。马克思主义既强调对社会成员进行先进理论和思想灌输的理论教育，同时也主张外部灌输要与人们的自我体验和自我教育相结合。

交往—互动型思想政治教育，是一种社会成员之间的价值分享与澄清的教育。

对人讲清道理、让人明白其中的事理、使人遵循事理而凝结出的规则，既可以发挥理论—认知型思想政治教育的优势而对人们开展各种主动性的教育活动，也可发挥人际互动的思想交流与引导的作用。社会学研究表明，作为社会人，人们在心理和行为方面不断地进行交流而相互影响。这就预示，社会中的任何人，在一定的情境下都可能成为影响他人思想和行为的教育主体，同时也预示，人们的思想和行为在交往—互动中会受到不同程度的影响。

环境—熏染型思想政治教育，是一种社会环境优化的刺激与强化的教育。人们在改造客观世界的同时改造主观世界，这是人与环境互动的必然。马克思主义认为，人与环境之间的关系是辩证统一的，环境对人的思想观念的形成具有决定作用，但同时，人对环境也具有能动的改造作用。一方面，社会环境，尤其是社会风气、社会文化价值信息潜在地传递和强化，会潜移默化地影响着人们的思想、心理、情感和行为。另一方面，人所具有接受暗示的习性和模仿的社会学习能力，致使个人的思想观念、态度倾向、价值标准以及理想与信仰等，深受生活于其中的社会风气和文化的影响。

三、美好社会中的思想政治教育在国家顶层设计中的类型样态

美好社会的追求为全人类所共有，存在于人类基因的深处。在不同国家的不同发展阶段，美好社会体现为不同的制度设计与具体的社会形态。当代世界，各国家、地区的人们一刻也没有停下追求美好社会的脚步。在各国家的顶层设计中，美好社会的追求根植于制度设计的最深处。美好社会中的思想政治教育在国家制度设计和顶层设计中均有所体现，这是当代世界各类型美好社会建设过程中美好社会思想政治教育类型的具体体现。

（一）中华民族伟大复兴中国梦

实现中华民族伟大复兴的中国梦是当前中国人民追求美好社会集中体现，这一美好社会实现的特点是国家富强、民族振兴、人民幸福，实现这一美好梦想的路径是走中国道路、弘扬中国精神、凝聚中国力量。习近平总书记指出："中国梦是和平、发展、合作、共赢的梦，与世界各国人民的美好梦想相通"①。中国人民追求富强、民主、文明、和谐、美丽的社会主义现代化强国的实现，是全世界、全人类追求美好社会的重要组成之一。

---

① 中共中央宣传部编：《习近平总书记系列重要讲话读本》，学习出版社、人民出版社 2014 年版，第 35 页。

1. 中国梦的要义是社会主义现代化

中国梦是要实现中华民族伟大复兴，基础是建成富强、民主、文明、和谐、美丽的社会主义现代化强国。社会主义现代化强国建成之日，就是中华民族伟大复兴中国梦实现之时，两者是密不可分的，是一个事物的两个方面。尽管中国已经成为世界第二大经济体，在社会主义现代化建设中取得了巨大的成绩，但仍然需要清醒地认识到发展的不平衡、不协调、不充分、不可持续等问题，与人民日益增长的美好生活的向往构成的社会主要矛盾。实现中国梦，意味着中国经济实力和综合国力、国际地位和国际影响力大大提升，意味着中华民族以更加昂扬向上、文明开放的姿态屹立于世界民族之林，意味着中国人民过上更加幸福安康的生活。因此，我们讲中国梦，不仅要讲中华民族的伟大复兴，而且要讲社会主义现代化的实现。

2. 中国梦是全体人民的梦

人民立场是社会主义的根本立场。习近平总书记指出："中国梦归根到底是人民的梦，必须紧紧依靠人民来实现，必须不断为人民造福。"①人民是中国梦的主体，是中国梦的创造者和享有者。中国梦不是一部分人的梦，更不是少数人的梦。中国梦体现了国家、民族和人民的统一，国家好，民族好，人民才会好。中国梦具有社会主义的性质和维度，更强调普惠性、公平性和广泛性。共同富裕，是社会主义本质要求和价值观的根本体现。共同富裕不仅是实现中国梦的条件，也是实现中国梦的内在目标。习近平总书记强调：在我们前进的路上，要"随时随刻倾听人民呼声、回应人民期待"，"使发展成果更多更公平惠及全体人民，在经济社会不断发展的基础上，朝着共同富裕方向稳步前进"②，不断实现好、维护好、发展好最广大人民群众的根本利益。

3. 中国梦是社会主义梦

没有正确的道路，再美好的愿景、再伟大的梦想，都不能实现。习近平总书记指出："实现中国梦必须走中国道路。这就是中国特色社会主义道路。"③中国特色社会主义道路，是我们党把科学社会主义基本原则同当代中国国情和时代特征相结合而探索出的一条实现中华民族伟大复兴的正确道路，是人民的选择、历史的选择。中国特色社会主义道路是实现中国梦的必由之路。全国各族人民一定

---

① 习近平：《习近平谈治国理政》，外文出版社 2014 年版，第 40 页。

② 习近平：《习近平谈治国理政》，外文出版社 2014 年版，第 41 页。

③ 习近平：《习近平谈治国理政》，外文出版社 2014 年版，第 39 页。

要增强对中国特色社会主义的道路自信、理论自信、制度自信和文化自信，坚定不移沿着正确的中国道路奋勇前进。

（二）美国梦的发展及其中思想政治教育的呈现

"美国梦"一词于 1931 年 5 月由美国历史学家詹姆斯·特拉斯洛·亚当斯（JamesTruslowAdams，1878—1949）在他所著的《美国史诗》中第一次提出，随后在美国乃至全世界变得家喻户晓，指美国人在建立、开拓过程中形成的，以追求个人成功为目标，通过个人不懈奋斗实现梦想。它是美国价值体系特别是其终极价值目标的通俗表达，集中体现了美国价值观，成为美国人民追求美好社会的深层价值。

美国梦的终极目标是个人成功。在不同的时代，成功有着不同的含义，在当代美国，逐渐发展出实现个人的发展的含义。在 18、19 世纪，个人成功意味着拥有财富，正是对财富特别是黄金的追求，强力推动了美国西部的大开发。对于 20 世纪以来的美国人来说，实现富裕就是进入中产阶级，因此今天的"美国梦"也常被称为"中产阶级"之梦。社会地位与自我实现也是美国梦的重要价值追求，一个人通过奋斗过上了富裕生活，获得了受人尊重的社会地位，实现了自己的人生价值，就是实现了个人的成功。所以，美国梦视域下的美好社会建设目标是个人的充分发展与自我价值的实现。

美国梦是在美国特定的社会历史条件下形成的,体现了美国精神和美国制度，而实质是资本主义制度和价值观的设计及其实践。美国梦与美国精神、美国制度相互作用，构成了美国人民对美好社会的追求。资本主义的自由、平等、民主、法治是美国制度的核心价值观，也是美国精神的核心与实质，也兼有务实、进取、冒险、创新、敬业、宽容等元素。所有的精神构成了一种"以个人主义为基点，同时兼具自由主义、平等主义、民主主义、法治主义、多元主义、实用主义、功利主义、爱国主义特征的独特美国文化。"①

美国的核心价值观在美国的社会政治制度中得到了体现和贯彻。《美利坚合众国宪法》与《独立宣言》贯彻并确立了美国的核心价值观。而正是体现这种价值观的美国宪法等各种法律制度，为美国梦提供了民主和法治的保障，确保了每个人都有机会实现自己的梦想。马丁·路德·金在《我有一个梦想》的演讲中道出了美国梦的真谛："美国梦就在美国宪法和独立宣言里，实现美国梦就是实现宪法和独立宣言的承诺。"

---

① 江畅：《中国梦与美国梦之比较》，《江汉论坛》2014 年第 7 期，第 6 页。

（三）拉丁美洲的民族国家梦与民族主义的思想政治教育

拉美国家民族主义伴随着拉美国家殖民地的历史发展和民族独立革命的成功，在近代欧洲民族主义观念的影响下逐渐演变而成，从18世纪产生至今已有300多年的历史，民族主义也深刻地影响着拉美国家人民对美好社会建设的追求，“民族国家”就是拉美国家所致力追求与建设的美好社会形态。

民族主义不仅是一种政治属性，还成为国家发展的引擎和发动机，拉美国家民族主义在国内的经济发展、政治改革、社会进步及对外政策中都发挥了重要的政治动员作用。独立后的拉美国家在经历了政治动荡、民主改革、经济波动和国际干预等艰难的发展历程后，逐步成长起来，民族主义要求国家要采取，也应当采取更为积极的措施来培养公民之间共享的民族身份情感。拉美国家的社会发展中，“民族主义生成的团结精神和集体义务在文化衰退的环境中有着很强的动员能量。”[①]国家民族主义的政治性能逐步体现在民族国家的经济发展和社会进步的各方面。

民族主义不仅是对外的凝聚力，更是一种内在的整合力。外部环境的基本稳定，间接地使拉美国家的内部问题逐渐凸显出来，成为影响拉美国家的国际地位、外部形象和国家综合力的根本因素。拉美国家的一些领导人把精力集中在发挥民族主义在国内的政治稳定、经济发展、社会进步和民生问题等作用上。运用拉美国家“团结互助”的民族精神把民众大规模地融入国家现行的政治经济生活中以获得更大的社会公正，民族主义的整合力成为拉美国家在内政与外交上的有力工具。拉美国家在发展过程中不仅遇到发展本国经济和经济全球化的双重压力，还受到来自美国的外部干预，民族主义自觉，使组建共同体或区域组织成为拉美国家美好社会建设中一种不可忽视的选择。构建拉美国家的一体化组织和区域内最高级别的政治对话平台，代表着区域力量的整合，从而实现更大地域范围的地区民族利益共生和共享。这源自一种深刻的共同体意识和爱邻意识。拉美国家民族主义始终以一种团结互助的集体力量实现民族国家的辉煌，在关注本国本民族的命运的同时也密切关注本地区其他国家和民族的命运。

民族主义及在其指导下的国家顶层设计，成为当前阶段拉美国家建构美好的思想指导、政治指导和精神力量。

---

① 〔英〕安东尼·吉登斯：《民族——国家与暴力》，胡宗泽、赵力涛译，生活·读书·新知三联书店1998年版，第259页。

第三节 美好社会中的思想政治教育方法

美好社会中的思想政治教育是社会化的思想政治教育，是发挥政治、思想、道德在社会建设中的引导力、推动力和优化作用。社会化的思想政治教育是思想政治教育完全融入社会的理想状态，从而实现思想政治教育系统与社会系统的耦合。人类自古以来的美好社会建设从来都是对物质与精神的双重把握。物质与精神的互相推动发展成为美好社会建设的总推动力。美好社会也是人类对社会发展状态达到理想程度的表达。不论是以往美好社会的建构经验还是作为理想状态社会的愿景，都需要达到理想融合状态的社会化的思想政治教育发挥作用。社会化的思想政治教育的工作方法总体上来说就是：发挥思想政治教育社会性。要在美好社会中达到社会化的思想政治教育，实现思想政治教育社会性功能的发挥，就需要建构起思想政治教育的社会视野，通过思想政治教育的社会参与，实现思想政治教育系统与社会系统的耦合，发挥美好社会中的思想政治教育创造美好个人的功能。

一、建构思想政治教育的社会视野

思想政治教育社会视野的构建，要立足于思想政治教育本身具有的社会性，在对思想政治教育社会性理解的基础上，形成和培育思想政治教育社会思维。

（一）把握思想政治教育社会性

“思想政治教育的社会性是指思想政治教育与社会关联性的基本属性，既表明思想政治教育有社会要素，又表明思想政治教育源于社会。”[①]社会性是思想政治教育在发生、运行及变化过程中所表现出的与社会系统之间的相关性，根源于思想政治教育系统与社会系统之间的关联。美好社会中的思想政治教育是社会化的思想政治教育，是实现了思想政治教育系统与社会系统耦合的思想政治教育，社会性是其重要的属性凸显。

根据思想政治教育社会性的属性规定，结合思想政治教育活动的规律，在美好社会之中，社会化的思想政治教育活动应有社会性规定之下的遵循原则。

---

① 孙其昂：《再论思想政治教育的社会性——兼论“社会的思想政治教育性”》，《学校党建与思想教育》2014年第1期，第7页。

（1）社会适应性原则，指思想政治教育的运行以及制定的目标、内容，运用的方法、载体等，要适合社会的客观条件或需要，以确保其活动的正常开展。思想政治教育本身需要适应社会发展的规律，在现实情况中，社会处于不断变化发展之中，所能提供的客观条件和所提出的具体诉求在不断变化。因此，思想政治教育要“因事而化，因时而进，因势而新”，适应社会的变化发展。

（2）社会服务性原则，指思想政治教育社会性的彰显是通过各种方法和路径为社会提供服务，满足社会现实需要。这是由其社会性内在规定中社会作用的能动性决定的，也是由其促进社会发展的规律决定的，更是由其对于思想政治教育自身以及整个社会的重要意义决定的。对思想政治教育自身而言，它只有坚持为社会服务，为全体人民群众服务，才能完成其根本任务，才能实现其社会价值。对整个社会而言，思想政治教育在服务社会中，能保证社会的正确发展方向，推动社会的发展进程。

（3）社会超越性原则，是指思想政治教育要面向社会发展的未来，指引社会发展方向，引导社会实践活动。这是由思想政治教育社会作用的能动性决定的。美好社会的追求在任何时候都不会终止，社会是在不断趋近于美好的过程中实现美好的增长，美好社会中的思想政治教育坚持社会超越性原则，正是体现了对美好社会的无限追求，只有指向社会发展的未来，指引社会发展的方向，引导社会实践，社会才会在美好的道路上不断前行。理论来源于实践，也要高于实践，思想政治教育要立足现实，面向未来。它不能只停留于维护社会现状，或者维持人们现有的思想水平，还要推动社会和个人的发展。

（二）培育思想政治教育的社会思维

所谓社会思维是将思想政治教育放置在更大的社会关系网络中加以思考的思维方式，基于思想政治教育与社会系统的内在关联性。构建起思想政治教育社会学的视野，要求从社会的角度开展思想政治教育。首先在主体层面上，需要培育起思想政治教育主体的社会思维。这就需要思想政治教育从业者以及研究者在观念领域，秉持合理的社会观，善于观察社会，及时地表达社会成员的思想需求，在火热的社会实践之中提炼出时代化的思想政治教育元素。在培育思想政治教育社会思维时，需要把握住思想政治教育社会思维的本质规定。

（1）思想政治教育社会思维指向人主体。思维的所有者是人，也只有人才拥有思维。同时，思想政治教育思维又不是每一位从事思想政治教育工作的人所具有的，它是思想政治教育从业者通过学习领会从而具备的思想政治教育专业习性。思想政治教育社会思维是思想政治教育专业化思维的一种体现，这种思维模式的出现体现了思想政治教育专业化进程的加深。所以，对思想政治教育社会思维的掌握，说明了思想政治教育工作者专业性的具备。另外，掌握思想政治教育社会思维，建立在思想政治教育者的主体性基础之上，即思想政治教育者的角色认同、职能承担、功能发挥的基础之上。只有当思想政治教育者主动地参与到社会化思想政治教育之中，在社会化思想政治教育实践活动中积极参与、学习、体悟，才能形成思想政治教育社会思维。

（2）思想政治教育社会思维以感知为基础，又超越感知的实践智慧。感知即感官的知觉，是在实践中通过感官所获得的实在的物质感受。思想政治教育感知来源于实际的思想政治教育实践活动，通过思想政治教育者的实践参与来获得。同时，作为思想政治教育社会思维基础的感知，不是任意地来源于实践的感知，而仅限于与社会密切相关的思想政治教育实践智慧。所以，培育起思想政治教育社会思维，需要促进思想政治教育者参与社会化的思想政治教育实践活动，通过在社会中开展思想政治教育、收集思想政治教育反馈，才能在广泛的感知基础上，依靠主体的体悟，在头脑中形成思想政治教育社会思维。一旦形成思想政治教育社会思维，它所能指导的思想政治教育实践就不仅仅只限于与社会密切相关的思想政治教育实践之上，而是可以通过思维与思维之间的相互影响、耦合，将思想政治教育社会思维中的合理因素灵活运用到其他领域的思想政治教育实践活动之中，这就体现了思维对边界的超越性。

（3）思想政治教育社会思维的指向是社会化的思想政治教育实践活动。思维属于观念层面，只有通过实践这一中介，将思维的影响传导到现实的、物质的事物上，才是思维价值的最终实现。思想政治教育社会思维同样受这样的思维价值实现定律的指导。从思想政治教育社会思维的形成来看，其源于思想政治教育社会实践的经验感知，在社会思维形成之后，又要以实践中的落实为指向，通过指导思想政治教育实践，产生实际的思想政治教育影响。

二、深化思想政治教育社会化的发展

我们将一个社会中所有成员广泛参与、共同开展的思想政治教育活动称之为社会化的思想政治教育。社会化的思想政治教育是相对于单一化的思想政治教育而言的。由于社会化的思想政治教育注重社会成员的广泛、自觉参与，它不仅会获得思想政治教育有效开展的社会基础，而且在实践中也发挥着极强的社会效果，成为美好社会中的思想政治教育的理想形态。

（一）思想政治教育社会化

要达到社会化的思想政治教育，就需要通过思想政治教育社会化来实现，这是达到美好社会中社会化的思想政治教育的实现途径。

“现实社会是思想政治教育的根本导向，离开了现实社会，思想政治教育缺乏有力的现实支撑，务必会陷入形式主义的境地，造成与现实脱钩，使思想政治教育效率低下”[①]，所以，思想政治教育与社会之间的契合（配合）程度直接决定了思想政治教育实践效果。要实现全社会广泛参与的社会化的思想政治教育，就需要不断地将思想政治教育趋近于社会系统，将思想政治教育完全地融入社会系统中去，这一过程就是思想政治教育社会化的过程。

就目标而言，思想政治教育社会化旨在讨论思想政治教育如何有机嵌入社会系统，真正做到思想政治教育“在”社会，形成社会化的思想政治教育格局。人是思想的动物，又是以社会的方式进行生活，意味着人要接受社会性的思想，进行社会思想的一种输入和输出，这就为思想政治教育的产生提供了原动力。从思想政治教育社会性的角度出发,美好社会的各个领域中都有思想政治教育的存在。思想政治教育进入到社会系统的各个领域，即实现思想政治教育社会之“在”。与现代社会领域分化、社会流动性大、个体化强等特征相一致，思想政治教育在现代社会的“在场”状态，有别于以往思想政治教育整体化、齐一化的模式。它意味着思想政治教育能够广泛地存在社会生活的各个领域，并结合不同的领域、行业、职业群体呈现各自的形态差异。

就过程而言，思想政治教育社会化主要通过利用社会的中介作用，无论是思想政治教育的发生、实际运行还是其功能的发挥都离不开背后的社会生活系统的有力支撑。人们的思想观念并不是凭空产生的，而是在社会生活实践中根据自己的需求产生的。思想问题的背后往往隐含着深刻的社会根源，人们的社会生活系统将会决定他们的精神世界。对现实社会问题的化解，可以通过观察、介入他们生活世界的方式。通过作用人们的生活世界达到化解人们的思想困惑、提升人们的精神境界的目的。从这个意义上来讲，人们的思想观念背后的社会系统可以成为我们进入他们精神世界的重要中介，所以，社会化的思想政治教育是通过社会进入对象的观念精神世界的，通过进入现实的人所生存的社会系统，调动社会生活的各领域、各要素、各环节，发挥他们对思想政治教育的支撑力量。

就结果而言，思想政治教育社会化是社会接纳、认同并践行思想政治教育的过程。思想政治教育社会化最终要融入社会，让整个社会真正地接纳、认同、践行思想政治教育的过程。思想政治教育社会化的关键在于能否把握社会的特征与规律，顺利进入社会系统，实现各社会要素对思想政治教育系统的支撑，发挥思想政治教育的社会之“用”，即思想政治教育真正进入社会生活诸领域，进入具体的社会群体，以生活世界为中介深入他们的观念世界，解决社会大众的精神困惑，

---

① 孙其昂、叶方兴：《思想政治教育学的理论探索》，河海大学出版社 2016 年版，第 79 页。

提升精神境界。就此而言，思想政治教育进入社会系统，就是进入多样社会群体中每个真实的个体的精神世界，让社会成员普遍感受到思想政治教育的“精神之用”。要做到这一点，思想政治教育必须立足社会的特征，结合社会群体的具体需要，按照科学的方式进入社会系统，把握异质、多样的对象群体思想的差异性与针对性。

（二）社会参与思想政治教育

社会化的思想政治教育不仅要求思想政治教育作为主体进行主动的社会化，也还需要社会参与，使社会参与成为思想政治教育社会化的支持系统及有效助力。理想中的美好社会中的思想政治教育必定是实现了高度的社会参与的。高度的社会参与有助于深化思想政治教育的实践机制，增强思想政治教育的实效性并促进思想政治教育转型。“社会参与中的思想政治工作不只是要求人们参与就完成了，而是包括两个方面。一方面是思想政治工作参与者直接参与思想政治工作活动，没有参与就没有思想政治工作的感性基础。另一方面是思想政治工作参与者要接受思想政治工作的引导和教育，没有引导和教育就没有真正意义上的思想政治工作，特别是观念形态意义上的思想政治工作，就不能上升到理性的程度，达到思想政治工作的目的。”①它包括政治参与、群众性精神文明创建活动、参观考察、亲身体验等形式。

根据思想与行为这对思想政治教育起点的范畴关系，可将思想政治教育的社会性参与分为思想参与和行动参与两类形式：一类是从观念上视为“社会性的思想政治教育的认同尊重与参与意识”，即人民大众对思想政治教育活动以及思想政治教育学科、专业、人员、政策、方针等的理解、关心、认同和支持，从思想观念上由衷地关注和热爱思想政治教育事业；另一类是窄化为“思想政治教育方法的社会化”，即“改变只依靠思想政治教育部门和思想政治教育工作者做教育工作的状况，要引导广大群众和各个部门学习并掌握一定的教育方法，关心、参与教育活动，互教互帮，共同提高。”②

推进社会参与思想政治教育，需要做到：第一，落实依靠全社会共同来做思想政治教育的领导责任。社会要为思想政治教育的社会性参与创造条件和机遇，必须依靠强有力的领导去组织和指挥。强有力的领导又分为两个层次：第一层次是党对思想政治教育的领导，各级党委都要重视思想政治教育。党在路线、方针、政策和理论、组织、体制等方面都要重视思想政治工作，是加强思想政治教育领

① 孙其昂：《社会学视野中的思想政治工作》，社会科学出版社 2017 年版，第 211 页。
② 平章起：《全面社会化 现代社会思想政治教育新模式》，天津社会科学院出版社 2004 年版，第 3 页。

导的首要条件。党委组织部门、宣传部门作为党委主管思想政治教育的职能部门，要根据党的中心任务和群众的思想实际，提出一个时期的思想政治工作任务。各级政府行政管理部门和其他社会组织部门要在本部门负起开展思想政治教育的领导责任，落实思想政治工作任务。第二，建立依靠全社会来做思想政治教育的运行机制和载体。以当前中国社会建设中的思想政治教育为例，加强社会参与思想政治教育，必须建立起一个党委统一领导、职责明确、齐抓共管、科学高效地覆盖全社会的思想政治教育运行机制，主要是建立健全党委统一领导、各部门密切配合的协调机制，建立职责明确的层层落实的责任制，建立以信息化为基础的信息预警与反馈制度。同时重视干部、党员、先进分子的模范带头作用，这是思想政治教育人的有效载体。他们一方面要以身作则，带头执行党的路线、方针、政策，另一方面结合实际工作开展思想政治教育。在此基础上，要进一步扩大思想政治教育的覆盖面，将其与社会管理融为一体，与社会各项工作紧密结合在一起，在活动中蕴涵思想政治教育、在服务中渗透思想政治教育，把思想政治教育延伸覆盖到社会的每个角落。

（三）社会系统中的思想政治教育开展

首先，社会系统本身就具有思想政治教育的功能。社会系统由诸多要素构成，正是这些要素所具有的思想政治教育功能赋予了社会系统思想政治教育的功能。社会系统的思想政治教育功能发挥是建立在自身本职功能的履行基础之上的。社会系统思想政治教育功能的发挥形式采取的是隐性形式。所以，发挥与利用社会系统助力思想政治教育工作的开展，需要思想政治教育者的主动发现。同时，隐性的形式也表明了社会系统的思想政治教育功能所发挥的影响易被社会成员所接受。需要明确的是，社会系统不是专门地、直接地做思想政治教育工作，而是当社会系统存在并在发挥自身功能时“附带”发挥思想政治教育的功能，因此，加强美好社会中的思想政治教育的主途径仍然是专门的、专业化的思想政治教育实践。社会系统自身具备的思想政治教育功能只是思想政治教育开展过程中可加以利用的辅助性思想政治教育。

其次，社会环境为思想政治教育开展提供总体的大环境。第一，社会环境本身就是思想政治教育工作的影响源。社会环境作为社会系统的重要组成部分，其本身也同社会系统一样，具有思想政治教育的功能。第二，需要注意的是，社会环境的思想政治教育功能是多重的，既有积极的影响，也有消极的影响。第三，正是社会环境的思想政治教育功能的多重性，要求思想政治教育在开展实践活动时，要对社会环境采取积极的应对策略，不能放任社会环境对思想政治教育工作的负面影响。

最后，社会系统作为思想政治教育的载体。将社会系统作为思想政治教育工作开展的重要载体来看待，是思想政治教育自觉性的体现，建立在思想政治教育社会思维的确立基础上，是思想政治教育在体认到社会系统的思想政治教育功能基础上，加以掌握与利用的结果。将社会系统作为思想政治教育开展的载体来看待，需要实现社会系统与思想政治教育系统两者之间的深度融合。第一，社会成为思想政治教育开展工具。以社会系统作为思想政治教育工作系统的工具载体，思想政治教育工作融入社会系统中来开展。第二，通过思想政治教育参与社会建设来发挥社会系统的思想政治教育载体功能。社会系统的各个方面的建设都包含思想文化的因素，思想政治教育是可以依托这些文化因素使自身参与到社会建设中来的。例如，参与社会制度的设计、建设，体现制度设计中的思想文化引领，制度本身带有的价值观导向，这些都是思想政治教育参与社会设计、建设的突破口。第三，社会系统作为思想政治教育的研究对象，通过研究，实现思想政治教育对社会载体的运用，对社会系统的要素、结构、关系进行认识与研究，从而对社会系统与思想政治教育工作的关系提出建议，用思想政治教育学知识服务社会系统，从而在社会中实现思想政治教育的影响。

三、推进美好个人的思想政治教育

离开了“人”就无所谓社会，社会从来不是也不能成为主体，真正的主体是“社会人”。社会正是由“社会人”这一主体的实践活动所缔造的。同时，当社会被人的实践活动塑造出来后，反过来社会就成为人进行自我确证的因素。个体需要置身社会之中，在感受与体验社会生活中求得生存并实现自己对自己价值的确证。所以，美好社会源自个人的创造，这个创造的过程，也是个人的价值实现与确证过程。思想政治教育通过引领与指导个人创造美好生活的活动，形塑美好个人的发展，最终在社会层面体现为美好社会的建构。

（一）思想政治教育与美好个人

思想政治教育之所以一直被需要并存在于社会之中实现自身价值，是因为存在着需要其解决的特殊的社会矛盾。矛盾关系的两个对立面是：个人的思想品德、观念意识与社会的意识形态，其矛盾反映的是个人的思想品德、观念意识与社会意识形态之间既对立又统一的关系。正是因为个人的思想现状与社会对个人思想的要求之间的矛盾关系的存在，才使得思想政治教育存在于社会大系统之中，并与各个社会子系统发生联系。由于个人认知产生过程不可消除的局限性、局部性，不可能达到社会整体认知的普遍高度，所以，即使是在美好社会之中，个人的思想品德、观念意识与社会发展所要求达到的水平之间，也是存在着不可消除的差距的，这样一来，决定思想政治教育存在的基本矛盾在美好社会之中也是存在的，这构成了思想政治教育在美好社会之中存在并发挥价值的基础。

思想政治教育不是万能的，对于个人的塑造和影响也只限于思想政治教育所专业涉及的那一部分，美好社会之中的思想政治教育同样如此。它所指的人不是指人的全部，而是指人的一部分，即思想部分。所以，思想政治教育以个人的思想为本，个人的思想就成为思想政治教育的直接对象。思想是人的本性，思想推动人认识世界，进行个体内外的比较与交流，人是社会中存在与活动的人，思想也是社会中存在与活动的思想，使得思想具有社会性，人的思想是对社会的反映及内在化，思想反映社会、体现社会，又可以通过实践，影响社会的发展。美好社会中的思想政治教育目标是发展美好个人，直接产生影响的是思想，为美好个人形成思想基础，即形成美好思想。

（二）个人思想向社会的转化与社会思想向个人的转化

德国社会学家卡尔·曼海姆运用知识社会学的理论提出从微观层次分析知识生产的过程机理，探究个体的情境知识如何获得普遍的认同，成为群体思想的表达，从而寻找到知识产生的路径。知识与思想存在相似性，都是人的主动创造和生成物。知识以思想的形式存在，即使是用文字、声音、图像记录下来的知识，所传达的也是思想上的信息。所以，从某种程度上说，知识就是思想。依据知识社会学理论，我们也可以发现个人思想与社会整体思想之间的关系奥秘。个人的思想与个人所经历的情境有着高度的联系，这情境是指个人的社会历史背景、自然状况等外部因素，这样的情境是特殊的、具体的，因此，由此产生的“情境思想”也是较为特殊的。个人思想向社会思想的转化就需要消除个人思想所具有的特殊性，使之具有普遍性。普遍性的获得源于个人思想的合理性。合理性的存在使个人的思想有被群体成员、社会成员接受的基础。当然，受制于每个人的情境的特殊性，他的思想不可能获得完全的合理性，而只是个人思想中的某些部分具有合理性，所以，这些具备合理性的思想被群体和社会所普遍接受，上升为指导群体与社会的思想。无数个人的思想合理性被汇集起来，就成为社会的整体思想。这是一个思想体系，来源于每个个人的特殊的社会情境，但因为其获得的普遍性而能够指导整个社会发展。

社会思想的个人转化是紧接在个人思想的社会转化之后的一个阶段，在上一个阶段，普遍性的社会思想形成，并且这种社会思想具有合理性。个人的思想所具有的是部分的合理性，而人实现生存和全面发展的内在需求要求个人尽可能多地实现思想的合理，以实现在社会外在条件的关系处理中，寻找到最优化的发展可能。这就与个人思想的部分合理性的现场产生了矛盾。矛盾的解决来自于社会思想的个人化，从而将社会思想所具有的合理性，注入个人的思想之中，这是人的社会化的重要步骤，是实现人的思想的社会化。在社会思想向个人思想转化的过程中，思想政治教育承担着主要的责任、发挥着重要作用。

（三）实践创造美好社会

美好社会正是在人们不断追求实现美好生活的过程中建立起来的，这就是每个人的美好生活实践。当前社会是一个不断趋近于美好社会的社会形态，在不断趋近的过程中的每个时间点上，这社会对于当时的人来说都是美好社会。因为，对美好社会的追求不能仅仅停留在对美好社会的向往和需求之中，立足于当前社会实际，把握当下，通过努力和奋斗完成更好的改变，美好社会才会在不断趋近中被实现。

创造美好生活的实践，既包括改造外部世界的实践，又包括改造内部世界的实践，这两种实践共同构成了美好社会的各种必备条件。改造外部世界的实践主要包括要创造出必要的经济条件、政治条件、社会条件、文化条件、生态条件等外在因素，这是为美好社会创造出美好的物质文化基础。这种实践不是靠个体自身努力就能完成的，需要社会共同努力。改造内部世界的实践就是要创造出人内在的思想修养、道德境界、智慧德性、感受能力等内在因素。这种实践虽然也离不开他人和社会的影响，但是主要需要个体自身的内在努力，在这个实践的过程中，美好社会中的美好的“人”因素被创造出来。

思想政治教育实践创造美好社会，在内部实践与外部实践中都发挥重要的作用。首先，思想政治教育需要实现深化学术研究与融入社会生活相结合。思想政治教育作为一门科学，其知识生产来自于学术研究，这是思想政治教育保持科学性、合理性的根本，也是思想政治教育参与美好社会建设的必要条件。更加重要的是，将思想政治教育知识深化到社会成员的社会实践之中，才能转化为美好社会建设的物质力量。思想政治教育开展“美好社会教育”有别于抽象的政治说教和理论宣传，建立思想理论与日常生活直接相关性，才能最大限度地发挥思想政治教育引领作用。其次，凸显思想政治教育人本价值。美好社会建设的根本目标是为了实现社会中人的发展，这是美好社会建设的根本落脚点，美好社会中的思想政治教育需要遵循这一准则，将思想政治教育的关注点聚集在人的发展之上。最后，增强受众对追求美好社会理想的认同度，保持美好社会追求的动力。美好社会理想作为一种社会发展未来图式的观念表达，通过应然价值的感召力实现化解价值纷争、凝聚社会共识。但由于社会发展的复杂性，对社会未来的预测不可能如检验自然科学规律那样表现出可观察、可重复的特征。美好社会理想展现的是社会发展走向的可能性，社会理想在对象化为现实的时候，既有与理想相符合的方面，也有不完全符合的方面，这需要思想政治教育回应人们关涉美好社会理想的思想困惑，讲透社会发展的根本价值主张，坚定美好社会的理想信念，从而保证美好社会追求的动力支持。

✎ 问题与讨论

1. 结合新时代“人民对美好生活的向往”，简述美好社会的内涵及其特点。

2. 简述美好社会发展与思想政治教育的关系，论述美好社会中思想政治教育地位。

3. 简述合理划分美好社会中的思想政治教育类型。

4. 如何理解美好社会中思想政治教育的社会性?

5. 论述在美好社会中开展思想政治教育的方法。

参考文献

《马克思恩格斯选集》第1—4卷，人民出版社1995年版。
《马克思恩格斯选集》第1—4卷，人民出版社2012年版。
《马克思恩格斯文集》第1—2卷，人民出版社2009年版。
《马克思恩格斯全集》第3卷，人民出版社1960年版。
《马克思恩格斯全集》第3卷，人民出版社2002年版。
《马克思恩格斯全集》第30卷，人民出版社1995年版。
《马克思恩格斯全集》第42卷，人民出版社1979年版。
《列宁全集》第55卷，人民出版社1990年版。
《列宁专题文集•论马克思主义》，人民出版社2009年版。
《孙中山选集》，人民出版社1981年版。
《毛泽东选集》第1—4卷，人民出版社1991年版。
《邓小平文选》第1—3卷，人民出版社1993年版、1994年版。
《江泽民文选》第2—3卷，人民出版社2006年版。
阿剑波：《思想政治教育现代化发展研究》，兰州大学2020年博士学位论文。
〔美〕阿拉斯戴尔·麦金泰尔：《追寻美德：道德理论研究》，宋继杰译，译林出版社2011年版。
〔美〕安德鲁·芬伯格：《可选择的现代性》，陆俊、严耕等译，中国社会科学出版社2003年版。
〔英〕安东尼·吉登斯：《民族——国家与暴力》，胡宗泽、赵力涛译，生活·读书·新知三联书店1998年版。
〔英〕安东尼·吉登斯：《现代性的后果》，田禾译，译林出版社2000年版。
〔英〕安东尼·吉登斯：《现代性与自我认同：现代晚期的自我与社会》，赵旭东、方文译，生活·读书·新知三联书店1998年版。
安维复：《科学哲学新进展：从证实到建构》，上海人民出版社2012年版。
〔古希腊〕柏拉图：《理想国》，吴献书译，上海三联书店2009年版。
本书编写组编：《世界社会主义五百年培训教材》，当代中国出版社2014年版。
〔瑞典〕彼得·赫斯特洛姆：《解析社会：分析社会学原理》，陈云松、范晓光、朱彦等译，南京大学出版社2010年版。
〔美〕彼得·圣吉：《第五项修炼：学习型组织的艺术实践》，郭进隆译，上海三联书店1998年版。
邴正：《社会发展的文化自觉》，中国社会科学出版社2018年版。
陈阿江：《次生焦虑——太湖流域水污染的社会解读》，中国社会科学出版社2009年版。
陈媛：《大数据与社会网络》，上海财经大学出版社2017年版。

陈宝良:《中国的社与会》，中国人民大学出版社 2011 年版。
陈必滔:《社会科学概览》，福建人民出版社 2010 年版。
陈启超、孙其昂:《思想政治教育现代转型的空间维度诠释》,《思想教育研究》2022 年第 6 期，第 26—31 页。
陈曙光:《现代性建构的中国道路与中国话语》,《哲学研究》2019 年第 11 期，第 22—28，126 页。
陈万柏、张耀灿:《思想政治教育学原理》第 2 版，高等教育出版社 2007 年版。
陈万柏:《思想政治教育学原理》，中国人民大学出版社 2012 年版。
陈旸:《和谐社会构建背景下家庭文化功能的社会意义论析》,《理论月刊》2012 年第 6 期，第 144—147 页。
〔美〕戴安娜·克兰主编:《文化社会学：浮现中的理论视野》，王小章、郑震译，南京大学出版社 2006 年版。
戴木才:《深化未成年人思想道德建设内容创新》,《光明日报》2005 年 6 月 1 日，第 B1 版。
戴锐:《社区权威的生成机制变迁与社区思想政治教育的机制重建》,《河海大学学报（哲学社会科学版）》2010 年第 2 期，第 6—9，89 页。
戴锐:《思想政治教育的公共化转型》,《马克思主义与现实》2013 年第 1 期，第 189—194 页。
戴志伟:《社区思想政治教育新论》，中国社会出版社 2008 年版。
戴志伟:《社区思想政治教育有效评价研究》,《湖北社会科学》2008 年第 11 期，第 188—191 页。
邓伟志:《社会学辞典》，上海辞书出版社 2009 年版。
〔法〕迪尔凯姆:《社会学方法的准则》，狄玉明译，商务印书馆 1995 年版。
丁卫华:《论非公有制经济组织思想政治教育实效性》,《淮北煤炭师范学院学报（哲学社会科学版）》，2003 年第 4 期，第 40—42 页。
董杰:《思想政治教育情境与思想政治教育环境三论》,《湖北社会科学》2012 年第 3 期，第 192—194 页。
杜玉华:《社会转型的结构性特征及其在当代中国的表现》,《华东师范大学学报（哲学社会科学版）》2012 年第 5 期，第 65—71，154 页。
段海超、徐泽敏:《学习型组织理论视角下的思想政治教育创新》,《高校理论战线》2012 年第 11 期，第 50—53 页。
段永朝:《互联网：碎片化生存》，中信出版社 2009 年版。
〔德〕斐迪南·滕尼斯:《共同体与社会》，林荣远译，商务印书馆 1999 年版。
费孝通:《乡土中国 生育制度》，北京大学出版社 1998 年版。
费孝通:《乡土中国》，上海人民出版社 2007 年版。
冯凌宇:《讲好中国故事 加强国际传播》,《光明日报》2021 年 8 月 30 日。
付文军:《马克思社会概念的理论阐释及其当代意义》,《浙江学刊》2022 年第 2 期，第 37—45 页。
关海庭:《中国社会主义核心价值体系与政治发展》,《太平洋学报》2012 年第 5 期，第 1—10 页。
韩庆祥、汪业周:《社会层级结构理论：关于“中国问题”的一种分析框架》，中国社会科学出版社 2012 年版。
何哲:《重新审视网络社会——兼论从农业文明、工业文明通向网络文明》,《党政研究》2019 年第 2 期，第 86—95 页。
〔挪威〕贺美德、鲁纳:《“自我”中国：现代中国社会中个体的崛起》，许烨芳译，上海译文出版社 2011 年版。

〔德〕黑格尔：《法哲学原理》，范扬、张企泰译，商务印书馆 1979 年版。
侯惠勤：《马克思的意识形态批判与当代中国》，中国社会科学出版社 2010 年版。
侯勇：《论思想政治教育系统思维转型》，《思想政治教育研究》2012 年第 3 期，第 21—24 页。
胡春森：《浅议思想政治教育在中国特色组织文化建设中的作用》，《商》2016 年第 14 期，第 345—346 页。
胡锦涛：《高举中国特色社会主义伟大旗帜 为夺取全面建设小康社会新胜利而奋斗——在中国共产党第十七次全国代表大会上的报告》，人民出版社 2007 年版。
黄波、吴乐珍、古小华：《非营利组织管理》，中国经济出版社 2008 年版。
黄少华：《论网络社会的结构转型》，《网络与人文研究》2005 年第 6 期，第 764—768，839 页。
黄晓晔主编：《思想政治教育与基层社会治理——“新时代基层社会治理与思想政治教育现代转型”学术研讨会论文集》，东南大学出版社 2018 年版。
骞真：《马克思交往理论的当代阐释》，哈尔滨师范大学 2021 年博士学位论文。
江畅：《中国梦与美国梦之比较》，《江汉论坛》2014 年第 7 期，第 5—11 页。
〔美〕杰弗里·亚历山大：《社会学二十讲：二战以来的理论发展》，贾春增、董天民等译，华夏出版社 2000 年版。
〔英〕杰勒德·德兰迪：《知识社会中的大学》，黄建如译，北京大学出版社 2010 年版。
金一鸣：《教育社会学》，江苏教育出版社 2000 年版。
景璟：《全球化时代国家的再审视——基于国际视角的国家嬗变》，《社会科学战线》2022 年第 4 期，第 271—275 页。
景天魁：《中国社会发展的时空结构》，《社会学研究》1996 年第 5 期，第 54—66 页。
〔美〕喀薇丽·萨布拉玛妮安、〔捷克〕大卫·斯迈赫：《数字化的青年：媒体在发展中的作用》，雷雳、马晓辉、张国华等译，世界图书出版广东有限公司 2014 年版。
〔德〕卡尔·曼海姆：《意识形态与乌托邦》，李步楼、尚伟、祁阿红等译，商务印书馆 2014 年版。
邝良锋、罗昱夫：《网络舆情的实质与治理——基于新冠肺炎的舆情分析》，《华南师范大学学报（社会科学版）》2021 年第 2 期，第 193—204，208 页。
蓝江：《思想政治教育社会化研究》，湖北人民出版社 2005 年版。
李存山：《家风十章》，广西人民出版社 2016 年版。
李德全、蒋礼文：《新时期学校德育目标分层研究》，科学出版社 2012 年版。
李合亮：《解析与建构：当代中国思想政治教育的哲学反思》，人民出版社 2010 年版。
李合亮：《思想政治教育探本——关于其起源及本质的研究》，人民出版社 2007 年版。
李培林：《另一只看不见的手：社会结构转型》，《中国社会科学》1992 年第 5 期，第 3—17 页。
李志强：《论思想政治教育过程的结构及其规律》，《学校党建与思想教育》2017 年第 9 期，第 9—13 页。
联合国教科文组织国际教育发展委员会：《学会生存——教育世界的今天和明天》，教育科学出版社 2017 年版。
林尚立：《社区：中国政治建设的战略性空间》，《毛泽东邓小平理论研究》2002 年第 2 期，第 58—64 页。
刘建军：《论“时代新人”的科学内涵》，《思想理论教育》2019 年第 2 期，第 4—9 页。
刘凯：《部落化生存新媒体对社会关系的影响》，上海三联书店 2016 年版。
刘萍萍：《建党百年来思想政治教育的发展历程与基本经验》，《濮阳职业技术学院学报》2022 年第 1 期，第 26—30 页。

刘少杰:《当代中国意识形态变迁》，中央编译出版社 2012 年版。
刘新庚:《现代思想政治教育方法论》，人民出版社 2006 年版。
刘毅:《简析舆情变动规律》,《天津社会科学》2007 年第 3 期，第 63—65 页。
龙静云:《我国社会道德共同体及其型构策略》,《中州学刊》2015 年第 1 期，第 84—91 页。
卢岚:《社会结构转型：思想政治教育研究的一个新的生长点》,《思想教育理论教育》2018 年第 12 期，第 35—40 页。
卢岚:《网络社会的时空扩展、时空矛盾与思想政治教育》,《思想教育研究》2018 年第 7 期，第 52—58 页。
鲁洁:《教育：人之自我建构的实践活动》,《教育研究》1998 年第 9 期，第 17 页。
鲁洁主编:《教育社会学》，人民出版社 2001 年版。
陆庆壬:《思想政治教育学原理》，复旦大学出版社 1986 年版。
陆庆壬主编:《思想政治教育学原理》，高等教育出版社 1991 年版。
〔美〕罗伯特・F. 墨菲:《文化与社会人类学引论》，王卓君、吕迺基译，商务印书馆 1991 年版。
罗骞:《论马克思的现代性批判及其当代意义》，上海人民出版社 2007 年版。
马光霞、孙力:《美好生活追求的历史演进及内在逻辑——从科学社会主义发展的角度》,《党政研究》2019 年第 1 期，第 66—76 页。
〔德〕马克斯・霍克海默、西奥多・阿多诺:《启蒙辩证法》，上海世纪出版集团 2006 年版。
〔德〕马克斯・韦伯:《社会学的基本概念》，胡景北译，上海人民出版社 2020 年版。
马奇柯:《论社区思想政治工作网络化组织机制》,《理论探讨》2009 年第 4 期，第 138—141 页。
〔英〕麦金太尔:《德性之后》，龚群译，中国社会科学出版社 1995 年版。
〔美〕曼纽尔・卡斯特:《认同的力量》，夏铸九、黄丽玲等译，社会科学文献出版社 2003 年版。
〔美〕曼纽尔・卡斯特:《网络社会的崛起》，夏铸九等译，社会科学文献出版社 2006 年版。
闵媛春:《西方审丑观念的历史流变》,《社会科学战线》2020 年第 7 期，第 266—270 页。
〔美〕尼古拉・尼葛洛庞帝:《数字化生存：20 周年纪念版》，胡泳、刘九如、段永朝等译，电子工业出版社 2017 年版。
〔英〕帕特里克・贝尔特:《二十世纪的社会理论》，瞿铁鹏译，上海译文出版社 2002 年版。
潘峻岭、圣章红:《以公共文化服务创新思想政治教育的当代价值》,《学习月刊》2021 年第 10 期，第 40—43 页。
〔英〕齐格蒙・鲍曼:《现代性与大屠杀》，杨渝东、史建华译，译林出版社 2011 年版。
〔英〕齐格蒙特・鲍曼、蒂姆・梅:《社会学之思》，李康译，社会科学文献出版社 2010 年版。
〔美〕乔恩・威特:《社会学的邀请》，林聚任等译，北京大学出版社 2014 年版。
邱仁富:《思想政治教育相互性探究》,《思想理论教育》2017 年第 8 期，第 55—62 页。
秋石:《正视道德问题 加强道德建设——三论正确认识我国社会现阶段道德状况》,《求是》2012 年第 7 期，第 10—14 页。
任洪生:《跨文化交流与人类命运共同体建设：现实、挑战与应对》,《人民论坛・学术前沿》2022 年第 2 期，第 74—83 页。
任建英:《新时期如何开展社区思想政治教育》,《探索与争鸣》2000 年第 8 期，第 7—15 页。
阮宗泽:《在推动构建新型国际关系中塑造新时代中国国家形象》,《中国党政干部论坛》2020 年第 12 期，第 6—10 页。
佘双好:《从说理教育到心理疏导——思想政治教育方法的发展》,《思想理论教育导刊》2011 年第 7 期，第 89—96 页。

佘双好:《新中国 70 年思想政治教育模式发展的内在理路》,《南京师大学报（社会科学版）》2019 年第 4 期，第 103—114 页。
沈云锁、潘强恩:《共产党通史》第 3 卷下册，人民出版社 2011 年版。
孙立平:《现代化与社会转型》，北京大学出版社 2005 年版。
孙其昂、胡沫:《思想政治工作的人本价值》,《湖北社会科学》2002 年第 2 期，第 87—89 页。
孙其昂、黄世虎:《思想政治教育学基本原理》，河海大学出版社 2015 年版。
孙其昂、邱建中主编:《思想政治工作学概论》，江苏人民出版社 2001 年版。
孙其昂、叶方兴:《思想政治教育社会学的理论探索》，河海大学出版社 2016 年版。
孙其昂、叶方兴:《思想政治教育社会学研究对象发微》,《学校党建与思想教育》2011 年第 2（中）期，第 4—7 页。
孙其昂、张建晓:《基于新理论框架的思想政治教育系统建构》,《河海大学学报（哲学社会科学版）》2020 年第 1 期，第 22—27，105—106 页。
孙其昂:《论个人在思想政治教育中的地位及其形态》,《马克思主义理论学科研究》2017 年第 4 期，第 131—142 页。
孙其昂:《论思想政治教育的分化与学科定位》,《思想教育研究》2013 年第 3 期，第 25—31 页。
孙其昂:《论思想政治教育的基本精神与实现形式》,《思想政治教育研究》2011 年第 3 期，第 23—27 页。
孙其昂:《论思想政治教育社会学的学科视野》,《学校党建与思想教育》2014 年第 1 期，第 14—18 页。
孙其昂:《论思想政治教育学科的系统建构》,《思想教育研究》2010 年第 3 期，第 21—25 页。
孙其昂:《论依靠全社会共同来做思想政治工作》,《河海大学学报（哲学社会科学版）》2004 年第 1 期，第 68—70，74 页。
孙其昂:《社会学视野中的思想政治工作》，科学出版社 2017 年版。
孙其昂:《社会学视野中的思想政治工作》，中国物价出版社 2002 年版。
孙其昂:《社区：当前思想政治工作的重要领域》,《思想政治教育研究》2011 年第 2 期，第 9—11 页。
孙其昂:《社区建设与思想政治教育的辩证关系》,《政工研究动态》2008 年第 17 期，第 39—41 页。
孙其昂:《思想政治教育本质的唯物史观解读》,《学校党建与思想教育》2010 年第 14 期，第 8 页。
孙其昂:《思想政治教育社会学的可能性——兼论社会化过程中的人生观教育》,《思想教育与理论创新》，河海大学出版社 2004 年版。
孙其昂:《思想政治教育现代转型研究》，学习出版社 2015 年版。
孙其昂:《思想政治教育学前沿研究》，人民出版社 2013 年版。
孙其昂:《再论思想政治教育的社会性——兼论“社会的思想政治教育性”》,《学校党建与思想教育》2014 年第 1 期，第 7—10，14 页。
孙其昂主编:《思想政治教育学基本原理》，河海大学出版社 2004 年版。
孙其昂:《社会学视野中的思想政治工作》，中国物价出版社 2001 年版。
《思想政治教育学原理》编写组:《思想政治教育学原理》，高等教育出版社 2016 年版。
谭好哲、任晓菲:《中国共产党百年文艺政策与文化领导权建设》,《山东大学学报（哲学社会科学版）》2021 年第 6 期，第 1—13 页。
谭昆智、杨力:《人际关系学》第 4 版，首都经济贸易大学出版社 2018 年版。

唐亚林:《社区思想政治工作实践机制论纲》,《江淮论坛》2005 年第 2 期,第 76—82 页。
田海平:《比较哲学的元问题及道德形态学方法再思考》,《江海学刊》2017 年第 1 期,第 5—13 页。
田鹏颖、赵美艳:《思想政治教育哲学》,光明日报出版社 2010 年版。
托克维尔:《论美国的民主》第 2 卷,商务印书馆 1981 年版。
万光侠:《百年文化建设的历史经验》,《红旗文稿》2021 年第 20 期,第 36—38 页。
万美容:《论思想政治教育方法的融合发展》,《思想教育研究》2008 年第 2 期,第 9—12 页。
王滨、宋劲松:《论思想政治教育社会化及其功能》,《理论与改革》2010 年第 1 期,第 113—116 页。
王公龙:《构建人类命运共同体思想:发展马克思世界历史理论的伟大构想》,《中国特色社会主义:实践探索与理论创新——纪念改革开放四十周年(上海市社会科学界第十六届学术年会文集:2018 年度)》,2018 年,第 60—71 页。
王辉主编:《思想政治工作与社会学》,天津人民出版社 1988 年版。
王建华:《学科的“社会学”研究》,《教育导刊(上)》,2007 年第 9 期,第 4—8 页。
王立仁:《学生思想政治教育论纲》,中国社会科学出版社 2015 年版。
王丽萍:《转型期的文化多元、文化冲突对社会焦虑的影响》,《山东社会科学》2018 年第 2 期,第 93—98 页。
王名:《社会组织论纲》,社会科学文献出版社 2013 年版。
王南湜:《从领域合一到领域分离》,山西教育出版社 1998 年版。
王锐生:《现代性、马克思的人的理论和科学发展观》,《学术研究》2005 年第 10 期,第 5—9 页。
王晓丽:《大数据时代的道德监督功能》,《伦理学研究》2019 年第 3 期,第 31—36 页。
王欣玥:《网络道德建设内蕴的多重向度审视》,《思想理论教育》2021 年第 7 期,第 84—90 页。
王学俭、冯东东:《大学生网络思想政治教育:价值・挑战・保障》,《思想教育研究》2017 年第 5 期,第 90—93 页。
王莹、孙其昂:《论新时代基层思想政治工作教育内容的构建与创新》,《思想教育研究》2021 年第 11 期,第 27—33 页。
王莹、孙其昂:《思想政治教育基本矛盾“老问题”的新探索》,《思想教育研究》2018 年第 1 期,第 17—21 页。
王勇:《浅论家庭教育与儿童社会化》,《学前教育研究》2005 年第 12 期,第 51—52 页。
王振:《思想政治教育视域下以文化人的定位与特性》,《思想教育研究》2018 年第 10 期,第 58—62 页。
文化和旅游部:《国新办发布会:努力构建现代公共文化服务体系》,2021 年 8 月 30 日,https://www.mct.gov.cn/whzx/whyw/202108/t20210830_927412.htm。
文化和旅游部:《文化和旅游部主要职责》,https://www.mct.gov.cn/gywhb/zyzz/201705/t20170502_493564.htm。
吴康宁:《社会学视野中的教育》,《教育研究与试验》2006 年第 4 期,第 1—5 页。
吴增基、吴鹏森、孙振芳主编:《现代社会学》,上海人民出版社 2018 年版。
〔美〕西摩・马丁・李普塞特:《政治人:政治的社会基础》,张绍宗译,上海人民出版社 1997 年版。
习近平:《习近平谈治国理政》,外文出版社 2014 年版。
习近平:《习近平谈治国理政》第 1 卷,外文出版社 2018 年版
习近平:《习近平谈治国理政》第 2 卷,外文出版社 2017 年版。

习近平:《习近平谈治国理政》第 4 卷，外文出版社 2022 年版。
习近平:《习近平在北京大学师生座谈会上的讲话》,《人民日报》2018 年 5 月 3 日。
习近平:《在全国教育大会上强调：坚持中国特色社会主义教育发展道路 培养德智体美劳全面发展的社会主义建设者和接班人》,《人民日报》2018 年 9 月 11 日。
夏青云:《中国家风家训形成发展脉络及主要内容初探》,《文化学刊》2019 年第 2 期，第 149—152 页。
夏学銮:《网络社会学建构》,《北京大学学报（哲学社会科学版）》2004 年第 1 期，第 85—91 页。
向德平、陈琦:《社会转型时期群体性事件研究》,《社会科学研究》2003 年第 4 期，第 99—103 页。
肖前:《马克思主义哲学原理》上册，中国人民大学出版社 1994 年版。
徐国亮:《文化建设必须坚持以人民为中心的工作导向》,《红旗文稿》2021 年第 24 期，第 35—37 页。
许利平、韦民等:《中国与周边国家的人文交流》，时事出版社 2015 年版。
〔古希腊〕亚里士多德:《政治学》，商务印书馆 1965 年版。
阎步克:《察举制度变迁史稿》，辽宁大学出版社 1991 年版。
杨冬艳:《论社区概念及其演进中的价值诉求和伦理意蕴》,《中州学刊》2005 年第 5 期，第 163—165 页。
叶方兴:《论提升思想政治教育的社会回应力》,《思想理论教育》2015 年第 3 期，第 60—64 页。
叶方兴:《社会之镜：思想政治教育社会整合研究》，上海人民出版社 2018 年版。
叶方兴:《思想政治教育社会化：一个概念的辨析与理解》,《学校党建与思想教育》2017 年第 4 期，第 12—18 页。
易丹:《我在美国信息高速公路上》，兵器工业出版社 1997 年版。
余仰涛:《论思想政治工作的本质：思想互动》,《中国测绘》1996 年第 1 期，第 20—23 页。
俞可平:《思想解放与政治进步》,《北京日报》2007 年 9 月 17 日。
〔美〕约翰·霍尔、玛丽·乔·尼兹:《文化：社会学的视野》，周晓虹、徐彬译，商务印书馆 2004 年版。
翟岩:《网络化时代社会权力结构的变迁与重构》,《福建师范大学学报（哲学社会科学版）》2020 年第 6 期，第 111—116 页。
张伟、吴晶琦:《数字文化产业新业态及发展趋势》,《深圳大学学报（人文社会科学版）》2022 年第 1 期，第 60—68 页。
张蔚萍、张俊南:《思想政治工作概论》，陕西人民出版社 1983 年版。
张耀灿、郑永廷、刘书林等:《现代思想政治教育学》，人民出版社 2006 年版。
张耀灿:《现代思想政治教育学》，人民出版社 2001 年版。
张耀灿：思想政治教育学科理论体系发展创新探析,《思想教育研究》2007 年第 4 期，第 9—12 页。
张耀灿等:《现代思想政治教育学》，人民出版社 2007 年版。
赵岩、谭向阳:《公民网络道德素养的提升路径》,《人民论坛》2018 年第 17 期，第 110—111 页。
〔美〕珍妮·H.巴兰坦:《教育社会学：一种系统分析方法》，朱志勇、范晓慧译，江苏教育出版社 2005 年版。
郑杭生、杨敏:《社会互构论：世界眼光下的中国特色社会学理论的新探索——当代中国“个人与社会关系研究”》，人民出版社 2010 年版。

郑杭生:《改革开放三十年:社会发展理论和社会转型理论》,《中国社会科学》2009 年第 2 期,第 10—19,204 页。

郑杭生:《社会学概论新修》,中国人民大学出版社 2003 年版。

郑杭生主编:《社会学概论新修》,中国人民大学出版社 2003 年版。

郑琼洁、成一贤:《文化产业的数字生态与高质量发展路径》,《南京社会科学》2022 年第 1 期,第 155—163 页。

郑永廷:《论思想政治教育的本质及其发展》,《教学与研究》2001 年第 2 期,第 49—52 页。

郑永廷:《思想政治教育方法论》,高等教育出版社 1999 年版。

中共中央党史和文献研究院编:《十九大以来重要文献选编》中,中央文献出版社 2012 年版。

中共中央、国务院:《关于新时代加强和改进思想政治工作的意见》,《人民日报》2021 年 7 月 13 日。

中共中央文献研究室:《十三大以来重要文献选编》上,中央文献出版社 1991 年版。

中共中央文献研究室编:《习近平关于全面建成小康社会论述摘编》,中央文献出版社 2016 年版。

中共中央宣传部编:《习近平总书记系列重要讲话读本》,学习出版社、人民出版社 2014 年版。

中国互联网络信息中心:《第 48 次中国互联网络发展状况统计报告》,2021 年 8 月 27 日。

中华人民共和国教育部编:《义务教育品德与生活课程标准》,北京师范大学出版社 2011 年版。

周黎鸿、王淑娥:《"思想政治教育社会学"范畴论纲》,《河南教育(高校版)》2008 年第 8 期,第 30—31 页。

周世兴:《个人的历史与历史的个人》,人民出版社 2013 年版。

周艺璇、王长恒:《信息碎片化传播对高校网络思想政治教育的挑战及对策》,《学校党建与思想教育》2018 年第 17 期,第 67—71 页。

〔美〕朱丽·汤普森、克莱恩:《跨越边界——知识、学科、学科互涉》,姜智芹译,南京大学出版社 2005 年版。

朱小娟:《回到人本身:思想政治教育应对认同危机的根本之道》,《经济与社会发展》2017 年第 1 期,第 75—79 页。

Butcher H, Glen A, Henderson P, et al.(eds.), *Community and Public Policy*, London: Pluto Press in association with Community Development Foundation, 1993, pp.13-18.

后　　记

本书是河海大学 2018 年研究生精品教材项目“思想政治教育社会学概论”（编号为 20180518）的成果，受到河海大学资助，得到校研究生院支持，受到河海大学马克思主义学院指导和关心，得到河海大学思想政治教育研究所、社区研究中心的学术支持。自 2018 年 5 月立项，编写组通过集体研讨和分工编写，在提出初稿基础上，于 2019 年 7 月举行了专题研讨会和编写研讨会，根据专家建议和研讨提出修改意见，做出了较大程度的修改，编写出第一稿。以此为基础，课题组多次研讨，撰写出第二稿。2020 年由王莹副教授、沈东副教授通读后提出修改建议，至 2021 年上半年各位作者修改提出第三稿。2021 年下半年由周海燕教授、王莹副教授再次通读并提出修改建议，蒙怡馨、耿玮聪、赵树鑫、程佩楠、马思琪、陈子玉等参加修改工作，于 2022 年上半年修改并提出第四稿。最后由孙其昂教授修改并定稿。

本书在课题负责人孙其昂教授主持下进行编写和修改，陈启超担任秘书，吴小倩、张洁、钱志远、张建晓、蒙怡馨参加有关工作。孙其昂任主编，各章编写者为：绪论（孙其昂）、第一章（叶方兴）、第二章（卢岚、胡锦焱、李豪男）、第三章（吴芳芳）、第四章（王莹）、第五章（王永益）、第六章（朱小娟）、第七章（沈东）、第八章（颜玉凡）、第九章（蒙怡馨）、第十章（袁磊）、第十一章（黄晓晔、耿玮聪）、第十二章（陈启超）。

本书是思想政治教育社会学领域开创性的工作，虽然河海大学思想政治教育学科有多年探索，编写组吸收学界研究成果，对书稿反复研讨，多次修改，但仍然处在探索阶段，会有诸多不成熟之处，恳请读者批评指正。对河海大学研究生院、马克思主义学院表示感谢，对编写组成员付出的努力，对本书给予指导的专家学者，表示衷心感谢！对科学出版社刘英红主任的指导和帮助表示感谢！博士生陈启超从申报立项到出版，数年中做了大量秘书工作，对他的辛苦付出表示感谢！

孙其昂

2022 年 8 月 10 日